# 简明
# 中国历史
# 读本

中国社会科学院历史研究所
《简明中国历史读本》编写组编写

中国社会科学出版社

## 图书在版编目(CIP)数据

简明中国历史读本/中国社会科学院历史研究所《简明中国历史读本》编写组编写. —北京：中国社会科学出版社,2012.7(2025.2重印)
　ISBN 978-7-5004-9003-6

　Ⅰ.①简…　Ⅱ.①中…　Ⅲ.①中国—历史—通俗读物
Ⅳ.①K209

中国版本图书馆 CIP 数据核字（2010）第 147298 号

| 出 版 人 | 赵剑英 |
|---|---|
| 责任编辑 | 罗　莉 |
| 责任校对 | 林福国 |
| 责任印制 | 李寡寡 |

| 出　　版 | 中国社会科学出版社 |
|---|---|
| 社　　址 | 北京鼓楼西大街甲 158 号 |
| 邮　　编 | 100720 |
| 网　　址 | http：//www.csspw.cn |
| 发 行 部 | 010-84083685 |
| 门 市 部 | 010-84029450 |
| 经　　销 | 新华书店及其他书店 |
| 印　　刷 | 北京明恒达印务有限公司 |
| 装　　订 | 廊坊市广阳区广增装订厂 |
| 版　　次 | 2012 年 7 月第 1 版 |
| 印　　次 | 2025 年 2 月第 21 次印刷 |
| 开　　本 | 710×1000　1/16 |
| 印　　张 | 32 |
| 插　　页 | 12 |
| 字　　数 | 402 千字 |
| 定　　价 | 66.00 元 |

凡购买中国社会科学出版社图书，如有质量问题请与本社营销中心联系调换
电话：010-84083683
版权所有　侵权必究

图一　红山文化女神像

图二　红山文化玉龙

图三 二里头一号宫殿复原图

图四 二里头文化绿松石龙形器

图五 三星堆青铜凸目夔龙额饰面具

图六 商司母戊大方鼎

图七　西周利簋及其铭文

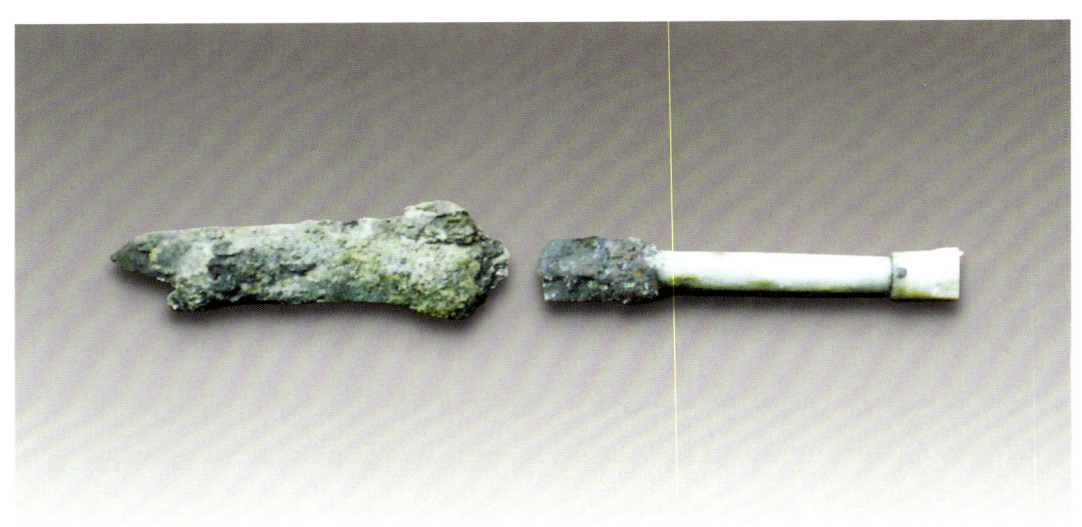

图八　西周玉茎铁芯铜剑

图九　殷墟甲骨卜辞

图十　春秋莲鹤方壶

图十一　战国彩绘出行图夹纻漆奁

图十二　战国《人物御龙帛画》

图十三　秦始皇陵兵马俑一号坑

图十四　汉马王堆帛画

图十五　汉加彩乐舞杂伎俑群

图十六　西魏敦煌《步骑对阵图》

图十七　北魏大同云冈石窟第20窟

图十八　晋顾恺之《女史箴图》

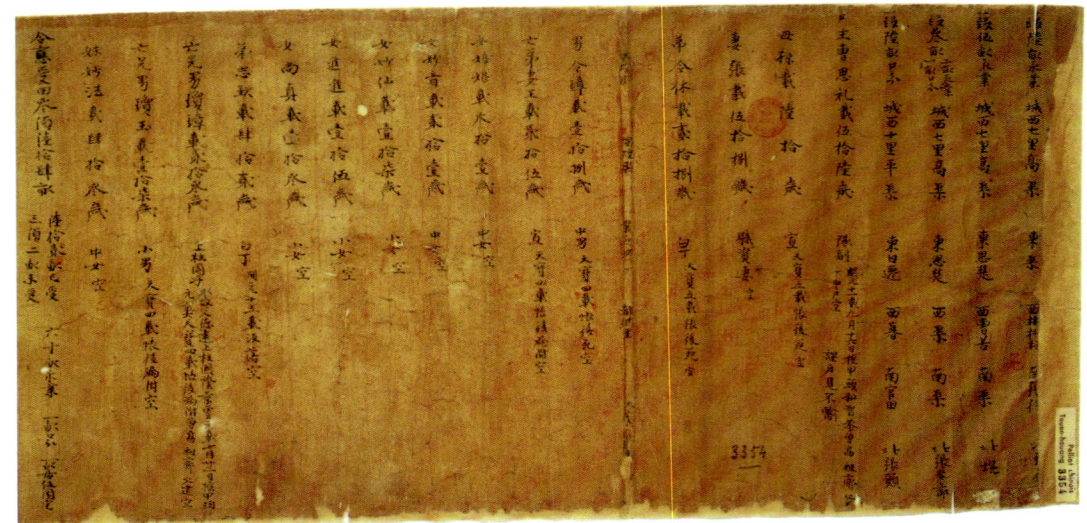

图十九　唐敦煌户籍文书

图二十　唐李贤墓壁画《客使图》

图二十一　辽陈国公主墓壁画之一

图二十二　宋定窑孩儿枕

图二十三 宋《清明上河图》(局部)

图二十四 宋大足石刻养鸡女

图二十五 《元世祖出猎图》

图二十六　元青花缠枝牡丹纹罐

图二十七　元《杂剧图》

图二十八　明《南都繁会图》（局部）

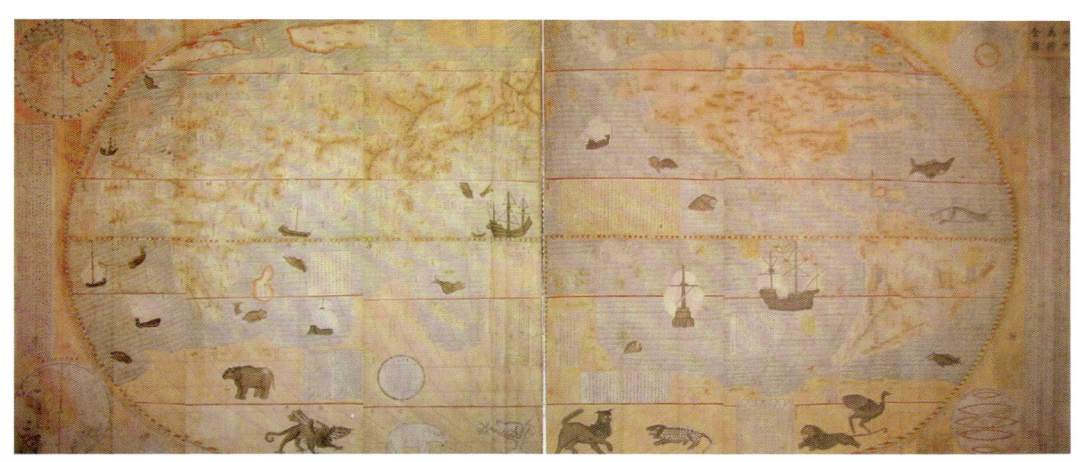

图二十九　明《坤舆万国全图》

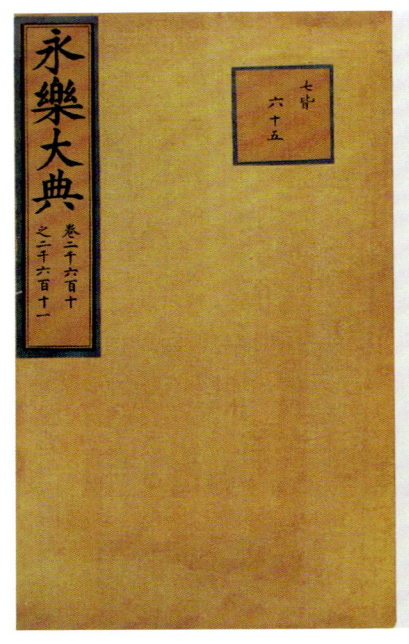

图三十　明《永乐大典》

图三十一　明宣德款青花缠枝莲大梅瓶

图三十二　清西藏金本巴瓶

图三十三　清军机处值房

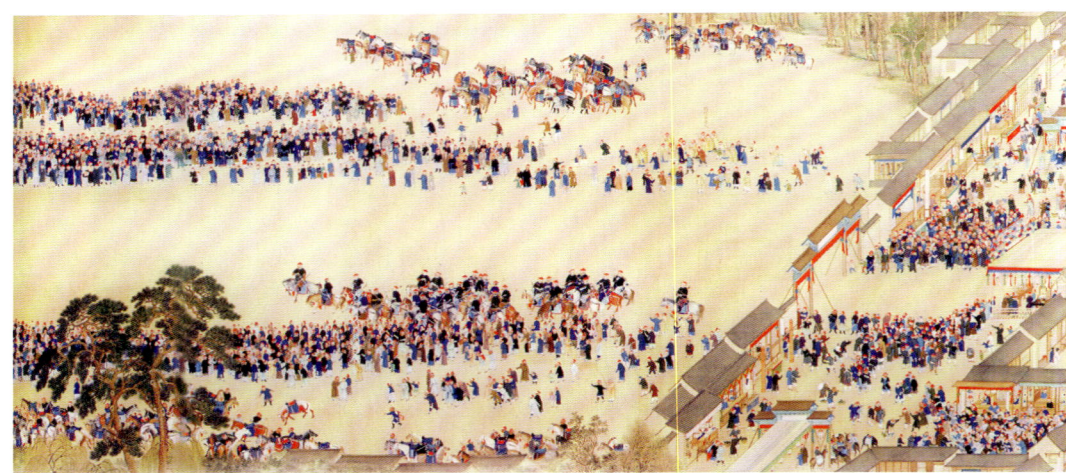

图三十四　清《康熙南巡图》（局部）

图三十五　清《乾隆万树园赐宴图》

图三十六　清玑衡抚辰仪

图三十七　近代金陵机器制造局原址

图三十八　武昌起义军政府旧址

**中国社会科学院历史研究所**
**《简明中国历史读本》编写组**

执笔　（姓名按执笔章节先后为序）
　　　卜宪群　王震中　宫长为　杨振红　梁满仓
　　　黄正建　梁建国　关树东　陈时龙　吴伯娅
　　　林永匡　张　伟　王　艺

定稿　卜宪群　童　超

# 高度重视学习中华民族发展史

中华文明源远流长，五千多年来一脉相承，始终没有中断。这在世界历史上是很罕见的。

中华民族是在波澜壮阔的历史进程中形成的。从遥远的古代起，我国各族人民就建立了紧密的政治经济文化联系，共同开发了祖国的河山。中华民族的悠久历史，是我们必须十分珍惜的宝贵财富。中华民族的优秀文化，是我国各族人民共同创造和传承的，是维系民族团结和国家统一的牢固纽带。

一个民族的历史深刻影响着一个民族的现在和未来。今天的中国从历史的中国发展而来。我们国家和民族的发展史，包含着治国安邦的深刻道理，也揭示了今天我国发展道路的历史必然性。要夺取改革开放和社会主义现代化建设的成功，我们不仅应该懂得中国的今天，而且还应该懂得中国的昨天和前天。我曾经说过，一名领导干部不善于从历史中吸取营养，不可能成为高明的领导者；一个政党不善于从总结历史中认识和把握社会发展规律，不可能成为顺应历史潮流的自觉的政党；一个民族不善于从历史中继承和发展本民族和世界其他民族创造的优秀文明成果，不可能屹立于世界民族之林。多读读中华民族发展史，可以使我们加深民族感情、增强民族自信心，更加信心百倍地投身坚持和发展中国特色社会主义、实现中华民族伟大复兴的宏伟事业。

简明中国历史读本

　　当代中国正处在充满机遇也充满挑战的时期。改革开放以来，我国社会主义现代化建设取得了举世瞩目的成就，综合国力显著增强，人民生活水平大幅提高。同时，我们也必须清醒地看到，无论从国内看还是从外部环境看，我们在前进道路上面临的困难和挑战还很多，必须继续进行长期而艰苦的努力。要使我们的国家、我们的民族发展得更好，我们必须认真总结和发扬改革开放和社会主义现代化建设的成功经验，也必须注重汲取和运用历史经验，科学把握和正确运用历史规律，正确借鉴历代治乱兴衰的经验教训。

　　学习中华民族发展史，是弘扬爱国主义精神、增强民族凝聚力的重要途径。爱国主义始终是中华民族团结一心、自强不息的精神源泉。在中华民族漫长的发展史上，我国各族人民团结奋斗取得的辉煌成绩，我国各族人民经历的种种苦难曲折，都是爱国主义教育的生动教材，都是激励我们为祖国、为民族发展进步而不懈奋斗的强大精神力量。要真正形成对祖国、对民族的深切之爱、理性之爱，必须重视学习中华民族发展史，不断丰富历史知识。

　　全党同志特别是领导干部要自觉学习历史，把提高历史素养放到更为重要的位置上来看待，多读一点历史特别是中华民族发展史，汲取经验，陶冶情操，开阔眼界，以利于牢固树立正确的世界观、人生观、价值观，增强历史使命感和责任感，提高观察问题、分析问题的水平和能力。

　　改革开放以来，我们不断扩大对外开放，推动中国和世界的关系发生了举世瞩目的变化。新形势下，我们不仅要学习中国历史，而且要学习世界历史，善于从中外历史上的成功失败、经验教训中进一步认识和把握历史发展和社会进步的规律，认识和把握时代发展大势。同时，我们还要向世界介绍我国历史，特别是

高度重视学习中华民族发展史

要介绍近代以来中华民族遭受的历史苦难和进行的伟大奋斗，让国外民众了解我国历史和国情，帮助他们从历史角度来客观观察和分析今天的中国。

"述往事，思来者"；"欲知大道，必先为史"。中国历代杰出的史学家们，用丰富的体裁和浓重的笔墨，给我们留下了珍贵而又丰厚的史学遗产，值得我们认真学习。由中国社会科学院历史研究所编写的《简明中国历史读本》，为我们了解中华民族发展史提供了一部通俗易懂的读物，希望大家都能读一读。

江泽民

二〇一二年四月十三日

# 目　　录

高度重视学习中华民族发展史 …………………… 江泽民（1）

绪论　中国历史的发展道路 ………………………………（1）

第一章　中国的原始社会与文明起源 ……………………（17）
　　第一节　古人类与旧石器时代 ………………………（18）
　　　　一　由猿到人的演变 ………………………………（18）
　　　　二　中国的古人类与旧石器文化 …………………（19）
　　第二节　新石器时代与远古社会的演进 ………………（23）
　　　　一　农业的起源与平等的农耕聚落社会 …………（23）
　　　　二　中心聚落的出现与社会不平等的产生 ………（26）
　　　　三　邦国文明的出现 ………………………………（29）
　　第三节　古史传说与远古社会 …………………………（33）
　　　　一　三皇传说的时代特征 …………………………（33）
　　　　二　五帝传说与远古社会的演进 …………………（35）

第二章　夏商西周时期 ……………………………………（41）
　　第一节　夏朝 …………………………………………（42）

简明中国历史读本

　　　　一　夏王朝的建立 …………………………………… (42)
　　　　二　夏朝的国家结构与政治制度 …………………… (43)
　　　　三　二里头遗址与夏文化的探索 …………………… (45)
　　第二节　商朝 ………………………………………………… (47)
　　　　一　商朝的建立和发展 ……………………………… (47)
　　　　二　商朝的政治制度 ………………………………… (49)
　　　　三　商朝的社会经济 ………………………………… (50)
　　　　四　商朝的灭亡 ……………………………………… (53)
　　第三节　西周 ………………………………………………… (55)
　　　　一　西周的建立和分封 ……………………………… (55)
　　　　二　西周的阶级结构与社会经济 …………………… (60)
　　　　三　西周王室的衰微 ………………………………… (64)
　　第四节　夏商西周时期的思想文化与科技 ……………… (66)
　　　　一　哲学思想 ………………………………………… (66)
　　　　二　文化和教育 ……………………………………… (67)
　　　　三　科学技术 ………………………………………… (70)

## 第三章　春秋战国时期 ……………………………………… (72)
　　第一节　春秋五霸的迭兴 ………………………………… (73)
　　　　一　平王东迁与诸侯争霸 …………………………… (73)
　　　　二　社会生产的发展和封建生产关系的出现 …… (77)
　　　　三　奴隶、平民反抗斗争与卿大夫夺权 …………… (81)
　　第二节　战国七雄的兼并与秦统一中国 ………………… (84)
　　　　一　变法运动与政治改革 …………………………… (84)
　　　　二　封建经济的发展和封建生产关系的确立 …… (88)
　　　　三　兼并战争与秦王政统一中国 …………………… (90)
　　第三节　春秋战国时期的思想文化与科技 ……………… (95)

一　诸子百家 …………………………………………（95）
　　二　文学和史学 ………………………………………（102）
　　三　艺术、体育和娱乐活动 …………………………（103）
　　四　科学技术 …………………………………………（104）

**第四章　秦汉时期** ………………………………………（107）
　第一节　统一的专制主义中央集权封建国家——
　　　　　秦王朝 …………………………………………（108）
　　一　秦始皇与专制主义中央集权封建国家
　　　　体制的建立 ……………………………………（108）
　　二　巩固统一的措施 …………………………………（111）
　　三　统一的多民族国家的形成 ………………………（114）
　　四　陈胜吴广起义与秦朝的覆亡 ……………………（115）
　第二节　西汉王朝的兴衰 ………………………………（118）
　　一　西汉的建立与汉初"黄老无为"政治 …………（118）
　　二　西汉前期与诸侯割据势力的斗争 ………………（121）
　　三　汉武帝的文治武功 ………………………………（122）
　　四　西汉中后期政治 …………………………………（130）
　　五　王莽改制与新莽的灭亡 …………………………（132）
　　六　西汉中后期的边疆与民族关系 …………………（134）
　第三节　东汉的社会变动与王朝政治 …………………（136）
　　一　东汉的建立与前期政治 …………………………（136）
　　二　豪族势力的发展 …………………………………（138）
　　三　外戚宦官交替专权 ………………………………（139）
　　四　清议与党锢 ………………………………………（141）
　　五　黄巾起义与东汉的灭亡 …………………………（142）
　　六　东汉的民族关系与对外关系 ……………………（144）

| 第四节　秦汉时期的社会与经济 | （147） |
| --- | --- |
| 　　一　社会阶级与阶层 | （147） |
| 　　二　户籍、土地和赋役制度 | （149） |
| 　　三　农业与手工业 | （150） |
| 　　四　商品经济 | （152） |
| 第五节　秦汉时期的思想文化与科技 | （153） |
| 　　一　经学与今古文之争 | （154） |
| 　　二　史学、文学与艺术 | （156） |
| 　　三　佛教的传入与道教的兴起 | （159） |
| 　　四　科学技术 | （160） |

## 第五章　魏晋南北朝时期 （162）

| 第一节　三国的建立与治理 | （163） |
| --- | --- |
| 　　一　曹操与曹魏政权 | （163） |
| 　　二　蜀汉建国与诸葛亮治蜀 | （165） |
| 　　三　孙吴立国江南 | （167） |
| 第二节　西晋的短暂统一 | （169） |
| 　　一　西晋的建立与统一全国 | （169） |
| 　　二　八王之乱与西晋灭亡 | （171） |
| 　　三　门阀制度与门阀士族的形成 | （173） |
| 第三节　十六国时期的北方形势 | （175） |
| 　　一　"五胡"内迁与十六国前期的北方 | （175） |
| 　　二　后赵与前秦民族政策的差异 | （178） |
| 　　三　淝水之战与北方再分裂 | （180） |
| 第四节　东晋门阀政治与南朝政权的交替 | （181） |
| 　　一　东晋建立与北伐西征 | （181） |
| 　　二　士族内争与东晋门阀政治 | （183） |

三　南朝政权的嬗代 …………………………………（185）
  四　南朝寒人庶族兴起与门阀士族衰败 ………（188）
  五　侯景之乱及其社会影响 ……………………（190）
 第五节　北朝的社会发展与政治变迁 ……………………（191）
  一　北魏统一北方与前期民族关系 ……………（191）
  二　孝文帝改革与北方民族融合 ………………（193）
  三　六镇起义与北魏分裂 ………………………（195）
  四　关陇集团与北方再统一 ……………………（196）
 第六节　魏晋南北朝时期的社会经济与阶级
    关系 ……………………………………………（198）
  一　土地制度演变与北方社会经济的曲折
    发展 ……………………………………………（198）
  二　移民浪潮与江南经济开发 …………………（201）
  三　社会阶级阶层及劳动者地位 ………………（203）
 第七节　魏晋南北朝时期的思想文化与科技 ……………（205）
  一　思想与宗教 …………………………………（205）
  二　文学艺术 ……………………………………（209）
  三　史学 …………………………………………（211）
  四　科学技术 ……………………………………（213）

## 第六章　隋唐时期 …………………………………………（215）
 第一节　隋的统一与灭亡 …………………………………（216）
 第二节　唐前期的昌盛 ……………………………………（219）
  一　唐太宗与"贞观之治" ……………………（219）
  二　女皇帝武则天 ………………………………（222）
  三　唐玄宗与开元盛世 …………………………（224）
 第三节　唐后期的衰亡 ……………………………………（226）

简明中国历史读本

  一 安史之乱与藩镇割据 …………………………（226）
  二 朋党之争与宦官专权 …………………………（229）
  三 王仙芝黄巢起义与唐朝的灭亡 ………………（231）
 第四节 隋唐政治制度 ………………………………（233）
  一 三省六部与使职差遣 …………………………（233）
  二 科举制的确立 …………………………………（235）
  三 律令格式的完备 ………………………………（237）
  四 府兵制与募兵制 ………………………………（239）
 第五节 隋唐社会经济与阶级结构 ………………（240）
  一 均田制及其崩坏 ………………………………（240）
  二 从租庸调制到两税法 …………………………（243）
  三 城市与商业 ……………………………………（244）
  四 阶级结构 ………………………………………（246）
 第六节 隋唐民族关系与中外关系 ………………（248）
  一 突厥、回纥、西域 ……………………………（248）
  二 吐蕃、南诏、渤海 ……………………………（250）
  三 中外关系 ………………………………………（253）
 第七节 隋唐时期的思想文化与科技 ……………（255）
  一 思想与宗教 ……………………………………（255）
  二 史学与文学 ……………………………………（257）
  三 艺术与科技 ……………………………………（259）

第七章 五代十国与辽、宋、西夏、金时期 …………（262）
 第一节 五代十国与契丹的兴起 …………………（263）
  一 五代更迭 ………………………………………（263）
  二 十国割据 ………………………………………（265）
  三 契丹的兴起 ……………………………………（268）

第二节　北宋的建立和政治改革 …………………（270）
　　一　北宋的建立及其局部统一 …………………（270）
　　二　北宋的统治措施 ……………………………（272）
　　三　北宋的统治危机与农民起义 ………………（274）
　　四　王安石变法 …………………………………（277）
第三节　辽、西夏、吐蕃、回鹘和大理 ……………（279）
　　一　辽在北方的统治 ……………………………（279）
　　二　西夏政权的兴起和发展 ……………………（280）
　　三　吐蕃、回鹘和大理 …………………………（282）
第四节　金与辽、两宋的对峙 ………………………（286）
　　一　金的建立与辽、北宋的灭亡 ………………（286）
　　二　南宋与金对峙局面的形成 …………………（288）
　　三　金的统治与灭亡 ……………………………（290）
　　四　南北对峙局面确立后南宋的政局与灭亡 …（292）
第五节　辽、宋、西夏、金时期的社会经济与
　　　　阶级结构 …………………………………（295）
　　一　社会经济 ……………………………………（295）
　　二　阶级结构 ……………………………………（299）
第六节　辽、宋、西夏、金时期的思想文化与
　　　　科技 ………………………………………（302）
　　一　宋学 …………………………………………（302）
　　二　宗教 …………………………………………（304）
　　三　史学 …………………………………………（306）
　　四　文学艺术 ……………………………………（308）
　　五　科学技术 ……………………………………（310）

## 第八章　元代 ……………………………………………… (312)

### 第一节　蒙古族的崛起 ……………………………………… (313)
一　成吉思汗统一蒙古草原与创立大蒙古国 … (313)
二　蒙古西征与四大汗国的建立 ……………… (315)

### 第二节　统一多民族国家的进一步发展 …………… (318)
一　元朝的建立与全国统一 …………………… (318)
二　中央与地方行政 …………………………… (321)
三　民族地区与边疆的有效治理 ……………… (323)

### 第三节　民族等级制度及元政的衰败 ……………… (327)
一　四等人制 …………………………………… (327)
二　元中后期的政局与吏治败坏 ……………… (329)

### 第四节　元代的经济与阶级关系 …………………… (331)
一　社会经济的恢复和发展 …………………… (331)
二　土地制度和阶级关系 ……………………… (334)

### 第五节　元代的思想文化和科技 …………………… (337)
一　思想与宗教 ………………………………… (337)
二　史学、文学与艺术 ………………………… (339)
三　科学技术 …………………………………… (341)

## 第九章　明代 ……………………………………………… (343)

### 第一节　明朝的建立与巩固 ………………………… (344)
一　元末群雄并起与朱元璋建立明朝 ………… (344)
二　君主专制统治的加强 ……………………… (346)
三　屯垦与赋役制度的建立 …………………… (349)
四　明成祖对民族地区与边疆的经营 ………… (351)

### 第二节　明中期政治制度的演变 …………………… (352)
一　从仁宣之治到弘治中兴 …………………… (352)

二　内阁制度与宦官参政 …………………………（354）
　　三　巡抚总督制度的建立 …………………………（357）
第三节　明后期的危机与张居正改革 ………………………（358）
　　一　明后期的政治危机 ……………………………（358）
　　二　东南倭患与北疆互市之争 ……………………（360）
　　三　张居正改革 ……………………………………（362）
第四节　明代的商品经济与资本主义萌芽 …………………（364）
　　一　商品经济的繁荣与市民阶层的崛起 …………（364）
　　二　海外贸易与白银流入 …………………………（366）
　　三　资本主义萌芽 …………………………………（368）
第五节　明朝的灭亡与清兵入关 ……………………………（370）
　　一　明末的政治腐败 ………………………………（370）
　　二　满族的崛起和后金与明朝的战争 ……………（372）
　　三　李自成起义与明朝灭亡 ………………………（374）
　　四　清兵入关与山海关之战 ………………………（376）
第六节　明代的中外关系 ……………………………………（377）
　　一　郑和下西洋 ……………………………………（377）
　　二　明朝与朝鲜、日本及中亚的关系 ……………（379）
　　三　明朝与欧洲的接触 ……………………………（380）
第七节　明代的思想文化与科技 ……………………………（383）
　　一　思想与宗教 ……………………………………（383）
　　二　文学艺术及文化事业 …………………………（385）
　　三　科学技术 ………………………………………（387）

第十章　清代前期 ………………………………………………（390）
第一节　清朝定鼎北京与全国统治的确立 …………………（391）
　　一　清朝的建立与清初各地抗清运动 ……………（391）

二　统治集团的内部斗争与少年君主亲政 …… (394)
　　三　平定三藩之乱与统一台湾 ………………… (396)
第二节　康雍乾时期民族地区和边疆的稳定 ……… (398)
　　一　康熙帝亲征噶尔丹与驱准保藏 …………… (398)
　　二　雍正帝稳定民族地区与边疆的措施 ……… (400)
　　三　乾隆帝的平准平回与统一天山南北 ……… (402)
　　四　民族地区和边疆的行政管理与清朝的
　　　　民族政策 ……………………………………… (404)
第三节　清代前期的中央与地方行政制度 ………… (408)
　　一　中枢辅政机构和中央行政机关 …………… (408)
　　二　地方直省行政机构 ………………………… (411)
第四节　清代前期的赋役制度与社会经济 ………… (413)
　　一　赋役制度的改革 …………………………… (413)
　　二　社会经济的发展 …………………………… (415)
　　三　人口膨胀与社会阶级矛盾的激化 ………… (418)
第五节　清代前期的中外关系 ……………………… (421)
　　一　清朝与邻近各国的关系 …………………… (421)
　　二　清政府对入华传教士及天主教的政策 …… (424)
　　三　英国使团来华与中英冲突 ………………… (426)
第六节　清代前期的思想文化与科技 ……………… (429)
　　一　清初启蒙思潮与三大思想家 ……………… (429)
　　二　清廷的文化政策 …………………………… (431)
　　三　思想学术 …………………………………… (433)
　　四　文学艺术 …………………………………… (434)
　　五　科学技术 …………………………………… (436)

# 第十一章　清代后期……………………………………（439）

## 第一节　列强侵华与国势衰微……………………（439）
一　两次鸦片战争与《南京条约》等一系列
　　不平等条约的签订………………………（439）
二　中法战争与《中法新约》的签订…………（443）
三　中日甲午战争与《马关条约》的签订……（444）
四　八国联军入侵与《辛丑条约》的签订……（445）

## 第二节　主权沦丧下晚清社会与政治制度的
　　　　　变化…………………………………（447）
一　洋货入侵对封建自然经济的冲击…………（447）
二　晚清政治制度的演变………………………（448）

## 第三节　人民大众反抗斗争与志士仁人的救亡
　　　　　图存主张……………………………（450）
一　三元里人民反英斗争………………………（450）
二　洪秀全与太平天国起义……………………（451）
三　捻军起义与义和团运动……………………（452）
四　志士仁人的救亡图存主张…………………（454）

## 第四节　洋务运动求强求富的尝试………………（456）
一　"同光新政"与洋务运动的兴起…………（456）
二　编练海陆军与兴办工矿、交通、新式
　　学堂………………………………………（457）
三　洋务运动的破产……………………………（460）

## 第五节　民族危机的空前严重与变法维新的
　　　　　失败…………………………………（461）
一　瓜分中国的狂潮与《时局图》……………（461）
二　戊戌变法及其失败…………………………（464）
三　康有为《大同书》对君主专制制度的

抨击 …………………………………………（466）
第六节　清末"新政"的夭折与辛亥革命的
　　　　爆发 ……………………………………（467）
　　一　孙中山领导的同盟会与广州起义 …………（467）
　　二　清末"新政"与"预备立宪"的夭折 ……（469）
　　三　辛亥革命爆发与清帝退位 …………………（472）

**参考书目** ……………………………………………（476）

**参考图目** ……………………………………………（481）

**后记** …………………………………………………（488）

# 绪　　论
# 中国历史的发展道路

## 一

中国是远古人类起源的重要地区，中华文明是人类最古老的文明之一。黄河流域、长江流域、珠江流域、辽河流域和北方草原文化区，都是中华文明的摇篮。中华文明多元一体，源远流长。早期文明形成于龙山时代，其后生生不已地发展与传承，从未中断，至今已有五千多年的历史。考古发现证明，中华文明的起源具有本土性、多元性，展现出自身道路的特点与风格。

中国原始文化多彩多姿。自旧石器时代早期的元谋人、北京人开始，就已懂得火的使用与管理，过着采集和渔猎的生活。到旧石器时代晚期，已经掌握人工取火与利用磨光和钻孔技术制造劳动生产工具的技能，开始尝试着谷物栽培和牲畜驯养。这时的人们过着母系氏族社会组织生活。大约一万多年前，进入了新石器时代。社会经济由渔猎采集过渡到农耕畜牧阶段，先民们过上了稳定的聚落生活。社会组织由母系氏族公社阶段逐步演进到父系氏族公社阶段。这大体相当于中国古史的传说时期。

生产工具的进步，农业和畜牧业的出现，使生产力有了很大发展，社会不平等也随之产生。氏族社会内部有了贫富分化，私有制开始出现。相对于生产力低下的原始公有制，私有制的产生是人类历史的一大进步，它直接推动了原始社会向阶级社会的转变。大汶口文化、红山文化、陶寺文化都明显地反映了阶级阶层分化特色。氏族显贵成为奴隶主，掌管氏族公共事务的机构转化为文明时代的国家政权。史书常用"万邦"来形容夏朝之前龙山时代的社会，这正是中国早期国家形成过程中的特点。尧、舜、禹既是邦国的国君，也是邦国联盟的盟主，关于禅让的传说，描述了盟主职位在邦国联盟内转移和交接的情形。约公元前21世纪，启在中原地区建立了中国历史上第一个以"天下共主"为最高统治者的奴隶制国家——夏王朝。

## 二

夏商西周是中国古代奴隶制生产方式形成、发展并走向鼎盛的时期。这个时期，土地所有制具有马克思所说的亚细亚财产形态的某些特点。凌驾于众多共同体之上并成为全社会代表的国君，是土地的最高所有者。按逐级分封方式获得田邑的各级贵族是土地的占有者。家族公社和农村公社农民是土地的使用者，即实际耕作者，而公社则是公社农民集体耕种"公田"和定期轮换"私田"的组织管理者。战国之前，存在着"田里不鬻"及"三年一换土易居"[①]的井田制。井田制作为中国奴隶社会土地所有制的一种模式，它的得名与当时排水灌溉需要的沟洫制度有关。在井田上耕作的农民除了耕种份地即"私田"外，还要为奴隶制国家和各级贵族耕种"公田"。

---

① 《公羊传》宣公十五年何休注。

中国历史上的奴隶制属于古代东方类型①，不仅家内奴隶制充分发展，而且家族公社与农村公社两类共同体并存，与古代希腊罗马的奴隶制有所不同。甲骨文和金文显示，商周社会有不少严格意义上的奴隶，如"臣"、"妾"、"仆"、"隶"等。大量的家内奴隶从事各种杂役，生产奴隶则主要用于手工业、畜牧业生产及山林川泽开发。商周时代农业生产的主要劳动者是"众人"和"庶人"，他们是家族公社或农村公社的成员。公社成员中的本族或盟族平民，虽然享有某些政治权利，但就其生存条件和劳动条件受到严格管理和监督而言，并不是真正意义上的自由民；至于被征服族群的原住民或徙民，社会地位更为低下，实际上接近于奴隶。秦汉以后，奴隶制的残余仍然长期存在。

西周后期，奴隶主贵族内部争田夺地、土地转让的现象时有发生，共同体内农民各家庭之间的贫富分化也在潜滋暗长。铁器的使用和推广，促使生产力迅速提高，私有制的发展成为不可遏止的历史潮流。到春秋战国时期终于引起了生产关系的巨大变革。战国时期的列国变法，进一步推动了封建生产关系在各国取代奴隶制生产关系。

秦汉至明清，封建国家土地所有制、封建地主土地所有制和自耕农小土地所有制，构成中国封建社会土地所有制的三种基本形式。其中，封建地主土地所有制始终占主导地位。封建地主土地所有制和封建地主阶级分别是中国封建社会制度的经济基础与阶级基础。

国有土地存在于整个封建时代，在不同时期强弱有所不同。总的来说，国有土地在国家经济生活中既不占主要地位，也不是

---

① 关于商周社会形态的性质与主要农业生产劳动者的身份，学术界众说纷纭。本书采用古代东方类型奴隶社会说。

财政收入的最重要来源，而且常常处在被私有制侵蚀排挤之中。封建国家一般采用屯田制或租佃制方式经营国有土地；也实行过授田制，按一定标准分配部分国有土地。在宋代之前，封建国家曾多次颁行法令，推行限田制、占田制、均田制等，力图通过由政府确认土地所有权，限制土地的占有、转让、继承，以调控全国的土地占有关系。其目的并不在于维护土地国有制，而主要是为了抑制土地兼并和土地集中，扶植国家赋役的负担者——自耕农。

自耕农小土地所有制在战国时代已经相当普遍，"一夫挟五口，治田百亩"[1]的个体小农，是当时的基本生产单位。自耕农是小土地所有者，也是封建社会数量最多的劳动生产者。"男耕女织"的小农经济是封建国家重要的赋税来源，自耕农经济的繁荣或凋敝，往往成为封建国家盛衰的重要标志。但它并不能决定社会经济形态的性质。生产规模细小而分散的自耕农经济，经不起天灾人祸的打击，在封建社会各个时期，都有许多自耕农由于贫困或土地被地主巧取强夺而沦为租种地主土地的佃农。

决定中国封建社会经济形态性质的所有制，是封建地主土地所有制。中国封建地主土地所有制的特点有三：一是土地的传承方式主要是诸子均分而非长子继承，加上土地可以买卖，这一特点决定了中国封建社会的地产易于分散，很难形成长期稳定的占有。二是地主土地的取得，不完全依靠政治权力和等级身份。中国封建社会也有等级制度，也出现过多次以国家名义颁布的按照爵位官职高低占有土地的法令[2]，但自宋代调整土地管理政策之

---

[1] 《汉书》卷24上《食货志上》引李悝语。
[2] 如商鞅变法废除井田制，实行名田制，规定按爵位高低占有数量不等的土地。秦朝和西汉初期继续实行这一制度。西晋占田制和北朝隋唐均田制中也有按官品占田的规定。

后，官僚地主、贵族地主和庶民地主之间的土地占有已无等级性限制。富者未必是贵者。三是租佃制是地主土地所有制的主要经营方式。董仲舒所说的"或耕豪民之田，见税什五"的经济剥削方式，自秦汉至明清始终存在。除个别时段和地区外，租佃农民一般不像西欧领主制下的农民那样被强制固定在土地上。地主把土地出租给农民，收取地租。不论封建租佃关系属于荫附型或契约型，地主对农民虽有超经济强制，农民对地主也有一定的人身依附关系，但地主对农民并没有行政权和司法权。

唐代以前，地主土地所有制的发展受到封建国家的许多限制，但仍然出现"富者田连阡陌，贫者无立锥之地"的状况。唐后期均田制废弛后，地主土地所有制得到充分发展，土地买卖和土地兼并日益频繁，以至于有所谓"千年田换八百主"[1]的说法。中国封建社会的赋税制度自两税法后由重口税、丁税、户税转向重田税、财产税，正好说明国家财政制度与土地制度的发展变化有重大关联。

地主土地所有制的经营方式前后也有若干变化。唐代以前，普遍实行分成租制。从唐朝开始，有些地区出现了定额租。南宋以后，定额租逐渐得到推广。由于地主"夺佃增租"的事件层出不穷，农民阶级进行反抗斗争，到了明清时期，在不少地区出现了永佃制，即地主出卖土地之后，仍由旧的佃户耕种交租，不改变耕作权。在完全的永佃制下，地主一般无权随意增租夺佃或干预佃农耕作，而佃农相对有退佃、转租或典卖佃权的自由。享有永佃权的佃农，其耕作权变成了得以长期经营的"田面权"，而地主的土地所有权则成了"田底权"。当土地转租时，直接生

---

[1] 辛弃疾：《最高楼》，邓广铭：《稼轩词编年笺注》卷3，上海古籍出版社1993年版。

产者既要向土地所有者缴纳大租，又要向佃权所有者缴纳小租。永佃制和大小租制的形成，反映封建土地所有制开始出现土地所有权和经营权初步分离的现象。

与西欧封建领主制经济不同，中国封建社会的经济结构具有自然经济和商品经济相结合的特点。战国时期，商品生产已有一定程度的发展。从秦汉到明清，无论是地主经济还是自耕农经济，由于生产和生活的需要，以及向封建国家缴纳赋税的需要，都要把部分产品投入市场，换取货币。商人资本的活跃，带动了封建商品经济的畸形发展。但以自给性生产为特征的自然经济，仍占主导地位。土地在中国封建社会始终被视为最重要的财富，"以末致财，用本守之"成为人们治生的信条。明朝后期，商品经济的发展曾导致资本主义萌芽在部分地区、部分行业中出现并萌动着社会转型，但封建经济结构并未解体。

## 三

中国自古以来是一个多民族的国家。在不同历史时期，曾出现过许多生产方式、生活方式各不相同的少数民族。有些少数民族后来消失了，有些少数民族则长期生息在中国的历史疆域之内。今天中国由56个民族共同组成中华民族大家庭，各民族的历史都是中国历史的组成部分。

汉族的前身是华夏族。"华夏"一词，最早见于《尚书·周书·武成》。《左传》定公十年孔颖达《疏》说："中国有礼仪之大故称夏，有服章之美谓之华。""华夏"连称本义指衣冠华美又重礼仪，在先秦时期是中原的地域、国家与族群指称。所以《尚书正义》说："华夏谓中国也。"本义指华夏居天下之中的"中国"一词在传统文献中也有多重指称，或指国家政治中心京师，或指中原地区，或指中原王朝。但随着统一的多民族国家的发展，"中国"的含义有很大变化。到了清初，"中国"作为统一的多民族国家的专称已具有主权国家的含义。辛亥革命后，"中国"就成为具有近代意义的正式的国家名称。

春秋时期，华夏族所分布的地区，史称诸夏、华夏，也称"中国"。在华夏族的周围，分布着一些被称为蛮、夷、戎、狄的少数民族。尽管华夏族与周边民族在经济和社会发展上存在一定差别，民族间的冲突时有发生，但随着民族接触的增多和加深，以及华夏文明的扩散，也开始了民族同化和民族融合的历史进程。西北的秦国和北方的三晋地区，南方的楚国和吴越，表现尤其明显。

战国时期，随着兼并战争的加速，统一被提上历史日程。以儒家为代表的文化大一统观念开始对民族关系的演变产生重要影响。成书于战国时期的《礼记·王制》，提到"中国、蛮、夷、戎、狄"语言和风俗习惯都不一样。但作者主张"修其教不移其俗，齐其政不易其宜"，就是在政教统一的前提下，允许保持各民族文化上的相对独立性。这种多元一体的政治认同和文化认同观念，对此后中国历代王朝的民族关系和统治阶级的民族政策产生了重要影响。

秦汉是统一的多民族的专制主义中央集权封建国家。先秦以来的民族融合在统一的国家地域范围内得到进一步巩固和发展，民族间的交流也因政治、经济、文化建设上的需要而日益频繁。东至辽东以远，西至西域，南至交趾，北至居延泽以北、大漠南缘，秦汉王朝都曾实施过直接统治。共同地域内的政治、经济、文化生活促进了各民族间的交流与融合，而各民族间的交流与融合又促进了汉民族的发展壮大，很多少数民族是在这个时期融入汉民族共同体的。在秦汉的政治舞台上，就活跃着许多少数民族出身的人物。统一的多民族的秦汉王朝创造了彪炳世界、灿烂辉煌的中华文明,展现出强大的民族凝聚力。

如何处理好与周边民族的关系,是历代中原王朝不得不考虑的重大政治问题。中原王朝对周边的少数民族或采取设立行政机构的方式进行直接统治,或采取羁縻、和亲政策,让少数民族政权既保持相对的独立性,又对中原王朝纳贡称臣。也有少数民族与中原王朝呈现出时战时和的状态。有的少数民族政权甚至最终击败中原王朝,入主中原,建立新的王朝,北魏、元朝、清朝都是实例。但不论何种情况,各少数民族的历史都是中国历史不可分割的组成部分,中华民族的历史是各民族共同创造的。

魏晋南北朝时期的民族大融合,是中华民族发展史上的一个里程碑。"中华"一词就出现在这个时期。[①] 在近四百年的历史进程中,匈奴、羯、氐、鲜卑、羌所谓"五胡",以及乌桓、柔然、高车、蛮、俚、僚等周边许多民族与汉族之间,以及各少数民族之间,都呈现出比较密切而复杂的关系。在民族矛盾几度比较紧张的同时,民族同化和民族融合的步伐也在加快。以汉化为表现形式的封建化,促进了少数民族社会经济的迅速发展,中华文明得到更广泛的传播和认同,而各少数民族的内迁,为中华民族注入了新的生机与活力,从而为隋唐文化的空前繁荣奠定了坚实的基础。

隋唐是中国境内许多民族乘势兴起的重要发展阶段,活跃在魏晋南北朝时期的许多民族已经难觅踪影,而封建社会后半期的主要少数民族,大都可以追溯到这个时期。在强盛国力的影响和吸引下,突厥、西域各族、回纥、吐蕃、南诏、契丹、靺鞨

---

① 《晋书》卷98《桓温传》引桓温《还都洛阳疏》:"自强胡陵暴,中华荡覆,狼狈失据。"《北齐书》卷21《高昂传》:"于时,鲜卑共轻中华朝士,唯惮服于昂。"

(mòhé)等少数民族与隋唐王朝在政治、经济、文化上联系紧密。唐太宗曾说："自古皆贵中华，贱夷狄，朕独爱之如一。"①在这种思想指导下，唐太宗获得了北边各民族的尊重，被尊奉为"天可汗"。唐代疆域较以前更加辽阔，统一的多民族国家进一步稳固，民族凝聚力进一步增强。

元是蒙古族建立的王朝。元的统一使中国的版图更为扩大，西藏、台湾都在这个时期归入中央政府的直接管辖之下，东北、漠北等民族地区与边疆也有了更为有效的行政管理。在新创立的行省制度下，中央与地方联系加强，再次呈现了多民族国家统一的盛大局面。尽管元朝统治阶级实施民族不平等政策，但"必行汉法乃可长久"②的客观现实，迫使元朝统治者不得不放弃落后的生产方式而汲取中原先进文明，注重吸收汉族士大夫参与国家决策。各民族间的交往与联系在这一时期空前加强。元朝在中华民族发展史上占有重要地位。

清代是中华民族获得空前发展和历史命运发生重大转折的时期。入关之初，清统治者曾一度实行比较激烈的民族压迫和歧视政策，但在汉族人民的坚决反抗下，这种政策最终得到调整。康雍乾时期，清朝政府通过军事和政治措施，完成了统一大业。清朝的疆域东起台湾、库页岛，西迄帕米尔、巴尔喀什湖，北及外兴安岭、萨彦岭，南达南沙群岛的曾母暗沙。以汉族为主体的多民族国家人口众多，疆域辽阔，综合国力曾位居当时世界前列。统一国家内各民族间的政治、经济、文化交流日益频繁而不可分割，民族认同感与凝聚力大大增强，中华民族的发展达到前所未有的高度，这是清朝对中华民族的历史贡献。至清朝后期，西方

---

① 《资治通鉴》卷198，唐太宗贞观二十一年五月条。
② 《元史》卷158《许衡传》。

列强侵略中国，中华民族的历史命运发生重大转折——从昂首挺立于世界民族之林到面临亡国灭种的严重危机。

清末，梁启超首先使用了"中华民族"一词。[①] 中华民族是在漫长的历史过程中形成的，是各民族共同缔造的。纵观历史，中华民族虽然历经磨难，其发展历程迂回曲折，有分裂，有倒退，特别是鸦片战争后更是饱受列强欺凌；但在艰难困苦面前，中华民族始终表现出强大的凝聚力和不屈不挠的奋斗精神，一次次站在人类文明辉煌的高峰。这是历史留给我们的宝贵财富。

## 四

公元前770年周平王东迁，至公元前221年秦始皇统一中国，是中国历史上的东周时期。东周又分为春秋和战国两个历史阶段。这是中国古代国家形态发展的一个重要转折时期。各诸侯国通过变法，中央集权有了新的发展，突出表现是由中央直接管辖的郡县等地方行政机构开始出现。国家的治理方式由分封制向直接行政管理过渡。世卿世禄的贵族世袭制让位于非世袭的官僚制。各级官僚的选拔、任用、升迁、罢免主要取决于贯彻执行君主意志的职官制度，任官资格主要凭借的是才能而非宗法血缘身份。官僚制与地方行政制度的建立，大大加强了列国君主的专制权力。复合制国家开始向单一制国家转变。

由秦开创的统一的专制主义中央集权国家在中国历史上具有深远意义。秦的统一是战国历史发展的必然结果。秦王朝所建立的制度，奠定了此后两千多年封建国家政治体制的基本模式。这

---

① 梁启超：《历史上中国民族之观察》，《饮冰室合集》第八册，专集四十一，中华书局1989年影印版。

绪论　中国历史的发展道路

主要表现在如下几个方面：

首先，秦朝建立了以"皇帝"为至尊的君主专制体制。公元前221年，秦王嬴政剪灭六国后，自认为功高五帝，拟于三皇，从中各取一字，创立了皇帝称号，并被以后历代王朝所援用。体现皇权独尊的一系列施政、礼仪制度也随之建立，并在历代逐步得到加强。

君主专制是专制主义的一种形式，本质特征是皇权凌驾于整个社会之上，皇帝集最高权力于一身。中国古代君主专制的萌芽可以追溯到三代时期。但是君主专制作为一种政体的正式确立并在全国范围内推行，始于秦始皇。君主专制政体并不是古代东方国家的专利，西方历史上也有君主专制政体。但中国古代君主专制政体自秦始至清亡，延续时间之长，却是世界历史上罕见的。

其次，秦朝建立了中央集权的国家治理模式，并被历代沿袭继承。秦统一当年，围绕实行怎样的地方行政体制，在朝廷上展开了激烈辩论。秦始皇最终采纳廷尉李斯的建议，废分封，全面推行郡县制。从此，"海内为郡县，法令由一统"[1]，之前列国纷乱不一的制度得以整齐，广袤的国土上实施着统一的地方行政管理措施。

郡县制以地域划分行政单位，郡县之下又设乡里，以严密的户籍制方式将全体民众纳入国家的控制之下，由中央直接委派主要官吏治理。中国古代地方行政制度在不同地区、不同朝代不完全相同，如在边疆及少数民族地区往往实施一些特殊的行政建制，以适应形势的需要。历代行政区划名称及管理区域范围也在不断变动之中，但由中央直接控制的模式基本未变。县及县以下的行政组织更具有较强的稳定性。

---

[1] 《史记》卷6《秦始皇本纪》。

贵族分封制残余历代仍有遗存。西汉初年，诸侯王严重危及中央集权的统一与安全。但经中央政府的严厉打击，自汉武帝以后的历代王朝，除少数时期之外，受封的贵族大都"惟得衣食租税"①，享受封国内的经济利益，而无治理民众的权力。郡县制取代分封制是历史的必然，历代有识之士清楚地看到这一点。如唐代柳宗元在《封建论》中就说："封建，非圣人意也"，"今国家尽制郡邑，连置守宰，其不可变也固矣"。秦之速亡，"失在于政，不在于制"。明清之际的顾炎武也说："秦虽欲复古之制，一一而封之，亦有所不能。"②这些都是卓识高见。

中央集权是指中央和地方的关系，与专制主义既有联系又有区别。专制主义必须依托中央集权，但中央集权不一定要仰赖于专制主义。中央集权不仅与分封制相对立，也与地方分权反向消长。在高度中央集权制下，地方政府的一切政治、经济、军事权力都由中央授予，没有自己的独立性。中国历史上实行的是中央集权式行政管理，但历代中央政府也根据具体情况，赋予某些特殊地区较其他地方较为宽松的政策乃至分治、自治。而在县以下的乡村，由于宗族、豪强、士绅等地方社会势力的存在，中央集权的干预仍然有限，强弱随时代而不同。大体说来，当中央集权衰弱或危机时，地方社会势力往往成为国家的对立面，形成分裂割据的力量；当中央集权强大时，地方社会势力则处在国家的控制与利用之下。社会势力与国家权力间的互动关系长期存在。历代中央政府为了强干弱枝，对地方宗族豪强等势力大多采取防范、压制，甚至打击的政策，但由于二者有着共生共存的关系，以宗族、地主豪强等为代表的社会势力与民间社会组织力量，在

---

① 《汉书》卷14《诸侯王表二》。
② 《日知录》卷22《郡县》。

国家基层权力结构中始终占有一席之地，成为国家权力的补充。

地方政府在绝大多数时期听命于中央，但也有相互博弈的时候。一般说，中央集权强大时，地方政府就会服从于中央，并成为中央政府的有力支撑。一旦中央政府某些政策不当，或者中央政府出现危机，地方势力就可能坐大，形成瓦解中央集权的力量。汉末的州牧与唐代中期以后的藩镇节度使都是例证。

统一是中国历史的大势，但专制主义中央集权国家也存在着各种产生分裂的温床。就中国历史实际来看，统一国家的分裂主要出自政治或民族关系原因，而非经济和文化因素。历代中央集权王朝衰落与崩溃的原因各有不同，但不能处理好与地方政府、地方社会势力的关系，不能处理好民族关系，无疑是重要原因之一。当然，基于经济基础和历史传统，重建的王朝最终还是要走中央集权之路。

最后，秦朝建立了一整套的官僚制行政管理体制。秦统一后，立足本国历史基础，兼收并蓄战国以来各国业已形成的官僚制度，在中央行政机构建立了皇权控制下以丞相领衔的公卿制度，在地方建立了以郡守、县令（长）为首的地方官僚制度。各级官吏无论在意识形态上还是在行政管理上都必须绝对服从皇帝的权威，严格执行中央的政令。

秦王朝建立的职业化的封建官僚体制，在具体的设官分职上后世都有较大的调整与改变，但其基本精神没有变化。第一，官僚选拔制度逐步完善。从秦朝的荐举、军功用人制，到汉代的察举制、魏晋南北朝的九品中正制，最后定型为隋唐的科举制并延续至清朝，统治阶级不断根据时代的发展变化而调整官僚选拔制度。其基本走向是重道德才能表现；其目的在于最大限度地扩大官僚选拔范围，使封建统治政权拥有更为广阔的社会基础，网罗更多的优秀人才。这一点，对保证整个封建统治秩序稳定及其不断延续有着十分重要的意义。特别是在科举制时代，作用尤为明显。当然，它也带来了官本位的弊端。明清以降，这种选拔制度日益僵化，已不能适应时代变化的需要。官僚选拔是受一定意识形态支配的，中国历史上的道家、法家、儒家，其思想对封建社会的吏治观都产生过影响。统治阶级根据社会环境需要，在不同时期通常会对其中的某些思想扬抑取舍，并据以调整官僚队伍的结构，但占主要地位的还是儒法两家思想。文吏和儒生是中国历史上官僚队伍的主要类型，外儒内法是中国历史上官僚行政的基本特点。第二，官僚行政中枢不断有所调整和变化。中国历史上虽然有秦始皇、朱元璋那样的独裁专权、亲自处理大量公文的皇帝，但即使如此，仍然需要一个行政中枢来协助其处理庞大的政务。历史上的行政中枢组织有很多变化，大体说是由个人开府的宰相制向组织机构化的宰相制演变。丞相府、三公府、尚书台、三省六部、中书省、枢密院等，都承担过中枢组织职能。明代废除宰相制，内阁实际承担着中枢的职能。清代，中枢机构由议政王大臣会议、内阁演变为军机处，专制主义随之发展到顶峰。为了防止皇权的旁落，专制君主需要不断调整、分散中枢组织的权力，这是导致中枢组织不断变化，以致名实不副的重要原因之一。历代行政中枢组织与皇权有时也发生冲突。在特定状态下，行政中枢组织也有限地约束了皇权，阻止、限制了皇权的恶性发展。第三，为保证专制主义中央集权下官僚队伍的忠诚和官僚机构的正常运行，形成了关于官僚考核、监督、管理的一整套措施。这套措施历代并不完全相同，但总体趋势是日益向制度化的方向发展。中国历史上政治比较清明，社会比较稳定的时期，通常是吏治比较好的时期。"明主治吏不治民"[①]，是封建政治文化

---

① 《韩非子·外储说右下》。

的重要经验之一。

为完善对官僚的监督监察制度，历代制定颁布了许多惩贪律令。在民本思想的影响下，统治阶级内部也出现了一些清官循吏。但这些都改变不了封建统治阶级的贪婪本质，腐败和残暴成为痼疾。中国封建社会的基本矛盾是农民阶级和地主阶级的矛盾，但封建国家是地主阶级的政治总代表和经济利益的强力维护者，所以更多集中表现为农民和封建国家的矛盾。官逼民反是历代农民起义的通例。在封建剥削阶级的多重压迫下，中国历史上农民起义规模之大、反抗之激烈，是世界历史上所少见的。由于时代的局限性，农民阶级难以创立新的政治体制，更不能创建新的社会制度，但历代农民起义一次次地打击封建地主阶级的腐朽统治，争取自身的权益，推动历史前进，都有毋庸置疑的进步意义。

封建专制主义中央集权政体自秦朝以后沿袭了两千多年，直至1911年清朝被辛亥革命推翻。正常运作的中央集权有利于集中大规模的人力物力进行公共工程的修建；有利于生产技术的传播和商业贸易的流通，促进社会经济的发展；有利于抵御外侮，防止分裂，推动统一多民族国家的形成和巩固。汉、唐、明、清等若干时段鼎盛局面的出现，显然与这种政体所创造的政治社会环境有关，其积极作用，不可否认。但是，封建专制主义的长期延续和中央集权的过度膨胀对中国历史的发展则有严重的阻碍作用。维持这种政体需要国家供养大批官僚和军队，其沉重负担必然要通过各种名目的赋税强加到人民身上，从而导致对社会经济的摧残。劳动人民要承受专制君主、贵族、官僚和地主的多重压迫与剥削，苦难深重。而在思想文化领域厉行的思想禁锢、文化专制，扼杀着民主与科学精神的产生和传播。

进入近代以后，资本主义列强凭借强大的经济和军事实力，不择手段地以武力掠夺的方式敲开了古老中国的大门。腐败的清政府被迫签订一系列不平等条约，使中国主权丧失，一步步沦入半殖民地半封建社会的深渊。中华民族面临着生死存亡的严重危机。反帝反封建成为近代中国历史的主题。面对危局，清政府内部的有识之士进行了一些改良运动；为了救亡图存，无数仁人志士为之进行了不懈的奋斗，浴血抗争，寻找救国救民之路，留下许多可歌可泣的壮烈事迹。但改良道路和旧民主主义革命，最后都以失败而告终。从此，领导反帝反封建的革命斗争，争取民族独立和人民解放的重任，落到了中国共产党人的身上。这是历史的必然选择。

波澜壮阔的中华五千年文明史，呈现出自身独特的风格与特点。但中国历史的发展道路并没有脱离马克思主义所阐述的人类历史发展的基本规律。历史的统一性寓于历史的多样性之中。中国历史发展的基本规律、具体进程和丰富经验，都雄辩地证明历史和人民选择在中国共产党领导下坚持走中国特色社会主义道路的必然性。

# 第 一 章
# 中国的原始社会与文明起源

中国是远古人类起源的一个重要地区。远在距今 800 万年，腊玛古猿禄丰种就繁衍生息在云贵高原的莽莽森林之中，并开始从猿到人的悠长进化历程。

同世界上许多古老民族一样，中国历史上第一个社会形态是原始社会。从重庆巫山人算起，中国原始社会的开端距今约 200 万年。其后在社会组织形式上经历了自原始群到氏族公社（包括母系氏族公社与父系氏族公社）①的演进，在考古学文化分期上前后发生了旧石器时代与新石器时代的更替。在距今约 6000—5000 年，中心聚落与普通聚落相结合的农耕定居社会共同体在华夏大地星罗棋布，各聚落之间及聚落内部的社会关系从平等走向初步不平等，并逐渐酝酿着早期文明的萌动。

中国是世界文明古国之一。在距今约 5000—4000 年，全国各地城邑纷纷崛起，小邦小国并立，众邦国结成邦国联盟。邦国

---

① 关于原始社会史的分期，学术界存在"三分说"与"两分说"的分歧，焦点在于"原始群时期"与"氏族公社时期"之间有无"血缘公社时期"。关于原始群时期的古人类，学者们也有不同观点，有的认为是正在形成中的人（指从腊玛古猿至南方古猿），有的则认为是直立人（如元谋人、北京人等）和早期智人（如丁村人等）。本书采用后一种说法。

已具有国家的初始形态，形成了群星璀璨的邦国都邑文明。这是中国的早期文明时代，是华夏先民们告别原始社会、迈进阶级社会的过渡阶段。

原始社会是一个人人平等、共享劳动成果的原始共产主义社会，同时也是一个经济与社会发展水平低下、成员平均寿命短促、普遍贫困和蒙昧的初级社会形态。在人类历史的长河中，阶级社会取代原始社会，文明战胜蒙昧，是具有划时代意义的伟大进步。

## 第一节　古人类与旧石器时代

### 一　由猿到人的演变

近代以来的科学研究表明，人类是由类人猿进化来的。一般认为生活在距今1200万—800万年的腊玛古猿是人类的祖先。这种古猿化石首先发现于印度与巴基斯坦接壤的西瓦立克山区，随后在肯尼亚、匈牙利、希腊和我国云南等地也都有发现，其中以云南禄丰发现的化石资料最为丰富，也最为重要，学术界定名为腊玛古猿禄丰种。以往大多认为，人类起源于非洲，而后向世界各地扩散。我国古人类学家根据腊玛古猿的材料提出，人类的起源地以"亚洲南部更可信"。禄丰古猿的发现使我们更有理由相信，中国是世界上人类起源的重要地区之一。

继腊玛古猿之后，被归入人科的是生存时间距今四五百万年的南方古猿和距今约二三百万年的被称为"能人"的早期人类。在我国境内，南方古猿化石发现于湖北、广西等地，"能人"化石目前尚未发现。[①]

---

[①] 国外古人类学者指称在东非发现的早期直立人为"能人"。我国古人类学者认为，生活在距今170万年的云南元谋人约相当于"能人"时代的晚期。

由猿到人的演变，主要是在从腊玛古猿、南方古猿到"能人"的体质形态漫长进化与劳动技能不断提高的过程中完成的。在这一进化过程中，手足分化、直立行走和制造工具具有决定性意义。最初，古猿成群地生活在树上。在长期的攀援生活中，古猿学会了用上肢摘取果实，拿木棍或石块抵御野兽，这样就使手和足有了初步的分工。但行走时仍然是半直立姿势，而且经常需要用手来帮助。后来，由于气候的变化，森林的减少，迫使一部分古猿迁移到地面上生活。环境的改变使得手需要从事越来越多的和脚不同的活动，于是在行走时就开始摆脱用手帮助的习惯，渐渐直立行走。直立行走是古猿对自然环境发生变化的一种选择，它完成了从猿到人的具有决定意义的一步。由于直立行走，他们的手和足开始分别从事不同的动作；特别是手的解放，为制造简单的工具提供了前提，而劳动正是从制造工具开始的。从此，人类不同于猿类，具有了简陋的生产工具和支配自然的微弱能力，而具有思维能力的大脑和音节分明的语言也随之逐渐发展。

## 二　中国的古人类与旧石器文化

人们一般将文字出现以前的人类历史称为史前史，将史前社会形态称为原始社会。考古学家又按照人类使用生产工具的性质把史前史分为旧石器时代和新石器时代两个阶段。旧石器是指以打制方法制作的石器，新石器是指磨制的石器。旧石器时代是人类历史最早的阶段，这一时期的人类，以打制石器为主要工具，过着采集和狩猎的生活，属于人类的童年时代。

旧石器时代早期的人类，称直立人，也称猿人。直立人大约生活在距今200万—20万年。我国发现许多直立人化石，其中较重要的有巫山人、元谋人、北京人等。

我国境内已知最早的人类是巫山人。巫山人化石是1985年在重庆巫山县龙坪村龙骨坡发现的,当时发掘出一块猿人下颌骨和一枚上门齿,一同出土的还有两件打制石器。巫山人生活在距今204万—201万年,属于旧石器时代早期。

比巫山人稍晚的是距今170万年的元谋人。元谋人遗址位于云南元谋县上那蚌村附近的小丘梁上。1965年发现两枚人类牙齿化石和一些粗糙的石器,以及大量炭屑、小块烧骨、哺乳动物化石等。从元谋人遗址出土的炭屑和烧骨看,元谋人已经知道用火。[①] 元谋人与巫山人属于早期直立人。

在全世界的晚期直立人中,北京人是最著名的。北京人化石是1927年在北京西南周口店龙骨山山洞发现的,最初发现的是牙齿和下牙床化石。1929年,我国青年古人类学者裴文中发现了北京人第一个头盖骨,轰动了世界。此后,又陆续有新的发现。这样,在北京人遗址的历次发掘中,共发现分属四十多个男女个体的北京人化石,十多万件石器和石片,一百多种动物骨骼,还有灰烬层厚达6米的用火遗迹。北京人遗址是世界上出土古人类遗骨和遗迹最丰富的遗址之一。

北京人头盖骨低平,头骨较厚,有较多的原始性状,平均脑容量约1075毫升,男性平均身高1.62米,女性1.52米,较现代中国人稍矮。依据多种方法测定,北京人的年代距今71万—23万年。

北京人以洞穴为家,洞内各个地层中堆积的灰烬表明,北京人不仅懂得用火,而且还能保存火种,已经具备管理火的能力。由于用火,人类摆脱了茹毛饮血的境况,开始了熟食,从而缩短

---

① 比元谋人用火还要早的是距今180万年的山西芮城县西侯度遗址,在该遗址中发现有用锤击法打制的砍砸器、刮削器等三十多件石器,还有人工砍砸过的残鹿角和一些烧骨,只是没有发现直立人化石。

了消化过程，从食物中汲取更丰富的营养，大大促进了体质的发展。由于用火，提高了原始人同野兽斗争的本领，增强了人在大自然面前的能力。所以，火的使用在人类历史上有着特别重要的意义。

北京人过着采集和狩猎的生活。那时的周口店一带，森林茂密，野草丛生，猛兽出没。北京人采集一些能吃的叶子，挖掘植物的根茎，以及各种果实和种子食用。在狩猎方面，北京人不仅能猎获小动物，也能捕获个体较大的动物。采集和狩猎生活为北京人提供了广泛的食物来源。北京人的经济和社会生活对于整个直立人时代都有代表性意义。

到距今20万—5万年，进入了旧石器时代中期，此时的人类被称为早期智人。以大荔人、丁村人为代表的早期智人的主要体质特征是脑容量较大（在1300毫升以上）。此时，石器打制技术更加进步，类型也较为丰富。狩猎生活中大量使用投石索抛掷石球，是这一时期的显著特点。狩猎的发展，使得肉食有明显的增加。生活方式和营养的改善，使得早期智人只用了不到20万年的时间就过渡到晚期智人。

距今5万—1万年的晚期智人，体质形态与现代人已无差别，世界上三大人种基本形成，这时的石器文化也有较大进步，已进入旧石器时代晚期。

我国的晚期智人化石和文化遗存遍布于全国各地，但以北京周口店山顶洞人最为著名。山顶洞人的年代距今约1.8万年，化石中三个比较完整的头骨，分属于青年妇女、中年妇女和老年男子。山顶洞人仍使用打制石器，但已掌握磨光和钻孔技术。他们已会人工取火，靠采集、狩猎为生，也从事捕鱼，还能用磨制的骨针缝制衣服。山顶洞人已产生一定的葬俗，人骨周围散布有赤铁矿粉末，并有许多装饰品，应具有特殊的含义，也许已经有了审美意识。

人工取火和弓箭是旧石器时代晚期的两大发明。自从人类懂得使用火之后，在相当长的时期内，人类都是利用天然发生的火。到旧石器时代晚期，由于掌握了磨制、钻孔和锯的技术，才发明了人工取火。从利用天然火到人工取火，这是又一巨大进步。我国古代有关燧人氏钻木取火的古史传说，就表达了这一伟大的历史进步。而弓箭的发明和使用，使狩猎技术和武器获得飞跃性发展，给原始狩猎经济带来了新的生机。恩格斯曾高度评价弓箭的发明："弓箭对于蒙昧时代，正如铁剑对于野蛮时代和火器对于文明时代一样，乃是决定性的武器。"[①]

人类走过二三百万年的漫漫长路，完成了从直立人向现代人的进化，人类文化也随着人类体质的进化而向前发展。在旧石器时代的绝大部分时间里，人类的社会组织先是长期处于原始群状态，只是到旧石器时代末期，才进入氏族社会。根据"知其母，不知其父"的古史传说，最初的氏族社会属于母系氏族社会。它由一个个既简单又封闭的母系氏族公社构成。氏族是最基本的单位，部落是若干近亲氏族的结合体。每个氏族都有自己的居住地和以动物、植物或其他自然物为徽号的图腾，并由氏族成员民主推举年龄长、能力强、富有经验和威信者担任首领。氏族实行族外婚制，内部保持严格的母系血缘关系，子女"知其母，不知其父"。氏族成员之间关系平等，共同生产劳动，共同居住消费，过着原始共产主义生活。旧石器时代末期，伴随着劳动技术的提高、生产活动的发展、装饰品的出现、埋葬习俗的萌芽、抽象思维的发展，人类取得了多方面的进步，其中最值得关注的

---

[①] 恩格斯：《家庭、私有制和国家的起源》，《马克思恩格斯选集》第四卷，人民出版社1995年版，第20页。

是，人们在高级采集—狩猎经济中，依据自己对动植物生长规律的认识，开始尝试着谷物的栽培和牲畜的驯养，这样，由高级采集经济逐渐发展出农业和家畜饲养业，原始社会也由旧石器时代转型为新石器时代。

## 第二节 新石器时代与远古社会的演进

### 一 农业的起源与平等的农耕聚落社会

距今一万多年前，人类迎来原始社会的第一次大变革，进入了考古学上称为新石器时代的全新时期。与旧石器时代打制石器、采集和狩猎相比较，新石器时代以使用磨制石器、制造陶器、出现农业、饲养家畜、修建村落等为特征，其中农业的发明是最根本性的。农业的发明和定居聚落的出现，是世界上一切农业民族通向文明时代的共同起点。

中国农业起源最早可追溯到一万多年前。[①] 现已发现的中国南方一万多年前的含有稻作标本的新石器时代早期遗址，大多还是洞穴遗址，如湖南道县玉蟾岩和江西万年仙人洞。站在洞口放眼展望，前面是开阔的平原沃野，有着丰富的植物食品资源。远古先民们在当时的采集和狩猎生活中，也开始对沃野上的可食性植物进行有意识的培育，这种从采集植物过渡到培育植物，就是所谓农业的起源。随着培育的农作物在食物中所占比重的增加，先民们就由以前只是从自然界直接获取食物的攫取经济发展到了生产经济。随之而来的便是走出山洞，定居于适合农业种植的平原与河谷地带，建造房屋和村落，培育谷物，栽培蔬菜，饲养家

---

① 世界上的农业起源中心，主要有西亚、东亚和中南美洲三个。东亚的农业起源中心主要是中国。

畜，烧陶纺织，进入农耕聚落生活。伴随着农业的起源，在中国的南方和北方都出现了一批新石器时代早期的农耕聚落。考古发掘表明，全国各地都可以建立从新石器时代早期到中期和晚期的比较完整的考古学文化谱系，展现出新石器文化的多样化发展。中国农业的起源和新石器早期文化的多样化发展表明，中国古代文明的起源既是本土的，又是多元的。

中国原始农业的种植，在北方以俗称小米的粟和俗称黄米的黍为主，南方以水稻为主。最早饲养的家畜是狗、猪、鸡和水牛，其中猪一直是主要家畜。到七八千年前，中国北方和南方的农业与农耕聚落都有了很大发展。当时主要的耕作方法是，先用石斧把树木砍倒，晒干后放火焚烧，以此开辟出新的田地，然后再用石铲、石锄、骨耜（sì）、木耜等翻土播种。收获时，用石镰收割，用石磨盘、石磨棒加工谷物。由于松土工具耒（lěi）耜的出现和普遍使用，农业生产力得到提高。考古工作者在河北武安磁山聚落遗址中发现88个用来储存粮食的窖穴，根据其内粮食遗迹堆积体计算，粮食储量达13万余斤。在浙江余姚河姆渡聚落，其储存的稻谷也有20万斤以上。这么多的粮食储存，再加上家畜饲养、狩猎、捕捞、采集等所补充的食物来源，足以保证一个300多人口聚落的全年需求。

农业生产力的提高与粮食的储备，为聚落生活的安定提供了保障。而稳定的社会生活，则使人们的精神生活得到多方面的发展。在距今八千多年的河南舞阳贾湖遗址，出土了25只用丹顶鹤的腿骨制作的骨笛。骨笛的孔数有五孔、六孔、七孔和八孔，其中七孔骨笛数量最多。经测定，这些骨笛不仅能够吹奏出完备的五声音阶，还能够吹奏出六声和七声音阶，这在中国音乐史和乐器史上都是了不起的发明。此外，在贾湖遗址的墓葬中还出土了许多龟甲，龟甲内装有数量不等的石子，有的龟甲上还刻有符号。经研究，这些龟甲和龟腹石子都是用来占卜的，反映出八千多年前舞阳贾湖先民们的原始宗教意识。

中国史前农耕聚落社会发展到距今六七千年，进入了考古学上的仰韶文化时期。① 仰韶文化不但以其精美的彩陶闻名于世，其聚落形态在当时平等的氏族部落社会中也是最典型的。以陕西临潼姜寨聚落遗址为例，在用壕沟围起来的村落中，大约100座房屋被分成五组大的群落，由这五组房屋围出一个1400多平方米的广场，构成一个共同活动的空间。各组房屋的门均朝向中央广场，形成一个典型的圆形向心布局，体现出聚落内部的团结与内聚（图1—1）。

姜寨遗址内五组房屋实为五个大家族。在同一时期，每组房屋内都有一座面积100平方米左右的大房子和一座面积30多平方米的中型房子，其余则是面积为15平方米左右的小型房子。大房子是大家族内举行集会议事等活动的家族公房，中型房子是供家族长使用的，而小型房子则可供家族内三四口人使用。这样，姜寨聚落的社会组织结构为：若干近亲属成员组成一个大家族，五个大家族组成一个氏族。姜寨聚落就是一个氏族公社，其人口约300—500人。

姜寨聚落有氏族公共墓地。墓地内各个墓葬的随葬品不多，差别不大，说明当时社会还未产生贫富分化。综合姜寨聚落的各方面情况来看，姜寨氏族公社的人们非常团结，很有凝聚力。他

---

① 仰韶文化最初于1921年在河南渑池县仰韶村发现，以后数十年间，在河南、陕西、河北、山西、甘肃东部等地区所发现类型相近的众多文化遗址皆以仰韶文化命名。它们的年代范围大约在距今7000—5000年间，其中又划分为早、中、晚三个时期。仰韶文化时期，农业、畜牧业、制陶业都有相当程度的发展。农业以种粟为主，畜牧业主要饲养猪、狗，制陶业则以烧制的彩陶最为著名。西安市东郊的半坡遗址、临潼的姜寨聚落遗址都是保存最为完整的仰韶文化早期聚落。

图1—1　陕西临潼姜寨聚落遗址复原图

们既从事农业，也兼营狩猎、采集和陶器的制作。整个聚落在经济上自给，内部大小血缘集体之间以及个人之间，关系平等和睦。因而，以姜寨聚落为代表的这一阶段的社会，依旧属于母系氏族社会，只是在氏族内已产生了家族。首先是母系家族破茧而出。这种家族由一位始祖母的若干近亲属组成，仍然保持着成员共居的母屋和原始共产制，不过已孳生了本家族的特殊利益和相对独立性，从而迟早会向原"无势利之争"的氏族社会注入离心因素。自此以后的社会变革，沿着母系家族的变化与父系家族的出现而展开。

## 二　中心聚落的出现与社会不平等的产生

以农业为主的生产经济日益发展，既促使母系家族内的男子成为主要劳动力，妇女改为主要从事家务劳动和辅助性生产活动，又促使一些条件优越的母系家族有了剩余生活资料和积累财富的可能。这种情况引发母系家族产生了多方面的变化，如男女的地位在家族内此升彼降；家族财产私有制和私有观念萌芽；家族之间开始贫富分化；家庭与婚姻形态从男子入居女方家族改变为妇女从夫居，由对偶婚制向专偶婚制过渡并由此孵化出古代东方特色的家长制家庭公社，子女的直系亲属关系也摆脱了"知其母，不知其父"的旧传统。这样，在日益发展的家族财产私有制的强力推动下，母系家族终于转化为父系家族，父权制取代母权制，从而导致原先平等的农耕聚落社会到距今6000—5000年间，开始出现不平等并逐渐酝酿着早期文明的萌动。这种不平等表现为两个方面：一是在聚落内部出现贫富分化和贵族阶层；另一是在聚落与聚落之间，出现了中心聚落与普通聚落相结合而规格、地位却高下悬殊的格局。中心聚落，往往规模较大，有的还有规格很高的特殊建筑物，它集中了高级手工业生产和贵族阶层，与周围其他普通聚落，构成了聚落间初步的不平等关系。社会关系初步不平等的中心聚落形态，正是史前平等的氏族社会与早期文明时代之间的过渡阶段，这是文明起源过程中一个重要的环节。

在考古发现的史前中心聚落遗址中，1959年发掘的山东泰安大汶口遗址是最著名的。大汶口遗址总面积有82万平方米，是一个规模较大的聚落。大汶口聚落内的不平等是由其墓地中大墓与小墓的差别体现的。一些富有的大墓，墓穴规模宏大，使用木椁葬具，有大量精美的陶器和石骨器，有些多达100多件，而且还有精美的玉器和象牙器等。而那些十分简陋的小墓，墓穴仅容一具尸骨，随葬品只有一两件豆、罐之类的陶器，有的甚至一无所有。大汶口墓地大墓与小墓的这种反差，说明大汶口居民内部已出现财富和社会地位上的分化。与同一时期周围其他聚落遗址相比，大汶口墓地中大型墓的数量较多。而其他遗址即使有大型墓，有的也没有玉器、象牙器、鳄鱼皮鼓等特殊器物，也没有看到木椁。可见，大汶口聚落的地位较高，大汶口与周边其他聚落构成了一种主从关系，大汶口聚落的贵族们不但支配着本聚落的平民，还支配着其他聚落的人民。

在大汶口文化陶器上，发现10余种20多个图像文字，其中最有代表性的是表示日与火的"☉"和表示日、火、山的"☉"。两者属于简体与繁体的关系。"☉"可释为"炅（jiǒng）"字，其中，"○"即太阳，代表天空天象；"⋀"代表与天象有关的辰星大火，即大火星。远古时期，负责祭祀和观察大火星而进行观象授时的神职人员被称为"火正"，这两个图像文字表达的有可能就是当时的"火正"对于大火星的观察、祭祀和观象授时。

大汶口文化中的"☉"和"☉"，不仅发现于山东，也发现于安徽、湖北和浙江等地，似乎已约定俗成。可见，五千多年前，在春分前后通过观察辰星大火出没以定农时的历法，在山东、安徽、湖北、浙江等广大地区已被普遍采用。当时设置这些神职人员负责祭祀，是与全社会的生产和管理密不可分的。贵族阶层的产生，其来源和途径是多方面的，而神职人员的设立应是重要的途径之一。

一般来说，一个聚落群内的中心聚落，既是权力和经济的中心，也是宗教祭祀的中心。但是我国辽西与内蒙古东部地区的红山文化所发现的女神庙、积石冢和原始天坛、社坛等遗迹，则给我们提供了另一类型的宗教中心或圣地。

红山文化女神庙是1981年在辽宁西部凌源、建平两县交界处一个叫牛河梁的山梁上发现的。女神庙为平面呈"亚"字形的半地穴式土木结构，庙内出土了具有很高艺术性的泥塑人物群像，皆为女性。已发现的人像残块有头部、肩臂、乳房、手等，分属六个个体。一般与真人大小相近，有的是真人的三倍（见彩图一）。在女神庙遗址周围分布着许许多多的积石冢，也有祭坛。积石冢的修筑是用石头砌成墓圹，中间有较大的石椁，墓主人的随葬品以玉器为主，有玉龙（见彩图二）、玉箍、玉环、玉璧等。

女神庙和积石冢相互关联。女神庙里供奉的是久远的祖先，积石冢中埋葬的是部落中刚刚死去的酋长，随着时间的推移，这些死去的著名酋长，也会逐渐列入被崇拜的祖先行列。可见，红山文化中的女神庙和积石冢表现出隆重的祖先崇拜。

红山文化以其女神庙、积石冢、大型祭坛和精美的玉器而被学术界誉为文明的曙光。红山文化的先民们，在远离村落的地方专门营建独立的庙宇和祭坛，形成规模宏大的祭祀中心场，这绝非一个氏族部落所能拥有，而是一个部落群或部族崇拜共同祖先的圣地。这些大型原始宗教祭祀活动代表着当时全社会的公共利益，具有全民性的社会功能。在原始社会末期，各地酋长正是通过对祖先崇拜和对天地社稷祭祀仪式的主持，使得自己已掌握的权力进一步上升和扩大，使其等级地位更加巩固和发展，并且还使这种权力本身变得神圣起来，披上了一层合法外衣。

## 三　邦国文明的出现

人类社会由平等走向不平等的复杂化过程，也就是文明和国家起源的过程。中国史前社会，在经历了社会关系初步不平等的中心聚落阶段之后，到距今5000—4000年，迎来了早期文明。由于这一阶段分布在黄河流域的史前文化属于龙山文化，因而这个时期也被称为龙山时代。龙山时代，由墓葬所反映的阶级和阶层分化愈加显著，在黄河流域、长江流域和内蒙古中南部河套地区等地都出现了城邑与国家的初始形态——邦国，这些都属于中国早期文明与国家形成过程中的突出现象。

用壕沟围起来的村落，考古学上称为环壕聚落。从环壕聚落发展出用城墙围起来的城邑，城邑的建造不仅在防御上是巨大进步，更主要的是体现出社会管理机制和组织调配人力物力资源能力的提高。中国的史前城邑出现得很早，如南方距今6000年的大溪文化湖南澧县城头山遗址，北方河南郑州西山距今5000多年的仰韶文化晚期城址。然而，这些城邑还都不属于早期文明时代的国家都城。作为国家都城，城内应该有宫殿宗庙等高等级、高规格的建筑物，还应当伴有阶级和阶层的分化，以及手工业的专业化分工等，这些只有到距今5000—4000年的龙山时代，才在阶级和阶层分化的背景下出现。龙山时代的城邑不但具有防御功能，也是强制性权力机构存在的标志。这种凌驾于全社会之上的强制性权力的设立，正是早期国家形成的最重要特征之一。

《尚书》等秦汉以前的典籍，把早期国家称为邦国。在邦国中，每邦一般都有自己的都城，因而这样的文明也被称为邦国都邑文明。在众多龙山时代的城邑中，陶寺遗址对于我们了解当时邦国都邑文明有着特别重要的意义。陶寺遗址在今天的山西襄汾县陶寺村南。根据古史传说，包括陶寺在内的临汾盆地是帝尧陶唐氏的居地。陶寺遗址的年代大约为距今4300—4000年，其中作为都邑而存在的时间约为距今4300—4100年，这一年代范围在夏代之前，属于尧舜时期。所以，陶寺遗址很有可能是帝尧陶唐氏的都城。[1]

陶寺城址的规模比较大。在陶寺城内，发现有宫殿建筑，有贵族居住区，有仓储区，还有用作观象授时的大型天文建筑。在

---

[1] 关于陶寺遗址的族属，有人认为是帝尧陶唐氏的遗存，有人认为是尧和舜的遗存，也有人认为是夏禹的遗存。本书依据最新的考古学发现和碳十四测年结果，采纳陶寺遗址是帝尧陶唐氏的都邑这一观点。

陶寺遗址出土的各种遗物中，很多陶器都施以各种彩绘，其中彩绘的龙纹陶盘可能是一种礼器。在彩绘陶器上还发现朱书的两个文字，其中一个可释为"文"，另一个或释为"易"，或释为"尧"(尧)。陶寺发现的这两个文字的字形和结构，比大汶口文化中的图像文字又进了一步，应是中国最早的文字之一。在陶寺的大型墓中出土有用鳄鱼皮蒙作鼓面的鼍(tuó)鼓，一同出土的还有大型石磬。鼍鼓和石磬都是重要礼器，其墓主人有可能是握有祭祀和军事大权的邦君之类人物。在陶寺遗址还发现了一件红铜铸造的铜铃和红铜环，证明当时已出现了金属冶铸业。此外，陶寺遗址还出土了许多玉、石制的礼器，如琮、璧、钺、瑗、环等。通过陶寺遗址所出土的各种不同质地、不同种类的礼器，可以推想当时已形成了礼制，"器以载礼"，贵族身份和尊卑等级都可在礼器的使用中得到体现。

陶寺遗址墓葬资料呈现出鲜明的阶级阶层分化。陶寺墓地发现的一千多座墓葬，可划分为大型墓、中型墓和小型墓三大类七八种等级。处于最高层的是甲种大墓，其墓主人使用木棺，棺内撒朱砂，随葬品数量多而精美，达一二百件。处于最下层的是小型墓，占总墓数的80%以上，小墓墓主有的只有骨笄(jī)之类的小件随葬品1—3件，而更多的则一无所有（图1—2）。小墓中个别的尸骨缺失手、足，或头骨被砍伤。究其原因，若非战争中受伤，便是受刑所致。可以说，从公元前2400年开始，陶寺社会已形成金字塔式的等级结构和阶级关系。

综合陶寺遗址各种考古发现，可以看到这样一幅历史画面：陶寺都邑和其周围村邑的分布格局已具有早期国家的框架，已出现邦君都城、贵族宗邑和普通村邑相结合的组合结构；墓葬的等级制表明社会存在着阶级和阶层分化；陶寺的经济生产不但有发达的农业和畜牧业，而且制陶、制玉、冶金等手工业也已从农业

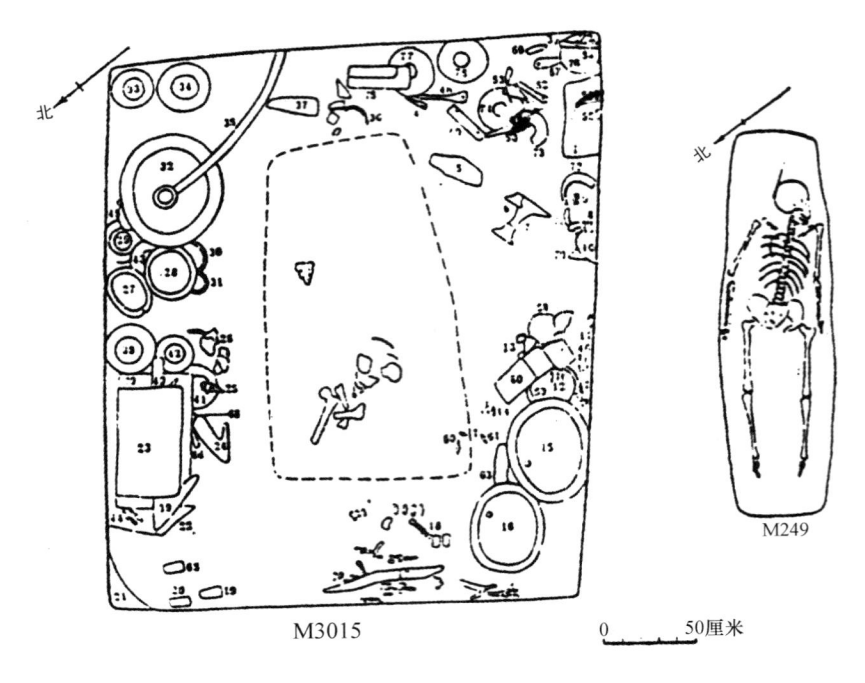

图 1—2　山西襄汾陶寺大墓与小墓对比图

中分离了出来；生产的专门化使产品空前丰富，但不断增多的社会财富显然愈来愈集中在少数人手中。陶寺城址规模很大，城内发掘出土物非常丰富，陶寺文明是当时众多邦国文明中的佼佼者。

　　陶寺之外，河南、山东等地的龙山文化，浙江、上海的良渚文化，湖北的石家河文化等，也都有城邑和贵族墓葬，社会也已产生阶级和阶层的分化，也存在制玉、冶金、制陶等手工业的专门化，只是各地的发展程度略有不同而已。可见龙山时代的邦国是一大批，而非孤零零一个、两个，这正是在各地交互影响作用下产生的。

　　文献中，夏代之前的尧舜禹时期已有"万邦"。如《尚书·

尧典》说帝尧能"协和万邦"。《汉书·地理志》说尧舜时期"协和万国",到周初还有1800国。《左传》哀公七年说"禹合诸侯于涂山,执玉帛者万国"。这里的"万邦"、"万国"之"万"字,只是极言其多,未必指实,其中既有属于早期国家形态的政治实体,也有许多属于仍处于原始社会的诸氏族、部落,但"万邦"这一概念充分表现出当时众多部族分布各地、小邦小国并立的实际状态,而这些恰恰同考古学上龙山时代城邑纷纷崛起、散处各地、互不统属的格局相吻合。邦国已具有国家的初始形态,而国家正是政治文明的首要标志和主要载体,所以距今5000—4000年的龙山时代,即古史传说中的黄帝①、颛顼(zhuān xū)、帝喾(kù)、尧、舜、禹时期,就是中国早期文明——邦国都邑文明②的形成时期。

## 第三节 古史传说与远古社会

### 一 三皇传说的时代特征

在没有文字的时代,人们以口耳相传的方式来保存和流传历史。这些内容后来被用文字记录下来,便成为文献中的古史传说。古史传说中含有一些神话的成分,有些可能是关于远古时代的朦胧记忆或想象,也有些则属于古人对宇宙和自然的一种解释。例如女娲(wā)抟土造人的传说,就是用神话来解释人类

---

① 关于黄帝的历史纪年,自古迄今众说纷纭,从公元前2488年至前2997年,所定时间相差几百年。翦伯赞、齐思和等学者合编的《中外历史年表》(中华书局1961年版)定在公元前2550年。

② 世界上最古老的原生形态文明共有6个:美索不达米亚文明,埃及文明,印度河流域文明,中国文明,中美洲文明,南安第斯文明。其中,只有中国文明自古迄今一脉相承,从未中断。

的起源。共工"怒触不周山"①的神话传说，在某种意义上，解释了中国地理西北高、东南低的地形地貌和许多江河都流向东南的走向。

在传统史学中，中国的历史自三皇五帝开始。三皇五帝作为一个专有名称，出现在战国时代。《周礼》、《庄子》和《吕氏春秋》等书中都有"三皇五帝"这一概念，但三皇到底指谁？五帝由哪五位组成？在古代文献中说法不一。正如东汉末年王符在《潜夫论·五德志》中所说："世传三皇五帝，多以伏羲、神农为二皇，其一者或曰燧人，或曰祝融，或曰女娲，其是与非，未可知也。"今天看来，战国秦汉时期的人是用"三皇五帝"统括了远古其他诸帝，用它表述社会历史的推移和递进，表达了一种社会发展的历史观。其中有关燧人、伏羲和神农的"三皇"传说，分别反映了旧石器时代晚期和新石器时代早期的某些社会特征。

相传燧人氏钻燧取火，使民懂得熟食而告别茹毛饮血的时代。燧人氏"钻燧取火"属于人工取火。发明钻燧取火的前提是不仅要对火及燃烧条件有充分的掌握，对木料质地有充分的认识，还要有磨、钻、锯等工艺产生，然后才有可能发明钻燧取火的方法。考古发现证明，正是在旧石器时代晚期发明了磨制、钻孔和锯的技术。因此，燧人氏"钻燧取火"的传说，反映的应该是旧石器时代晚期发明人工取火之后的社会生活。燧人氏实为一个人格化的"指示时代的名词"或"文化符号"，而不应将之视为某一个人或某一族的名称。

传说中的伏羲文化主要特征除"教民以猎"、结网捕鱼之外，还有"仰则观象于天，俯则观法于地，观鸟兽之文与地之

---

① 《淮南子·天文训》："昔者共工与颛顼争为帝，怒而触不周之山，天柱折，地维绝。天倾西北，故日月星辰移焉；地不满东南，故水潦尘埃归焉。"

宜，近取诸身，远取诸物，于是始作八卦"①。"始作八卦"说明已出现原始、朴素的逻辑思维和辩证思维，而伏羲氏时代的渔猎经济也已不属于旧石器时代早期和中期较低级的渔猎经济，应与旧石器时代晚期较高级的渔猎经济相对应。

传说神农发明了农业，也发明了耒耜。但是考古发现告诉我们，发明农业与在农业生产中使用耒耜农具是两个不同的阶段。神农氏的传说若代表的是农业的起源，反映的是距今12000—9000年新石器时代早期阶段的事；若传说的是耜耕或锄耕农业，则属于农业起源之后，即距今9000—7000年新石器时代中期的事。

中国的原始农业分为北方的粟黍旱作农业和南方的稻作农业两大系统。在黄河流域、长江流域和华南各地都可以看到属于农业起源阶段的新石器时代早期遗址。中国的农业不可能起源于一地，它起源于南北不同的地方。因此既不能把神农氏看成是一个人，也不能说农业是由他一人发明的，与燧人氏、伏羲氏一样，神农氏也应视为一个人格化的"指示时代的名词"或"文化符号"，他们都是伟大历史进步的一种具象概括。

## 二　五帝传说与远古社会的演进

三皇之后是五帝。《史记·五帝本纪》记载的五帝是：黄帝、颛顼、帝喾、帝尧、帝舜。黄帝为五帝之首，其余四帝都是黄帝的后裔。颛顼是黄帝之子昌意的儿子，即黄帝之孙。帝喾的父亲叫蟜（qiáo）极，蟜极的父亲叫玄嚣（Áo），玄嚣与颛顼的父亲昌意都是黄帝的儿子，所以，帝喾是颛顼的侄辈、黄帝的曾孙；尧又是帝喾的儿子，舜则是颛顼的六世孙。

《五帝本纪》所叙述的五帝，大致反映了他们在历史舞台上

---

① 《易传·系辞下》。

先后称雄的时间顺序，但五帝中其他四帝与黄帝在血缘上并不是一脉相承的关系。从族氏上看，黄帝为轩辕氏和有熊氏，颛顼为高阳氏，帝喾为高辛氏，帝尧为陶唐氏，帝舜为有虞氏，他们分属于不同的族团。考古学也表明，远古时期中华大地上的新石器文化星罗棋布，新石器文化遗址数以万计，创造这些新石器文化的氏族部落林立，这些部落后来组合成几个大的部族集团，各大族团之间起初互不统属，不可能都是同出一祖、万古一系。但在诸族团之间不断交往、纷争、联合的漫长过程中，也会逐渐发生互相融合并认同彼此祖先，乃至最后认同共同祖先为五帝—炎黄二帝—黄帝的现象。司马迁等史学家生活在大一统时代，在大一统观念的作用下，他们将原本属于分散的材料，原本属于不同系统的部族领袖人物或部族神，经过取舍、加工、合并、改造等一番工夫，或者是安排构筑在一个朝廷里，或者是描写成具有血亲关系。这种做法，既是大一统历史观整合神话传说的产物，同时也在一定程度上真实地反映了远古时期诸族团逐渐融合为华夏族的过程中，"祖先认同"由互异而日渐趋同、由分散而趋于集中，最后走向一元化的历史真相。今天我们面对《五帝本纪》中的"黄帝—颛顼—帝喾—帝尧—帝舜"这一谱系时，不必拘泥于这些传说人物是否具有血缘上的祖孙关系，而不妨把他们看成是不同的部族集团称霸一方时的早晚关系，同时也是诸族团融合后，"祖先认同"由异趋同时所崇祀的祖先先后承继关系。

1. 黄帝与炎帝

在历史上，每每"炎黄"并称。《礼记》、《吕氏春秋》、《淮南子》等书所载的五帝，也是把炎帝包括在内的。所以，黄帝时代也被称为炎黄时代。《国语·晋语》说："昔少典氏娶于有蟜氏，生黄帝、炎帝。黄帝以姬水成，炎帝以姜水成。成而异德，故黄帝为姬，炎帝为姜。"按照这个说法，黄、炎两族是从互通婚姻的少典氏和有蟜氏繁衍出来的。黄帝族最初居住在今陕北的黄土高原上，炎帝族最初居住在今陕西宝鸡一带，后来黄、炎两族逐渐东移。黄帝族的迁徙路线偏北些，东渡黄河以后，沿着中条山、太行山的山边地带一直来到今冀北地区。炎帝族的迁徙路线稍偏南，顺着渭水和黄河两岸发展到今河南以及冀南、鲁东北一带。他们在迁徙过程中曾与所迁地区的土著部落发生过战争，其中在今冀北地区，黄帝族联合炎帝族，与蚩尤族发生涿鹿之战，其后黄帝族又与炎帝族发生阪泉之战。炎黄时代，诸族之间有冲突和斗争，但也有联合和融合。

我国远古时代，人名、族名和地名常常合而为一。黄帝号称轩辕氏，又号称有熊氏。轩辕氏即天鼋（yuán）氏，是以大鳖为图腾。有熊氏是以熊、虎等猛兽为图腾。《史记·五帝本纪》记载黄帝与炎帝在阪泉之野作战时，曾用以兽为名的六支不同图腾的军队：熊、罴（pí）、貔（pí）、貅（xiū）、䝙（chū）、虎，这也说明所谓有熊氏是图腾的名称。此外，相传黄帝有二十五宗，有姬、酉、祁、己、滕、箴、任、荀、僖、姞（jí）、儇（xuān）、依十二姓。二十五宗即二十五个氏族，十二姓即十二个胞族，所以黄帝族实为一个庞大的部族集团。轩辕氏与有熊氏以及二十五宗与十二姓，都统一在黄帝的名下，可见在"黄帝"这一名号中，实际上存在着部族融合的情形。炎帝族的情况也是这样。炎帝为姜姓，而相传炎帝又号称连山氏、烈山氏等，炎帝一名也是部族融合的产物。这种部族融合的进一步发展，后来就成为以黄帝族和炎帝族为主体，融合其他诸多部族而形成的华夏民族。华夏族的主干是由黄帝族、炎帝族所构成，黄帝和炎帝也就顺理成章地被视为中华民族的人文初祖。

2. 颛顼与"绝地天通"

继炎黄而来的是颛顼时期。相传颛顼的居地在"帝丘"，即今河南濮阳。帝颛顼时，发生了著名的重和黎"绝地天通"①的原始宗教变革。《国语·楚语》记载，颛顼让南正重"司天以属神"，又让火正黎"司地以属民"，并达到"绝地天通"。这是说南正重和火正黎作为颛顼时设立的祭司兼管理人员，分管天上与地上的事情，只有通过他们才能沟通民神与天地，从而把原始宗教祭祀变成了只限于少数神职人员的事情，改变了以前家家有巫、人人都能与神灵交往的局面。这种神职人员的出现，意味着一个祭司兼管理阶层的形成。这也是一种社会分工，即脑力劳动与体力劳动的分工。

3. 尧舜禹禅让与邦国联盟

颛顼之后是尧舜禹时期。尧，名放勋，是陶唐氏的邦君，所以又称唐尧。陶唐氏最初活动于今河北唐县一带，后迁徙来到晋南，在帝尧时定居于晋南的临汾盆地。

尧舜禹禅让传说是这一时期特有的一种历史现象。在尧舜时期，各地已产生邦国，并出现邦国联盟。尧、舜、禹最初都是各自邦国之君，也先后担任过中原地区邦国联盟的盟主。尧舜禹禅让传说，描述了盟主职位在邦国联盟内转移和交接的情形。据《尚书·尧典》等记载，尧在年老的时候，让邦国联盟内的"四岳"推举继承人，大家一致推举舜，尧经过一番考察后，认为舜具有齐家治国的能力，于是决定让位于舜。舜正式继位前，曾把权力让给尧的儿子丹朱，自己避居于南河之南。然而天下诸邦和民众却不信任丹朱，而拥戴舜，这样，舜才正式继位。

舜，名重华，有虞氏之人，所以又称虞舜。孟子说舜最初是东夷人，生于诸冯。诸冯在今山东诸城。虞舜后来由东方迁徙到了今晋西南的永济一带，所以舜又被称为"冀州之人"。据《尚

---

① 《尚书·吕刑》。

书·尧典》记载，舜执掌了邦国联盟后，命禹为"司空"，主持治理洪水、平定水土；命弃为"后稷"，主持谷物播种和生产；命契为"司徒"，主持教化；命皋陶为"士"，主持刑罚。禹是夏族始祖，弃是周族始祖，契是商族始祖，皋陶是东夷人。当时的邦国联盟还没有发展成王朝，禹、弃、契、皋陶等人并不属于"同朝为官"。因此，这些官职的任命未必实有其事，但却反映了舜与诸邦的广泛联系，也反映了当时邦国联盟的构成情形。舜年老的时候，决定将权位让给禹，禹在正式继位以前，也是谦让，提出把权位让给舜的儿子商均，自己避居于阳城，但是诸邦依然拥戴禹，禹这才正式继位。

关于尧、舜、禹之间权位的转移，还有另外一种传说。古本《竹书纪年》记载："舜囚尧。"《韩非子·说疑》说："舜逼尧，禹逼舜，汤放桀，武王伐纣，此四王者，人臣弑其君者也。"《孟子·万章上》也说："（舜）居尧之宫，逼尧之子，是篡也，非天与也。"尧、舜、禹相互争斗的传说，从一个侧面反映了中原地区各个邦国之间势力消长的关系。这种情形与史书用"万邦"、"万国"来称呼尧舜禹时期的政治实体是一致的。我们可以看到，尧、舜、禹是双重身份，他们首先是本邦本国的邦君，又都曾担任过邦国联盟的"盟主"亦即"霸主"。夏商西周三代之君"天下共主"的地位，就是由尧舜禹时期邦国"盟主"或"霸主"转化而来的。

禹来自姒（sì）姓夏后氏。他执政期间，作为邦国联盟的盟主，已完全具有不经过原始民主程序而决定生杀予夺的专断权力。据《国语·鲁语》记载，禹曾令各地邦君会盟于会稽（今浙江绍兴），防风氏迟到，禹一声令下，就把他杀了。会盟涂山（今安徽蚌埠西，一说在今绍兴西北）时，各邦国都要奉献玉帛。随着社会内部的阶级与阶层分化日益加剧，社会各种矛盾冲突日益尖锐而难以调和，暴力手段的运用日益凸显和经常化，邦国之间以掠夺土地、资源、财物和人口为目的的战争时有发生；与此同时，宗教祭祀、举办水利工程与应对自然灾害等社会公共事务也日益发展，中原各地区、各邦国之间的经济联系日益密切，文化认同日趋增强，一个以今豫西、晋南为中心，华夏早期文明辐射四方的广域共同体逐渐形成。在远古社会日益复杂化的新形势下，不论是邦国和邦国联盟的性质与功能，还是邦君和盟主的地位与权力，都在相应地发生蜕变。财产私有化的汹涌浪潮，也从经济领域波及到政治领域，植根于原始共产制和原始民主的禅让制已奄奄一息，世袭王位制即将取而代之，以"天下共主"为最高统治者的国家形态在中原地区呼之欲出。一个新的历史时代就要破晓了。

# 第 二 章
# 夏商西周时期

　　夏商西周三代是中国奴隶社会形成、发展并走向鼎盛的历史时期，也是中华文明日臻繁盛并开始形成独特的民族风格、价值取向和发展路径的历史时期。

　　夏朝（约公元前2070—前1600）结束邦国并立纷争状态，建立起中国历史上第一个以"天下共主"为最高统治者，并具有复合制国家结构的奴隶制王朝；以王位的家族世袭制取代禅让制，"天下为家"，王权、族权、神权三位一体，开上古王朝政治文明的先河。商朝（约公元前1600—前1046）以相当成熟的文字体系甲骨文和灿烂夺目的青铜文化著称于世，由此中华文明的特色凸显，自成一格，别具异彩。西周（约公元前1046—前771）实行分封制和宗法制，封邦建国，家国同构，制礼作乐，首倡"明德"、"慎罚"、"保民"，创立了垂范华夏两三千年、影响远播域外的中华礼乐文明。

　　夏商西周三代历时约1300年，并非古人称颂的"黄金时代"，人民大众和社会精英在创造辉煌文明的同时，也经历着奴隶与奴隶主、平民与贵族之间的对立和冲突。

## 第一节　夏朝

### 一　夏王朝的建立

约在公元前 2070 年，禹之子启继位称王，建立起以传子制度为标志的"家天下"——夏王朝。这是中国中原地区历史上第一个以"天下共主"为最高统治者的奴隶制王朝，从此结束了早期文明时代邦国并立纷争多中心的局面。

相传禹曾推举东夷人首领益为继承人，但各邦国部落都反对益，而共同拥戴启。不论前来朝贺或裁定诉讼，他们都去启处，拒不见益。有的还为启大唱颂歌、造舆论。益不得不让位于启，自己为避祸而躲到箕山之阴（在今河南登封东）。这说明启早已为取得继承权而收揽人心、培植党羽。《战国策·燕策》所载"禹名传天下于益，而令启自取之"，系游士之言，未必可信。古本《竹书纪年》也许透露了更为真实的历史信息："益干启位，启杀之。"说的则是益干预启继承其父之位，但一番较量的结果，益被启杀了。《史记·燕召公世家》也说："启与交党攻益，夺之。"这两则记载说明禹去世前后的继位斗争十分尖锐而残酷。

按照《史记·夏本纪》的记载，从禹开始，夏朝共传 14 世、17 王。古本《竹书纪年》说夏朝共历 471 年，可能接近于实际。

夏朝的统治范围，大体上西起今河南西部和山西南部，东至河南、河北、山东三省交界处，南抵湖北，北达河北。中心地区在今豫西和晋南一带。

夏朝都城先后有过几次迁徙，如禹都阳城（今河南登封），又居安邑（今山西夏县西），启都夏邑（今河南禹县），太康和夏桀曾都斟寻（今河南巩县西南），相居帝丘（今河南濮阳），杼（zhù）居原（今河南济源），又迁老邱（今河南陈留附近），胤甲居西河（今山西永济、虞乡一带）。夏都的多次迁移，或东进或西向，说明夏朝政治中心所在的地域前后是有很大变动的。

夏朝470余年的历史中，发生过几个重大的历史事件。夏启继位称王，同姓的有扈（hù）氏（居今陕西户县）不服，起兵反对。启伐有扈，有扈氏被灭。启死后，子太康继位。太康只顾畋猎游玩而不恤民事，结果东夷的后羿（yì）乘机夺取了王位，并得到夏民的拥护，史称"太康失邦"。羿掌控夏朝政权之后，恃其善射而不理政务，废弃武罗等贤臣，重用善于谄媚的寒浞（zhuó），结果寒浞乘羿畋猎之机，将羿及其全家杀死，并占有羿的妻室，篡夺了王位。后来太康侄孙少康在有虞氏的领地（今河南虞城）重新积聚力量，剿灭寒浞，夺回王位，史称"少康中兴"。少康子帝杼继位后，继续整顿武备，向东发展。《国语·鲁语》说帝杼能继承禹的伟业，夏人用隆重的"报"祭来纪念他的功绩。帝杼子帝槐继位以后，居住于今海岱和淮泗流域的"九夷来宾"，向夏王纳贡祝贺。可见，少康、帝杼、帝槐在位期间，夏王朝确实实现了"中兴"，属于夏朝的盛世。

夏朝的衰亡，始自孔甲。《夏本纪》说孔甲"好鬼神，事淫乱"，邦国部落首领相继叛夏。孔甲之后三世是夏桀，夏桀荒淫无度，为政暴虐，对外接连用兵，大伤夏的元气，再加上严重的自然灾害，终于导致夏王朝的衰亡。夏王朝衰亡虽由多方面的因素促成，但根本的原因在于统治阶级自身的腐败。

## 二 夏朝的国家结构与政治制度

夏朝脱胎于邦国联盟。以夏王为"天下共主"的奴隶制王朝建立后，各地邦国大都臣服于夏，接受它的统治。因此，夏朝呈现一种复合制国家结构。在这个国家里，既可以看到作为王邦的夏后氏，也可以看到以臣服地位存在的韦、顾、昆吾、有虞氏、商侯、薛国之类的属国；既有与夏后氏同族的族邦，如有扈氏、有男氏、斟寻氏、彤城氏、褒氏、费氏、杞氏、缯氏、辛氏、冥氏、斟戈氏等，也有一些与王邦关系不稳定的部族，如方夷、畎夷、于夷、风夷、黄夷、白夷、赤夷、玄夷、阳夷等。这种由多层次政治实体和多部族共同体组成的夏代社会，构建了以夏王为"天下共主"的王朝，形成了众星拱月的格局。夏王既直接统治着王邦，也间接支配着若干属国和族邦。

夏后氏与各个属国族邦之间存在着一种宗主与附庸的不平等关系。如《左传》宣公三年说，作为国家社稷象征的"九鼎"，是由远方诸邦所贡纳的金属铸成的。《孟子·滕文公》说"夏后氏五十而贡"，指夏代按田亩缴纳贡赋。《左传》定公元年还说，薛国之君奚仲担任夏的车正之官，专门造车，为夏王提供车辆。商侯冥担任夏的水官，因治水而殉职。这些属国和族邦的人，在王朝中央任职，既是对王朝国家事务的参与，也是对中央王国"天下共主"地位的认可；而各个属国和族邦，分处各地，则履行着藩屏王邦、守土卫疆的责任与义务。

关于夏王朝的政治制度，根据已知的历史文献资料难以复原它的历史全貌。夏王是王朝的最高统治者，正式称谓是"后"，如夏后启。王位继承实行"天下为家"的世袭制。夏朝设有中央行政机构，主管行政、军事、司法和宗教管理。夏朝对地方除直接统治王邦外，主要是通过控制族邦和属国来进行间接统治。相传夏曾作"禹刑"。夏王还鼓吹对上帝和天命的崇拜，又利用本族和其他各族仍聚族而居、按族分治的宗族社会特点，将王权与神权、族权紧密结合。

夏朝刚从邦国联盟脱胎而来，国家结构和政治制度的构建尚处于草创阶段。从复合型、较松散的国家结构可以看到此前邦国并立时代的孑遗，政治制度也很不完备周详。但它毕竟是中国历史上在中原地区建立的第一个王朝，肇始先行的政治体制和各项具体制度开上古政治文明的先河，对后世具有深远的历史影响。

### 三　二里头遗址与夏文化的探索

记录夏代历史的先秦古籍，主要有《尚书》的《甘誓》、《汤誓》、《召诰》、《多士》、《多方》、《立政》和《诗经·大雅·荡》等。在司马迁的《史记》中，《夏本纪》紧接《五帝本纪》。但夏代至今尚未发现像商周那样用当时通用的文字如甲骨文金文来记录有关史实的情形。《夏本纪》是用周代以后的文献材料来叙述夏王朝的历史和文化，未必都翔实可信。所以，考古发掘成为复原与确立夏代历史文化的重要手段。长期以来，为了确切证明夏朝的存在，考古工作者进行了大量的工作，其中最为显著的成就是二里头都邑遗址的发现。

二里头遗址位于河南偃师二里头村，发现于1957年冬。其后数十年间，在豫西、晋南等地发现多处相同文化类型的遗址，被统称为二里头文化。二里头遗址规模宏大，重要文化遗存分布范围约5—6平方公里。在已发掘的面积约3平方公里之内，文化层堆积丰厚，被细分为四个时期。其中第一期尚属普通村落，从第二期开始成为都城。

判定二里头遗址为都城的第一个要素，就是发现有宫殿建筑群和宫城。在二里头的宫殿建筑群中，一号宫殿最为壮观（见彩图三）。它以面积近一万平方米的夯土台基为底座，底座高出当时地表0.8米。四周有高耸的围墙，围墙内外建有回廊。大门开在南墙中部，由三个门道和四个门塾组成。主体殿堂南面是面积达5600平方米的广阔庭院。殿堂四周也有回廊。整个建筑气

简明中国历史读本

势宏伟，巍巍壮观，象征着主人的权力、地位和威严。在二里头遗址中，与一号宫殿相似的大型建筑还有多座，它们组成一个规模宏大的建筑群，外有宫城环绕。

青铜器是夏商西周三代文明的重要特征。二里头遗址出土的青铜器，工艺技术较为复杂，种类齐全。其中，鼎、爵、斝（jiǎ）、盉（hé）等属于礼器；钺、戈、戚、镞等属于兵器；锛、凿、钻、锥、刀等属于工具；另外还有各种镶嵌绿松石的铜牌和铜铃等。礼器可以反映等级身份，兵器显示出战争的重要，这些都充分体现了当时"国之大事，在祀与戎"①的社会价值取向。

在二里头还出土了各种玉礼器，如玉钺、玉璋、玉戈、玉刀、玉戚、玉圭等。这些玉器制作颇为精美。在一个贵族墓中出土的用绿松石片粘嵌的大型龙形器（见彩图四），是中国早期龙形象文物中珍贵的精品。作为礼乐之邦的中国，玉器和玉礼器是礼乐文明的重要组成部分。

二里头遗址中发现了铸造铜器、制陶、制骨、制造玉器和绿松石器的作坊。二里头的一处铸铜作坊遗存，范围约一万平方米，遗留有多座操作间，铸铜工具有坩埚、炉壁和陶范。这样大的铸铜作坊，说明二里头青铜铸造业已具一定的规模。

目前在二里头遗址尚未发现王墓。在二里头遗址发现的青铜器、玉器、漆器和陶器等，主要是出自中、小贵族的墓葬。

除墓葬外，在二里头遗址还发现了大量的遗骸，不仅没有随葬品，而且是被捆绑埋入或被砍杀后丢弃在乱坑中，死者身份应是战俘、罪犯或奴隶。

就地域而言，据文献记载，豫西有相当长的时间是夏王朝的王都所在地。从时间上看，在2005年以来最新碳十四测年数据

---

① 《左传》成公十三年。

中，二里头遗址第一期至第三期的年代为公元前1750—前1600年，这是夏朝中晚期的年代。综合时间和空间两个方面，大致可以推定二里头遗址是夏朝中晚期的王都。①至于夏朝早期的王都，应该在二里头文化之前的龙山时代末期的遗址中去寻找。

## 第二节　商朝

### 一　商朝的建立和发展

商兴起于东方。成汤伐夏桀之前，大致活动于今天的冀南豫北及豫东鲁西一带，是夏朝的一个方国。

史书记载，商的始祖名契，与尧、舜、禹同时代，因辅佐禹治水有功，被帝舜命作司徒，封于商地，赐姓子氏，所以，商以地为名，以子为姓。《诗经·商颂·玄鸟》篇说："天命玄鸟，降而生商"，讲的是契母简狄洗浴时，由于误吞玄鸟蛋而受孕生契的故事。如同许多古代民族起源传说一样，这则传说反映的是商始祖所具有的"天命"特质。从契到成汤，历经14世，称为商的先公时代，时间上基本与夏朝同时，其间先后八次迁徙，不断地推进商方国的发展。

成汤是商朝的第一个国王，定都于西亳（今河南偃师）。他起用原本为奴隶的伊尹辅政，先是消灭夏的属国葛，接着剪除夏的羽翼韦、顾、昆吾等国，"十一征而无敌于天下"②，最后集中力量进攻夏桀，双方会战于鸣条（今河南封丘东）之野，桀败

---

① 二里头遗址第四期的年代是公元前1500年，这说明二里头第四期已进入商代早期。在夏朝的中晚期，亦即二里头遗址第二期和第三期，二里头是作为夏的王都使用的。到第四期，商汤推翻夏朝之后，二里头虽已失去了王都的地位，但夏的遗民还继续居住在这里。

② 《孟子·滕文公下》。

简明中国历史读本

南逃，死于南巢（今安徽寿县东南），夏亡。按照《史记·殷本纪》的记载，自成汤建国到商亡，共传17世31王，时间长达五六百年。

成汤灭夏之后，成为黄河中下游地区的强大统治者，边远地区的众多诸侯国也纷纷来朝。由于长子太丁先死，成汤去世之后，其弟外丙、仲壬及其子太甲相继即位，都由伊尹辅政。由于太甲不遵循成汤制定的典则，曾被伊尹放逐于桐宫（今河南偃师一带），三年悔过自新，得以恢复王位。此后，从太甲到太戊是商朝统治较为稳定的时期。随后出现了王位纷争，"废嫡而更立诸弟子，弟子或争相代立，比九世乱"①的局面，导致商朝的政治中心经常转移，曾有过五次迁都，最后盘庚把都城从奄（今山东曲阜）迁到殷（今河南安阳小屯村）。历8世12王273年，未再迁都。因此，商也称殷，或合称殷商。

盘庚即位之初，统治阶级内部矛盾斗争日益突出，彼此离心离德，只知搜刮钱财，以致殷人认为上天要降大灾害了。为了改变这种局面，盘庚抱着进取的雄心，力排众议，迁都于殷，从而扭转了商中期一度出现的混乱状态，加强了商王室的统治。这是商朝历史的重要转折点，也为商朝的新发展打下了基础。

盘庚以后，传至武丁，是商朝的极盛时期，也是中国上古文明的一个高峰。武丁是盘庚之弟小乙之子，在位59年。据《尚书·无逸》篇记载，武丁年轻的时候，久在民间劳作，了解"小人"的疾苦，深知稼穑的艰难。他即位以后，提拔版筑匠人傅说为相，对内整顿吏治，改进税收，发展农业生产；对外征伐四方，其中主要对北方及西北地区的土方、舌方、鬼方、羌方等多次用兵，取得重大胜利。武丁的配偶妇好也是一位英武的女将

---

① 《史记》卷3《殷本纪》。

军,曾多次率兵攻伐。

后人赞美商朝是"邦畿千里"的大国,其势力范围东至于海,西达陕西,北到河北,南抵江汉。考古工作者在今天的河北、山东、辽宁、江苏、安徽、湖北、湖南、江西,以及山西、陕西等地都发现了大量的殷商文化遗存,表明商朝的统治区域已经远远超过夏代。远在四川广汉三星堆遗址出土的青铜器和玉器,其风格也明显受到过殷商文化的影响(见彩图五)。

## 二 商朝的政治制度

商朝是继夏朝之后,我国历史上第二个奴隶制王朝。商朝直接控制的王都及其附近地区为王畿,又叫大邑商、天邑商,包括今天的晋东、鲁西、豫北和冀南一带的广阔平原。王畿四周分别由商朝贵族和分封的诸侯来统治,称为"四土"。在诸侯封地之间以及封地外围,还存在着许多方国和部落,或服属于商朝,或反叛无常。

商王作为全国最高统治者,自称"予一人"、"余一人"或"我一人",对臣民握有生杀予夺的大权,并借助宗教迷信的力量,进一步强化自己的统治。

根据殷墟卜辞的记载,商代晚期,宗法制度已经初步形成,商王相对同姓贵族而言为大宗;同姓贵族相对商王而言为小宗。同样,在各级贵族之间也有大宗、小宗的划分,而嫡长子继承制正是这种以血缘关系为纽带的宗法制的核心内容,它不仅有利于密切商王与各级奴隶主贵族之间的联系,而且更有助于凸显王权的至高无上。

商王以下可以分为内服和外服。内服是中央百官,外服是地方诸侯。中央百官有尹或相,辅佐国王,是最高行政长官。在尹或相之下,主要设有三类职官系统:一类是王事职官系统,主要

简明中国历史读本

负责管理王室事务,有宰、寝以及相关的各种小臣等;一类是神事职官系统,主要负责管理神祇(qí)事务,有史、卜、作册和巫等;一类是民事职官系统,主要负责管理民众事务,有管理农事的小藉臣、管理众人的小众人臣,还有管理手工业的司工以及包括管理军事的多马、多亚、多射、师、旅、卫、犬、戍等。当时已经有了师、旅的建制,甲骨卜辞中有"王乍三师:右、中、左"的记录,战前要进行"登兵"(即征集兵众),动辄千人、几千人,甚至多达万人以上。兵种有车兵和徒兵两种,作战时往往混合编队,以车战为主要作战方式。

地方诸侯则有同姓、异姓之分,见于殷墟卜辞的有侯、伯、子、男、田(甸)、任等不同称谓,他们仿效王室设有各自的职官系统,并且担负对王朝纳贡、服役、戍边以及出兵征伐等义务,商王主要依靠这些内服百官和外服诸侯来维护其统治。

商朝还没有成文法,但已有残酷的刑罚,称之为"汤刑"。所谓墨(在脸上刺字)、劓(yì,割鼻)、剕(fèi,断足)、宫(男子阉割生殖器,妇女幽闭)、大辟(死刑)五刑,都已经具备,而且刑罚名目繁多。同时,在全国各地普遍设立监狱,卜辞中有"圉"(yǔ)字,正像戴桎坐牢的形状。《荀子·正名》篇说:"刑名从商",反映了商代刑制对后代的影响。

## 三 商朝的社会经济

随着商朝的建立和发展,社会生产力的不断进步,商朝的奴隶制社会经济也有了很大的发展。

农业是商朝的主要生产部门,一直受到商王室的高度重视,甲骨卜辞中祈求时雨、渴望丰年的记录很多。从考古资料来看,当时的生产工具仍然以木、石、骨、蚌器为主,包括一些青铜农具在内。器类有翻土的耒、耜、铲,中耕用的锄,以及收割用的镰刀等。其中耒和耜是普遍使用的生产工具，耒是木制的起土农具，前端分叉；耜呈铲状，安在木棒下，可以用石、蚌或金属制作。在殷墟发现的一处木耒遗留痕迹，齿长19厘米，齿径7厘米，两齿的间距有8厘米。常见的耕作方式有"劦田"，即众人协力耕作，而卜辞"田"字的形状像"棋盘状耕地"，一纵一横，形成若干方块田，正像田中有阡陌和沟洫一样，反映了我国古代井田制①的特征。

当时的农作物种类很多，仅卜辞所见有黍（大黄米）、稷（小米）、稻、麦（大麦）、秾（lái，小麦）、菽等。今天所说的"五谷"，在商代已经具备，而且产量很高。考古发现了不少储藏粮食的大型窖穴，卜辞中有仓廪的"廪"字，像露天谷堆的情形。商王经常派人到各地巡视储藏粮食的仓廪，即"省廪"。商人酗酒成风，相当一部分粮食用于酿酒，出土的殷代青铜器中，酒器种类和数量都很多。

除了农作物种类之外，商朝的经济作物种类也很丰富，圃（菜地）、囿（园林）、栗（果树）等都有发展，特别是蚕丝生产更为发达。卜辞中已有蚕、桑、丝、帛等字，出土的玉器中还有玉蚕。同时，畜牧和狩猎经济也占有重要地位。后来的所谓"六畜"（马、牛、羊、鸡、犬、豕），也都已经具备。卜辞中还有捕获象、虎、鹿、兕（sì，犀牛）等记载，捕获野兽的方法有车攻、犬逐、矢射、陷阱、布网、焚山等办法。

青铜铸造业是商朝最重要的手工业部门，不仅生产门类增加，手工作坊规模扩大，而且分工精细，生产技术水平提高较

---

① 商周井田制是在国有土地上实行的土地制度。它的得名与田间沟洫道路有关。当时将大片土地用沟洫和阡陌划分成一块块比较规整的农田，每块都有一定的亩积。放眼望去，形状如同"井"字。每块井田既是商王或周王给各级贵族分封土地的单位，又是王室和各级贵族向公社农民征收赋税的计算单位。

快，到商后期达到高峰（图2—1）。青铜器的种类繁多，主要有礼器、工具和兵器三大类别。礼器包括生活用具，有烹煮器鼎、鬲（lì）、甗（yǎn）；酒器爵、觚（gū）、觯（zhì）、斝、尊、卣（yǒu）、壶等；以及储盛器簋（guǐ）、盘、盂等。工具有斧、锛、斤、凿、刀、锯、钻等。兵器有戈、矛、钺、镞、剑、戟等。另外，还有乐器、车马器和建筑构件等。

这一时期，青铜器纹饰的演变尤为突出，其中饕餮（tāo tiè）纹最为常见，变化丰富，鸟纹、蝉纹也开始流行，而且铭文渐长，出现了几个到几十个字的短篇铭文，内容涉及祭祖、赏赐等多个方面，著名的司母戊①大方鼎代表了商朝青铜器发展的最高水平（见彩图六）。

图2—1　四羊方尊

制陶业直接关系到人们的日常生活，也是商朝主要的手工业部门。随着质地坚硬的灰陶出现，在一些早商遗址当中，还出土了原始瓷器，器表施以青绿色或黄绿色的瓷釉，色泽光亮，吸水性弱，从而把我国瓷器的历史至少提早到三千多年前的早商时代。晚商的制陶业沿袭早商而来，最有代表性的刻纹白陶的烧

---

① 有学者认为，"司"字，或识读为"后"。

制，以高岭土为陶坯，经过 1000℃ 以上高温烧制而成，刻镂精美，色泽皎洁，纹饰和造型仿模青铜器风格。

其他诸如骨器业、玉器业，以及丝织业、建筑业、漆器制作业等，也都有许多突出成就。

在农业，特别是手工业发展的基础上，商朝的商业和交通也迅速地发展起来。当时已经出现了作为一般等价物的货币，也就是所谓的贝，贝有海贝和铜贝之分。考古发掘中，常常有用贝随葬的现象，少则数十枚，多则几千枚，出土的青铜器铭文中，往往有"赐贝"、"赏贝"的记载，以朋为单位，最多赐贝 30 朋。

货币的出现是商业兴起的主要标志。甲骨文中有关商贾的记载也不少，除了民间交易外，主要还是为奴隶主贵族服务。在郑州、安阳等地出土的商代遗物中，有一些并不是中原地区的物产，如鲸鱼骨、海蚌、大龟和玉石等，有的是从远方纳贡而来，有的则是通过商业贸易而来。

商朝的交通道路，主要有水路和陆路两种。水上的交通工具是船，卜辞有"舟"字，其形制与现在的小木船相仿；陆上的交通工具是车，卜辞的"车"字为两轮一轴之形，许多商代遗址都出土了车马坑和车马具，车是木结构，由车架、车舆和车轮三个重要部分构成，复原形制与卜辞"车"字形相仿，是使用马驾的两轮大车。商代的车除用做交通工具之外，还可用在攻战和狩猎等方面。

## 四 商朝的灭亡

商朝社会的阶级构成，主要有奴隶主贵族、平民和奴隶三个不同层次。

奴隶主贵族是商代的统治阶级，以商王为总代表，包括王室宗族、邦伯、师长、百执事之人等，总称为"百姓"。王室宗族有王族、子族或多子族之分；邦伯即诸侯，有同姓、异姓之别；师长、百执事则包括畿内外各级政府官员在内，他们构成了奴隶主贵族的主体。

平民是商朝社会人数众多的被统治阶级，殷墟卜辞上叫做"众"或"众人"，古代文献上则又称做"小人"或"万民"，商王蔑称他们为"畜民"。他们主要是家族公社和农村公社成员，其族属或是商人本族，或是其他族群的原住民或徙民，也有些由贵族沦落而来，大多在井田上从事农业生产劳动。盘庚迁殷时召集本族"众人"来王庭，让他们参与国家大事，征询他们的意见，可见他们的地位要比奴隶高。不过，他们并不是真正的自由民，没有土地的所有权，被牢固地束缚在井田上，还要承担当兵、纳贡和服徭役的义务，随时有被剥夺人身自由、沦为奴隶或遭受刑罚甚至被杀戮的危险。

奴隶则是商朝社会最下层的被统治阶级，大量用于手工作坊生产、畜牧及山林川泽开发。灿烂的青铜器，以及各种精美的手工制品，多数都出自于他们的劳动双手。殷墟卜辞中，称手工奴隶为"工"，还有一些罪犯在手工作坊充当苦役。

商代拥有大量的家内奴隶，被称为奴、婢、妾、臣等，主要为奴隶主贵族从事繁重的家内劳役，甚至在奴隶主贵族死后还要为他们殉葬。

战俘是商代奴隶的主要来源，其中除部分被杀之外，大都成为商王以及各级大小奴隶主贵族的奴隶。羌族战俘最多，卜辞累有"获羌"的记载，而且有些方国或部落被征服后，整个家族、氏族或部落都成为奴隶，或直接向商王朝进贡子女作为奴隶。

商朝后期，社会矛盾日趋尖锐，阶级斗争异常激烈，奴隶主贵族统治更加腐朽，人祭人殉之风日益盛行。商王和各级奴隶主贵族死后，不仅要杀人殉葬，而且以后每次祭祀活动都要杀一批人，少则数十，多则几百不等。从1928年到1973年发掘的商代遗址和墓葬中，可以辨认的人祭人殉，已经接近4000余人。目前，已知的这类卜辞有2000余条，至少残杀1.4万人，用于人祭。

祖甲统治后期，商朝由盛转衰。此后，历代商王都很腐朽，"生则逸，不知稼穑之艰难，不闻小人之劳，惟耽乐之从"[①]，社会矛盾不断加剧。奴隶和平民采取各种形式的反抗斗争，商王朝统治危机四伏。

商朝末年，帝乙、帝辛（纣）不断用兵东南，征伐夷方。经年不息地发动战争，消耗了大量人力物力，大大加重了人民的负担，奴隶、平民与奴隶主贵族之间的矛盾，各诸侯国与商王朝之间的矛盾，都空前激化，加速了商朝的灭亡。

商纣王是一个有名的暴君。他骄奢淫逸，大修宫室台榭，广建离宫别馆，与宠妃妲己"以酒为池，悬肉为林"[②]。为满足奢侈生活的需要，纣王在经济上加紧搜刮，使广大民众生活在死亡线上，社会动荡不安，民怨沸腾，甚至出现了把商王祭祀上帝祖先的牛羊等祭品都抢光吃光的现象。纣王重用奸臣崇侯、恶来、费仲、蜚廉等，排斥微子启、王子比干、箕子等有识之士，使统治阶级内部陷入严重危机。此时，商的属国周邦在西边兴起，国势日渐强大，腐败的商王朝灭亡之势已成定局。

## 第三节　西周

### 一　西周的建立和分封

周邦，姬姓，原本是商王朝的属国，居住于我国西北部的泾

---

[①]　《尚书·无逸》。
[②]　《史记》卷3《殷本纪》。

水和渭水流域，即今天陕西中部和甘肃东部的黄土高原地区。

相传始祖名弃，因有邰（tái）氏（今陕西武功）之女姜嫄践巨人足迹而生。尧始尊弃为农师，舜推弃为后稷（农官名）。至夏桀时，公刘迁居到豳（bīn）（或作邠，今陕西旬邑）。过了九世，古公亶（dǎn）父又迁居到岐山之南的周原（今陕西岐山、扶风之间），利用那里良好的自然条件，发展农业生产，摆脱戎狄风俗，为"翦商"大业奠定了基础。

古公亶父以后，历经季历，传子姬昌，是为文王。文王最初任殷牧师，称殷西伯，又称周方伯。由于周邦的势力不断发展，直接威胁到商纣王的统治，于是商纣王把文王囚禁于羑（yǒu）里（今河南汤阴），后来文王被释，商周关系恶化。文王先是讨伐西方的犬戎、密须（今甘肃灵台），以巩固后方，接着又挥师东向，连续伐黎（今山西长治西南）、邘（yú）（今河南沁阳西北）、崇（今河南嵩县以西），深入殷商腹地，基本上完成了对殷都朝歌的战略包围，并且迁都于丰（今陕西长安县沣河西岸的客省庄、张家坡一带），进一步完善国家制度，制定了"有亡荒阅"①，即对逃亡奴隶进行大搜查的法律。

文王死后，其子姬发继位，是为武王。武王秉承文王遗志，迁都于镐（今陕西长安斗门镇附近），积极准备灭商。即位的第二年，会盟诸侯，观兵于盟津，没有继续东进。又过二年（公元前1046），灭商时机成熟，遂率兵东进。这一年的二月甲子日清晨，向商都发动最后的进攻②，双方战于牧野（今河南汲县北），商军"前徒倒戈"，纣王大败，最后纣王登鹿台自焚而死，

---

① 《左传》昭公七年。荒，大；阅，搜查。
② 关于牧野之战的年代，学术界历来有不同的看法，本书采纳国家夏商周断代工程的意见。

商朝覆亡。1976年，陕西临潼出土了西周青铜器利簋，上面专门记载了这一重要历史事实（见彩图七）。

武王灭商是一场顺应历史潮流、深得人心的正义战争，在历史上是起进步作用的，有利于当时社会安定和经济发展。灭商以后，周武王建国，定都于镐，史称西周。武王居镐，诸侯尊奉为天下的大宗，所以周也称宗周。

周初的局势并不稳定，潜伏着殷人复辟的危险。周公旦协助兄武王制定了以殷治殷的政策，一方面让纣子武庚继续统治原先殷都附近地区；另一方面，把商王畿分为邶（bèi）、鄘（yōng）、卫三国，派自己的兄弟管叔、蔡叔、霍叔去统治，以监视武庚，称之为"三监"。

但是，灭商后的第二年，武王病死。年幼的成王继位，由叔父周公摄政当国，引起管叔、蔡叔的不满，他们联合武庚，发动徐、奄、熊、盈等诸侯一起叛乱。面对这种严峻的形势，周公与召公一道"内弭父兄，外抚诸侯"①，并亲率大军东征，杀死管叔，囚禁蔡叔，攻克殷地，迫使武庚北逃，进而平定以奄地为首的东夷各族的叛乱，取得东征的决定性胜利，稳定了周初形势。

随后，周公按照武王的遗愿，营建成周洛邑（今河南洛阳），成周中设王城，为宗庙宫寝所在地，派成周八师驻守，作为控制整个东方的中心。同时，还把殷商顽民强制迁到洛邑，以便监控。

在东征胜利的基础上，为了进一步巩固新生政权，强化中央对地方的管辖，周初统治者在全国范围内实行大规模分封。所谓分封，包含了"天子建国"与"诸侯立家"两个层次②，

---

① 《逸周书·作雒》。
② 《左传》桓公二年。

简明中国历史读本

其核心内容是"授民授疆土",即周天子依次派遣自己的子弟、同姓功臣,以及亲属或臣服的旧邦首领,带着武装家臣和俘虏,到指定地点去治理那里的土地和人民,建立西周的地方政权诸侯国;在诸侯国内,诸侯又将大部分土地分封给属下卿大夫,作为"采邑";而卿大夫再依次把所封采邑的土地分封给属下士,作为"食田"。这就是西周的大分封,史称"封藩建卫"。

西周建国伊始,已有裂土分封之事。不过,真正的大规模分封,是在武王克商以后以及周公摄政期间。据说周武王时,分封"其兄弟之国者十有五人,姬姓之国者四十人"[1]。周公摄政时,把文王之子分封于管、蔡、郕(chéng)、霍、鲁、卫、毛、聃、郜、雍、曹、滕、毕、原、酆(fēng)、郇(xún);把武王之子分封于邗、晋、应、韩;把周公之子分封于凡、蒋、邢、茅、胙(zuò)、祭;还分封异姓勋戚姜氏于齐、纣王异母兄弟微子启于宋,等等。相传周公兼治天下,先后分封了71国,其中姬姓53国,以鲁、卫、宋、晋、齐、燕等国最为重要。

经过周初大分封,确立了天子、诸侯、卿大夫之间严格的等级臣属关系,从而形成了"封建亲戚,以藩屏周"[2]的统治格局,这对于巩固和扩大西周王朝的统治和影响起到了积极作用,它是我国古代从方国林立走向专制帝国的一个重要历史阶段。

西周分封制的实施进一步完善了以血缘关系为纽带的宗法制。宗法制源于原始氏族社会的血缘纽带关系,进入阶级社会以来,经过夏商二代的不断改造,至西周日臻完善。按照宗法制度原则,严格实行嫡长子继承制,周天子作为天下的大宗,诸侯相

---

[1] 《左传》昭公二十八年。
[2] 《左传》僖公二十四年。

对为小宗；同样，诸侯作为诸侯国内的大宗，卿大夫也相对为小宗。依此类推，这种大宗、小宗的层层区别，把各级奴隶主贵族紧密地联系起来，并且从"同姓不婚"的传统出发，用婚姻关系把异姓贵族结合起来。周天子称同姓诸侯为伯父、叔父，称异姓诸侯为伯舅、叔舅，整个国家宛如一个庞大的家族系统，形成了政权和族权的有机结合。

周天子作为西周王朝的最高首脑，王位由嫡长子继承。在他的统治范围内，握有最高的政治、经济、军事、司法以及宗教祭祀等方面的大权。虽然诸侯有相对独立性的一面，但是，要按照礼制的规定定期向周天子纳贡、朝觐，乃至出兵征战，等等。

辅佐周天子的最高长官有太师、太傅和太保，总称为三公。在三公之下，由太宰总理朝政。大致分为三个职官系统，即民事、神事和王事。"国之大事，在祀与戎"[1]，即指神事和民事，是西周王朝事务的核心。

在民事职官系统中，主要设有司徒、司马、司空、司寇和司士等官。司徒，主要管理土地、人口以及耕种藉田之事；司马，管理军事、军赋；司空，管理百工、劳役等事；司寇与司士，主要掌管刑狱司法，等等。

在神事职官系统中，主要设有太宗、太史、太祝、太士、太卜等官，具体负责宗教祭祀以及帮助周王制定诰命、发布文告、记录历史和决定政策等。

在王事职官系统中，主要设有宰、公族等官，他们直接掌管王事内部事务，属官有膳夫、寺人、小臣、小子、守宫、御正、虎臣等。

地方诸侯国的官制也基本上仿效王室，按照公、侯、伯、

---

[1] 《左传》成公十三年。

子、男的不同爵等，分别设有各自的职官系统。

西周的军队包括诸侯国军队在内，仍以车兵为主，其编制规模有所扩大，武器装备更加精良。常设宿卫军有两支：一支是"西六师"，驻守宗周镐京，用以镇服西方；一支是"成周八师"，又称"殷八师"，戍守成周，用以镇抚东方。

当时的刑罚，除了"五刑"之外，还保留有古老的鞭刑，西周后期还发展到"九刑"。西周王朝还通过种种礼仪制度，强化等级秩序，所谓"礼不下庶人，刑不上大夫"，反映了周礼具有法律的属性。

## 二　西周的阶级结构与社会经济

西周社会结构具有森严的等级性，统治者把人分为多个等级，"王臣公，公臣大夫，大夫臣士，士臣皂，皂臣舆，舆臣隶，隶臣僚，僚臣仆，仆臣台"①，上下等级之间为统属关系。

西周社会的等级分野呈现鲜明的地域特色。西周王朝建立以后，把统治区域划分为"国"与"野"两部分。"国"，即城邑，居住在"国"中的称为"国人"，包括奴隶主贵族、贵族下层士、平民以及工商业者，他们出身于周人本族或盟族，以血缘宗族关系为纽带，家族公社仍未解体；"野"，或叫鄙、遂，是被征服的广大农村，分布着被征服族群的农村公社或氏族部落。居住在"野"中的称为"野人"。"国人"与"野人"的社会地位不同，"国人"有参政议政的权利和当甲士的资格，"野人"没有；"国人"能够受到教育，"野人"不能，而且"国人"与"野人"在经济地位上也有所不同。不过，在"国人"中也存在高低等级之分和权利享有的不平等。

---

① 《左传》昭公七年。

西周社会阶级结构由奴隶主贵族、平民与奴隶构成。

奴隶主贵族主要包括天子、诸侯、卿大夫和士几个等级。周天子为天下之共主，诸侯有封国，卿大夫有采邑，士有食田。士是奴隶主贵族中较低的一级。

平民包括"国人"中的平民和"野人"，统称"庶人"、"庶民"。他们大多是作为西周主要农业生产者的家族公社或农村公社成员。公社农民中的"野人"，社会地位低下，实际上接近于奴隶；具有"国人"身份、居住在城邑郊甸的农民虽然享有某些政治权利，不过，就其所受严格监控与奴役的程度而言，也并不是真正意义上的自由民。

奴隶位于西周社会的最低层，其中既有官奴隶，也有私家奴隶；既有生产奴隶，也有大量为奴隶主贵族服杂役的家内奴隶，如皂、舆、隶、僚、仆、台等皆属此类。他们世代为奴，地位极其低下。奴隶的主要来源是战俘或罪犯。西周仍然存在人祭人殉制度，从考古材料看，贵族墓中普遍有人祭人殉现象，不过呈现逐渐减少的趋势，这与社会进步和劳动力的价值逐渐得到发现与重视有关。

西周的土地所有制是奴隶主土地国有制，周天子作为天下"共主"，名义上占有全国的土地和臣民，正如《诗经·小雅·北山》所说："溥天之下，莫非王土；率土之滨，莫非王臣"①，它的主要形态是井田制。

井田制至西周发展更为完备。实行井田制的前提是土地国有，或者说名义上的土地王有。国王是土地的最高所有者，凭借政治上的统治权力，把土地层层分封给诸侯、卿大夫士等各级奴隶主贵族作为禄田。各级奴隶主贵族是封国和采邑土地以

---

① 《诗经·小雅·北山》。

简明中国历史读本

及臣民的实际占有者。夏商西周的土地所有制关系都是属于奴隶主国家土地所有制性质，那时土地还不属于个别奴隶主私有，土地（包括房基地）不能随便买卖、转让，叫做"田里不鬻（yù）"。

井田制的经营方式，有"公田"和"私田"的区分。所谓"公田"，原是原始公有地，后为奴隶制国家所有。各个家族公社和农村公社农民，通过在公田上集体耕作的方式，承担缴纳赋税的义务，公田上的产品全部归王室和各级奴隶主贵族所有，此外还要服各种劳役。所谓"私田"，是指公社农民负责耕种的份地，要定期重新分配，"三年一换土易居"，公社农民只有规定年限内的使用权。私田上的产品一般归公社农民所有。

周邦以擅长农业而著称，这一时期的农业生产工具仍然是石、木、骨、蚌器，青铜农具比商朝增多，其主要耕作方法是"耦耕"。所谓"耦耕"，大概是两人协同耕作的方式。另外，西周还实行三田制，即撂荒休耕制。简单说就是把一定面积的土地划为三块，三年一循环，保证三分之二的面积耕作，三分之一的面积休耕，起到养地力和利用绿肥的效果。

当时，农作物的种类很多，仅见于《诗经》中的植物名词就有一百多种，主要有黍、稷。此外，还有麦、稻、粱、菽、蔬菜、瓜果等，并已普遍种植桑麻和染料作物。

西周的手工业和商业基本上由官府经营管理，称为"工商食官"。官府手工作坊由长官司工（司空）负责，王室和诸侯都设司工，还设工正、陶正、车正等专业作坊的工官。西周的官府手工业作坊规模较大，分工细，号称"百工"。

冶铁业也有了一定程度的发展。河南省三门峡市上村岭发现的两座虢（guó）国墓，皆属于西周晚期到春秋早期的墓，都发现了铁器。特别是其中的"虢季"墓，出土了一件玉茎铁芯铜剑（以铁、铜、玉三种材料组成的剑），尤为世人注目（见彩图八）。经鉴定，此剑是我国最早的人工冶铁制品，它的出土将我国人工冶铁的年代推前一个多世纪。

西周的青铜铸造业继承和发展了商朝的青铜铸造技术，器形和数量都比以前增多，还发明了一模翻制数范的技术，使生产效率提高了好几倍。铜器上铸刻长篇铭文是西周铜器的重要特点。著名的铜器有大盂鼎、曶（hū）鼎、毛公鼎等，其铭文为研究西周社会历史提供了极其宝贵的资料。

制陶业则继承和发展了商人的制陶技术，釉陶工艺（原始瓷器）比商朝进步。在陕西西安、河南洛阳、安徽黄山（屯溪）、江苏丹徒、北京等地都发现较多的釉陶片。陕西沣西张家坡遗址出土的原始瓷片经分析烧成温度需1200℃左右，矿物成分已接近瓷器。

纺织业有葛布、麻布、丝织品等。丝织业比商朝发展，大约在西周后期出现了锦。此外，当时已能把各种织物染成不同的颜色。

西周的骨器、玉石器也都很精致。在湖北蕲（qí）春毛家嘴西周早期遗址中发现了一件彩色残漆杯，属薄板胎，在黑色和棕色底上绘红彩，颜色鲜艳，是我国目前发现较早的成型漆器。

西周的建筑技术有了很大进步。在早期的宗庙宫室遗址中，出土了板瓦、筒瓦和半圆形瓦当等。西周中期以后，用瓦覆盖房顶已比较普遍，在西安客省庄、洛阳王湾、北京房山董家林等西周遗址都有许多瓦出土。

在"工商食官"体制下，西周商业的主要作用是为奴隶主贵族服务，由官府经营管理商业。至于民间贸易，则仍处于以物易物的商品交换初期阶段。那时还没有固定的市场，往往是"日中为市"、"交易而退"，货币主要还是海贝和玉贝。

## 三 西周王室的衰微

西周王朝从穆王时代开始走下坡路,穆王征伐犬戎,劳而无功。到夷王时,势力逐渐衰落,诸侯不朝觐宗周,甚至周王不得不"下堂见诸侯"。这时,作为西周统治经济基础的井田制也发生了动摇,抵押、转让更换土地的事情屡屡发生。

西周后期,厉王政治腐败,他任用贪婪"好利"的荣夷公做王朝卿士,实行"专利"政策。"专利"就是王室独占山林川泽之利,重申把山林川泽收归国王所有。这项政策直接触犯了国人的利益,使"民不堪命",引起国人的谴责。于是,厉王便派卫巫监视,凡受到告发的人都要被处死。从此,国人在路上相遇,只能以目示意,不敢交谈,以至于召公劝谏说"防民之口,甚于防川"。国人终于忍无可忍,于公元前841年在王畿镐京爆发了以平民为主力的国人暴动,迫使厉王"奔彘"(彘,zhì,今山西霍县),史称"彘之乱"。这次暴动沉重打击了周王室。国人推出一个地方诸侯共伯和,摄行天子事,史称"共和行政"。[①] 共和元年(公元前841)是我国有确切历史纪年的开始。共伯和执政14年,厉王死于彘,太子静即位,是为宣王。

宣王(公元前827—前782年在位)是一位有作为的周王。他内修政事,外治武功,史称"中兴"。宣王北伐狁狁(xiǎn yǔn),歼敌甚多;南伐淮夷,声威播及南海(泛指南方);又伐徐淮,徐淮归附。通过一系列征伐战争,形成了"日辟国百里"的局面。但是,王室衰微的历史趋势却已无法扭转(图2—2)。

宣王死后,幽王即位,周王室继续衰落,社会矛盾日益严重,奴隶采取逃亡等斗争方式反抗。此外,贵族与平民的矛盾、

---

① 一说诸侯推召穆公、周定公二人共同执政。

贵族内部的矛盾同样日趋尖锐。幽王政治更加腐败，他把实权交给"善谀好利"的虢石父，使得"国人皆怨"。

幽王即位第二年，关中发生大地震，旱灾也相当严重。《诗经·小雅·谷风》记载："无草不死，无木不萎。"老百姓到处流亡，社会矛盾更加剧烈。同时，幽王宠爱褒姒（sì），废掉原来的申后和太子宜臼，立褒姒为王后、褒姒子伯服为太子。宜臼逃奔到母家申侯处，幽王讨伐申侯，要杀宜臼。申侯大怒，联合缯与犬戎攻围，将幽王杀于骊山（今陕西临潼东南）下，掳走了褒姒，把丰镐之地洗劫一空。

图2—2  虢季子白盘铭

幽王死后，西周王朝出现了平王（宜臼）与携王二王并立的短暂局面。后来，携王为晋文侯所杀，诸侯独尊平王。平王虽立，但已无力驱逐犬戎。公元前770年，在晋文侯、郑武公的拥奉下，平王东迁到洛邑，把岐西之地赠与秦伯，河西之地赐予晋文侯。至此，西周灭亡，历史开始进入东周即春秋战国时期。

# 第四节　夏商西周时期的思想文化与科技

夏商西周的思想文化，从盛行上帝神、自然神、祖先神崇拜到首倡"明德"、"慎罚"、"保民"的德治思想，从灿烂夺目的青铜艺术到礼乐相和的制度文明建构，都彰显着中国上古时代王朝政治文明、精神文明与社会文明的鲜明特色。

## 一　哲学思想

宗教信仰萌芽于原始社会。从夏代开始，宗教观念中的政治色彩愈益明显。"殷人尊神，率民以事神"[1]。商人迷信，几乎无日不占，无事不卜。他们还保留着原始宗教的自然崇拜，遍祀日、月、星、风等天神和山川四方等地祇；他们敬重鬼神，尤其对祖先崇拜完备周到，并形成了周祭[2]制度。随着地上最高统治者王的出现，在天上也有一个至上神，称之为"帝"，或"上帝"。商代上帝神的权威性极高，包括自然神和祖先神的职责，也都集中于上帝一身，它还是商政权的直接保护神。

周人继承与发展了殷人的上帝观念。他们的至上神是天，或称上帝，认为周王权力的确立是"受命于天"，能使政权延续下去叫"永保天命"，上帝是周人心目中的保护神。鉴于夏商覆亡的教训，周人惊呼"惟命不于常"，"天命靡常"，开始对天、上帝的信仰发生了怀疑、动摇，这一宝贵思想，比过去殷人迷信鬼神的宗教观要进步得多。

周人还总结夏商"失德而亡"的历史教训，认识到要"永

---

[1]　《礼记·表记》。
[2]　周祭，商代人用五种祀典对上古以来的祖先周而复始地进行祭祀的制度。

保天命"，必须"以德配天"，注意"敬德保民"，做到"明德慎罚"。周公是提出和实践这一思想的代表人物。所谓明德，就是要加强道德修养，力戒奢侈淫逸恶习，"无淫于观、于逸、于游、于田（指狩猎）"；慎罚，就是要用刑慎重，量刑恰当，不要滥施刑法；保民，就是要"闻小人之劳"，"知稼穑之艰难"，宽厚待民，关注弱势人群，做到"怀保小民，惠鲜鳏寡"[①]。这种"明德慎罚"、"敬德"、"保民"的思想，在当时对稳定周邦具有进步意义，对后来兴起的儒学思想也颇有影响，孔子的"仁"学和德治思想可能就是从中演变而来。

《尚书·洪范》篇基本上可以认为是西周文献，文章中提出了"五行"说，认为自然界由水、火、木、金、土这五种物质元素构成。这是我国早期朴素唯物主义的自然观。

《易经》本是卜筮之书，形成于殷周之际，原由蓍（shī）和卦两个部分组成。蓍，也叫策，指蓍草，用于筮法的筹码；卦，即画，指符号，包括八卦、六十四卦、三百八十四爻在内等，用于表示吉凶。从《易经》六十四卦的结构来看，它是用八卦"因而重之"的方法组织起来，八卦分为乾（☰）、坤（☷）、震（☳）、巽（☴）、坎（☵）、离（☲）、艮（☶）、兑（☱），六十四卦中的每一卦都包含着八卦中的两个卦，它们共处于一个统一体中，很明显地体现出阴阳的观点；再从筮法来看，筮法的大衍之数是由十个数字的奇数与偶数合在一起构成的，里边都贯穿着对立统一的辩证法的基本观点。

## 二 文化和教育

最初的汉字从原始社会陶器上的刻划符号演变而来，早在仰

---

① 引文分见《尚书·无逸》、《康诰》。

韶文化遗址出土的陶器上就有一些刻划符号，但那只是一种原始的记事方法，不属于文字范畴。后来在大汶口文化、陶寺遗址、偃师二里头文化、郑州二里岗文化和藁城台西商遗址、江西清江吴城商代遗址中都发现了一些陶器符号，其中多数已近似象形甲骨文，应属于文字范畴的陶文，而不是单纯的符号了。

甲骨文是殷商时期刻写在龟甲或兽骨上的文字，是汉字的前身。从19世纪末在殷墟小屯首次发现有字甲骨开始至今，已发现约15万片以上，共有4000多个单字（见彩图九）。从甲骨文的结构看，它已使用象形、会意、形声、假借四种造字法，是一种相当成熟的文字。所记录的内容很丰富，为研究商朝历史提供了丰富资料，而周原甲骨的发现①，也进一步证明了商周在文化上的承继关系。

金文是刻铸在青铜器上的文字，又称钟鼎文。晚商时期的铜器上只刻铸了较少的铭文，用以表明器物的主人、用途或做器人。西周时青铜器一般均有铭文，并出现了一些长篇大作，如毛公鼎铭文有497字，是目前已知字数最多的一件青铜器。东周以后的青铜器也大多刻铸有铭文，这些铭文具有很高的史料价值，所记内容反映了西周政治、经济、军事、思想诸方面的情况。相传周宣王时太史籀（zhòu）作大篆，在甲骨、金文的基础上，对当时流行的文字做了初步的规范整理工作。

商周青铜艺术非常发达，许多青铜器造型美观，形态生动，不仅是礼器、实用器，更是上等的艺术品。它们的艺术美主要体现在造型和纹饰两个方面。商代多用兽面纹（饕餮纹）、蟠螭龙

---

① 周原甲骨，即通常所说的西周甲骨。从20世纪70年代以来，陆续在陕西周原一带出土的带字甲骨，内容涉及祭祀、册告、出入、往来、征伐和田猎等，是研究商末周初的可信史料。

纹等作装饰，西周则盛行凤纹。传世的商周青铜器有许多艺术精品，如湖南宁乡出土的四羊方尊，四角附着四只外伸的羊头和前肢，羊角蜷曲，肩部有四条龙盘缠，工艺精巧，别具匠心。1986年四川广汉三星堆遗址出土的大型青铜立人、面具以及神树，是中国古代青铜冶铸和造型艺术达到巅峰水平的标志。商周的雕刻艺术有石雕、玉雕和牙雕等。商朝的玉器种类多，玉质好，形制精美。安阳妇好墓出土玉器755件，其中玉龙、玉凤、玉象等雕琢精细，圆润光洁，形象生动，是世界艺术宝库中的精品。

夏商西周都重视音乐和舞蹈。相传舜时作的"韶乐"传到孔子时代，孔子称赞它尽美尽善，可令人"三月不知肉味"。商代的音乐有了发展，乐器种类增加许多，不仅有吹奏器陶埙（xūn），还有打击乐器钟、鼓、磬、铙、铃等。西周贵族特别重视音乐，乐器比商朝更丰富，有了成套的乐器，如编钟、编镈、编磬等，还有琴瑟等弦乐器和笙竽等管乐器。舞蹈分为专供王室、贵族祭祀及享乐用的表演舞蹈和流行于民间的群众性舞蹈。西周王朝制礼作乐，使宫廷舞蹈有了很大发展，分为文舞和武舞两类。如文舞《大夏》是歌颂大禹治水功绩的歌舞，后来被用于祭祀山川。武舞《大武》是纪念武王伐纣胜利的大型音乐舞蹈史诗，共分六场，载歌载舞，表现了武王征商、平定四方的威武雄壮场面；同时有打击乐器、管弦乐器伴奏，烘托出巍然壮观的气氛，达到了宫廷歌舞艺术的最高水平。歌词至今保留在《诗经·周颂》中。

夏礼、商礼、周礼本是一脉相承，而周礼最完备，成为当时人们的行为规范，也具有法的功能。礼渗入贵族社会生活的各个方面，包括饮食起居、服饰、祭祀、交往、节日以及人生礼仪等，而人生礼仪就包括诞生、冠、婚、寿、丧葬等，每种礼都有具体的要求和细节。礼与乐是密不可分的，贵族行礼时，往往以乐相和。礼乐的核心是"明贵贱，辨等列"，维护森严有序的等级制，以保障各安其位、恪守名分的社会秩序，并营造规行矩步、彬彬有礼的礼仪文化氛围。周代建立的礼乐文明，不仅在中国历史上具有深远影响，而且远播域外，尤其是周边邻国。古代中国于是以"礼仪之邦"闻名世界。

夏商西周是我国学校教育的开创时期。《孟子·滕文公上》记载："夏曰校、殷曰序、周曰庠，学，则三代共之。"就是说名称虽不同，但同样都是学校。相传夏朝学校以军事教育为主。商朝学校在甲骨卜辞上也有记录，出现了"学"和"大学"，我国古代最早的大学教育可能从这一时期开始。西周的学校教育制度趋向完备，分为国学和乡学，国学按学生年龄与程度又分设大学和小学，周天子所设大学旨在培养上层贵族子弟，年幼贵族子弟上小学，地方学校为乡学。教学内容有"六艺"，即礼、乐、射、御、书、数。

## 三 科学技术

由于农业生产的需要，我国很早就有了天文气象学知识。据说在尧舜时代就有了"观象授时"的专职人员。相传夏代的《夏时》大概就是当时的历书。成书于战国时代的《夏小正》，可能也是取材于夏代的历法。《左传》引的《夏书》，记载了夏朝发生在房宿位置上的一次日食，是世界上最早的一次日食记录。由于农业生产技术的发展，商朝天文历法知识也有了新的进步。甲骨文中有关于日食、月食的确切记载，也有观测到的岁星（今木星）、火星等星名，此外还有大量的气象记录。商朝历法已非常完善，它以太阴（月）记月，以太阳记年，干支记日，大月30天，小月29天，平年12个月，闰年13个月，年终置闰，叫做十三月。西周时，天文历法又有了较大的发展。《诗经》中记载了公元前776年9月6日发生的一次日食，这是我国历史上第一次有确切年月日的日食记录。

数学萌芽于原始社会。我国是世界上最早使用十进制计数的国家之一。从甲骨文可以看出，商朝已经采用了十进制。西周时"数"为"六艺"之一，数学已发展为独立的学科。当时人们发明了用"算筹"进行计算的方法，并可以熟练地把数学知识运用于生产实践。

我国医药学有着悠久的历史传统。传说神农氏尝百草，反映了早在原始社会后期，人们即试探用草药去医疗疾病的状况。商朝甲骨文中记载了许多疾病的名称，不过当时的医学还没有脱离巫术，往往是巫、医不分，其主要治疗方法仍然是祈祷占卜。大约从西周以后，宫廷里开始设置专门的医官。

# 第 三 章
# 春秋战国时期

春秋战国（公元前770—前221）时期又称东周时期。①这是中国古代政治、经济、社会大转型的时期，也是思想、文化、艺术大发展的时期。春秋开始于公元前770年，以周平王东迁洛邑为标志；战国开始于公元前475年，以周元王元年为界标。②

春秋战国的550年间，不论是春秋五霸在"尊王攘夷"旗下互争雄长，还是各自称王的战国七雄合纵连横，此交彼攻，看似波谲云诡的矛盾和纷争无不或隐或显地反映着当时社会历史发展的大趋势：社会形态由奴隶制向封建制转型，政治体制由君主、贵族等级分权制走向君主专制、中央集权制和官僚制，全国局势由分裂趋于统一，华夏族与周边族群以政治认同和文化认同为纽带而日趋融合。尽管这一时期社会动荡，兼并战争不断，给人民生活带来深重的灾难，但也促进了中原各地区的社会转型及其与周边族群的交流与融合，而各地区经济文化的发展与联

---

① "东周"作为王朝，结束于周赧（nǎn）王逝世之年，即公元前256年。"东周时期"作为历史时期，学者们主张将它的下限延长至战国结束之年，即公元前221年。

② 关于春秋时代和战国时代的划分，学术界历来有不同的意见，或以公元前453年三家分晋为界标，或以公元前403年周威烈王正式承认三家为诸侯为界标，本书依据司马迁《史记·六国年表》的意见。

系，为秦汉统一的多民族中央集权封建国家的建立奠定了基础。

"礼崩乐坏，瓦釜雷鸣"，这一时期的社会大动荡、大分化、大变革，为思想解放、文化多元开辟了广阔天地。诸子心系天下，才思喷涌，百家新说迭出，切磋争鸣，在世界文明史上蔚为奇观，不仅汇聚成中华民族优秀传统文化的源头活水，也为后代留下了极其宝贵而丰富的精神文化遗产。

## 第一节 春秋五霸的迭兴

### 一 平王东迁与诸侯争霸

平王东迁以后，王室疆土开始还有 600 平方里，后来不断受到诸侯和周边少数民族的蚕食，地盘一天天缩小，地位一步步降低，直至局促于今河南西部的一二百里范围之内，逐渐失去了天下共主的地位。诸侯不仅不听从天子的命令，不再定期向天子纳贡、朝觐和述职，而且开始挑战周天子的权威，先后发生了"周郑交质"和"周郑交恶"的事件。周天子对诸侯失去控制，是诸侯争霸的前提。

继西周之后，春秋初年还有一百四十多个诸侯国，其中影响比较大的有鲁、齐、晋、秦、楚、宋、卫、陈、蔡、曹、郑、燕、吴、越等 14 国。由于王室不能控制诸侯，那些拥有较强经济、军事实力的诸侯，以掠夺土地和人口为主要目的，竞相吞并邻近的弱小诸侯，其结果是强者愈强，霸者愈霸，相继出现了所谓的"春秋五霸"[①]。

---

[①] 所谓"春秋五霸"，或以为齐桓公、晋文公、宋襄公、秦穆公和楚庄王；或以为齐桓公、晋文公、楚庄王、吴王阖闾 (hé lú) 和越王勾践，这实际上是一个时代的泛称。

首先称霸的是齐桓公（公元前685—前643年在位）。他依靠齐国优越的自然条件和丰富的资源，任用管仲为相。管仲，齐国颖（今安徽颖上）人，为相后改革内政，加强对士农工商的管理，改革赋税制度，实行军政合一，"寓兵于农"，建立三军，由此国富兵强。齐桓公打着"尊王攘夷"的旗号，于公元前681年，联合宋、陈、蔡等国会盟于北杏（今山东东阿），开始了他的争霸事业。在北方，齐桓公伐山戎，保卫了燕国，又驱逐狄人，保护了邢、卫二国。

此时，南方的楚国开始强大，逐渐控制了汉水流域和长江中游，大有北上称霸之势。公元前656年，齐桓公会宋、陈、卫、郑、许、曹等八国之师伐楚，与楚军对峙于陉（今河南郾城东南），双方订下召陵（今河南郾城东）之盟，暂时阻止了楚师的北上。接着，齐桓公又以"尊王"的名义多次派兵为周王平定王室的内乱，甚至召集诸侯派军队帮助周王戍守成周。公元前651年，齐桓公把周王的代表以及宋、卫、郑、许、曹等国召至葵丘（今河南兰考）议订盟约，霸业达到鼎盛，成为"挟天子以令诸侯"的霸主。公元前643年，齐桓公去世。他生前的内宠很多，造成死后诸子争立，齐的霸业也随之结束。

继齐桓公之后，晋楚两国展开了长达80年之久的争霸战争。晋地处今山西境内黄河与汾水之间。春秋以来的长期内乱，影响了晋国的发展。晋文公（公元前636—前628年在位）即位后，在狐偃、赵衰（cuī）等大臣的协助下，发展生产，整顿吏治，组建三军。周王室发生内乱，周襄王被王子带赶跑。狐偃向晋文公献计，"求诸侯莫如勤王"[①]，于是发兵平叛，赢得了"尊王"的美名。

---

① 《左传》僖公二十五年。

此时，楚国一再向北扩展，鲁、郑、陈、蔡等国先后归附于楚。公元前633年冬，楚成王率陈、蔡、郑、许师围宋，宋派人向晋告难，晋以救宋为名，联合齐、秦，于公元前632年伐楚。双方发生城濮（今山东鄄城西南临濮集）之战，晋文公退避三舍，后发制人，终于大败楚军。战后，晋文公在践土（今河南郑州北黄河北岸）会盟诸侯，与会的有鲁、齐、宋、蔡、郑、卫、莒等国，周天子也应召参加，并册封晋文公为侯伯，史称"践土之盟"，晋文公成了中原的霸主。

城濮战败后，楚并没有就此放弃争霸中原的野心。楚庄王（公元前613—前591年在位）即位后，任用孙叔敖为令尹，励精图治，以"不鸣则已，一鸣则惊人"的精神，整饬内政，兴修水利，发展生产，加强军事训练，国势日益强盛。公元前606年，楚庄王挥师北上，把军队开到周疆的洛水边，周王被迫派人为他举行慰劳欢迎之礼，楚庄王"问鼎之轻重"，暴露企图取周而代之的野心。此后，中原各国纷纷背晋向楚，楚庄王当上了霸主。

楚庄王死后，楚国势力逐渐衰弱，而晋国又经过几代国君的努力，重整旗鼓。公元前575年，晋楚交战于鄢陵（今河南鄢陵北），晋大败楚师，重新确立了中原霸主的地位。

秦国因秦襄公时辅佐平王东迁有功，被封为诸侯，受赐岐山之地。但秦地处西陲，经济、社会落后，为中原列国所轻视。从襄公至穆公的一百多年间，秦国不断与西戎等少数民族作战，兼并了一些土地。秦穆公（公元前659—前621年在位）即位后，任用楚平民百里奚为大夫，整顿内政，奖励生产，国家逐渐富强。当时毗邻的晋国，正值献公、惠公、文公、襄公四代相继在位。面对强晋，秦穆公基本采取守势，不敢东向。公元前627年，晋襄公时，秦兵东向袭郑，在回军至郩（xiáo，今陕西潼关东）时，

简明中国历史读本

被晋军截击，秦全军覆没，史称"殽之战"。秦进军东方受到扼制，转而向西边扩张，"益国十二，开地千里，遂霸西戎"①。

进入春秋中期以后，出现了大国并争、势均力敌的局面，加上各国内部矛盾激化，各大国都忙于内部事务，无力再发动大战，因而产生了"弭（mǐ）兵"②运动。公元前579年，由宋大夫华元倡导，约合晋楚在宋订立盟约。双方约定不再交兵，如一方受到侵害，另一方保证支援。但是，这次盟约仅仅维持三年。公元前575年，晋楚鄢陵之战，又兵戎相见，"弭兵"失败。公元前546年，由宋大夫向戌再次倡导"弭兵"，除晋楚两大国外，又约请14国代表到会，确认晋楚两国同做霸主，小国需向晋楚同时纳贡，小国负担因此增加一倍。这次"弭兵"之后，各大国都忙于内部纷争，无暇外顾，晋楚之间也再没有发生过大的战争。

到了春秋末年，长江下游的吴越两国也继起争霸。吴是西周的封国，建都于姑苏（今江苏苏州）。越是百越的一支，建都于会稽（今浙江绍兴）。

春秋中叶，晋楚争霸时，晋曾联吴以制楚，吴的国力日渐强大。吴王阖闾（公元前514—前496年在位）采纳楚亡臣伍子胥的策略，连年向楚发动进攻，使楚疲惫不堪。公元前506年，吴王令伍子胥率军伐楚，会战于柏举（今湖北麻城东北），大败楚军主力，五战五胜，攻下郢都，迫使楚昭王流亡。后来，因楚得到秦的救援，越军又乘虚在吴后方骚扰，吴被迫撤兵。公元前496年，越王勾践（公元前496—前465年在位）即位。吴王阖闾攻越，双方会战于檇（zuì）李（今浙江嘉兴西南），越大败

---

① 《史记》卷5《秦本纪》。
② 弭，平息。弭兵指双方停止交战。

吴师，阖闾受伤后死在道上，子夫差（公元前495—前473年在位）继位，立志为父报仇。公元前493年，吴击败越于夫椒（今江苏吴县太湖椒山），越王投降。随后，吴乘胜北上。公元前482年，吴召集晋、鲁和周天子代表会盟于黄池（今河南封丘），夫差也以霸主自居。

越降吴后，越王勾践卧薪尝胆，"十年生聚，十年教训"。公元前482年，吴北上会盟黄池，内部空虚，越乘机大举伐吴。经过多次激战，公元前473年，吴灭，夫差自杀。此后，越王勾践效法吴王夫差，北上会盟诸侯于徐州（今山东滕州南），一时号称霸主，横行江淮。不过，这已是大国争霸的尾声了，历史即将拉开战国争雄的序幕。

孟子曾经说过"春秋无义战"①，霸主们发动战争的根本目的是为了扩大自己的势力范围，掠夺更多的土地、人口和财物。人民在战争中付出的代价很大，所受痛苦也最深。不过，从整个历史进程看，春秋时期大国争霸战争的政治与社会影响超出了统治阶级的主观愿望。由西周百余国的纷争，到春秋14个诸侯国的争霸局面，经过兼并战争，再到战国七雄，形成地区性的统一，为秦的大统一创造了前提。在争霸战争中，分封制有所松弛，郡县制的出现，动摇了奴隶制社会的政治基础；一些国家吞灭了周围的部族小国，各族之间频繁迁徙和交往，加强了经济文化联系，为民族的初步融合打下了基础，也为后来汉民族的形成创造了有利条件。

## 二 社会生产的发展和封建生产关系的出现

从现有的文献记载来看，我国的铁器使用始于春秋初年。

---

① 《孟子·尽心下》。

《诗经·秦风·驷铁》说,"驷铁孔阜",这是古书上第一次出现"铁"字,形容马色如铁,表明春秋初年乃至西周晚期已经有了铁。《国语·齐语》记载:"美金(铜)以铸剑戟,试诸狗马;恶金(铁)以铸锄夷斤斸(zhǔ),试诸壤土。"说明当时用青铜制造兵器,用铁铸造农业和手工业生产工具。公元前513年,晋国用一鼓(量器)铁铸了刑鼎,上铸范宣子刑书,可见铸铁技术已经比较发达,从早期的块炼法到铸铁是冶铁技术的一大进步。

据考古发现,属于春秋前期的铁器,有河南三门峡市上村岭镇虢国墓出土的人工冶铁制品、甘肃灵台秦墓出土的铜柄铁剑等。湖南长沙,江西九江,江苏六合,山东青岛、临淄,陕西凤翔,河南新郑等地,都发现一些属于春秋中晚期的铁器。

铁器应用于农业,出现了铁犁牛耕。春秋时已有犁耕,犁是从耜演变而来,并改为铁制。据《国语·晋语》记载,祭祀宗庙的牺牲可以用做"畎(quǎn)亩之勤"。孔子弟子司马耕字子牛,冉耕字伯牛,把牛和耕连在一起,这是当时现实生活中存在牛耕的反映。由于有了铁犁牛耕,大大提高了农业生产的效率,使公社农民有可能开辟更多的"私田"。公社农民在"私田"上的劳动兴趣增加,而不肯"尽力于公田"。春秋时,各诸侯国的"公田"荒芜现象普遍,一些贵族也利用公社农民开辟"私田"。这时的"私田"没有一定规格,可以买卖、交换、抵押,最初还可以不缴税。

在奴隶制国家土地所有制下,按照礼制原则,"天子在上,诸侯不得以地相与也"[1]。可是,到春秋时则不然,诸侯、贵族和周天子争夺"公田"的斗争屡屡发生,甚至还出现了把"公

---

[1] 《穀梁传》桓公元年。

田"变为"私田"的事。互相争夺边境田地和无主土地，以及为争夺土地而互相诉讼的事件层出不穷。土地使用权转移相当频繁，"私田"逐渐失去了作为公社农民份地的意义，而变成了实际上的私有土地。在"私田"大量涌现、井田制受到破坏的情况下，国家对公社农民的剥削，仅用助耕"公田"的方式已远远不够，因此各国的赋税制度都作了相应的改革。

约公元前685年，齐国管仲实行"相地而衰（cuī）征"，即按土地的好坏征收数量不等的田税，这就打破了井田中"公田"和"私田"的界限。公元前645年，晋"作爰田"，废除了西周以来对"私田"定期重新分配的制度，把土地一次性分配给农民。各户农民在分得的土地上，自行调整，或者休耕，或者耕作，叫做"自爰其处"，使土地的产权固定下来，这是土地向私有制转化的一个重要环节。不久，晋又"作州兵"，"州"指远郊，属于"野"的范围，过去"野人"不当兵，现在让野人也服兵役，这就增加了兵源。公元前594年，鲁行"初税亩"，"履亩而税"，即无论公田、私田一律按田亩收税。隔了一年，鲁又"作丘甲"，即按丘（十六井为丘）出军赋，增加国人的军赋负担。公元前483年，鲁季康子"用田赋"，即按田亩进一步增加税额。各国统治者进行赋税改革的主观目的是为了增加国家收入，但客观上承认了土地私有，促使了井田制的瓦解和封建生产关系的出现。

同时，从贵族奴隶主中分化出来的一批地主，也采取各种办法占有大量的"私田"，并采用征收实物地租的办法剥削农民。如齐之田氏，晋之韩、赵、魏以及鲁"三桓"就属于此类。从公社农民中转化出一批自耕农，他们或者占有了原来分配给他们使用的土地，或者利用余力开辟少量私田，逐渐拥有了对这些土地的所有权。他们直接向国家缴纳赋税，并负担兵役、徭役等。

值得注意的是，这时出现了一批具有封建依附关系的所谓"隐民"、"私属徒"、"宾萌"等类似农奴的人。如鲁国季孙氏就有许多"隐民"，他们投靠新贵族门下，受地租形态剥削。"私属徒"则带有家兵性质，这些封建依附关系正悄悄地孕育于奴隶制母体中。

这一时期，冶铁业成为手工业的新兴部门。除此之外，冶铜业、纺织业、制陶业、煮盐业、漆器业等较西周都有发展。特别是青铜铸造业，普遍采用浑铸、分铸等技术，铸造出更加大型而精美的青铜礼器，如河南新郑春秋郑国大墓出土的莲鹤方壶就是一例（见彩图十）。

金属货币有了增加，早期商业城市开始兴起。齐临淄早在春秋时就有了一定的城市布局。到了战国时代，临淄城内人口众多，已达到"举袂成幕，挥汗成雨"①的地步。晋侯马故城也有一定规模，在侯马故城范围内的牛村古城遗址南郊发现了冶铜、制骨、制陶等手工业作坊遗址。在东周洛阳遗址发现古城的北城墙长2890米，城内还有宫殿区和手工业区。当然，春秋时的城市仍处于兴起阶段，规模不大，城内农业人口较多。

这个时期官商仍占统治地位，但也出现了私商，虽然商人的身份地位还不高，经济政治作用却已很大了。如郑国国君曾与商人订立盟誓："尔无我叛，我无强贾"，反映了统治者与商人彼此相保，结成政治同盟。再如郑国商人弦高去东周做买卖，在路上遇到东进准备袭郑的秦军，于是，他一面派人回国报信，一面以郑国国君的名义，用12头牛犒劳秦军，稳住秦军，避免了秦偷袭郑的灾难。春秋后期，出现了一些著名的大商人。如鲁人子贡是孔子最富有的弟子，他一方面在曹鲁之间做买卖，发大财；

---

① 《战国策·齐策一》。

另一方面，又"结驷连骑，束帛之币以聘享诸侯，所至，国君无不分庭与之抗礼"①。再如范蠡（lí）原是越国大夫，曾协助勾践灭吴，后来退隐民间，变名易姓，来到陶（今山东定陶）经商，"三致千金"，号称陶朱公。这些辗转各地的大商人的出现，说明"工商食官"的制度开始被打破。

## 三　奴隶、平民反抗斗争与卿大夫夺权

春秋后期，奴隶制的残酷性、腐朽性暴露无遗。奴隶主贵族永不满足的奢侈欲望、对腐朽生活贪得无厌的追求，导致了对奴隶和平民的残酷剥削和政治上的极端腐败。繁重的徭役和残暴的刑罚，使得广大奴隶和平民无法生活下去，酿成了此起彼伏的斗争，表现为逃亡、多盗、役人工匠暴动以及国人起义等多种形式。

奴隶与平民们隐伏于山林川泽，袭击统治者，使许多国家出现所谓"多盗"问题，而繁重的徭役和苛虐暴政，迫使役人、工匠不断起来斗争，他们或竞相逃散，或追杀贵族，赶跑国君。公元前520年，东周王城爆发"百工"叛乱，斗争延续了20年，甚至一度把周敬王赶走。

奴隶主贵族的政治腐败也导致与国人矛盾的加剧。卫懿公好鹤不理政事，漠视民疾，封鹤为"将军"。公元前660年，狄人入侵，懿公要大臣抵抗，大臣说："君好鹤，鹤可令击狄。"懿公又要国人抵抗，国人说：鹤高官厚禄叫鹤去抵抗吧。结果卫懿公被狄人所杀，卫一度亡国。莒纪公"多行无礼于国"，为国人厌恶而将其杀死。公元前554年，郑国执政子孔"为政也专"，引起国人不满，"杀子孔而分其室"。"国人暴动"是春秋时期阶

---

① 《史记》卷129《货殖列传》。

级斗争的一支重要力量。

春秋时期特别是后期的阶级斗争对瓦解奴隶制、促使封建因素的生长产生了积极的作用。不过，由于当时诸侯林立、互相隔离等客观原因，以及各国内部宗族、家族等级观念的存在，模糊了奴隶和国人的阶级意识，所以并没有形成统一规模的起义。

春秋中期以后，随着奴隶与奴隶主、贵族与平民之间斗争的发展，各国政权内部也急剧变化，所谓以下犯上的事件层出不穷，私门与公室明争暗斗，卿大夫之间的势力也互有消长。斗争的结果，一些卿大夫代替了公室而掌权，最典型的是"田（陈）氏代齐"、"三家分晋"和"鲁三桓执政"。

齐国的田氏原是陈国公子完的后裔。齐桓公时，陈公子完因避陈公族内乱而逃奔到齐，又称田氏（陈、田古音相通），任齐"工正"（管理官府手工业的官）。齐景公（公元前547—前490年在位）虽治国有方，但更好声色犬马，且聚敛无度。相反，田桓子则用大斗借出、小斗收回的办法，争得民心。公元前489年，齐景公死，贵族国、高氏立齐景公之子公子荼为国君，田桓子之子田乞乘机发动政变，赶跑国、高氏，杀公子荼，另立公子阳生为国君（齐悼公）。同时自立为相，专制齐政。而后，其子田恒（田成子）继续为相，采取田桓子的老办法，大斗出，小斗进，争取民众，壮大了自己的力量。公元前481年，田成子发动武装政变，尽杀齐简公和几家强宗贵族，另立齐平公，仍继续掌控齐政。公元前391年，田成子曾孙田和废掉齐康公，自立为国君，最终完成了田氏代齐的过程。

争霸战争导致晋国的一些异姓卿大夫在晋室不断扩充军事编制的过程中逐渐掌握了兵权。到春秋中期，晋国政权逐渐被六卿所控制。所谓"六卿"，是指范、中行、知、韩、赵、魏。当时晋国公室力量很弱，原先隶属于公室的民众都投靠到"六卿"

门下。"六卿"之间斗争也相当激烈。赵鞅执政之后，公元前497年，范氏和中行氏向赵氏进攻，但遭到以赵氏为首的韩、魏、知四家的反击，范氏、中行氏败逃。公元前493年，范氏、中行氏又联合郑、齐两国进攻赵氏，发生所谓"铁（今河南濮阳西北）之战"。赵鞅在前线向将士发布誓词，宣布凡克敌立功者，均可按身份等级给予不同的奖赏，如"上大夫受县，下大夫受郡"，奴隶可以获得人身自由。这既鼓励了广大将士，又争取了民众。公元前490年，赵鞅战胜了范氏、中行氏，瓜分了两家土地，政权落到知、赵、韩、魏四家之手。由于知伯专权，公元前453年，赵、韩、魏又合力灭掉知氏，三家分别建立了政权。公元前403年，周威烈王正式承认韩、赵、魏为诸侯，史称"三家分晋"。

"鲁三桓执政"的"三桓"，是指鲁桓公的后代，鲁庄公的三个弟弟，即孟孙氏、叔孙氏、季孙氏三个家族。春秋中后期，季孙氏的势力逐渐强盛。鲁成公（公元前590—前573年在位）时，季孙氏操纵了政权。公元前562年，"三桓"把鲁国的军事编制扩充为三军，三家各统率一军。过了25年，三家又进一步瓜分国君的权力，把三军改为两军，分成四股，实行"四分公室"。季孙氏分得两股，掌握了鲁国大权；叔孙氏、孟孙氏各得一股。这样，鲁君的土地、人口（包括军队）都被三家瓜分了，而公室在经济上只得依靠三家的贡纳来维持。以鲁昭公为代表的旧贵族不甘心，首先向季孙氏发动进攻，结果被"三桓"赶跑，终身不得回国，最后死于齐。公元前468年，鲁哀公想借助越国力量除掉"三桓"，又遭失败。到鲁悼公（公元前466—前429年在位）时，"鲁如小侯，卑于三桓之家"，公室的没落已成定局。

诸侯国内私门和公室的斗争，带有地主阶级向奴隶主贵族夺权的性质。公室主要指诸侯国国君，他们是奴隶主贵族的代表，坚持实行奴隶制。私门主要指卿大夫，其中有的是从奴隶主贵族中分化出来成为新兴地主阶级的代表。经过长时期的斗争和历史变迁，他们在经济上掌握了大量私田和隐民，在政治上有了自己的独立行政机构和所属的官吏"家臣"或"家宰"，在军事上有自己的战车、甲士和步卒。这些有势力的私门，宛如一个个独立王国。公室要征收私田赋税，而私家要不断提高经济政治地位，这必然引起公私间的斗争，即大夫兼并。大夫兼并中的田（陈）氏、韩、赵、魏，以及鲁"三桓"等都是从奴隶主贵族中逐渐转化来的地主阶级的政治代表。在夺权过程中和夺权后，他们基本上实行的是反映地主阶级愿望、保护地主阶级利益的政策，他们夺权后建立的政权也逐渐向封建政权转化。

春秋时期，以周天子为大宗的宗法制遭到严重破坏。诸侯僭用天子礼，大夫僭用诸侯礼，已司空见惯。西周模式的"礼治"行不通了，有些国家逐渐采用法治，于是这一时期产生了我国历史上第一批成文法。公元前536年，郑子产"铸刑书"；公元前513年，赵鞅"遂赋晋国一鼓铁，以铸刑鼎，著范宣子所为刑书焉"[①]。范宣子刑书内容已经失载，这是我国历史上继郑子产"铸刑书"后第二次公布成文法。成文法从无到有，是社会的一大进步。这对过去那种"临事制刑，不豫设法"的滥施刑罚行为会有某种限制，反映出人的社会地位有了某些提高。

## 第二节　战国七雄的兼并与秦统一中国

### 一　变法运动与政治改革

公元前475年左右，新兴地主阶级在许多国家相继掌权，通

---

[①] 《左传》昭公二十九年。

过兼并战争，逐渐形成了秦、楚、燕、齐、韩、赵、魏七个大国，史称"战国七雄"。各国新兴地主阶级为了进一步打击奴隶主贵族势力，发展封建经济和政治，巩固新生政权，增强竞争实力，纷纷在国内开展变法运动。主要有魏国李悝（kuī）变法、楚国吴起变法以及秦国商鞅变法等，其中商鞅变法收效最显著。

1. 李悝变法

战国初年，魏文侯（公元前445—前396年在位）即位以后，礼贤下士，招揽各方人才。他任用李悝为相，推行变法改革。首先，废除世卿世禄，按照"食有劳而禄有功"的原则，授予有功劳的人一定职位和爵禄，取消那些既无功于国家，又过着奢侈生活的人的世袭特权。其次，发展农业生产，主张"尽地力之教"[①]，提倡勤谨耕作，增加粮食产量。再次，调剂粮价，实行"平籴（dí）法"，即丰年由国家以平价购进粮食，灾年平价出售，维持国家正常经济秩序。最后，建立法律制度，著《法经》，内容包括盗、贼、囚、捕、杂、具六篇。《法经》是一部比较系统的法典，集春秋以来成文法的大成。李悝变法巩固了魏国地主阶级政权，发展了封建经济，使魏国在战国初期首先强盛起来。

2. 吴起变法

吴起本是卫国人，初仕于魏，后来入楚，深得楚悼王（公元前401—前381年在位）赏识，由县守升任令尹（相当于各国相位），主持变法。他针对楚国"大臣太重，封君太众"的弊病，集中进行政治改革。一是废除贵族特权，打击贵族势力，明令凡贵族封君子孙已传到三代以上者收回爵禄，疏远的公族一律撤除公族籍，没收奴隶主贵族的部分土地，把他们迁徙到地广人稀的地区。二是整顿吏制，精简机构，用所节省的开支来训练兵

---

[①]《汉书》卷24上《食货志上》。

士，增强军队的战斗力。吴起变法重视明法审令，从政治上、经济上打击旧贵族。但因楚国旧贵族势力大，推行新法很困难，变法的成效不显著。不久，楚悼王去世，吴起被杀。

3. 商鞅变法

相对东方各国而言，秦国地处西陲，又杂染戎狄的习俗，社会发展比较缓慢。秦孝公（公元前361—前338年在位）即位后，痛感"诸侯卑秦，丑莫大焉"，下决心求贤，立志进行改革。在这种背景下，商鞅从魏国来到秦国。

商鞅，原名卫鞅，是卫国破落贵族的后裔，后被秦封到商地，故又名商鞅。他"少好刑名之学"，曾任魏相公叔痤（cuó）的家臣，未得到魏王的信任。公元前361年，秦孝公颁布《求贤令》，商鞅由魏入秦。秦孝公任商鞅为左庶长，后升任大良造。先后于公元前359年（一说公元前356年）和公元前350年两次进行变法。变法主要内容如下：

（1）"开阡陌封疆"，允许土地买卖。开阡陌封疆就是挖开田地上的疆界，打破公田和私田的界限，建立名田制，从法律上承认井田制的崩溃和封建土地所有制的确立。

（2）重农抑商，奖励耕织。凡努力生产，所获多者，可免除本人的徭役。相反，对从事工商或懒惰而贫困的人，要连同妻子儿女没入官府为奴婢。同时还规定，凡一户有两个以上成年男子而不分家者，则加倍增收赋税，从而促进了一家一户小农经济的发展，增加了国家税收。

（3）统一度量衡，颁布度量衡的标准器。现传世的商鞅方升，就是秦孝公十八年颁发给重泉（今陕西蒲城）的标准器。

（4）奖励军功，废除世卿世禄制。贵族中凡没有立军功的人不得入贵族籍，不得授予军功爵。军功爵分为20级，按军功大小授予相应的爵位，根据爵位的高低占有数量不等的田宅和臣妾等，从而形成封建等级制。

（5）焚烧《诗经》、《尚书》等儒家典籍，申明法令，把法令公布在宫室前的冀阙①上，并申明"刑无等级"，不管贵族还是庶人犯法，一样给予处罚。

（6）编制户籍，设什伍连坐法。令民五家为伍，十家为什。奖励告奸、告密，不告密的腰斩，告密的可与斩敌同赏。

（7）推行县制。把秦划为31个县，设令、丞掌管，令、丞由中央任免。为了适应向东方发展的需要，公元前350年，秦把国都从栎阳（今陕西西安临潼武屯乡）迁到咸阳（今陕西咸阳）。

（8）移风易俗，革除存于秦国的戎狄旧俗，禁止父子兄弟（成年者）同室居住。

公元前338年，秦孝公死，太子即位，是为秦惠王②。公子虔等人诬告商鞅"欲反"，商鞅被迫逃亡，最后在自己的封邑商抵抗失败，被处以车裂酷刑。

商鞅虽死，但秦法未败。商鞅变法顺应历史潮流，集列国变法之大成，是战国时期持续时间最长、涉及面最广、改革最为彻底的一次变法运动，是秦国富兵强的重要原因，奠定了秦始皇统一中国的基础。

战国时期，各诸侯国通过变法，先后确立了封建集权制。首先，各国相继建立了以国王为首的中央官僚机构。辅佐国王的最高长官是相和将，文官和武官从此分开。

其次，郡县制代替了分封制。早在春秋初期，秦、晋、楚等国已设立县，有些由国君直接管辖。战国时县已完全成为中央直辖的地方行政机构。战国时期郡也开始出现，起初郡主要设在边

---

① 冀，记，公布教令的门阙。
② 初即位时称惠文君，公元前325年改称王，称惠文王，简称惠王。

地，功能主要是军事性的，后来逐渐在郡下开始分设若干县，或由郡统县，功能扩展到民事，由此产生了郡县两级制地方行政机构。

再次，由于战争规模扩大，兵种也发生了很大变化，以步兵为主，骑兵次之，车兵已退居到无足轻重的地位。建立征兵制和常备兵。青铜兵器大有改进，更有铁兵器使用，而且还出现了能发射箭矢的弩机。

最后，建立了中央集权的官僚制，各级官僚主要凭借才能由君主任命，职位不世袭。同时也建立了对各级官僚考绩上计[①]、监督监察制度。以荐举、军功为特色的官僚选拔制也初步形成，正如韩非所说，"事在四方，要在中央；圣人执要，四方来效"[②]，从而开秦汉中央集权封建专制制度的先河。

## 二 封建经济的发展和封建生产关系的确立

封建制在各国确立后，生产力和生产关系较相适应，封建经济得到飞跃发展。战国中期以后，冶铁技术有了进一步发展和推广。这个时期铁器的使用范围很广，在各地遗址出土的铁器中，铁农具占重要地位。已出土的铁农具有犁铧、镢（jué）、锄、铲、镰等，从这些农具种类可以看出，当时农业生产的全过程几乎都已使用铁器。

铁工具的广泛使用，为当时大规模修建水利工程提供了较好的条件，兴修了许多著名的水利工程。如秦用韩国水工郑国，修建了从今陕西泾阳附近引泾水东向洛水的郑国渠。秦国蜀郡郡守

---

① 战国时，地方官吏要将一年的治理状况在年终向国君报告，称为上计。此制为秦汉继承并完善。

② 《韩非子·扬权》。

李冰父子主持修成了伟大的水利工程——都江堰，使成都平原旱涝保收。

农业生产技术有许多进步，改进后的犁铧和锄，深耕易耨。除了牛耕，有的地区也使用马耕，大大提高了劳动效率。当时，人们很重视施肥，也懂得消灭病虫害的道理，农作物的单位面积产量有了很大提高。

据《周礼·考工记》所述，当时手工业分工比较细密，木工有七种，皮工有五种，设色之工有五种，刮磨之工（玉石工）有五种，抟埴（tuán zhí）之工（陶工）有两种。这种细密分工，在当时既提高了生产效率，又提高了产品质量。

相对于铁器使用的普遍化，青铜制造业中礼器逐渐减少，生活日用品剧增，大量出土的铜镜、带钩等就反映了这一情况。由于战争频繁，青铜兵器制造激增。青铜制造技术和风格较此前更趋于生活化，改变了以前呆板厚重的作风，表现出制作轻巧、纹饰活泼的特点。另外还出现了使用嵌入红铜薄片和金银丝的"嵌镶红铜"、"金银错"工艺，以及表面涂金和刻划花纹的"鎏金"和"刻纹"工艺。

战国时期的丝织业相当发达，不仅齐国的丝织品很有名，其他国家的丝织业也很发达。南方楚墓不断出土当时的丝织品，如长沙左家塘44号楚墓出土的衣衾，计有20多块，大部分是织锦。这些丝织品不仅种类繁多，而且色泽绚丽，花纹生动。有一件绛紫细面夹衣，其经纬密度每平方厘米为160×70根，堪称我国古代丝织工艺的奇观。

漆器制造业繁盛，战国楚墓出土的漆器最多，在长沙、江陵、随县、信阳、成都等地都有发现。这些漆器花纹精美，胎质较轻薄，并附加了金属制的耳、纽、足，反映了战国楚漆器工艺已具有相当高的水平（见彩图十一）。

当时的手工业有官营作坊和私营作坊。官营作坊的生产者有官奴婢、刑徒和征调来的工匠，他们生产的多是为官府和贵族服务的产品，有采矿、冶铁、铸钱、兵器制造、煮盐、纺织等。私营作坊主要有盐、铁两大部门。

战国时期，由于井田制的瓦解，商品交换的扩大，市场活跃起来，促进了城市经济的繁荣。原先的城市主要是政治军事据点，随着商业经济成分的加大，有些城市已成为名副其实的工商都会。如齐临淄、赵邯郸、燕下都（今河北易县）、楚郢（yǐng）都（今湖北江陵西北纪南城）等，都是当时有名的城市（图3—1）。

由于商品交换发展的需要，当时已广泛使用金属货币，货币的流通促进了商业的繁荣，一批富商大贾也登上了战国历史舞台。如魏国大商人白圭，因他"乐观时变"，善于"人弃我取，人取我与"，专搞投机交易，集聚了大量财富。

战国时期，地主阶级登上历史舞台。最早的地主是从一部分奴隶主贵族转化而来。"论功行赏"使得一些建立军功的将士转变成地主阶级中的一部分。土地买卖促使地主土地所有制进一步发展，出现了所谓"贾田"，一些大商人和高利贷者也把商业利润转移到土地上来，大肆兼并土地，也随之转化为地主阶级。

由于封建生产关系刚刚确立，奴隶制残余仍然大量存在。奴隶有官奴、私奴两种，主要从事手工业和商业，有的还用于农业生产。富商大贾也占有大量奴隶，而且出现了买卖奴隶的市场。《周礼·地官·质人》记载："掌成市之货贿、人民、牛马、兵器、珍异"，反映了在战国城市市场上，"人民"（奴隶及自卖为奴的贫民）与牛马同栏以及和普通物品放在一起出售的现象。

## 三 兼并战争与秦王政统一中国

战国时期，兵革不休。先是大国吞并小国的战争，继之而来

齐临淄

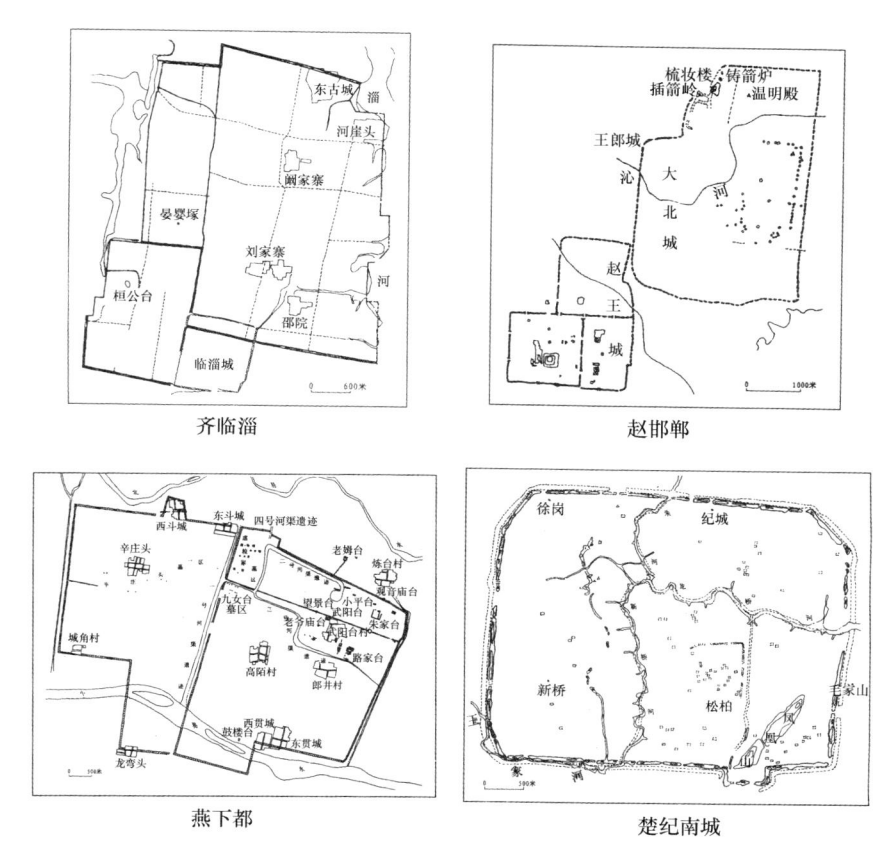

赵邯郸

燕下都

楚纪南城

图 3—1　春秋战国时期列国都城图

的是大国之间的兼并战争，战争愈演愈烈，最后形成齐、楚、燕、韩、赵、魏、秦七雄。七雄中首先互相抗衡的是魏齐两国。

1. 魏齐争霸

李悝变法后，魏国首先强大起来。魏惠王（公元前369—前319年在位）时，国力达到极盛。齐国在齐威王（公元前356—前320年在位）即位后，网罗人才，实行改革，国势日益强盛。齐的强盛必然与魏发生冲突，终于酿成了战国时期的第一场大战，史称"桂陵（今河南长垣北）之战"。这次战争是因为魏赵互相争夺卫国引起的，齐军由统帅田忌、军师孙膑指挥，在桂陵大败魏军，历史上著名的"围魏救赵"战例就发生在这次战争中。

桂陵之战中，魏虽然失败，但魏惠王不久便扭转了局势。公元前344年，魏邀集十二诸侯在逢泽（今河南开封南）会盟，会后率诸侯朝周天子于孟津，俨然以中原霸主自居。

公元前342年，魏攻韩，韩告急于齐，齐威王又派田忌、孙膑率军攻魏救韩。孙膑采取退兵减灶、诱敌深入、设伏歼敌的战术，使魏军陷入齐国伏兵包围之中，全歼魏军，虏魏太子申，魏将庞涓自杀，史称"马陵（今山东莘县西南[①]）之战"，从而形成了魏齐均势的局面。为了对抗秦、齐、楚三个大国的联合，公元前323年，魏将公孙衍发起魏与韩、赵、燕、中山五国相互称王。"五国相王"前后，所有的重要诸侯国都相继称王，这是战国政治形势的重大变化。

2. 合纵连横

由于各国力量不断发生变化，七国中不论强国或弱国都在寻找自己的盟友，于是在外交上和军事上就产生了合纵连横的需要。所谓"合纵"，即"合众弱以攻一强"；所谓"连横"，即"事一强以攻众弱"，以达到兼并他国的目的，"连横"政策的倡导者是魏人张仪。

通过一系列合纵连横斗争，齐和秦成为东西二强，为了突出他们的至尊地位，公元前288年，秦昭王（公元前306—前251年在位）自称为帝，是为西帝；又尊齐湣（mǐn）王（公元前301—前284年在位）为东帝，秦、齐并尊为帝是战国史上的重要事件。齐、秦称帝不久，苏秦从燕国来到齐国。苏秦，东周洛阳人，合纵家的代表人物。他作为燕昭王（公元前311—前279

---

[①] 另二说在今河北大名东南、山东郯城马陵山。

年在位）的亲信，到齐做反间工作。苏秦一面积极组织合纵伐秦；一面挑拨齐赵关系，唆使齐灭宋，使齐四面树敌，以成就燕昭王振兴燕国的"大业"。苏秦游说齐湣王去帝号、伐秦、伐宋，齐湣王接受苏秦的意见去帝号仍称王。

公元前287年，苏秦游说并组织齐、赵、韩、魏、燕五国合纵伐秦，但五国各有异心，不图进展，不得不班师而还，此举虽无建树却也迫使秦废除了帝号。

苏秦受燕昭王之命，怂恿齐湣王攻宋，意在把战火引向南方，并使齐处于孤立。结果齐中苏秦之计。公元前284年，秦昭王组织韩、赵、魏、燕合纵伐齐，由燕将乐毅做统帅。联军在济西（今山东聊城南）大败齐军。齐湣王逃奔到莒，后为楚将所杀。虽然齐国此后在田单率领下收复了失地，但势力大受损伤，已不是秦的对手。

3. 长平之战

公元前266年，秦昭王任用范睢（suī）为相，采纳他"远交而近攻"的策略，国力增长。而这时三晋中的赵国，经过赵武灵王（公元前325—前299年在位）的军事改革，"胡服骑射"，发展骑兵，开拓北地，成为唯一可与秦抗衡的国家。公元前262年，秦和赵为争夺韩的上党郡发生了"长平（今山西高平西北）之战"。秦用反间计，使赵王改用只善于纸上谈兵的赵括代替老将廉颇。结果，赵军粮道断绝，困于长平，秦将白起俘虏赵军，坑卒40万人，长平一战，赵损失惨重，不再是秦的对手。

4. 秦王政亲政与统一中国

秦昭王末年，秦国的疆土已经很大，西到今甘肃、四川，南至湖北、湖南，东及河南中部、河北南部，北抵山西、陕西北部。秦国的国力持续增强，疆域扩展，为统一中国奠定了坚实基础。

公元前247年，庄襄王病逝，13岁的太子嬴政（公元前

246—前210年在位)① 即位，因年龄尚幼，国政掌握在相国吕不韦手中。后来，长信侯嫪毐（lào ǎi）凭借太后恩宠，干预朝政。秦王政九年（公元前238），22岁的嬴政亲理朝政。嫪毐秽乱宫闱的行为败露，发动兵变。秦王政果断平定嫪毐叛乱，迫使吕不韦自杀，初步展现出卓越的领袖才能。

秦王政任用客卿李斯、尉缭等人，采取远交近攻、分化瓦解的策略，打破六国合纵局面，离间各国君臣关系，出兵蚕食六国。秦王政十七年，正式启动统一战争。秦军势如破竹，仅用10年时间先后灭韩（公元前230）、赵（公元前228）、魏（公元前225）、楚（公元前223）、燕（公元前222）、齐（公元前221），于秦王政二十六年（公元前221）统一全国，结束了长期以来列国割据混战的局面，建立起中国历史上第一个统一的多民族的专制主义中央集权封建国家——秦王朝。

秦的统一是历史发展的必然趋势。战国时期的二百五十多年间，兼并战争持续不断，给人民带来深重灾难。为了削弱对方的实力，各国纷纷设关立卡，以邻为壑，阻碍了相互间的交通与贸易。随着各国变法的推行与社会的全面转型，经济获得了迅速发展，各地区之间的联系日益密切，人们渴望早日结束兼并战争和分裂局面，彻底消除妨害经济发展与文化交流的障碍。于是统一成为历史大势所趋，人心所向；而中原与周边地区各民族的初步融合，也为多民族国家的形成准备了必要条件。战国七雄之中拥有多方面优势的秦国，完成了统一中国的历史使命，这无论对中华民族还是整个世界历史的发展都意义重大，影响深远。从此，统一的多民族的国家形态长期延续，虽然经历过几次分裂时期，

---

① 历代本朝皇位更迭，少数在当年改元，多数于次年改元。本书为对应年号纪元，均以"改元年"为在位年之始。

但统一始终是中华民族历史发展的主流。

## 第三节 春秋战国时期的思想文化与科技

春秋战国时期，出现了中国历史上第一次波澜壮阔的思想解放运动，促进了思想、史学、文学、艺术的大发展，成为中国传统文化的丰沛源泉，影响十分深远。

### 一 诸子百家

春秋战国时期，随着封建社会经济的发展，阶级关系的新变化，特别是学在官府的局面被打破，私学兴起，为文化繁荣创造了有利条件。面对剧烈的社会大变动，拥有不同背景、来自不同阶层和集团的知识分子，代表各自的阶级、阶层或集团利益，纷纷发表自己的观点和看法。各国新兴的统治者，出于自身统治的利益需要，礼贤下士，延揽人才，寻找治国之策和思想上的代言人，形成了"百家争鸣"的繁荣局面。汉代史学家司马迁之父司马谈的《论六家要指》，将战国时代的诸子百家总结为阴阳、儒、墨、名、法、道德六家。《汉书·艺文志》引用刘歆《七略》的诸子略则分为十家：儒、道、阴阳、法、名、墨、纵横、杂、农、小说家。以下主要介绍道、儒、墨、法四大家，以及两部重要的兵书。

1. 道家

道家的创始人老子，是中国古代杰出的哲学家和思想家，姓李名耳，又称老聃（dān），楚国苦县厉乡曲人里（今河南鹿邑）人[①]，大约与孔子同时而年纪稍长，曾任周的守藏史，晚年隐居于楚。现存《老子》一书又名《道德经》，凡5000言，约成书于战

---

[①] 一说安徽涡阳人。

国初期，分《道》经和《德》经上下两篇①（图3—2）。

图3—2 山东嘉祥武氏祠汉画像石"孔子见老子"图

老子的政治理想是"小国寡民"的社会，"邻国相望，鸡犬之声相闻，民至老死不相往来"。他既反对仁义，又反对法治，主张清静"无为"，以无为达到"无不为"。"道"是老子思想的核心，是一种"视之不见"、"听之不闻"、"抟之不得"、"不可名状"的精神实体，因为它是无形体的虚无，故又称做"常无"。老子认为"天下万物生于有，有生于无"、"道生一，一生二，二生三，三生万物"。无—有—万物，就是老子以"道"为核心的客观唯心主义思想体系。但是，老子又认为事物矛盾对立的双方可以互相转化，"有无相生，难易相成，长短相形，高下相倾，音声相和，前后相随"，"祸兮福之所倚，福兮祸之所伏"，这是老子思想最宝贵之处，具有朴素的辩证法思想。

庄子是中国古代伟大的思想家、哲学家和文学家，也是道家思想的主要创始人。庄子，名周，宋国蒙（今安徽蒙城）人。②曾在家乡当过管理漆园的小吏，与魏相惠施交游很深，后来拒绝

---

① 1972年长沙马王堆汉墓出土的帛书《老子》，《德》经在前，《道》经在后。
② 一说河南商丘人。

楚威王的聘请而过着隐居生活。

庄子思想从老子思想发展而来，但对"道"的解释更加神秘化。他认为"道"是"先天地生"的"非物"，是精神性的东西。他还把老子关于对立转化的看法引向极端，认为无论大小、长短、贵贱、美丑、成毁等一切差别都不存在，从而走向了"不别同异"、"万物一齐"的相对主义。他提出"齐是非"、"齐万物"，以至"齐物我"的命题，宣扬"天地与我并生，而万物与我为一"，把人引入神秘主义境界，最终导致不可知论。

2. 儒家

孔子（公元前551—前479）是儒家的创始人，名丘，字仲尼，鲁国陬（zōu）邑（今山东曲阜）人，出生于没落的宋贵族家庭。少年时做过管理仓库（委吏）和看管牛羊（乘田）的小官，50岁左右，当过鲁中都宰和鲁司寇。后来他带着弟子周游列国，宣传自己的思想。最后回到鲁国，从事教育和文化典籍的整理工作。《论语》是孔子门徒记载老师言行的语录，是研究孔子思想最基本的资料。

孔子的核心思想是"仁"。他认为，"仁"是处理人与人关系的最高行为准则和道德规范，"仁"的中心内容是"爱人"，引申来讲，就是"己所不欲，勿施于人"，"己欲立而立人，己欲达而达人"。他提倡以"无求生以害仁，有杀身以成仁"作为"仁人志士"的人格标准，主张将"惠而不费，劳而不怨，欲而不贪，泰而不骄，威而不猛"作为"君子"的行为规范。他要求统治者实行仁政德治，"道之以德"，"齐之以礼"，反对残虐行为；他主张节用，"使民以时"，反对富贵淫威、财富不均等现象。孔子言"仁"，往往与"礼"联系在一起，认为"仁"是礼的核心，而"礼"是"仁"的表现形式，二者相辅相成。面对当时激烈的社会变革，他主张"克己复礼为仁"。孔子所追求的"礼"是周礼,即尊卑有别的等级制度。他"复礼"的标准是"正名",以达到君君、臣臣、父父、子子的纲常之道,从而各按名分,忠于职守,防止天下大乱。孔子的政治思想带有某些保守性,他坚持"郁郁乎文哉,吾从周",而不赞成春秋时代发生的一些社会变革。

孔子虽然承认天命,但与商周传统的天命观又有所不同,而是把天看成自然规律的运行,认为"天何言哉?四时行焉,百物生焉,天何言哉?"他对鬼神也持保留态度,"子不语怪力乱神";"敬鬼神而远之";"未能事人,焉能事鬼?"可以看出,孔子心目中的神鬼,已不像过去人们认识的那样决定一切、主宰一切了。

孔子又是我国古代伟大的教育家,他打破"学在官府"的传统,兴办私学,提倡"有教无类",扩大了施教范围。孔子积累了一套如因材施教、循序渐进、启发式等教学理念和方法,提出了诸如"学而时习之"、"学而不思则罔,思而不学则殆"、"温故而知新"、"道听而途说,德之弃也"、"每事问"、"三人行,必有我师焉,择其善者而从之;其不善者而改之"、"学而不厌,诲人不倦"、"敏而好学,不耻下问"、"知之为知之,不知为不知,是知也"等至今仍脍炙人口的关于学习方法和学习态度的名言。孔子以《诗》、《书》、《礼》、《乐》、《易》、《春秋》①作为教材,孔子及其后学曾对这些典籍做过一定程度的整

---

① 《诗》即《诗经》,是我国最早的一部诗歌总集。《书》即《尚书》,是古代历史文献的汇编,存世的有28篇(近年又有新的发现)。《礼》指《仪礼》,后与《礼记》、《周礼》合称"三礼",系记录古代社会的礼仪规范。《乐》即《乐经》,已经失传。《易》即《易经》,是古人占卦的用书,讲述八卦的排列组合,包含丰富的哲学思想。孔子及其弟子、再传弟子作《易传》诠释《易经》。《春秋》是鲁国的编年体史书,后来有《左传》、《公羊》、《穀梁》三传解释该书,以《左传》最为著名。此六部典籍,合称"六经",其中的五经(因《乐经》失传)加上《大学》、《中庸》、《论语》、《孟子》又合称"四书五经",是儒学的基本经典。

理和辑录工作，对保存和传播古代文化作出了杰出贡献。

战国时期儒家学派的重要代表人物是孟子和荀子。

孟子（约公元前372—前289），名轲，鲁邹邑（今山东邹县）人，孔子之后儒家学派的主要继承者。他受业于孔子之孙子思，自认为是儒家学派的正宗，一生以教书为主，游说于宋、滕、薛、邹、魏、齐诸国。曾拜见魏惠王、魏襄王、滕文公等，发表自己的政见，当过齐宣王的客卿。晚年退居于邹著书立说，他的言论被整理为《孟子》一书。

孟子的政治思想主要继承孔子的"仁"，进而发展成为"王道"、"仁政"学说。他主张"王道"，反对"霸道"，反对春秋战国时代的争霸战争。他认为，统治者应"以德服人"而非"以力服人"，应"行仁政而王"，提出"得道者多助，失道者寡助"的箴言。孟子"民为贵，社稷次之，君为轻"的言论，成为历代民本思想的渊源。孟子重视人的道德修养，提倡树立"富贵不能淫，贫贱不能移，威武不能屈"的浩然正气。

荀子，名况，赵国人，又称荀卿。曾游学于齐稷下学宫，访问过秦，议兵于赵，后来到楚，投靠楚春申君，担任楚的兰陵（今山东苍山西南兰陵镇）县令，晚年居家著书，老死于楚。《荀子》一书是他的代表作。

荀子认为，万物都是由物质的"气"构成，是"天地之变，阴阳之化"的结果。天也是自然的天，他认为"天有常道矣，地有常数矣"，"天行有常，不为尧存，不为桀亡"，不受社会政治好坏的影响。他主张人们在实践活动中认识自然界的客观规律，即"知天"，并利用它来为自己服务，称为"勘天"，并进一步主张"制天命而用之"，强调天人关系中人的主观能动性。荀子还提出"形具而神生"，即先有身体后有精神，精神依附于身体。在政治思想方面，荀子主张人性本恶，因此强调后天的约束。他所谓的"隆礼"实则是"礼表法里",把礼与法统一起来,以维护"贵贱有等"的封建等级制。在君民关系上,荀子说:"君者,舟也;庶人者,水也,水则载舟,水则覆舟。"荀子吸收了法家思想的部分内容,进一步发展了儒家思想。

3. 墨家

墨家创始人为墨子[①],战国时期著名的思想家、教育家、军事家、科学家,也是社会活动家。名翟(dí),鲁国人(或说宋国人),自称"贱人",当过工匠,后任宋大夫。今存《墨子》一书,反映了墨子及其后学的思想。

墨子在当时很有影响。他提出了"兼爱"、"非攻"、"尚贤"、"尚同"、"节葬"、"节用"、"天志"、"明鬼"等思想,其中"兼爱"是他的政治思想核心,即不分贫富贵贱差别,彼此"兼相爱,交相利"。为达到"兼爱"的境界,他主张"有力者疾以助人,有财者勉以分人,有道者劝以教人"。他反对不义战争,主张"非攻"。

墨子还提出"尚贤"的主张。他认为"官无常贵,而民无终贱",主张向"农与工肆之人"开放政权,提出"农与工肆之人,有能则举之,高予之爵,重予之禄",这对"尊卑有序"的世卿世禄制是个挑战。从墨子的主张可以看出,墨子是小生产者的代言人。墨家始于宋,传布于鲁以至楚、秦。因为得不到统治者的支持,在秦汉以后衰落下去。

4. 法家

韩非(约公元前280—前233)是战国法家思想的集大成者,出身韩国贵族,和李斯同为荀子的学生。后从韩入秦,他的

---

① 据孙诒让《墨子间诂》附录《墨子年表》,墨子约生于公元前468年,卒于公元前376年。

思想得到秦王政的赏识，后来在秦受诬陷而被迫服毒自杀。《韩非子》是他的代表作。在韩非之前，法家分法、术、势三家。"法"家一派在春秋后期郑国的子产和邓析等人的思想中已露端倪，而李悝和商鞅两位，既是法家学说的奠定者和继承人，更是有力的实践者。他们强调颁布成文法于世。"术"这一派源于道家和墨家，以韩国的申不害为代表，强调国君控制臣民的权术。"势"这一派学说的代表者则是在齐国稷下学宫游学的慎到，主张君主要握有统治百姓的权势。韩非融合这三家思想，建立了一套完整的新的法家思想体系。

韩非的历史观与儒、道、墨各家都不同。他把社会发展分为"上古"、"中世"和"当今"三个阶段，指出三个阶段有不同的特点。他主张"世异则事异"、"事异则备变"，即统治者应该根据形势的变化而采取相应的措施；他认为"当今之世"，必须"争于气力"。他坚决批判复古思潮，主张"法后王"，讥笑复古派是守株待兔的蠢人。这些思想非常适合新兴地主阶级当权者的需要，被秦王政所采用。

5. 《孙子兵法》和《孙膑兵法》

《孙子兵法》不仅是我国最早的一部兵书，也是世界上最古老的兵书，被译成多国文字出版，相传是春秋末年齐人孙武所作。孙武，字长卿。因齐内乱而逃亡到吴，经伍子胥推荐，被吴王阖闾重用为将。孙武是我国古代伟大的军事家，所著兵法13篇，保存至今。1972年，在山东临沂银雀山汉墓发现的《孙子兵法》竹简，其中13篇与传世本基本相符。另外发现《吴问》等不见于现存史籍的佚文。《孙子兵法》强调军事的重要性，指出，"兵者，国之大事，死生之地，存亡之道，不可不察也"，并揭示了"知彼知己，百战不殆"的普遍军事规律，提出"避实而击虚"、"攻其无备，出其不意"等一系列作战原则。书中特别强调作战要注意观察对立双方，如敌我、攻守、胜败、虚实、奇正等，闪耀着朴素的军事辩证法的思想光辉。

《孙膑兵法》是战国时代孙武的后代孙膑所著。本书失传已久，直到山东临沂银雀山汉墓同时出土《孙子兵法》和《孙膑兵法》竹简后，《孙膑兵法》才重新见之于世。其内容继承和发展了孙武的军事思想，尤其在总结战国时期战争实践经验方面，更有较多的发挥和深刻的见解。

## 二 文学和史学

### 1. 文学

《诗经》是我国最早的诗歌总集。分风、雅、颂三部分，共305篇。风基本上是民歌，多为西周末年和春秋前期的作品，有十五国风。雅是宫廷乐曲，有大小雅之分。颂是庙堂祭祀的颂歌，包括《周颂》、《鲁颂》、《商颂》。《诗经》运用赋、比、兴三种基本表现手法[①]，音律整齐和谐，语言丰富优美，在艺术上取得了较高成就，后经孔子删定而流传于后世。

散文有历史散文和诸子散文两种。《左传》、《国语》、《战国策》都是著名的历史散文代表作；《孟子》、《庄子》、《荀子》、《韩非子》等则是著名的诸子散文，它们的特点是文笔流畅，语言丰富，逻辑性强，长于讽喻和比兴。

屈原的楚辞是战国时期文学成就的突出代表。屈原，名平，楚贵族出身，在楚怀王时曾任左徒。他的政治主张在楚国不被采纳，怀才不遇，遭到楚王的放逐，相传于公元前278年农历五月初五自沉于汨罗江。屈原是我国古代具有爱国思想的浪漫主义大

---

① "赋"为陈述铺叙，"比"为譬喻、比拟，"兴"为先说他物作为发端，以引起所咏的词，也有即兴、起兴之意。

诗人，他开创了楚辞文体，在我国文学史上占有重要地位。楚辞是当时南方楚国的一种文学体裁，大量吸收民间歌谣，富有想象力地使用许多神话传说，形成了我国文学史上最早的浪漫主义流派。屈原的《离骚》是楚辞中最重要的作品，因此又把楚辞叫做骚体。屈原的作品相传有 25 篇，以《离骚》、《天问》、《九歌》等最著名。除屈原外，宋玉也是楚辞的著名作者。

2. 史学

《春秋》是孔子根据鲁国历史修订的一部编年史。它概括地记载了从鲁隐公元年（公元前 722）至鲁哀公十四年（公元前 481）以鲁国历史为主的重大历史事件，具有文字简洁、寄寓褒贬的特色。

《左传》也是一部编年史，相传是春秋人左丘明所著，被认为是解释《春秋》之作。记事上起鲁隐公元年，下迄鲁哀公二十七年。记事、记言都比《春秋》更为详尽，因此史料价值很高。

《国语》是我国古代最早的一部国别史。以"国"分类，以记言为主，分为周、鲁、齐、晋、郑、楚、吴、越八语，主要记载春秋列国的史事。

《战国策》是战国时代游说之士世代传习、随时增益和编录的总集，到西汉末由刘向编辑成书。该书同《国语》一样以记言为主，书分东周、西周、秦、齐、楚、赵、魏、韩、燕、宋、卫、中山等十二国策，保存了战国时代的某些史事，文辞生动，也不失为一部文学名著。

## 三 艺术、体育和娱乐活动

1. 绘画

战国时代的绘画成就，主要反映在铜器、漆器的纹饰和帛画上面。河南汲县出土的水陆攻战纹铜壶，上面刻铸图像40组，表现出人物的格斗、射杀、划船、击鼓、犒赏、送行等种种姿态。这个时期有些铜器和漆器的纹饰，着重描绘人物和动物，已经从单纯的图案趋向于重视写实。

战国帛画现已发现两件，一件是长沙陈家大山楚墓出土的《龙凤人物帛画》（长31厘米，宽22.5厘米），另一件是长沙子弹库楚墓出土的《人物御龙帛画》（见彩图十二）。这两幅画以人物为主体，大意都是由神物引导灵魂升天。画面成功表现了人物的体态神情和在天际翱翔的意境，在绘画史上占有重要地位。

2. 音乐

春秋战国墓葬中出土了数十件成套的巨型编钟，如湖北随县曾侯乙墓出土的乐器有124件之多，其中成套编钟65件、编磬32件，钟架分上、中、下三层。这些编钟是目前世界上已知最早的具有12种音阶关系的特大型定调乐器。

3. 体育和娱乐活动

体育往往与军事训练、狩猎活动有关，西周以后就把射御之术设为贵族教育的重要科目。同时，有些娱乐活动本身就是一种礼制，如春秋时流行的投壶之礼，既是射礼的一种，又是贵族的娱乐活动。活动时，双方在一定距离内以箭矢投入壶中为胜。春秋时期，围棋也广泛流行。围棋古称弈，起源很早，当时有许多围棋名手。中国象棋也可溯源至春秋战国，古称博，又写作"簙"，但其形制与今日象棋不同，大概到唐以后才逐渐形成今日的形制。

## 四 科学技术

《春秋》一书记载了观测到的37次日食，其中32次已被证明可靠。书中所记的"有星孛入于北斗"发生于公元前613年7

月，这是世界上关于哈雷彗星的最早记录。

春秋时，已有冬至、夏至、春分、秋分、立春、立夏、立秋、立冬八个节气的名称，并能准确地推算出冬至的日期。到战国时期，基本确定了一年的 24 个节气，这种由我国独创的节气制后来流传到朝鲜、日本、越南等国家。

春秋战国时代采用四分历，这种历法的岁实（回归年）是 365 天，闰法为 19 年 7 闰，是当时世界上最精确的历法之一。

战国时发明了计时器——刻漏。刻漏是依据水在同一孔中同一时间流量一致的原理而作的。水随着壶下部小孔滴下，根据箭标指示的刻度，来确定当时的时间。这种计时器，后来一直沿用了两千多年。

大概在公元前 8 世纪至公元前 6 世纪，我国天文学家创立了二十八宿体系。在《诗经》中就有毕、心、织女、牵牛、箕、斗等星宿名称。作为总称的二十八宿，最早见于《周礼·冯相氏》。另外，《吕氏春秋》和《礼记·月令》中均记有二十八宿的名称和方位。

战国时期天文学家齐人（一说是鲁人或楚人）甘德的《天文星占》和魏人石申的《天文》合称《甘石星经》。书中记录的恒星名称有 800 多个，其中测定了黄道附近约 120 个恒星的方位，这是世界上最早的星表，可惜已经失传。书中还记录了金、木、水、火、土五大行星的运动规律。

《墨经》是墨子后学著作，记载了物理学方面的成就，包括简单的机械原理以及力学、光学、声学等方面的知识。大约在战国时代，出现了磁性指向仪器"司南"；当时还发明了一种名叫鉴燧的青铜凹面镜，可用来取火。

《尚书·禹贡》成书于战国时代，是我国古代重要的地理著作之一，它记述了九州各地的山川、土壤、矿产和动植物资源，以及人口、贡赋、交通运输等内容。

《考工记》大概成书于战国时代，是我国古代工程技术史的重要著作。书中记载了生产工具、生活用品、乐器、兵器等制作工艺，并总结了当时有关数学、力学和声学等方面的知识。

春秋时期秦国有医和、医缓两位名医。医和提出了六气（阴、阳、风、雨、晦、明）与疾病的关系，奠定了后来风、寒、暑、湿、燥、火六气的中医病理学说基础。

战国时代医学方面的成就更大。民间医生扁鹊（本名秦越人）总结出望、闻、问、切的诊断方法。他还精通内、儿、妇产、五官等科的医疗技术，并能运用针灸、按摩、手术、汤药等疗法。战国时代还出现了气功疗法。《庄子·刻意》篇讲的所谓"道引"，相当于现在所说的气功。

春秋战国时期，建筑技术迅速发展。出现了两层或三层的楼房，用瓦覆顶更为普遍，宫殿顶棚还出现了斗拱。鲁班，春秋末年鲁国人，又名公输般，传说他能修建宫室台榭和桥梁，而削竹木做成的鹊形物，可在天上"三日不下"，他被后人奉为建筑工匠的祖师。

# 第 四 章
# 秦 汉 时 期

  公元前221年，秦王政统一六国，结束战国分裂局面，建立起中国历史上第一个统一的多民族的专制主义中央集权封建国家，立都咸阳（今陕西咸阳）。秦朝历经二世，公元前206年灭亡，仅存续15年。此后经历4年的楚汉战争。公元前202年，刘邦击败项羽，建立西汉王朝，立都长安（今陕西西安西北）[①]。西汉12帝，历时210年。公元8年，外戚王莽代汉自立，建立新朝，于公元23年被绿林农民军推翻。在经历了短暂的刘玄更始政权（23—25）后，西汉刘氏皇族后裔刘秀重新统一中国，于公元25年建立东汉王朝，立都洛阳。东汉14帝，历时195年，公元220年为曹魏政权所取代。

  在秦汉时期的四百四十余年间，秦王朝开创了君主专制、中央集权、官僚制度三位一体的封建国家政治体制，两汉时期进一步完善，成为此后中国历代王朝沿袭的基本模式。"海内为郡县，法令由一统"[②]，书同文，行同伦，奠定了统一多民族国家的基本格局，自此形成国家统一为众心所向、分裂为历史逆流的

---

① 刘邦即帝位于氾水之阳，初定都洛阳，旋采娄敬议，改都长安。
② 《史记》卷6《秦始皇本纪》。本节未出注者均引自本卷及注。

大一统历史传统。秦皇汉武开疆拓土，奠定了古代中国辽阔版图的基本轮廓，中国从此以东方大国的雄姿屹立于世界。以重农（本）抑商（末）为国策，确立了以封建地主私有制经济为主体、耕织结合的个体小农为基本生产单位的社会经济结构和发展方式。秦朝依靠法家治国，两汉自武帝开始，兼用"霸"、"王"二道①，而以儒术为主导；儒学上入朝堂，下进闾里，从此成为中国古代社会意识形态的主流和传统文化的轴心。华夏族群，经过自身发展和不断融合，形成为以"汉"命名、成员人数居世界之最的民族共同体。张骞开辟"丝绸之路"，在公元前2世纪就沟通了东方中国与西方世界的经济文化交流。秦汉是中国封建社会制度的体制设计和机制建构的开创时期，是统一的多民族国家奠基并初具规模的时期，也是新兴封建社会充满生机活力、蓬勃发展的时期，在中国历史上占有十分重要的地位。

## 第一节　统一的专制主义中央集权封建国家——秦王朝

### 一　秦始皇与专制主义中央集权封建国家体制的建立

公元前221年，秦王政剪灭六国，"平一宇内"。为了适应统一国家的需要，秦王朝采取了一系列针对性措施，建立起以皇帝为中心的专制主义中央集权的封建国家体制。

"王"是西周时周王的称号，战国时随着周王地位的衰微，各国国君相继僭越称王。秦统一后，秦王政认为"名号不更，无以称成功，传后世"。他自认为功高五帝，拟于三皇（天皇、

---

① 《汉书》卷9《元帝纪》载汉宣帝说：汉"霸、王道杂之"。儒家提倡"王道"，主张"以德服人"，即践行"仁义道德"、纲常礼教等柔性手段教化天下；法家鼓吹"霸道"，主张"以力服人"，即运用武力、刑罚等刚性手段统治天下。汉朝兼用刚柔两手，以维护封建统治，处理对外关系。

地皇、泰皇),于是从中各取一字,称"皇帝"。皇帝自称"朕",皇帝的命、令分别称"制"、"诏",印称"玺"。同时废除"子议父,臣议君"的谥法,皇帝称号以数字为序,自己为始皇帝,后世子孙相沿为二世、三世,希望"至于万世,传之无穷"。历史上因此称其为秦始皇。此外,他还制定了一系列尊君的规定,如对皇帝的名字要行避讳;文书中提到皇帝,必须换行顶格书写,等等。秦始皇所建立的皇帝制度,除谥法外,基本上被以后历代王朝所沿用。

秦始皇在中央建立了一套以公卿为首的庞大官僚机构。皇帝之下设丞相、太尉、御史大夫。丞相分左、右,辅佐皇帝,典领百官,总揽全国政务。太尉为最高武官,掌管军事,但秦时尚未见有人担任此职。御史大夫为副丞相,协理国政,主管图籍文书,监察百官。丞相、太尉、御史大夫之下是分掌具体政务的诸卿:奉常掌宗庙礼仪,郎中令掌宫廷近卫侍从,卫尉掌宫门屯兵守卫,太仆掌宫廷车马,廷尉掌司法监狱,典客掌诸侯及归附的少数民族事务,宗正掌皇室宗族,治粟内史掌粮食、货币等国家财政,少府掌山海池泽等资源税的征收和皇室财政,中尉掌京师卫戍。诸卿下设若干部门处理具体事务,部门长官一般称令。国家军政大事,由公卿大臣进行朝议,最后由皇帝决断。

秦统一当年,针对统一帝国应该采取怎样的地方行政体制,大臣们进行了激烈辩论。以丞相王绾为代表的多数大臣,拘于周制,主张对原燕、齐、楚等边远地区实行分封制,封王子为诸侯进行统治。廷尉李斯力排众议,主张彻底废除分封制,实行郡县制。秦始皇采纳李斯的建议,全面推行郡县制,将全国分为36郡。后来,随着疆域的扩展,特别是北伐匈奴和统一南方后,又调整和增设了若干郡(一说共设置54郡)。

郡县制为两级行政体制，以郡统县。郡行政长官称守，掌一郡行政、司法、财政等事务，秩二千石，副职称丞。设郡尉负责军事、治安，边郡称长史。郡下设县，有少数民族的地区设道。万户以上的县行政长官称县令，万户以下为县长。县下设乡，乡设三老掌教化，啬夫主民政，游徼负责缉拿盗贼。乡下设里，里置里正或里典。里民五家编制为"伍"，设伍长，伍人相保连坐。县下还设亭，负责地方治安和邮驿，长官称亭长。国家行政机构到乡、亭一级，里为受国家控制的基层组织。

中央通过上计和监察制度，对地方治政情况进行考核和监督。每年岁末，郡守派遣官吏赴京师上计，向中央呈交记录本郡当年户口、垦田、赋役、刑狱、盗贼、选举等情况的计簿（或称计书）。朝廷据此定殿最①，行赏罚。县则在郡上计前，向郡守呈交县计簿。中央派监御史（也称郡监）监察郡政，郡、县也派官吏分别监察县、乡，纠举弹劾有罪过的官吏。

秦王朝中央和地方均设军队。为了有效控制军权，采用虎符发兵制。虎符一剖两半，右半由皇帝掌握，左半在中央或地方领兵者之手，左右合符，才能调动军队。

秦王朝通过上述一系列制度，建立起一个上自朝廷下至乡亭的庞大的封建专制国家机器。县以上主管官员均由中央任免，职务不世袭。秦王朝通过层层控制，将全国的行政、司法、军事大权全部集中到皇帝手中，有效地保证了中央王朝对广大疆域和人民的统治。"百代皆行秦政事"，秦始皇所建立的君主专制、中央集权行政制度与当时世界上最完备的官僚制度紧密结合，三位一体，奠定了此后中国两千多年专制主义中央集权封建国家政治体制的基本模式。

---

① 古代考核政绩或军功，下等为"殿"，上等为"最"。

## 二　巩固统一的措施

为了打击残存的分封割据势力，巩固统一局面，消除各地区制度、文化上的差异，在广阔的疆域内实现有效统治，秦始皇推行了一系列巩固统一的措施。

战国后期，阴阳五行家倡导的"五德终始说"开始盛行。这个学说认为，世界由土、木、金、火、水五种元素组成，称做五德，历史上的朝代按五德相生相克的顺序，交互更替，周而复始。周为火德，水克火，因此取代周朝的应为水德。为了证明秦统一天下为上天意志，秦始皇便根据这一学说设计制度。水德属冬季，颜色尚黑，数字对应"六"。秦始皇为此将黄河改名为"德水"，以冬季的第一个月十月为岁首，衣服、旄节、旌旗都用黑色，百姓称"黔首"（"黔"意为黑）。"数以六为纪，符（信符）、法冠（御史、使节等所戴之冠）皆六寸，而舆六尺，六尺为步，乘六马。"水德属阴，主刑杀，所以，统治思想推崇法家，严刑峻法。

秦始皇将大一统理论中的巡狩和封禅制度付诸实践。自统一的第二年起，先后五次巡行天下。秦始皇二十八年（公元前219）第二次出巡时，在泰山举行了封禅大典。随行群臣先后在峄山、泰山、琅邪（今山东胶南琅琊镇）等地刻石立碑，歌颂皇帝的功德。

商鞅变法时，在魏国李悝编纂的《法经》基础上，创立了秦律，秦律六篇之外还有许多民政、行政方面的律条。此外，还通过颁"令"，因时制宜制定新的法规。秦统一后，在秦国律、令的基础上加以补充、修订，制定了适合统一王朝的法律，颁行于全国。秦律很早已失传。1975年，湖北省云梦县睡虎地秦墓出土一批秦简，其中包含大量秦始皇统治时期行用的法律文书，揭示了秦律的部分内容和形式。

秦始皇废止六国货币，同时禁止珠玉龟贝银锡再作为货币流通。法定货币为两种：黄金为上币，以镒（yì，20两，一说24两）为单位；重12铢的"半两"铜钱为下币。货币由国家铸造，严禁私铸。秦始皇还统一度量衡，将商鞅制定的度量衡标准器推行全国。统一的货币和度量衡是全国实行统一的赋税征收、财政管理和经济贸易往来的必要前提。

战国时期，各国文字基本结构虽然大体相同，但字体的繁简和偏旁位置却有差异，即所谓"文字异形"[①]。秦始皇命李斯以秦地通用的籀（zhòu）文（大篆）为基础，加以简化规范，创建了"小篆"，在全国推行。但当时更流行的是战国时期出现的书写更简便的隶书。睡虎地秦简即用隶书书写，表明当时官方文书已使用隶书。统一文字，有助于国家政教的推行和各地区间的文化交流，对中华民族长期保持文化认同和凝聚力产生了重要影响。

秦始皇继续奉行商鞅以来的重农抑商政策，扶持小农。秦始皇三十一年，下令"使黔首自实田"，让百姓申报所占有的土地，确认已登记在册的土地权属的合法性，安定民心，并以此作为国家征收租税的依据。他主张严格尊卑贵贱等级，重视父子、夫妻人伦，致力于整饬风俗，如在会稽刻石中宣称"防隔内外，禁止淫泆，男女洁诚"。这些主张应当是当时普遍认同的价值观、伦理观。

为了打击六国残存势力，秦始皇下令收缴民间武器，运到首都咸阳集中销毁，铸成悬挂乐钟的铜架和12座重达千石的铜人；拆毁原六国地区的城池壁垒，强制将富豪强宗迁徙到咸阳、巴蜀

---

① 许慎：《说文解字叙》，《全后汉文》卷49。

等地区，仅迁到咸阳的就有 12 万户。

统一的第二年，秦始皇开始修建由咸阳通往各地的驰道，东通往今河北、山东地区，直至海滨，南抵达今江浙、两湖地区。驰道宽 50 步（约合 69 米），中间为皇帝的专用道，道路两旁每隔三丈（约合 7 米）种植一棵松树。北伐匈奴后，又修建了由咸阳经云阳（今陕西淳化西北）直达九原（今内蒙古包头西）的直道，凿山填谷，长约 750 公里。在西南地区，修筑了今四川宜宾通往云南曲靖（一说昭通）的道路，由于地形险峻，道路狭窄，故称"五尺道"（约合 1.16 米）。各地还修建了大量区域性道路。此外，攻打百越时，为了解决运输问题，在今广西兴安境内开凿了沟通湘江和漓江的灵渠。四通八达的交通网，为秦王朝有效控制辽阔疆域提供了交通保障。

秦始皇三十四年，一次朝宴上，博士淳于越批评郡县制，主张重行分封。丞相李斯认为诸生各持私学，以古非今，制造思想混乱，对专制统治不利。建议禁绝私学，除秦国史、博士官所藏和医药、卜筮、农书之外，私人所藏"诗、书、百家语"全部烧毁。敢有谈论百家之说者处死，以古非今者灭族。想学习法令者以吏为师。秦始皇采纳李斯建议，在全国范围内大行焚书，先秦以来的许多珍贵典籍遭到焚毁。

秦始皇为追求长生不老，听信方士，以各种方法求仙方灵药。曾派徐市（fú）带领数千童男童女入海远航，寻找仙人。但十多年过去，一无所获。焚书的次年，方士侯生、卢生害怕秦始皇怪罪，相约逃亡。秦始皇大怒，以诸生诽谤朝廷、妖言惑众为名，下令将违法触禁的四百六十多名诸生在咸阳活埋，史称"坑儒"。但被坑杀者不限于儒生，还包括方士和其他学派诸生。

焚书坑儒是秦始皇钳制思想、统制文化、实现集权专制的两个极端举措，严重地摧残了文化，扼杀了春秋战国以来发展起来的自由思想和精神，是中华文明史上的一场浩劫。

### 三 统一的多民族国家的形成

战国时期，蒙古高原上生活着许多游牧民族。公元前3世纪，匈奴逐渐崛起，常侵入中原进行掠夺，并于战国后期夺取河套地区（史称"河南地"），对秦北部边疆构成重大威胁。秦始皇三十二年，派将军蒙恬率30万大军北击匈奴，收复河南地。次年，夺回阴山以南地区，设立44县（一说34县）。并将战国时燕、赵、秦三国长城修葺连接起来，西起临洮（táo）（今甘肃岷县），东至辽东，绵延5000多公里，号称"万里长城"。长城基本上沿着草原游牧区与农耕区的自然分界线修筑，对保卫农耕民族不受游牧部族的侵扰起了重要作用。此后历代不断修缮、加固，成为中华民族坚韧不拔民族精神的象征和人类宝贵的物质文化遗产。

战国时期，长江下游至珠江流域一带生活着种姓繁多的越人，称做"百越"。其中，今浙江南部为东瓯（ōu），福建为闽越，广东至越南北部为南越，广西至云南东南部为西瓯。秦统一后不久，就派郡尉屠睢率50万大军，分兵五路，进攻越人。秦军先后击败闽越、南越，设置闽中郡（治今福建福州），但西线遭遇惨败。秦始皇三十三年，谪（zhé）发曾经逃亡的人、赘婿、商人进行增援，征服西瓯，在两广地区设置桂林（治今广西桂平）、象（治今广西崇左）、南海（治今广东广州）三郡，并征发内地百姓前往戍守，与越人杂居。

战国末，燕国向东北发展，势力已达鸭绿江以南。秦统一后，在燕国故地东部置辽西郡（治今辽宁义县西）、辽东郡（治今辽宁辽阳），包括了今朝鲜半岛部分地区。

今四川、云南、贵州一带分布着众多民族，时称"西南夷"。秦始皇派兵攻降今川、滇地区部分部族，修筑"五尺道"，设官吏进行管理。

至此，秦始皇建立起一个东自海及朝鲜半岛北部，西至今甘肃东部，南至今越南中部，北迄黄河、阴山至辽东，幅员辽阔的大帝国。疆域内除人口众多的华夏族外，还有许多其他民族。自此中国形成一个以华夏族为主的多民族共居的统一国家（图4—1）。

**四　陈胜吴广起义与秦朝的覆亡**

秦始皇为政勤勉，精力过人。他每天亲自处理大量奏章文书，不完成规定的数量就不休息。但为人刚愎自用，冷酷无情，特别是统一天下后，更加狂妄自大，不可一世，统治也更加残暴。

秦始皇自即位起便开始在骊山（在今陕西临潼）修建陵墓。据史书记载，陵墓中满是"宫观百官奇器珍怪"，"以水银为百川江河大海，机相灌输，上具天文，下具地理"。为防备盗掘，令工匠"作机弩矢，有所穿近者辄射之"。据考古勘探，秦始皇陵总面积达56平方公里，是中国历史上最大的皇帝陵园。1974年在陕西临潼发现了秦始皇陵兵马俑陪葬坑，目前已发掘3座。其中一号坑规模最大，发掘出6000个陶俑（见彩图十三）。

统一战争开始后，秦每灭一个国家，便在咸阳仿建这个国家的宫殿。秦始皇三十五年，又开始在渭南上林苑营造规模更大的朝宫，规划面积达300余里（约合50多平方公里）。先建前殿阿房宫，占地8万多平方米，据说上可以容纳万人，下可以竖五丈旗。周围修建阁道，直抵终南山。修建阿房宫和骊山墓的刑徒曾达70万之众。

秦统一后，连年不断的战争、庞大的国防建设和浩大的土木

图 4—1 秦王朝疆域简图

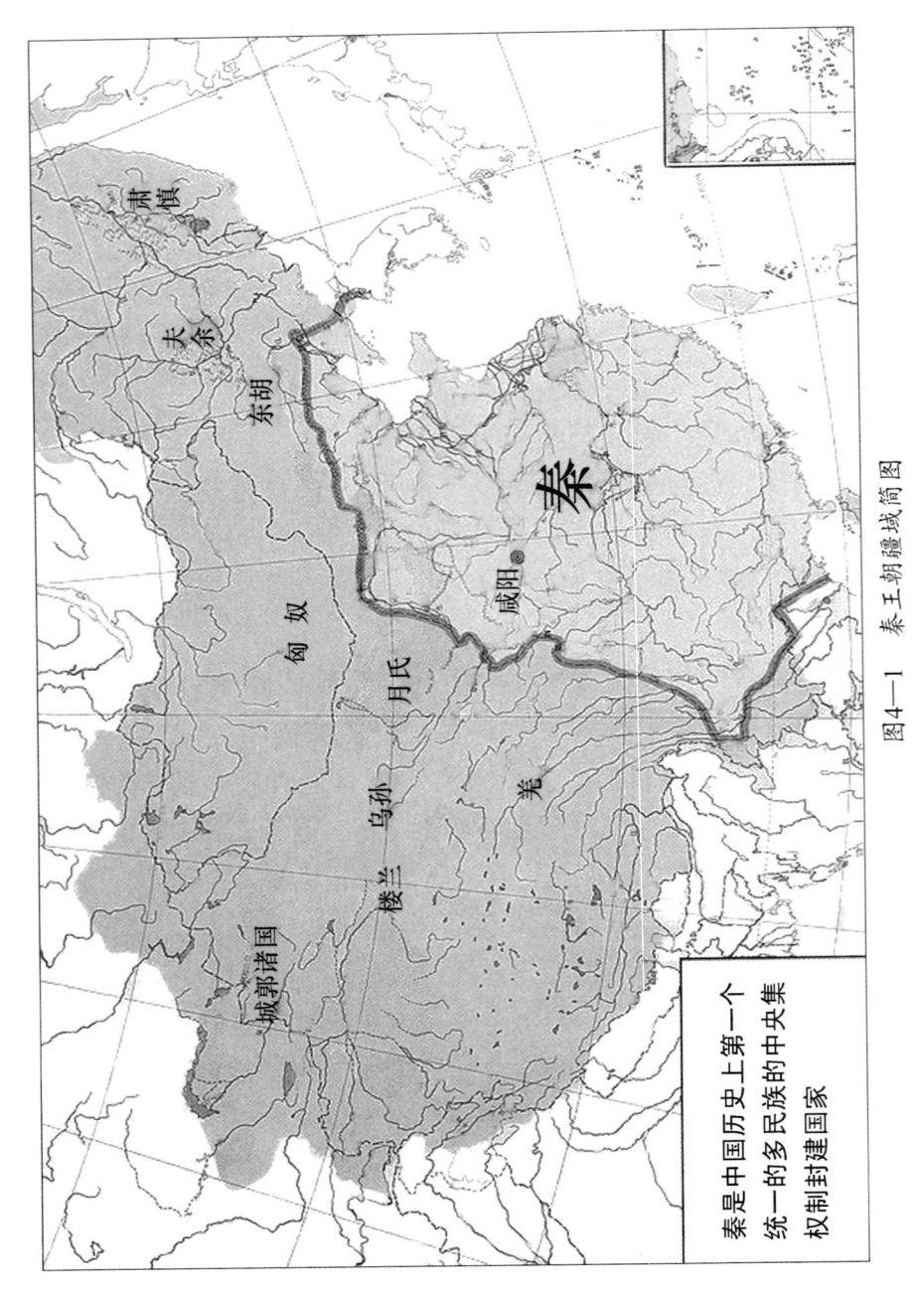

秦是中国历史上第一个统一的多民族的中央集权制封建国家

工程，给人民带来沉重负担。战士暴尸于疆场，刑徒惨死于工地，"男子力耕不足粮饷，女子纺绩不足衣服"①，极大地激化了社会矛盾，动摇了秦的统治基础。

秦始皇三十七年，秦始皇在第五次出巡途中病死于沙丘（今河北广宗西北），遗诏在北方监军的长子扶苏回京即位。中车府令赵高勾结丞相李斯，伪造遗命，令扶苏自杀，立少子胡亥，是为秦二世（公元前209—前207年在位）。秦二世昏庸无能，在赵高的操纵下，倒行逆施，诛杀宗室大臣，以"税民深者为明吏"，"杀人众者为忠臣"②。并继续营造阿房宫，征发戍卒，严刑峻法，进一步加剧了社会危机。

秦二世元年（公元前209）七月，前往渔阳（今北京密云）戍边的900名戍卒，行进至大泽乡（今安徽宿县）时遭遇大雨，无法如期抵达。秦律规定，失期要处斩。屯长陈胜、吴广号召戍卒杀死秦军官，揭竿而起，发动了中国历史上第一次大规模农民起义。在义军"伐无道，诛暴秦"③的口号下，各地纷纷响应。旧楚贵族项燕之子项梁和其侄子项羽在吴县（今江苏苏州）举事，平民刘邦在沛县（今江苏沛县）起兵。

陈胜攻下陈县（今河南淮阳）后称王，建立政权，国号"张楚"，分兵数路攻打秦。周文一路长驱直入，攻至距咸阳仅几十里的戏（今陕西临潼东）。秦二世大为震恐，命少府章邯领兵镇压，连败义军。秦二世二年十二月，陈胜战斗失利，被叛徒杀害。项梁叔侄立楚怀王孙子熊心为楚怀王，号令各路义军。

项梁接连大败秦军，产生骄傲轻敌思想。章邯趁机偷袭，项

---

① 《汉书》卷24《食货志上》。
② 《史记》卷87《李斯列传》。
③ 《史记》卷48《陈涉世家》。

梁兵败被杀。章邯渡河北上，包围义军政权赵国据守的巨鹿城（今河北平乡）。楚怀王命宋义、项羽北上救赵，刘邦西攻咸阳。秦二世三年十月，宋义逗留不前。项羽杀死宋义，渡过漳河，破釜沉舟，激励将士，大败秦军。章邯率20万秦军投降，项羽将秦军大部活埋。巨鹿之战打垮了秦军主力，也奠定了项羽在诸侯中的领袖地位。

西线刘邦军一路攻城略地，招降纳叛，八月顺利抵达武关（今陕西商南西北）。赵高胁迫秦二世自杀，立公子婴，贬去帝号，称秦王。子婴谋杀赵高。秦王子婴元年（公元前206）十月，刘邦进驻灞上（今陕西西安东郊），即位仅46天的秦王子婴投降，秦王朝灭亡。

## 第二节　西汉王朝的兴衰

### 一　西汉的建立与汉初"黄老无为"政治

公元前206年，刘邦进入咸阳后，废除秦苛法，与民约法三章："杀人者死，伤人及盗抵罪"[1]，深得民心。楚怀王曾与诸侯约定，先入咸阳者为关中王。项羽听说刘邦已先行入关后，率40万诸侯联军进入函谷关，进驻鸿门（今陕西临潼东），准备攻打刘邦。由于力量对比悬殊，刘邦亲往项羽驻地谢罪，后在樊哙等人护卫下，从鸿门宴机智脱险。项羽自立为西楚霸王，都彭城（今江苏徐州），主持分封了十八诸侯。封刘邦为汉王，领巴、蜀、汉中。由于分封不均，引起普遍不满。齐国贵族田荣率先起兵反楚，天下再度出现诸侯混战局面。

五月，汉王刘邦领兵出汉中，夺取关中，东向攻打楚国，楚

---

[1] 《史记》卷8《高祖本纪》。

汉战争爆发。战争初期，项羽占据军事优势。刘邦知人善任，积极联合反对项羽的力量，采取正确的战略战术，逐渐扭转不利局面。汉高帝五年（公元前202）十二月，刘邦大败项羽于垓下（今安徽灵璧东南）。项羽退至乌江（今安徽和县东北）自刎，楚汉战争结束，刘邦重新统一天下。汉高帝五年二月，刘邦称帝，建立西汉王朝，是为汉高祖，五月定都长安。

汉初各种制度基本沿袭秦制，略有增损。汉高祖命丞相萧何在秦律六篇的基础上，增订有关行政、民政方面的法律《兴》、《厩》、《户》三篇，制定《九章律》。又命韩信申明军法，叔孙通制作礼仪。中央集权专制政治体制进一步完善。

长期战乱给汉初社会经济造成严重破坏。百姓大量死亡流散，大城名都"户口可得而数者十二三"[1]。物资极度匮乏，连皇帝都找不到四匹同样颜色的马驾车，将相有的只能乘坐牛车。物价飞涨，小米一石达到万钱，马一匹百金。这种情况下，汉初统治者不得不把稳定社会秩序、恢复发展经济作为首要任务。汉高祖即位当年就推出一系列安抚措施：解散军队，赏赐复员战士爵位，优先授予田宅，减免赋役；鼓励流亡人口重新登记户籍；恢复战争期间自卖为奴婢的庶人身份；重申重农抑商政策，对商人加倍征收算赋。高帝九年，将六国旧贵族、豪杰十余万口迁到关中，强干弱枝。

汉初统治者认为"举措太众、刑罚太极"[2]是造成秦速亡的原因，因此将黄老"无为"思想作为指导思想，实行无为而治、与民休息政策。汉高祖约法省禁，节省用度，根据需要向百姓征发赋役。

---

[1] 《史记》卷18《高祖功臣侯者年表》。
[2] （汉）陆贾：《新语·无为》。

惠帝刘盈（公元前194—前188年在位）即位后，继续奉行这一政策，将田租从十税一减为十五税一，废除挟书律，奖励孝悌、力田，鼓励生育。曹参任丞相后，沿袭前任丞相萧何的做法，无所变更，史称"萧规曹随"①。惠帝死后，高祖皇后吕雉临朝称制（公元前187—前180年在位）。吕后虽重用吕氏，大封吕姓子弟为王、侯，诛杀刘氏宗室，但政治上仍然奉行无为方针，相继废除夷三族罪、妖言令，并放宽对商人的限制。惠、吕时期社会经济稳步发展。司马迁评价说："惠帝垂拱，高后女主称制，政不出房户，天下晏然。刑罚罕用，罪人是希。民务稼穑，衣食滋殖。"②

吕后死后，刘氏宗室与大臣周勃等人合力消灭诸吕，迎立高祖之子代王刘恒，是为文帝（公元前179—前157年在位）。文帝躬行节俭，宫室车服无所增益。重视农业生产，建立皇帝亲耕藉田、皇后亲桑礼仪制度，劝课农桑。减免赋税徭役，以减轻农民负担。为了营造安定的发展环境，对内、对外均采取忍让怀柔政策，力图避免战争。强调道德教化作用，相继废除收孥（nú）相坐律和诽谤妖言罪。文帝十三年（公元前167）又废除肉刑，代以笞刑，并将徒刑从无期刑改为有期刑。文帝在位二十余年间仅处理数百起案件，有"几致刑措（几乎置刑法不用）"③的美誉。他还一度取消关卡检查"传"（通行证）的制度，以促进商品流通。文帝临终前，下令薄葬，丧礼一切从简。继立的景帝刘启（公元前156—前141年在位）继续奉行轻徭薄赋政策，将三十税一的田租率作为定制，并将男子服正役的年龄从17岁提高

---

① 《汉书》卷87《扬雄传下》。
② 《史记》卷9《吕太后本纪》。
③ 《汉书》卷4《文帝纪》。

到 20 岁，减轻笞刑。

文景时期政治清明，社会稳定，经济发展，人口增加，出现了人给家足、国库充实的繁荣景象："京师之钱累百巨万，贯朽而不可校。太仓之粟陈陈相因，充溢露积于外，腐败不可食。众庶街巷有马，仟伯之间成群，乘牸牝（zì pìn）者摈而不得会聚。守闾阎者食粱肉；为吏者长子孙；居官者以为姓号。人人自爱而重犯法，先行谊而黜愧辱焉。"①史称"文景之治"。

## 二 西汉前期与诸侯割据势力的斗争

汉初各种制度大体沿袭秦制，只有地方行政体制未像秦一样采取彻底的郡县制，而是实行郡县与分封并行的体制，史称"郡国并行制"。刘邦在统一战争过程中，分封了若干诸侯王。汉朝建立时，共有 7 个异姓诸侯王。异姓王占据了关东的广大疆域，拥兵自重，对朝廷和统一造成严重威胁。汉统一当年，燕王臧荼就发动反叛。汉高祖在位期间，采取不同手段，将异姓诸侯王一一剪除，仅剩下国力最弱且地处边远的长沙国，存续至文帝时。

汉初君臣将秦速亡的原因归结为废除分封，因此，汉高祖在消灭异姓王的同时，又陆续分封子弟 9 人为王，史称同姓诸侯王。高祖与大臣盟誓："非刘氏而王者，天下共击之。"②同姓王封国跨州兼郡，连城数十，占据半壁江山。汉中央直辖地只有关中附近 15 郡。诸侯王宫室、百官一如中央，在封国内权力与皇帝无异。这给汉王朝的统一和稳定埋下巨大隐患。

汉初同姓王与中央的矛盾尚不突出，随着时间推移，同姓王对中央的威胁日益显现。文帝时相继发生济北王刘兴居、淮南王

---

① 《汉书》卷 24《食货志上》。
② 《汉书》卷 40《王陵传》。

刘长谋反事件。当时著名政论家贾谊形象地将汉朝比喻为患了"大肿"病的病人，若不及时治理，必然危及存亡，因此提出"众建诸侯而少其力"的策略。① 文帝十六年（公元前164），重新分封齐国和淮南国时，用贾谊之策，将齐国一分为六，淮南国一分为三。

景帝即位后，御史大夫晁错建议削藩。他认为"削之亦反，不削之亦反。削之，其反亟，祸小；不削，反迟，祸大"②。景帝三年（公元前154），削夺楚王封地。削藩触动诸侯王根基，于是吴王濞联络楚、赵、胶西、胶东、淄川、济南六国，打着"诛晁错"的旗号③，起兵反叛，史称"七国之乱"。景帝诛杀晁错，想以此换取七国罢兵，遭到拒绝。这反而坚定了景帝彻底平叛的决心，太尉周亚夫三个月内平定叛乱。中元五年（公元前145），景帝下令诸侯王不得治国，将任用王国官吏的权力收归中央，降低官员级别，减省吏员，进一步削弱诸侯王势力。

## 三　汉武帝的文治武功

景帝去世后，16岁的太子刘彻即位，是为武帝（公元前140—前87年在位）。汉王朝经过六十余年的休养生息，经济繁荣发展，国力大幅提升，但国家仍面临着各种社会矛盾。黄老"无为"政策已不再适应社会的发展和要求。汉武帝是一位雄才大略的君主，他认识到"汉家庶事草创，加四夷侵陵中国"，"不变更制度，后世无法；不出师征伐，天下不安"④。他即位

---

　　① 《汉书》卷48《贾谊传》。
　　② 《史记》卷106《吴王濞列传》。
　　③ 中国古代历史上地方势力起兵反对朝廷，常以清除皇帝身边亲信为名，概称"清君侧"。最早见于《春秋公羊传》定公十三年："逐君侧之恶人。"汉吴楚七国之乱以"诛晁错"为名，是使用这种政治斗争手段的典型一例。
　　④ 《资治通鉴》卷22，世宗孝武皇帝下之下。

后，逐步将国策从清静无为调整为积极有为，采取一系列措施，对内加强中央集权和皇权，统一思想；对外北伐匈奴，巩固边防，拓展疆域。

1. 独尊儒术，确立新的统治思想

战国后期以来，儒家广泛吸收阴阳五行、法家等诸子百家思想，形成新的儒学。他们主张的大一统思想、完备的王制理论和严格的尊卑等级观念，符合汉王朝加强中央集权、维护统一、建立和巩固社会秩序的需要。因此，自文帝以来儒学的影响不断增强。

武帝建元元年（公元前140），丞相卫绾建议，罢黜治申、商、韩非、苏秦、张仪学说的贤良。① 建元五年，设五经博士，提高儒学在官学中的地位。次年听从丞相田蚡建议，将不治儒家五经的太常博士一律罢黜，优礼延揽儒生数百人，形成儒家独尊局面。武帝还接受董仲舒建议，建立太学，设置博士弟子50人，培养儒生官僚。

但在治政方面，武帝并非纯用儒术，而是广泛吸纳法家思想和手段，外儒内法。他重用的三位儒者董仲舒、公孙弘、兒宽，均"通于世务，明习文法，以经术润饰吏事"②。董仲舒把儒学引入法律，以《春秋》经义断狱。后来宣帝将汉代政治总结为"霸王道杂之"③，实道出西汉政治的特点。

2. 加强中央集权

（1）创立中朝。武帝即位后，不拘一格任用人才，提拔一些资历浅、有能力的人，赐给他们侍中、给事中等加官，出入宫禁，参与决策，形成"中朝"（或称"内朝"）。外朝丞相职权

---

① 贤良：全称为"贤良方正"，与后文提到的"孝廉"、"文学"等，都是汉代举荐官员的科目。
② 《汉书》卷89《循吏传》。
③ 《汉书》卷9《元帝纪》。

被削弱。元狩四年（公元前119）设大司马官，冠将军号，以尊宠对匈奴作战有功的外戚卫青、霍去病，权势超过丞相。武帝临终前遗诏霍光为大司马大将军，辅佐年幼的昭帝，大司马领中朝取代丞相成为权力中心。

（2）加强京师军力。汉初，京师有南、北二军。北军负责卫戍京师，由中尉统率；南军负责保卫皇宫，由卫尉领导。地方郡县设材官，北方边郡设骑士，由郡尉和边郡长史统领。武帝于建元三年、太初元年（公元前104）分别设立期门军和建章营骑（后更名羽林军），隶属郎中令，加强近卫军力量。期门郎、羽林郎均从西北六郡善骑射者中选拔，骁勇善战，成为一支重要的军事力量。元鼎六年（公元前111），又创建中垒、屯骑、步兵、越骑、长水、胡骑、射声、虎贲八校尉，隶属北军，加强京师守备。中国历代封建王朝在中央与地方兵力部署上"内重外轻"、"以内驭外"的格局由此滥觞。

（3）完备监察制度。元封五年（公元前106），武帝将京畿以外地区分为十三州部，设刺史，秩六百石，每年定期巡视所部郡国，监察守、相二千石官和强宗豪右，以"六条问事"[①]。征和四年（公元前89）又置司隶校尉，专门监察京畿七郡及朝廷百官。

（4）推行察举制。汉初高级官吏主要来源于郎中令（后更名光禄勋）属下的郎吏。郎吏主要通过"任子"和"赀选"选拔。任子，指二千石以上高官任职三年以上可保举子弟一人为郎。赀选，即具备一定家资可为郎。这一选官制度显然不利于人才的选拔和任用。元光元年（公元前134），武帝在董仲舒建议下，命郡国每年举荐孝、廉各一人，并成为制度，称"举孝

---

[①] 汉代刺史秩卑权重，"六条问事"中除一条针对宗族豪强外，其他五条都是针对二千石以上的高官。

廉"。又设举秀才、贤良方正、文学等特科。察举制通过"乡举里选",以德才为标准,从地方选拔人才,拓宽了人才选拔的范围,是两汉最重要的入仕途径。

(5)削弱王侯力量。武帝时,诸侯王势力仍然很强大。元朔二年(公元前127),武帝采纳主父偃建议,颁行"推恩令",允许诸侯王分割国土,封子弟为列侯。此后诸侯国大者不过十余城,朝廷不用削藩,就使王国面积自然析分、缩小。元狩元年,武帝进一步出台"左官律"和"附益法",将仕于诸侯王的官吏称作左官,贬抑其地位,禁止官僚士人依附结交诸侯,私自在诸侯国任官。元鼎五年,武帝以宗庙祭祀时列侯所献酎(zhòu)金分量、成色不足为由,削夺106个列侯。此后,诸侯只能衣食租税,不得治民参与政事,对朝廷的威胁基本解除。

(6)任用酷吏,严刑峻法。武帝大批任用执法严厉的酷吏,打击地方豪强游侠势力。进一步严密法律,命张汤作《越宫律》27篇,赵禹作《朝律》6篇。律令合计达359章,死刑法令409条1882事,死罪判例13472件,汉律令规模至此达到顶峰,有"禁罔浸密"①之称。

3. 巩固边防,拓展疆域

(1)北伐匈奴。秦汉之际,匈奴冒顿(mò dú)单(chán)于迅速扩张势力,控制了塞北广大地区,拥有控弦之士三四十万。汉初,匈奴不断侵犯汉边。高帝六年,匈奴攻马邑(今山西朔州),韩王信不敌投降。次年,高祖率32万大军前往征伐,在平城白登山(今山西大同东北)被匈奴围困7日。高祖采纳刘敬建议,与匈奴缔结"和亲",选宫女为公主嫁给单于,每年馈赠大量丝绸、酒、食物,并开关市贸易。惠、吕、

---

① 《汉书》卷23《刑法志》。

文、景四朝均与匈奴续订和亲之约，但匈奴常毁约入侵，文帝朝最为严重。文帝十四年，匈奴骑兵甚至深入到距长安仅700里的地方。匈奴边患对汉朝统治造成重大威胁。

武帝即位后，决心改变以往被动忍让政策，全面展开对匈奴的反击。元光二年，汉在马邑设30万伏军，准备诱歼匈奴，被匈奴发觉，计划失败。元光六年，汉军首次取得反击匈奴的胜利。至元狩四年止，汉与匈奴发生大小战争十余次，其中，决定性战役有三次。

元朔二年，卫青率兵击败楼烦白羊王，收复河套地区，设朔方（治今内蒙古杭锦旗北）、五原郡（治今内蒙古五原），并从内地招募10万人移民到那里。元狩二年，霍去病两次出兵陇西（今甘肃临洮），大败匈奴。匈奴浑邪王杀休屠王，率部4万余人降汉。汉在河西陆续设立酒泉、武威、张掖、敦煌四郡。元狩四年，卫青军重创单于部，追至寘（tiān）颜山赵信城（今蒙古杭爱山南）；霍去病军大败左贤王部，封狼居胥山（今蒙古肯特山），筑坛祭天以告成功，临瀚海（今贝加尔湖）而还。此役匈奴共损失八九万人，汉军损失也大。

匈奴遭受一系列沉重打击，主力向西北远徙，出现了"幕（漠）南无王庭"①的局面，匈奴威胁基本解除。汉王朝在河西及居延（今内蒙古额济纳旗）一带修筑长城、烽燧，派兵数十万屯田戍守，这一地区逐渐被开发。武帝后期，汉与匈奴又发生了一些战争，彼此互有胜负。

（2）西通西域。汉时将玉门关、阳关以西包括今新疆和中亚的广大地区称作西域，以天山为界分为南北两部，分布着数十个大小不等的国家。汉初，匈奴征服西域各国，设僮仆都尉，强

---

① 《汉书》卷94《匈奴传上》。

迫收缴赋税。

武帝即位后，为了联络与匈奴结仇的大月氏（ròu zhī）人共同夹击匈奴，建元三年征募张骞出使西域。张骞西行途中被匈奴人抓获，十年后伺机逃脱，抵达已迁居妫（guī）水（今中亚阿姆河）流域的大月氏。大月氏已无意复仇，张骞返回途中，又被匈奴扣留一年多。元朔三年，回到长安。张骞虽然没有达到预期目的，但自此打通了中原与西域的联系，因此被誉为"凿空"。

元狩四年，霍去病在河西大败匈奴后，匈奴势力转向西北，西域成为汉与匈奴争夺的焦点。武帝再次派张骞出使西域，联络乌孙共击匈奴。当时乌孙内乱，无暇他顾。张骞于是派副使前往大宛（今中亚费尔干纳盆地）、康居（今巴尔喀什湖和咸海之间）、大月氏、大夏（古希腊巴克特里亚王国，今阿富汗北部）等国。这些国家多派使节随汉使来到长安，与汉朝建立了联系。

元封三年，汉派兵征服北道的姑师（后称车师，今新疆吐鲁番）、楼兰（今新疆罗布泊西），控制了西域门户。元封六年，汉与乌孙和亲，将宗室女细君嫁给乌孙王，定都于赤谷城（今吉尔吉斯斯坦伊什提克）的乌孙成为钳制匈奴的重要力量。太初元年，武帝因求购大宛马遭到拒绝，派贰师将军李广利攻打大宛，汉兵战败。太初三年，李广利率兵20万第二次西征，攻破大宛国都外城，迫使大宛讲和。汉声威大震，西域各国纷纷归附。

汉通西域后，形成了经由河西走廊沿天山南北两路，越过葱岭，西达大秦（罗马帝国）的陆上交通路线，进行丝绸等贸易，后人称为"丝绸之路"①。

（3）南平百越。秦末，岭南与中央联系断绝。秦灭亡后，

---

① "丝绸之路"之名不见于中外古籍，19世纪70年代德国地理学家李希霍芬在其名著《中国》一书中最早使用。

南海尉赵佗（tuó）自立为南粤武王，高帝十一年封为南粤（越）王。高帝五年封闽越王。惠帝三年封东海王（又称东瓯王）。三国实际处于独立状态。吕后时汉与南越关系一度恶化，赵佗自尊为南武帝，屡犯汉边境。文帝采取安抚政策，为他修祖坟，岁时祭祀，厚待亲属，派陆贾出使南越，令赵佗去除帝号，重新修好。

武帝建元三年，闽越围攻东瓯，在东瓯的请求下，汉将四万余东瓯人迁往江淮间。建元六年，闽越王郢攻打南越，汉发兵讨伐，郢的弟弟余善杀郢谢罪，汉立王孙丑为越繇王。后余善自立为王，汉封为东越王。元鼎六年，东越王反叛。次年，武帝派兵平定，将东越人也迁往江淮一带。迁往江淮的越人逐渐同汉人融合。

元鼎四年，南越丞相吕嘉起兵反叛。次年，武帝派10万大军平定叛乱，置儋耳（治今海南儋县西北）、珠崖（治今海南海口东南）、南海、苍梧（治今广西梧州）、郁林（治今广西桂平西）、合浦、交阯（治今越南河内西北）、九真（治今越南清化西北）、日南（治今越南广治西北）九郡。至此，百越地区全部受汉中央管辖。

（4）西南通西南夷。秦灭亡后，西南地区与中原联系中断。武帝建元六年，派唐蒙率兵千人出使西南，夜郎归附，元光五年在此设犍为郡（治今四川宜宾）。此后又派司马相如出使，收降邛（qióng）、筰（zuó）等族，设都尉进行管理。元鼎五年，夜郎反叛。次年，汉出兵平定，在该地相继设立牂牁（zāng kē）（治今贵州福泉）、越巂（xí）（治今四川西昌东南）、沈黎（治今四川汉源东北）、汶山（治今四川茂汶）、武都（治今甘肃西和）诸郡。元封二年，汉出兵征服滇国，以该地为益州郡（治今云南晋宁东）。汉在西南地区设郡管理的同时，也封当地酋长为王、侯，实行双重统治。

（5）东定朝鲜。秦汉之际，燕人卫满称朝鲜王，建立政权，定都王险（今朝鲜平壤），惠帝时对汉称臣纳贡。卫满逐渐征服真番、临屯，控地数千里。武帝元封二年，卫满之孙卫右渠不奉汉诏，汉派兵从海陆两道攻入朝鲜。次年，朝鲜大臣杀右渠降汉。汉在该地设置真番（治今朝鲜黄海南道信川郡）、临屯（治今朝鲜江原南道江陵）、乐浪（治今朝鲜平壤南）、玄菟（治今朝鲜咸镜南道咸兴）四郡。昭帝时，汉罢临屯、真番郡，将该地并入乐浪、玄菟郡。

经过汉武帝的开拓，汉朝的疆域较秦始皇时扩大了近一倍。

4. 统制经济，扩大财源

汉武帝连年发动战争，大兴功利，举措不断，很快将前朝积累的财富消耗殆尽，陷入财政困难。元狩年间，武帝开始任用东郭咸阳、孔仅、桑弘羊等商人或子弟为官，实行经济改革，扩大财源。其改革措施包括：

（1）盐铁专营、酒榷。元狩五年，下令将盐业和冶铁业垄断为国营，由中央大农令进行统一管理，各地设盐官、铁官进行盐铁生产和销售。天汉三年（公元前98），武帝又将酒的酿造和贩卖收归国营，称作"榷酤"。

（2）改革货币。西汉前期铸钱质量差，盗铸严重，吕后、文帝时均进行过货币改革，但都不成功。武帝即位后数次改革货币，禁止私铸，也收效甚微。元狩五年始发行五铢钱，币重与其文相符，可是盗铸仍很猖獗。元鼎四年，武帝下令取消郡国铸币权，由中央上林三官（均输、钟官、辨铜令）统一铸造，提高铸造技术，防止盗铸。货币从此稳定下来，五铢钱长期使用。

（3）均输、平准。元封元年，下令在各地设均输官，将郡国须上交中央而中央充裕的物资，从出产地直接运到所需地出卖，减少郡国与中央往来运输的费用。同时颁行平准法，由大农在京师设平准官，接受均输货物，贱买贵卖，平抑物价，调剂供需。

（4）算缗、告缗。元狩末出台缗钱令，规定工商业者无论有无市籍，均须按经营成本申报纳税，违反者罚戍边一岁，没入资财。缗指串铜钱的绳子，算为计征单位，因此称算缗。同时开征车船使用税，并重申商人不许占有土地。任命杨可主持告缗，鼓励检举揭发，对不如实申报纳税者进行严厉打击。告缗波及全国，商贾中家以上大多被告，短短几年内，政府没收的"财物以亿计，奴婢以千万数，田大县数百顷，小县百余顷，宅亦如之"[1]。

## 四　西汉中后期政治

武帝"外事四夷，内兴功利，役费并兴"[2]，在取得事业辉煌的同时，也给人民带来沉重负担。农民大量破产流亡，暴动不断。武帝于是制定"沉命法"，规定太守以下官吏若不能及时发觉并镇压暴动，便处以死刑。征和二年，太子刘据因被武帝使者江充诬陷为巫蛊[3]诅咒皇上，起兵杀死江充，后兵败自杀，震荡朝野，史称"巫蛊之祸"。次年，外戚李广利出击匈奴，兵败投降。这一系列事件对年迈的武帝打击很大，迫使他反思。他逐渐认识到自己举措太烦，劳民伤财，是重蹈亡秦覆辙。征和四年，武帝下"罪己诏"，称："朕即位以来，所为狂悖，使天下愁苦，

---

[1]　《史记》卷30《平准书》。
[2]　《汉书》卷24《食货志上》。
[3]　巫蛊，一种迷信活动，由巫师对某人诅咒，或将某人名字刻在木偶上，埋到地下，对其诅咒。

不可追悔。"①他拒绝大臣提出的在轮台（今新疆轮台）再开屯田的请求，申明今后要"禁苛暴，止擅赋，力本农"，与民休息。②

武帝去世后，年仅8岁的少子刘弗陵即位，是为昭帝（公元前86—前74年在位）。外戚霍光以大司马大将军辅政，把持朝政，但政治上仍然奉行武帝晚年制定的与民休息政策。流民陆续回乡，田野逐渐垦辟，社会趋于稳定。始元六年（公元前81），昭帝召开朝会，来自各地的贤良、文学猛烈抨击武帝的经济统制政策，与桑弘羊等大臣展开激烈辩论，史称"盐铁会议"。会后，昭帝部分采纳贤良、文学的建议，废除榷酤官和关内铁官。

昭帝21岁病逝，霍光等先立昌邑王刘贺为帝，七日后便以淫乱之名将他废黜，改立武帝曾孙刘询，是为汉宣帝（公元前73—前49年在位）。宣帝是武帝太子刘据之孙，"巫蛊之祸"后流落民间，因此深知百姓疾苦，励精图治。他大力整顿吏治，慎重选择地方官，"信赏必罚"③，在位期间涌现了一批"上顺公法，下顺人情"④的循吏。连年丰稔，谷价降至每石5钱。谷贱伤农，五凤年间（公元前57—前54），宣帝听从大司农中丞耿寿昌建议，在边郡设常平仓，谷贱时增价买入，贵时减价卖出，平抑粮价。并改革漕运政策，减省关东漕卒半数以上。宣帝统治时期，被誉为"政教明，法令行，边境安，四夷亲，单于款塞，天下殷富，百姓康乐"⑤，史称"中兴"。

宣帝死后，刘奭（shì）即位（元帝，公元前48—前33年

---

① 《资治通鉴》卷22，世宗孝武皇帝下之下。
② 《汉书》卷96《西域传下》。
③ 《汉书》卷8《宣帝纪》。
④ 《汉书》卷89《循吏传》颜师古注。
⑤ （汉）应劭：《风俗通义·正失》。

在位)。元帝勤政节俭,但个性优柔寡断,主张纯用儒教治国。做太子时,宣帝就批评他不懂得汉代政治的本质是"霸、王道杂之",预言"乱我家者,太子也"[①]。元帝不善知人,以致宦官石显弄权,排挤士人官僚。由于疏忽吏治,政治上无所作为,豪强势力发展迅速,社会矛盾激化,连元帝自己也承认当时社会"极乱耳"[②],西汉王朝开始走向衰落。

继立的成帝刘骜(ào)(公元前32—前7年在位),软弱无能,怠忽朝政,任用母亲王氏家族。帝舅王凤等兄弟四人相继为大司马,把持朝政,外戚势力急剧膨胀。绥和元年(公元前8),成帝将三公学说付诸实际,赐大司马金印紫绶,设置官属,更名御史大夫为大司空,与丞相并为三公。

成帝没有子嗣,死后立侄子刘欣为帝,是为哀帝(公元前6—前1年在位)。哀帝亲任祖母傅氏和母亲丁氏家族,王氏失势,元后的侄子王莽被免去大司马职。当时政治黑暗,贵族官僚地主大肆兼并土地,社会分化严重。于是哀帝出台了限制占有田地和奴婢的议案,但因遭到权贵的反对而被搁置。哀帝率先破坏限田制,一次就赏给嬖臣董贤两千余顷土地。在社会危机日益严重的情况下,神秘主义泛滥,谶纬学兴起。当时盛传汉朝历运中衰,应接受"再受命"。建平二年(公元前5)六月,哀帝改元"太初元将元年",自称"陈圣刘太平皇帝"[③],两个月后又宣布废除。

## 五 王莽改制与新莽的灭亡

哀帝死后,因没有后嗣,太皇太后(元帝王皇后)与王莽

---

[①] 《汉书》卷9《元帝纪》。
[②] 《汉书》卷75《京房传》。
[③] 《汉书》卷11《哀帝纪》;《汉书》卷99《王莽传上》。

共立9岁的平帝刘衎（kàn）（公元1—5年在位）。王莽复任大司马，重新掌握朝政。王莽工于权谋，擅长矫情伪饰，笼络人心，由此博得朝野上下赞誉。他把持朝政后，排除异己，培植党羽，伪造符瑞，为代汉自立做准备。元始五年（5），平帝暴卒，王莽选立2岁的宗室刘婴为帝，号孺子婴，自己仿周公辅成王故事，以摄政名义称"假皇帝"、"摄皇帝"，改元居摄。居摄三年（8），王莽以符命为由，自立为帝，建国号"新"。

王莽狂热迷恋周制，附会《周礼》，陆续颁布法令，托古改制。始建国元年（9），颁布王田私属令，将土地改称"王田"，奴婢为"私属"，均不允许买卖，企图恢复井田制，解决土地兼并和农民奴婢化问题。由于触犯了官僚地主利益，遭到强烈对抗。始建国四年，王莽被迫下诏允许买卖王田、奴婢，实际上宣告改革失败。

始建国二年，王莽推行五均赊贷、六筦。在长安、洛阳等六大都市设立五均司市师，平抑物价。赊贷是向贫民无息或低息贷款。六筦是对盐、铁、酒、铸钱、山林川泽、五均赊贷实行垄断。由于执行者多为商贾，和地方官狼狈为奸，乘机搜刮钱财，引起巨大骚动。

自居摄二年起，王莽四次改革币制。为防止盗铸，又颁布禁挟铜炭令。频繁的币制改革引起极大混乱，百姓犯法被罚没为官奴婢者以十万数。

王莽屡次更改官名、郡县名和行政区划，朝令夕改，混乱不堪，就连现任官也弄不清楚所改。他还模仿古制恢复五等爵，滥封官爵，但又不兑现封地和俸禄，官吏便依靠接受贿赂、盘剥百姓实现自给。

王莽在边疆民族问题上同样大肆更张，降低各臣属部族首领的封号和印玺规格，激起各族反叛。始建国二年，王莽征发30

万大军攻打匈奴，此后又发动对西南句町（qú dīng）和东北高句丽（gōu lì）的战争。

王莽改制不但没有缓解社会矛盾，反而加剧了社会危机。王莽末年又发生严重的旱蝗灾，赤地千里。大规模农民起义终于爆发。天凤四年（17），荆州饥民在绿林山（今湖北京山北）起义，号"绿林军"。次年，力子都、樊崇等饥民在琅邪（今山东诸城）起事，将眉毛涂成红色，称赤眉军。起义迅速扩展至全国。地皇四年（23）二月，绿林军拥立汉宗室刘玄，恢复"汉"国号，年号更始。王莽派42万大军前往镇压。同年六月，绿林军在昆阳（今河南叶县）以少胜多，大败莽军，给新莽政权致命一击。十月，绿林军攻破长安，王莽被杀，新朝灭亡。

## 六 西汉中后期的边疆与民族关系

### 1. 匈奴

武帝末年，匈奴向西迁徙后，日渐衰落。宣帝神爵二年（公元前60），匈奴贵族发生分裂，后并为南、北单于。甘露元年（公元前53），南匈奴呼韩邪单于降汉，三年，入京朝见。元帝时，呼韩邪单于在汉朝的帮助下，重新统一匈奴。竟宁元年（公元前33），呼韩邪单于入朝觐见，元帝将宫女王嫱（qiáng）（昭君）嫁给他，重修和亲，结束汉匈百余年的战争局面。王莽始建国元年，降低归属民族的规格，将单于"玺"改为"章"，汉匈关系破裂。三年，王莽发兵攻打匈奴，战争连年不绝，加速了新莽的灭亡。

### 2. 西域

昭宣时期，汉与匈奴在西域北道展开拉锯式争夺。宣帝神爵二年，匈奴因日逐王降汉，被迫撤走统领西域各国的僮仆都尉。汉于是任命郑吉为西域都护，治乌垒城（今新疆轮台东），总领南北道。西域正式纳入汉的统治，天山南北地区首次与内地连为一体。元帝初元元年（公元前48），汉在车师设戊己校尉（今新疆吐鲁番东南），管理屯田事务。建昭三年（公元前36），西域都护甘延寿和副校尉陈汤发兵远征，击杀北匈奴郅支单于，匈奴势力彻底退出西域。王莽时期，西域与中原关系中断，复受制于匈奴。

3. 羌

羌是古老的民族，分布在今甘肃、青海一带，部落众多，不相统属。汉初，羌被匈奴征服。景帝时，研种羌归附，汉将他们迁往陇西。武帝在河西大败匈奴后，将羌人驱赶至黄河、湟水以西，筑令居塞（今甘肃永登西北），隔绝匈奴与羌的联系。先零诸羌与匈奴连兵十余万攻打汉边塞，被汉军击败，汉置护羌校尉进行统领。羌人于是迁往西海（今青海湖）、盐泽（今新疆罗布泊）一带。宣帝时，先零诸羌强行渡湟水东迁，宣帝派赵充国等率6万军队在湟中屯田，相机击破，置金城属国（今甘肃兰州西北），安置归附的羌人。王莽时，在羌人地区设西海郡（今青海海晏），向那里移民。

4. 乌桓、鲜卑

秦汉之际，东胡为匈奴冒顿单于所破，余众部分逃往乌桓山（在今内蒙古赤峰阿鲁科尔沁旗），称作乌桓；部分逃往更北的鲜卑山（在今内蒙古兴安盟科尔沁右翼中旗西），称作鲜卑。汉初，均臣服于匈奴，缴纳贡赋。武帝时，霍去病击破匈奴左贤王后，将乌桓人迁到今内蒙古东北部、河北北部至辽宁南部一带塞外，设护乌桓校尉进行管理。昭帝以后，乌桓势力渐强，常骚扰汉幽州边郡，也发兵攻击匈奴。鲜卑与西汉相隔，尚未发生联系。

## 第三节　东汉的社会变动与王朝政治

### 一　东汉的建立与前期政治

东汉开国皇帝刘秀，南阳蔡阳（今湖北枣阳西南）人，汉景帝子长沙定王刘发六世孙。地皇三年（22），他和兄刘縯以"复高祖之业"①相号召，起兵反莽，称舂陵军，后并入绿林军。在打垮王莽主力的昆阳之战中，刘秀以其智勇立下首功。更始元年（23）冬，更始帝命刘秀北上招抚黄河以北地区。他先击败王郎，后又攻破收编铜马武装，平定河北。

更始三年六月，刘秀在鄗（hào）（今河北柏乡）南称帝，沿用"汉"国号，年号建武，是为光武帝（25—57年在位）。不久定都洛阳，史称东汉或后汉。当时赤眉军拥立汉宗室后裔刘盆子为帝。同年九月，赤眉军攻入长安，杀死更始帝。建武三年（27）春，光武帝攻灭赤眉军。至建武十三年，相继平定隗嚣、公孙述、卢芳等割据政权，实现全国统一。

光武帝起于乱世，深知"天下疲耗，思乐息肩"。建武六年，裁并400多个县，裁减90%的地方官吏，节省了政府开支。同时裁撤郡都尉，归并其职于太守。次年，令郡国兵及临时设置的军吏复员回家。统一后"退功臣而进文吏"②，希望止戈休兵，安定天下。

光武帝主张"以柔道"治理天下，两次下令减轻刑罚，赦免罪囚。六次下诏解放奴婢，三次下诏禁止虐杀奴婢。针对豪强地主隐匿土地、荫庇户口的行为，建武十五年下令"度田"，清

---

① 《后汉书》卷14《齐武王刘縯传》。
② 《后汉书》卷1《光武帝纪下》。

查全国垦田数量、户口、年龄。因为遭到豪强地主的武装反抗,光武帝被迫妥协,曲意加以安抚。

自成帝建三公官后,哀帝建平二年(公元前5)一度废除,元寿二年(公元前1)又立,并将丞相改名大司徒,"正三公官分职"①,丞相制演变为三公制。光武帝建武二十七年,改大司马为太尉,大司徒、大司空为司徒、司空。削弱三公权力,提高尚书台地位,将尚书四曹增至六曹,协助皇帝决策。自此形成"虽置三公,事归台阁"②的局面,加强了君主集权。

有鉴于西汉外戚专权的教训,光武帝虽在经济上优宠外戚,但不让他们担任要职,干预政事。对宗室王侯也严加控制。建武二十八年,沛献王刘辅犯法,光武帝命郡县收捕诸王侯宾客,牵连处死者数千人。

光武帝进一步加强儒学的统治地位。建武五年统一战争还未结束,就着手建立太学。中元二年(57)修建明堂、灵台、辟雍。③他大力表彰名节,矫正王莽以来士人官僚谄谀媚上的风气,对东汉重名节观念的形成产生重要影响。但他迷信谶纬,甚至一些军国大事都用图谶来决断。

继立的明帝刘庄(58—75年在位)、章帝刘炟(dá)(76—88年在位),勤于政事,富于才干,文治武功都取得相当成就。明帝致力完善国家礼仪制度,举行大射礼(为选拔参加祭祀典礼的士而举行的比赛射箭的仪式)、养老礼,并亲自在辟雍讲

---

① 《汉书》卷11《哀帝纪》。
② 《后汉书》卷49《仲长统传》。"台阁"指中枢机构尚书台。
③ 明堂,传说是周王宣明政教的地方。凡朝会、祭祀等大典,都在此举行。灵台,传说为周文王所建,用以观测天文历法星象节气。辟雍,传说是周天子建立的大学。圆形,围以水池,前门外有便桥。三者合称三雍宫或三宫,是帝王颁布政教的礼仪建筑。

经。永平十二年（69），命王景、王吴治理黄河，实现河、汴分流，解决了王莽以来黄河泛滥为害的问题，黄河从此安流八百余年。明帝在解决边疆问题方面也取得较大进展，大败匈奴，重新控制西域。章帝为政宽简，减省刑罚，轻徭薄赋，倡行孝道。他曾在白虎观广召名儒，讨论群经异同，促进了今古文经学的融合。

光武、明、章三帝统治的六十余年，社会稳定，政治清明，社会经济得到恢复和发展。

## 二 豪族势力的发展

西汉自文帝时解除了对土地占有数量的限制，土地兼并开始加剧。此后愈演愈烈。至西汉中后期，逐渐形成以宗族为基础、拥有众多宾客徒附、雄踞一方的豪族。东汉时豪族进一步发展，形成田庄式经营。东汉王朝的建立者光武帝刘秀就出身南阳豪族。

豪族以宗族为根基，聚族而居。宗族内部各家庭社会地位、经济实力悬殊。豪族收恤宗族中的贫困者，蓄养宾客，收留破产流亡的农民，这些人大多沦为依附农。豪族对依附农榨取高额地租，多为收成的50%。但灾荒、战乱以及依附农贫困无着时，豪族也向他们提供赈贷、救济和保护。依附农荫庇在豪族门下，逃避国家的赋税和力役，给国家财政造成巨大损失，东汉朝的贫弱和政治不稳与此密切相关。

豪族田庄大多从事多种经营，相当程度上实现了自给自足。光武帝外祖父南阳樊重的田庄，面积达三百余顷，重堂高阁，陂渠灌注。兼营养鱼业、畜牧业、制漆等手工业，"有求必给"[①]。东汉后期豪族势力更加壮大，"豪人之室，连栋数百，膏田满

---

[①] 《后汉书》卷32《樊宏传》。

野,奴婢千群,徒附万计"①的景象随处可见。地主田庄还从事放贷、贱买贵卖等商业活动,以获取高额利润。田庄多建立私人武装,平时"缮五兵,习战射",灾荒和战乱时"警设守备"②。田庄修建有围墙、角楼、望楼、飞桥,可进行瞭望和防御。田庄的私兵对维护当地治安、维持王朝统治秩序可起到一定的补充作用,但当皇权衰落时,它就可能转化为割据势力,成为瓦解王朝统治的力量。

汉武帝"独尊儒术"后,儒学成为仕进的重要途径,因此,豪族多修习儒学,逐渐出现世代通经入仕、位至公卿的世家。如世传欧阳《尚书》学的弘农杨氏,四世居三公之位;传授孟氏《易》学的汝南袁氏,四世五人为三公。他们既拥有宗族和经济势力,又有政治、文化背景,周围聚集了众多的门生、故吏,结成广泛的权势关系网,逐渐形成盘根错节的高门势族,对地方甚至朝廷政治进行干预和影响,这成为东汉政治的一大特点。

东汉末年黄巾起义爆发后,分布各地的豪族势力与军阀势力合流,成为分裂割据局面出现的重要社会基础。

## 三 外戚宦官交替专权

章帝死后,10岁的太子刘肇即位,是为和帝(89—105年在位)。东汉统治自此走向衰落。和帝以下诸帝均年幼即位,年寿不长,最长的不过40岁,且多无子嗣。皇帝年幼不能亲政,由皇太后临朝称制,朝政实际上操控在太后父兄手中。皇帝长大后,不满外戚专权,便依赖贴身宦官铲除外戚势力,宦官因此得以掌控朝政。皇帝亲政后又重用皇后外戚,从而出现外戚宦官交

---

① 《后汉书》卷49《仲长统传》,仲长统:《昌言·理乱》。
② (汉)崔寔:《四民月令》。

替专权的恶性循环局面。

和帝即位后，母亲窦太后临朝称制，其兄窦宪掌权。窦氏家族及其党羽均居亲要之职。永元四年（92），14岁的和帝依靠宦官郑众等人，发兵诛除窦氏。郑众因功封鄛（cháo）乡侯，参预政事，首开宦官封侯和用权的先例。

和帝27岁去世，幼子刘隆即位，数月去世，谥号殇帝。和帝邓皇后与兄邓骘（zhì）立和帝的侄子、13岁的刘祜（hù）为帝，是为安帝（107—125年在位）。邓太后除了任用外戚、宦官外，还起用名士杨震等大臣，政治上有所作为。永宁二年（121），邓太后死，安帝与宦官李闰、江京等合谋消灭邓氏，李闰、江京等因功封侯，尊崇用事。同时，安帝阎皇后的兄弟阎显等人也身居要职，与宦官共掌朝政。

延光四年（125），安帝死，阎皇后无子，为了专擅朝政，阎氏舍弃安帝庶子济阴王刘保不立，而立宗室子刘懿。刘懿即位不足一年即死，称少帝。以孙程为首的19名宦官发动政变，诛杀阎氏，拥立11岁的刘保，是为顺帝（126—144年在位）。顺帝更加优宠宦官，不仅封孙程等19人为侯，而且允许宦官充任朝官，养子袭爵。顺帝同时尊崇皇后梁氏，后父梁商、商子梁冀专权用事。

顺帝死后，梁太后和梁冀先立两岁的冲帝刘炳，一年后去世，继立8岁的质帝刘缵（zuǎn）。本初元年（146），梁冀因质帝对他专权表示不满，将其毒害。又立15岁的桓帝刘志（147—167年在位），并将自己的妹妹嫁给桓帝做皇后。梁冀专权近二十年，权倾天下，梁氏一门前后"七封侯，三皇后，六贵人，二大将军"[①]。梁冀极其贪婪残暴，大臣李固、杜乔因违忤其意，

---

① 《后汉书》卷34《梁统传附玄孙梁冀传》。

被诬陷致死。延熹二年（159），梁皇后死，桓帝与宦官单超等5人合谋诛灭梁氏。梁冀被抄没的家财达三十多亿钱，朝廷为此减免当年一半租税。单超5人同日封侯，独揽朝权。宦官统治比外戚更加黑暗，他们的兄弟姻亲遍布内外，干预司法，贿赂公行，无恶不作。

外戚宦官专权是专制主义中央集权高度发展的产物。君主集权的加强，必然使权力高度集中到皇帝手中，外戚和宦官是寄生于皇权的赘疣。当皇帝幼弱、统治失灵时，他们就会挟持皇帝，掌握朝政。但由于外戚宦官统治过于腐朽，又缺乏合法性，必然不会长久。

### 四 清议与党锢

东汉后期皇权孱弱，外戚宦官交替擅权，政治腐朽黑暗，激起官僚士大夫的强烈不满和深切忧虑。特别是宦官专权用事，与士大夫的道德理想背道而驰，也阻碍了士大夫的仕进途径。因此，一些正直的士大夫奋起与外戚宦官进行抗争。作为官僚的后备军，年轻敢为、锐意进取的太学生在与外戚宦官的斗争中，发挥了重要作用。桓帝永兴元年（153），冀州刺史朱穆因惩办宦官，被判处徒刑，太学生刘陶等数千人到宫阙前上书请愿。延熹五年，议郎皇甫规因得罪宦官，被诬陷治罪，公卿大臣及太学生张凤等三百余人到皇宫前请愿。

当时，官僚士大夫中盛行品评人物的风气，称作"清议"。他们通过臧否人物，进而抨击时政，弘扬有气节的士人。清议之风在太学生中尤为盛行，他们以名士郭泰、贾彪为领袖，推崇敢于与外戚宦官相抗争的大臣李膺（字元礼）、陈蕃（字仲举）、王畅（字叔茂）等人，称赞他们："天下模楷李元礼，不畏强御陈仲举,天下俊秀王叔茂。"①李膺名望最高,士人与他结交,被称为"登龙门"。

延熹九年,河南尹李膺诛杀教唆杀人的张成。张成与宦官关系密切,其弟子牢修利用宦官,诬告李膺豢养太学游士,勾结各郡生徒,结为朋党,诽讪朝廷,惑乱风俗。桓帝大为震怒,下令逮捕党人,将李膺等二百多人收捕入狱。次年,在皇后父亲窦武等大臣请求下,赦免党人,但禁锢终身,不得录用为官。这是第一次"党锢"。但此后清议的浪潮更为高涨,天下名士都有美誉性称号。

永康元年(167),桓帝病逝,刘宏(灵帝,168—189年在位)即位。建宁元年(168),任命陈蕃为太傅,窦武为大将军,共同执政。他们重新起用李膺等党人,密谋诛杀宦官。事情泄露,宦官杀死陈蕃、窦武及其宗族宾客姻亲,将其门生、故吏免官禁锢。次年,朱并秉承宦官旨意诬告曾弹劾过宦官的同乡张俭等24人"共为部党,图危社稷"②,党祸再起,李膺等百余人横死狱中。此后又有六七百人受牵连。熹平五年(176),永昌太守曹鸾上书为党人诉冤,灵帝大怒之下,再次令州郡禁锢党人的门生故吏父子兄弟,连及五服。直到黄巾起义爆发后,党人才被赦免。第二次党锢历时10年,官僚士大夫集团遭受沉重打击,而东汉的腐朽统治也走到尽头。

## 五 黄巾起义与东汉的灭亡

东汉后期,在外戚宦官的腐朽统治下,农民的境遇每况愈下。长达六十余年的对羌战争,更加重了农民的负担。安帝以来

---

① 《后汉书》卷67《党锢传》。
② 同上。

自然灾害频仍，蝗灾和地震灾害尤为严重。农民遭受多重创伤，大量破产流亡，被迫起而反抗。自安帝时起，流民暴动就连年不绝。灵帝时终于爆发了全国性的黄巾大起义。

灵帝时，巨鹿（今河北平乡）人张角以《太平经》为蓝本，创立并在民间传播太平道（汉末道教的派别之一）。他自称"大贤良师"，为人画符治病，迅速聚集数十万徒众，分为36方。他广为宣传"苍天已死，黄天当立，岁在甲子，天下大吉"①的谶语，计划在中平元年（184，甲子年）发动起义。由于叛徒告密，张角被迫提前起义，以头戴黄巾为标志，号称"黄巾军"。东汉王朝政治上"大赦天下党人"②，军事上调集大军进行镇压。由于张角病逝，缺乏统一指挥，黄巾军陆续被官兵各个击破。

黄巾起义从根本上动摇了东汉的统治。中平五年，灵帝为了强化地方军力，将州部刺史改为州牧，选九卿、尚书等朝廷重臣充任。至此，州从监察机构演变为郡之上的一级地方行政组织。一些州牧乘乱发展个人势力，埋下分裂割据的隐患。

中平六年，灵帝去世，14岁的太子刘辩即位，皇太后兄何进辅政。他与司隶校尉袁绍密谋尽诛宦官，召并州牧董卓进京援助。宦官发觉，杀死何进，袁绍又领兵尽杀宦官两千余人。董卓入京后，控制朝政，废黜刘辩，拥立灵帝9岁的儿子刘协，是为献帝（190—220年在位）。初平元年（190），各地州郡牧守推袁绍为盟主，组成讨卓大军。董卓放火烧毁洛阳，挟持献帝和百万居民西迁长安。讨卓联军心怀异志，互相倾轧，迅速瓦解。初平三年，司徒王允策反董卓爱将吕布，刺杀董卓。董卓部将杀死王允后，又起内讧，展开混战。全国形成多支割据势力，东汉名

---

① 《后汉书》卷71《皇甫嵩传》。
② 《后汉书》卷8《灵帝纪》。

简明中国历史读本

存实亡。建安元年（196），献帝逃回洛阳。兖州牧曹操赴京，迎献帝到许（今河南许昌），"挟天子而令诸侯"①。延康元年（220），曹操子曹丕废献帝自立，建立魏国，东汉王朝正式灭亡。

## 六 东汉的民族关系与对外关系

1. 匈奴

两汉之际，匈奴趁中原内乱，扩张势力，控制了东自乌桓、鲜卑，西至西域的广大地区。东汉初年，匈奴常南下侵边，光武帝被迫将幽州、并州边民迁至常山关、居庸关以东。建武二十四年，匈奴分裂为南北两部。南匈奴单于率八部归附，汉将其置于北边八郡，设"使匈奴中郎将"监领。北方边境得以安宁。南匈奴后来进一步向东向南迁徙，逐步转向定居和农耕生活。

明帝时，北匈奴屡侵汉边，诱走南匈奴人。永平八年，汉在五原曼柏（今内蒙古达拉特旗）设度辽营，置度辽将军，隔绝南北匈奴。十六年，分兵四路北征匈奴，窦固、耿忠部在天山击败呼衍王，留将士在伊吾卢（今新疆哈密西）屯田，设宜禾都尉。和帝永元元年（89），窦宪、耿秉等出击北匈奴，出塞三千余里，降二十余万人，至燕然山（今蒙古杭爱山），刻石纪功而还。二年、三年，汉军再次出兵，大破匈奴，北匈奴主力从此远遁，离开蒙古草原，踏上遥远的西迁路途。

2. 西域

王莽时，西域重新受匈奴控制。明帝永平十六年，汉北伐匈奴，攻占伊吾卢后，派假②司马班超（著名史学家班固之弟）率

---

① 《三国志》卷35《蜀书·诸葛亮传》。
② "假"：官制用语，意为代理、兼摄。

吏士36人，出使西域，先后降伏鄯善、于阗（今新疆和田）。次年，窦固、耿忠击降车师，重新设立西域都护和戊己校尉，恢复对西域统治。永平十八年，北道焉耆、龟兹（qiū cí）（今新疆库车东）等国击杀西域都护，包围戊己校尉。章帝建初元年（76），下令撤销都护和戊己校尉，召班超回国。班超在西域各国的挽留下，留驻西域，安定南道大多数国家。和帝永元三年，汉大败北匈奴后，任命班超为西域都护，并置戊己校尉。六年，班超发兵征服焉耆等国，西域全部内属。九年，班超派甘英出使大秦，至波斯湾，临海而还。十四年，班超返回洛阳。班超的出使及都护西域，不仅对汉王朝有效统治西域地区，而且对东西方文明的交往作出了巨大贡献。

继任都护任尚因政策失当，受到诸国攻击。安帝永初元年（107），撤销西域都护，与西域关系再次中断。北匈奴残部乘机控制西域，河西地区再次受到威胁。延光二年（123），汉任命班超之子班勇为西域长史，率兵屯驻柳中（今新疆鄯善西南）。班勇陆续击退匈奴势力，西域大部分国家归附汉朝。桓帝元嘉二年（152），于阗攻杀长史王敬。东汉在西域的统治逐渐衰落，但西域长史和戊己校尉一直维持到灵帝末年。

3. 羌

王莽末年，羌人大量入居塞内，与汉人杂处。由于受到官吏和豪强的侵压，常起而反抗。光武帝建武九年，汉设立护羌校尉进行管理。但羌人反叛不断，特别是安帝永初元年、顺帝永和五年（140）、桓帝延熹二年三次大叛乱，均历时十余年。东汉政府为镇压羌人暴乱，耗费巨大，动摇了统治基础。

4. 乌桓、鲜卑

东汉初年，乌桓、鲜卑常与匈奴勾结，侵扰汉边。建武二十五年，光武帝招抚乌桓，令其入居幽州、并州缘边十郡。并在上谷宁城（今河北万全）复置护乌桓校尉，兼领鲜卑以及互市事务。东汉前期，乌桓安心为汉保塞，安帝以后叛服无常。灵帝时，乌桓首领纷纷称王。中平四年，乌桓曾入侵今河北、山东一带。

乌桓迁入长城后，鲜卑逐渐南迁，占有乌桓故地。东汉击走北匈奴后，光武帝建武三十年，鲜卑大人率部来朝。和帝时，北匈奴远徙，鲜卑逐步向西发展，残留的北匈奴人逐渐与鲜卑人融合。自永元九年起，鲜卑连年侵犯汉边。桓帝时，鲜卑部落大人檀石槐统一诸部，建立政权，尽据匈奴故地，并连年侵扰幽、并、凉三州边郡。灵帝光和四年（181），檀石槐死，鲜卑分裂，力量渐衰。

5. 哀牢

光武帝时，今云南保山一带的部分哀牢人归附东汉。明帝永平十二年，哀牢人内附者达5万余户，55万余口，东汉以其地设永昌郡（治今云南保山），东汉疆域进一步拓展。

6. 缅甸

哀牢南邻今缅甸。和帝永元九年、安帝永宁元年，今缅甸境内的掸（shàn）国两次通过哀牢遣使朝贡，与汉建立了联系。

7. 夫余、高句丽、濊（wèi）

夫余人居住在松花江流域，从事农业。光武帝建武二十五年，始遣使奉贡，臣属于汉。顺帝永和元年，夫余王进京朝见。夫余南面今鸭绿江两岸方圆两千里为高句丽。汉武帝灭朝鲜后，以高句丽为县，属玄菟郡。王莽时，征发高句丽伐匈奴，又将高句丽王改为下句丽侯，致其反叛。光武帝建武八年，高句丽遣使朝贡，归附汉，但叛服无常。和、安帝时期，句丽王宫统治时期扰边最甚。高句丽南面为濊，汉武帝时降汉，汉在其地设郡管理，昭帝时改置乐浪东部都尉统领。光武帝建武六年，罢省都尉官，封其首领为县侯，岁时朝贡。

8. 倭

汉时，今日本境内有一百多个国家，总称为"倭"。汉武帝在朝鲜设郡后，倭有三十多个国家与汉通使往来。光武帝中元二年，最南端的倭奴国遣使经乐浪郡进京朝贡，光武帝授予"汉委奴国王"金印，此印于1784年在日本福冈县发现。安帝永初元年，倭以国王帅升为代表的几个国家向汉贡献160名奴婢，请求朝见。

## 第四节　秦汉时期的社会与经济

### 一　社会阶级与阶层

秦始皇统一六国后，建立起专制主义中央集权封建制国家，确立了以皇帝为代表的贵族官僚地主阶级的统治，形成地主和农民两大对立阶级，其内部又分为不同阶层。

地主阶级包括身份性和非身份性地主。身份性地主指有高级爵位和官位等社会身份的地主，包括皇帝、诸侯王、五大夫以上高爵者和秩六百石以上官僚。他们在政治、经济、司法上享有各种特权，如可大量占有田宅，免除本人甚至亲属的赋税徭役，减免刑罚，享有受教育和优先入仕的权利，等等。非身份性地主指没有高级爵位和官位的庶民地主。地主阶级拥有大量土地，使用佃农、雇农、奴婢进行耕种，向佃农征收高达50%的田租。

战国秦孝公商鞅变法时，完善了二十等爵制。一级爵为公士，其上依次是上造、簪裹（niǎo）、不更、大夫、官大夫、公大夫、公乘、五大夫、左庶长、右庶长、左更、中更、右更、少上造、大上造、驷车庶长、大庶长、关内侯、列侯。以五大夫爵为界，以上（含五大夫）为官爵，以下为民爵。汉文帝以后，二十等爵制逐渐式微，但分层的关键爵位如列侯、关内侯、五大夫、公乘等仍具重要意义，并一直持续到三国时。

农民阶级包括自耕农、佃农和雇农。其中，自耕农在秦汉国家控制的编户齐民中人数最多，是秦汉王朝统治的基础群体。国家控制自耕农数量的多少和控制程度的强弱，决定了王朝的兴衰。自耕农拥有小块土地，但经济脆弱，一旦遭遇天灾人祸，就会陷入破产境地，被迫出卖田宅甚至妻子儿女。汉文帝以后，随着名田制的废止，土地兼并恶性发展，大量自耕农破产。他们大多依附地主作佃农、雇农，少数沦为奴婢。

工商业者的社会地位比较复杂。秦汉实行重农抑商政策，在市场上从事经营活动的工商业者有专门的户籍，称"市籍"。他们常受到歧视性限制，如不许衣丝、乘车、骑马，其本人和亲属不得做官，不得占田，还要被罚戍边疆等。但大工商业者却依靠财富获得权势，文帝时晁错曾感慨："今法律贱商人，商人已富贵矣！"[1]大工商业者也多"以末致财，用本守之"[2]，购置大量田产，成为地主，加入兼并土地的行列。小手工业者和小商贩的经济地位类似于自耕农，常处于破产边缘。

居于社会最底层的是官私奴婢。秦汉时，官私奴婢的数量颇大。官奴婢的来源，一为罪犯本人以及重罪犯的家属、奴婢没官为奴；一为国家向富人募取私奴婢；一为以战俘为奴。官奴婢用于宫廷、各级官府服役。私奴婢主要来自破产农民。贵族、高级官僚、豪强地主、大工商业主常拥有成百上千奴婢，一般地主也拥有少量奴婢。私奴婢除从事家内劳动外，也从事农业、手工业生产或商业活动。但奴婢并不能构成秦汉王朝的社会阶级基础，

---

[1] 《汉书》卷24《食货志上》。
[2] 《史记》卷129《货殖列传》。

秦汉王朝一再出台限制买卖奴婢、解放奴婢的法令，就反映了这一点。

## 二 户籍、土地和赋役制度

秦国秦献公十年（公元前375）开始建立户籍制度，最初只登记身高，后逐步完善，秦王政十六年（公元前231）开始登记男子的年龄。秦王朝建立后，按年龄登记户籍的制度基本成熟。汉承秦制。每年八月由县乡进行户口的查验、登记，内容包括姓名、年龄、爵级、服役身份、籍贯、财产（田宅、奴婢、牛马、车辆及其所值）等。户籍簿一式三份，正本留乡，副本一份给本人，一份上交县。郡县上计时将户籍情况逐级上报中央。东汉时豪族势力发展，大量隐匿户口，国家掌握的户口数始终不及西汉。

商鞅变法废除井田制，建立私人长期占有土地的名田制。国家根据二十等级爵位的高低划分占有耕地的标准，每户名田的标准依户主爵位而定。名田可通过国家授予、继承和买卖等手段获得。秦统一后将名田制推行至全国，汉初沿用。湖北江陵张家山汉墓出土的吕后二年（公元前186）法律《二年律令》规定，庶人的名田标准是1顷（100亩），一级爵公士1.5顷，逐级增加，至关内侯可名田95顷。由于土地兼并和买卖，使授田、限田难以维持，文帝时废除名田制，不再限制占有土地的数量。此后土地兼并恶性发展，出现"富者田连仟伯，贫者亡立锥之地"[1]的情况。哀帝和王莽时都试图恢复限田制，但均以失败告终。土地兼并在西汉中期以后一直是严重的社会问题，两汉政府主要通过将公田出借或无偿给农民使用的"假民公田"、"赋民

---

[1] 《汉书》卷24《食货志上》载董仲舒语。

公田"方式，缓解社会矛盾。

秦汉国家向拥有耕地的民户征收田租和刍稿（作饲料用的干草秸秆）税。田租征收谷物。秦时实行十税一，汉惠帝时减为十五税一，景帝时又减为三十税一，并成定制。大约在景帝时，将定率租改为定额租，即根据平均亩产量，折算成固定数额征收。刍稿税既收实物也收钱。

秦汉时人民无论有无土地、财产，均须缴纳人头税，称"赋"。秦及西汉初年是人头税的形成期，几经变化，至景帝时形成定制。15岁至60岁成人每年缴纳算赋120钱，7岁至14岁儿童缴纳口赋20钱（武帝时增至23钱）。此外，还有许多临时征收的赋。赋的负担远远重于田租。

秦汉国家向成年健康男子征发徭役兵役。15岁至60岁，每年到郡县服一个月的更役。傅籍为"正卒"（即在专门的户籍上登记为成丁）后，服正役。包括：累计一年的中央徭役，称"徭"；一年兵役，或到京师当卫士，或到边地作戍卒。傅籍的起始年龄，秦及汉初为17岁，景帝二年改为20岁，昭帝时提高至23岁，并成定制。截止年龄也历经变化，约在西汉中期定制为56岁。此外，郡县还设有轻车、材官、骑士、楼船等常备兵役，可免除徭役。

秦汉时期，拥有高爵、高官的特权阶层及其亲属可享受免除赋税、徭役的优惠。

## 三 农业与手工业

秦汉时期，农业在生产规模、生产工具和耕作技术上都取得了巨大进步。铁农具已普遍推广，性能不断完善。北方地区已广泛使用二牛抬杠的耦犁法，东汉时一些地方出现较为轻便的一牛挽犁，牛耕也开始在南方地区推广。武帝末年，搜粟都尉赵过在西北地区推行代田法，将宽一步（六尺）的耕地分为三甽（沟）三垄，在甽中下种，中耕除草时将垄上的土培在苗根部，使甽垄异位，既可防旱保墒，又可恢复地力，提高产量。成帝时著名农学家氾（fàn）胜之发明了高产量的园艺式耕种法——区（ōu）种法和溲种法，并撰写了农学著作《氾胜之书》。东汉晚期，崔寔《四民月令》按月记录了北方地区的农业生产活动。秦汉王朝在各地兴修了大量水利灌溉工程，尤以武帝时最多。至晚在两汉之际出现了水碓，大幅度提高了舂米的效率。秦汉时，北方旱作农业精耕细作的传统模式已具雏形，粮食单位面积产量有所增长。东汉时南方开发较快，水稻栽培技术有了较大提高，多种经济并存、粗放的"火耕水耨"区域在逐步缩小，人口、垦田均有大幅度增长。东汉后期，朝廷屡次调拨荆州、扬州等地租米，赈济江淮地区和中原灾民。

西汉哀帝时户口最盛。平帝元始二年（2），全国垦田数为827万余顷，户数为1223万户，口数为5959万人，一定程度折射出当时的农业发展水平。以后直到隋唐时期，各代官方统计均未超出上述数字。

秦汉的手工业成就也很突出。冶铁业占有重要地位，汉武帝时实行盐铁国营，各地均设有盐官、铁官。冶铁规模巨大，西汉后期官府每年开采铁矿和铜矿的人数达10万人以上。考古发现不少汉代的大型冶铁遗址。锻銎（qióng）技法广泛应用，并开始使用煤作燃料，东汉时发明了水力鼓风炉"水排"。铜器制造也很发达，1980年秦始皇陵出土的铜车马，充分反映了当时的铸造水平。秦汉时，铜大量用于铸钱。汉初铸钱政策屡次变化，武帝时将铸币权收归中央，由上林苑三官铸造。由于铁器、漆器兴起，铜器地位下降，但贵族仍大量使用铜制器皿，最多的是铜镜。漆器制造技术复杂，分工细致，制作精美，已出现鎏金或银的扣器，并远销国外。官府漆器主要出自蜀（今四川成都）、广汉（今四川广汉）等地工官。长沙马王堆汉墓出土了180多件造型精美、色泽光亮的漆器。此外，煮盐、酿造等行业的生产规模和技术都超过了前代，东汉时巴蜀已利用火井煮盐。东汉中后期，造纸技术开始推广。秦始皇兵马俑充分反映了秦汉制陶业的规模和水平。制瓷业也在制陶业的基础上开始萌芽。

秦汉政府重视纺织业生产，将其与农业一样看作本业。北方农家都从事家庭纺织生产，官府则有大作坊生产，主要设在京城、临淄（今山东临淄）、襄邑（今河南睢县）和蜀。元帝时，临淄主做天子春、夏、冬冠服的三服官作工各数千人，"一岁费数巨万"[①]。西汉长安东、西织室每年花费各在5000万钱以上。丝织品种类繁多，制作精美，已出现提花织造技术。东汉时南方的蚕桑业得到较大发展，蜀的织锦业十分著名。秦汉的丝织物通过馈赠、贸易，大批输往周边民族。张骞通西域后，丝绸贸易远至中亚、西亚甚至欧洲。

秦汉官府手工业发达，形成了从中央到地方的庞大体系。私营手工业也很繁荣，出现了许多拥有巨额财富的大手工业者，尤以西汉前期最多。官营作坊的劳动者主要是工匠、更卒、刑徒和官奴婢；私营作坊则主要是奴婢和佣工。

### 四　商品经济

秦汉时期将重农抑商作为国策，但不同时期控制的宽严程度不同。汉高祖时曾严厉实行抑商政策。惠帝、吕后时期，为了恢复和发展经济，放宽了对商人的禁令。汉武帝时，为了解决财政困难，实行各种经济统制政策，给商人以沉重打击。昭、宣以后

---

① 《汉书》卷72《贡禹传》。

放宽对商人的限制，商业发展环境较为宽松，这种情况基本持续至东汉。此外，朝廷的关津政策、货币政策也对商业和市场产生重要影响。

中国古代商品经济的发展至西汉时进入一个高峰。全国以商业发达的大都市为中心，形成若干个经济区域，这些大都市均分布在交通干线上。首都长安人口达24万人，有东西九市，繁荣富庶。洛阳、邯郸、临淄、宛、成都被称作"五都"。北方的蓟（今北京）、长江三角洲的吴（今苏州）、珠江三角洲的番禺（今广州）也是重要的商业中心。东汉时首都洛阳取代长安，成为最大的商业都会。交通干线上驿传罗布，车马转输，往来不绝。南方地区主要依靠水路运输。当时的造船技术十分先进，已可建造装载数十辆车的大船和设有多层的楼船。

秦汉时期商业门类繁多，高利贷也成为重要行业，称作"子钱家"。市场上商品丰富，从食品、布帛到牲畜、木材、铜铁器等无所不有。奴隶也被当作商品在市场上出卖。除了固定的市场外，集市贸易是乡村交易的重要形式。

西汉中期以后，对外贸易逐渐发达，建立了自河西走廊通往中亚、西亚以及欧洲的"丝绸之路"，主要出口丝织品，进口貂皮等毛织物、香料、珠宝等。番禺成为重要的对外贸易港口，海上"丝绸之路"开始形成。桓帝延熹九年（166），大秦商人到达日南郡（治今越南广治）边境，以大秦王安敦的名义进贡特产。

东汉时期货币的流通少于西汉，特别是黄金大量减少，人们常用缣帛和谷物进行贸易，自然经济的色彩较西汉时浓厚。

## 第五节　秦汉时期的思想文化与科技

秦汉时期，先是法家一度大行其道，继之是黄老"无为"

思想暂领风骚，尔后是儒学独尊，佛教传入，道教兴起。史学成就辉煌，文学、艺术卓有建树，造纸术的发明是东汉对人类文明的伟大贡献。

## 一 经学与今古文之争

经学是研究儒家经典的学问。秦始皇焚书坑儒和项羽焚烧秦宫，使先秦以来流传的儒家典籍遭受毁灭性打击。汉惠帝时废除禁止私人藏书的"挟书律"，儒学开始复兴，民间开始出现私人传授儒经。当时由于没有古本流传，儒学家便凭借记忆，用当时通行的隶书笔录成书，形成"今文经"。由于传授者不同，每一经均有若干家。

武帝建元五年（公元前136），设《易》、《书》、《诗》、《礼》、《春秋》五经博士，五经正式成为官学（图4—2）。其后，在董仲舒等建议下，罢黜百家，独尊儒术，儒学遂成为官方正统思想。董仲舒，广川（今河北枣强境）人，著有《春秋繁露》一书。董仲舒主张《春秋》大一统，其核心思想是"天人感应"说。他的学说对武帝以后的儒学和政治产生了深远影响。此后经学日益昌盛，但学派分化也更为严重。各学派谨守

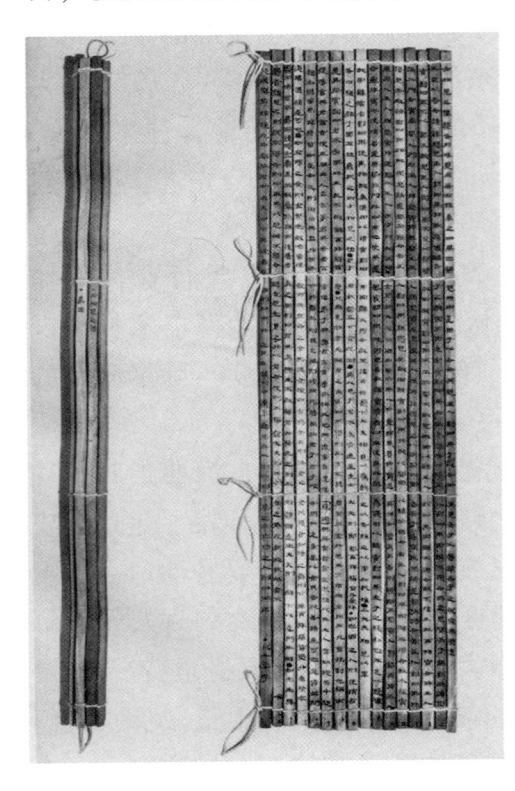

图4—2 汉《仪礼》简册

师法，界限分明，经义解释也愈趋纷繁，有时一经的解释竟达百余万言。宣帝、章帝都曾亲自召集儒生，讲论五经异同。武帝以后太学招收的博士弟子员也不断增加，成帝时一度多达3000人。

惠帝废"挟书律"后，先秦古籍不断从民间出现，并带动了搜集与整理图书的热潮。新出儒家经书均用秦以前的古文字书写，被称为"古文经"。成帝时命刘向、任宏、尹咸等人整理校勘朝廷征集的古籍。哀帝时，刘向之子刘歆继承父业，完成中国第一部目录学著作《七略》①。刘歆将所得古文经上奏朝廷，请求立于学官，遭到今文学家的反对，双方发生了激烈辩论，史称"经今古文之争"。

王莽托古改制，推崇古文经，将《左氏春秋》、《古文尚书》、《逸礼》、《毛诗》、《乐经》、《周官》立于学官。东汉建立后取消古文经博士，但朝廷并不排斥古文经。今文经学讲求"通经致用"，着重章句推衍，阐发微言大义，容易流于穿凿附会。古文经学追求"通经识古"，重视训诂，探求经文本义，因此越来越受到人们推崇。古文经学家许慎（汝南召陵人，今河南郾城）为了反对今文经学穿凿附会，编撰了中国第一部字书《说文解字》。东汉后期郑玄遍注群经，以古文经为主，兼采今文经说，形成"郑学"，今古文逐渐趋于混同。灵帝熹平四年（175），蔡邕参校各种经书，用隶书将儒家经文镌刻在石碑上，立于太学，成为官定经本，后世称"熹平石经"。

西汉末年，今文经学的畸形发展导致了谶纬的流行。"谶"是以隐语或预言作为吉凶的符验或征兆，常附有图，故称图谶。"纬"是以隐语附会解释儒家经典的著作。谶纬中充满神灵诡异思想，便

---

① 《七略》分"辑略"、"六艺略"、"诸子略"、"诗赋略"、"兵书略"、"术数略"和"方技略"。

于穿凿附会，任意解释。王莽利用谶纬为其代汉自立造舆论，谶纬大行其道。东汉历代皇帝都崇信谶纬。建武中元元年，光武帝将图谶颁于天下，成为法定经典。这引起一些有识之士的忧虑和反对。东汉时桓谭、尹敏、郑兴、张衡、王充等，均反对谶纬。王充，字仲壬，会稽上虞（今浙江上虞）人，著有《论衡》一书。他反对谶纬化的儒学，倡导道家黄老思想，自称其学"违儒家之说，合黄老之义"①，他的观点蕴涵着朴素的唯物主义思想。

## 二 史学、文学与艺术

秦朝依靠法家治国，实行思想文化专制。法家思想及阴阳家的"五德终始说"大行其道。不仅《诗》、《书》被付之一炬，而且严禁民间撰写和传播"书简之文"，因而限制了史学与文学的发展，传世作品除秦始皇巡游刻石颂辞外，寥寥可数。但秦朝的雕塑、建筑等造型艺术水平高超、成就卓越。代表作是被誉为"世界第八大奇迹"的秦始皇陵兵马俑，个个形态生动逼真，其阵容之宏大、数量之多在中国古代造型艺术史上空前绝后。

汉代史学取得辉煌成就，出现了司马迁《史记》和班固《汉书》两部史学巨著。

司马迁，字子长，西汉左冯翊（píng yì）夏阳（今陕西韩城）人。武帝元封三年继其父司马谈为太史令，太初元年（公元前104）开始撰修《史记》。天汉二年（公元前99），李陵败降匈奴，司马迁为其辩护，被处以腐刑。他发愤著书，立志"究天人之际，通古今之变，成一家之言"②，最终完成中国历史上第一部纪传体通史《史记》。《史记》原名《太史公书》，

---

① 《论衡·自然》。
② 《汉书》卷62《司马迁传》。

包括十二本纪、十表、八书、三十世家、七十列传，共130卷，52万余字。上起黄帝，下至汉武帝，内容涉及社会各方面，不虚美，不隐恶，不受正统思想的束缚，真实、生动地再现了两千五六百年的历史，被誉为"实录"。它集编年、记事之长，开创了以人物为中心的纪传体新体例，为以后历代正史所遵循。

班固，字孟坚，东汉扶风安陵（今陕西咸阳东北）人。他在其父班彪所作《后传》65篇基础上，花二十余年时间编撰《汉书》。尚未完成，便因受外戚窦宪案牵连，死在狱中。后来，班固之妹班昭续写八表，马续补写《天文志》，合计100篇。《汉书》体例基本因袭《史记》而略有更改，不列世家，书改为志，并创《百官公卿表》、《刑法志》、《地理志》、《艺文志》，文赡而事详，是中国第一部纪传体断代史。但其历史观深受儒家思想影响，故论断是非与司马迁多有不同。

东汉时史学成就还有官修当代史《东观汉记》143卷，是后代史家撰写《后汉书》的重要依据，现仅存辑本24卷。赵晔《吴越春秋》和佚名《越绝书》开创了后代地方史志的先河。东汉末建安（196—219）时，荀悦把班固《汉书》缩编为编年体《汉纪》30卷。

汉代文学主要有汉赋、散文、乐府诗三种形式。

赋从骚体演变而来，介于韵文和散文之间，汉代开始流行。西汉早期赋以贾谊《吊屈原赋》、《鵩（fú）鸟赋》为代表，多借物抒怀，文词朴实。汉武帝时出现了许多著名赋家，形成气势恢宏、意象迷离、辞藻华丽的大赋。司马相如的《子虚赋》、《上林赋》是其代表。大赋一直盛行至东汉，王莽时期的扬雄，东汉的班固、张衡等均创作有著名的大赋作品。大赋过于追求文字雕琢、辞藻堆砌，内容多描写帝王、都市、宫殿、苑囿，思想内容贫乏,扬雄慨叹作赋是"童子雕虫篆刻"[1]。东汉后期出现了抒情写物的小赋,摆脱了大赋的铺张刻板,格调清新,但仍缺乏旺盛的生命力。

汉代散文以书策最为知名。西汉前期贾谊的《过秦论》、《治安策》和晁错的《论贵粟疏》等政论文,文辞慷慨,剖析深刻,文采动人,对后代散文产生了深远影响。司马迁的《史记》以叙事生动、感情真挚、论理精辟,成为汉代散文的典范。

汉代朝廷掌管音乐的机构称乐府,其职责之一是从民间采集民歌,进行加工配乐,称作乐府诗。汉武帝时乐府诗开始繁荣。乐府诗大多出自民间,内容丰富,情感真实动人,具有很高的艺术价值。建安年间的《孔雀东南飞》是汉代乐府诗的代表作。在乐府诗的影响下,东汉时出现了五言诗。《古诗十九首》大部分是五言诗,诗句平易动人,意境隽永,可与乐府诗相媲美。

汉代绘画艺术趋于成熟。1972年长沙马王堆汉墓出土的帛画代表了汉代绘画的最高水平。帛画长205厘米,分上、中、下三栏,分别表现天上、人间、地下情景,将想象与现实有机地融合在一起,笔法细腻,色彩绚烂(见彩图十四)。汉代还流行在宫殿、邸舍、祠堂、墓室等建筑上绘制壁画,题材以人物故事为主,此外还"图画天地,品类群生,杂物奇怪,山神海灵"[2],包罗万象。朝廷少府属官黄门令下设有专门的画工,西汉著名的画工有毛延寿、陈敞等。东汉画工种类更多,和帝邓皇后诏令中曾提到画工39种。

石刻、砖刻画像是汉代典型的雕刻艺术形式。汉代墓葬中发现了大量石刻、砖刻壁画,称为画像石或画像砖,在北方和四川

---

[1] (汉)扬雄:《法言·吾子》。
[2] (汉)王延寿:《鲁灵光殿赋》,《全后汉文》卷58。

等地均有出土，以山东嘉祥武梁祠、肥城孝堂山祠的画像石最为知名。题材主要有狩猎、宴饮、乐舞、战争等现实生活内容和历史故事。构图复杂精美，线条刚劲有力。

汉代的立体雕刻艺术也很可观。陕西兴平霍去病墓前的石兽群，利用石材的天然形态加工而成，古朴豪放。其中的马踏匈奴像，形态逼真。东汉的雕刻技术更为成熟，山东济南无影山汉墓出土加彩乐舞杂伎俑群（见彩图十五），四川雅安高颐墓前的石兽，姿态灵动。

### 三　佛教的传入与道教的兴起

中国自上古以来就形成多神崇拜，各种巫术盛行，至汉代开始出现佛教和道教两大宗教。

佛教产生于古印度，大约在西汉末年经由中亚传入中国。东汉前期已有一定传播，明帝曾派遣使者到大月氏求取佛经。楚王刘英信奉佛教，在宫中举行黄老浮屠（佛陀的转音）祭祀。楚国还出现了修行的佛教信徒。但当时人对佛教的认识有限，往往把它看作是一种神仙方术，近于黄老学说，因此多将浮屠与老子一起祭祀，并出现了"老子入夷狄为浮屠"[①]的传说。桓、灵时，安息（古伊朗）僧人安世高、大月氏僧人支娄迦谶（支谶）等相继来到洛阳，招收信徒，翻译佛经，佛教的影响进一步扩大。献帝初平四年（193），丹阳人笮融修建浮屠祠，铸造铜浮屠像，招致信徒五千余户，是中国佛教造像和大规模招致信徒的开始。

东汉后期民间巫术与黄老学说、神仙方术结合，逐渐形成早期道教。顺帝时，于吉（一说干吉）弟子琅邪人宫崇献上一本《太平清领书》，其内容庞杂，包括阴阳五行和各种巫术思想，

---

[①]　《后汉书》卷30下《襄楷传》。

也有主张平等、反对压迫剥削的思想。此书后来成为道教经典。灵帝时，张角得到此书，在冀州传教，以符水咒语为人治病，号"太平道"，组织了黄巾起义。顺帝时，张陵自称天师，在蜀地建立五斗米道，信道者需出米五斗，成为道教的一支。张陵死后，其子张衡、孙张鲁世传其道。张鲁曾在益州建立政教合一的政权，割据二十多年。建安二十年，张鲁被曹操招降，但五斗米道继续流传，后来发展为道教的主要流派"天师道"。

## 四 科学技术

汉代天文学较为发达。《史记·天官书》详细记载了二十八星宿的名字和位置。当时人已能通过星辰运行准确推算出二十四节气，并保留下来对日食和太阳黑子的观测记录。东汉张衡在天文学方面成就最大。张衡，字平子，南阳西鄂（今河南南阳）人。他改进浑天仪，将齿轮与漏壶相连，观测星宿出没；发明候风地动仪，测定地震方位，被誉为"制作侔造化"[①]。他著有《灵宪》一书，阐释天体演化原理。当时对天体的认识主要有"盖天说"和"浑天说"。盖天说认为，天在上，地在下，地为天所覆盖；浑天说则认为天、地均是圆的，地居于中央，外为天所包。张衡力主浑天说。

天文学的发展推动了历法的改进。秦和汉初沿用"颛顼历"，以十月为岁首。由于年代久远，汉时已与时令不合。汉武帝太初元年，命司马迁与邓平、唐都、落下闳（hóng）等人，作"太初历"，以正月为岁首。太初历是中国第一部记载完整的历法。东汉章帝元和二年（85），又改用更为精密的"四分历"。

秦汉时期的算学在先秦《周髀算经》的基础上又有很大发

---

[①] 《后汉书》卷59《张衡传》。

展。张家山汉墓出土的吕后时期的《算数书》，奠定了《九章算术》的基础。《九章算术》分方田、粟米、衰分、少广、商功、均输、盈不足、方程、勾股九章，包含246个算题，在代数和几何学方面贡献突出。它的成书标志着中国古代数学体系的形成，在世界数学史上占有重要地位。

汉代是中医学的奠基时期，出现了数种中医学著作，成为后世中医学的基本文献。《黄帝内经》是中国现存最早的医书，包括《素问》、《灵枢》两部分。《素问》阐述生理病理现象和治疗原则，《灵枢》记述针刺法。东汉成书的《神农本草经》是中国第一部完整的药物学专著，收录了365种药物。东汉末年，张仲景（名机，今河南南阳人）博采众方撰写《伤寒杂病论》，后人析分为专门诊治伤寒病的《伤寒论》和诊治诸种杂病的《金匮要略》两部。张仲景被后世誉为"医圣"。西汉名医淳于意（号仓公）善于诊病，《史记》记载了他诊治二十余例病人的情况，是中国最早的病案。

纸发明以前，中国古代的书写材料主要为竹简、木牍和缣帛。简牍笨重，缣帛价贵，都不适宜大规模制造和使用。西汉时已经出现植物纤维纸，但因技术不成熟，未能广泛应用于书写。东汉和帝时，宦官蔡伦（字敬仲，桂阳人，今湖南耒阳）改进造纸术，利用树皮、麻头、破布等廉价材料，制造出高质量的纸，适于书写，宜于推广。此后造纸技术日益完善，到东晋末年完全取代简帛。中国的造纸术后来逐步传入朝鲜、日本和中亚各国，又经阿拉伯传入欧洲，为世界文化的发展作出了巨大贡献。

# 第 五 章
# 魏晋南北朝时期

魏晋南北朝时期包括三国（220—280）[①]、西晋（265—316）、东晋十六国（317—420）、南北朝（420—589）四个历史阶段，历时370年。这一时期，大一统的政治局面被打破，朝代更迭频繁，战乱持续不断，社会阶级关系、士庶阶层关系、民族关系错综复杂，各种矛盾冲突尖锐。

东汉末年军阀连年混战的结果，形成魏、蜀、吴鼎足三分格局。西晋统一短暂，有如昙花一现。从公元304年开始，中原及其周边地区出现民族政权并立、纷争不已的"五胡十六国"局面。南北士族共建的东晋偏安江左，阻挡了胡骑南下；接踵而立的宋、齐、梁、陈四朝，社会相对稳定，江南开发规模空前。公元439年北魏统一北方，力推汉化改革，卓有成效，国势十分强盛；六镇暴动后再度分裂，东魏、北齐与西魏、北周东西对峙；而后，北周剪除北齐，隋又取代北周。公元589年，隋文帝一举灭陈，南北一统。

这一时期，经过三四百年的风云激荡、碰撞磨合，国家从分裂复归统一，民族由对立纷争走向大融合，典章制度和思想文化

---

① 公元189年董卓之乱引发军阀混战，实际上开启了三国鼎立的局面。

自"胡风国俗，杂相糅乱"①达到胡汉交融、南北会通，统一的多民族国家得以浴火重生。波澜壮阔的北方民族融合与生机勃勃的南方经济开发，为此后隋唐时期的繁荣强盛奠定了坚实基础。

# 第一节　三国的建立与治理

### 一　曹操与曹魏政权

东汉末年，各地军阀豪强趁镇压黄巾起义之机发展自己的势力；继而又乘讨伐董卓之乱，割据一方，连年混战。曹操打败青州黄巾军后，收编其中的精锐，组建"青州兵"，迅速崛起。献帝建安元年（196），为实现"挟天子而令诸侯"的目的，曹操把汉献帝迎到许县（今河南许昌）定都。在以后的十多年中，剪灭盘踞徐州的吕布，官渡（今河南中牟东北）之战大败袁绍，陆续扫灭袁绍残部，北征乌桓，统辖青、冀、幽、并四州，基本统一了北方。建安十三年，曹操率大军南征，顺利占领荆州，沿江而下。在赤壁（今湖北蒲圻西北）曹军遭到孙权、刘备联军的抵抗，大量战船被周瑜策划的火攻烧毁，大败而回。赤壁之战初步奠定了三分天下的格局，曹操从此专力经营北方。建安十七年，曹操平定关中，次年被封为魏公，以后又进封为魏王，除没有皇帝名号之外，一切权力、待遇都和皇帝一样。建安二十五年（220）正月，曹操病逝于洛阳。

曹操，字孟德，沛国谯县（今安徽亳州）人，是一位杰出的政治家、军事家、文学家，也是曹魏政权的奠基人。他掌握东汉中央政权后，经济上采取大办屯田等一系列措施发展农业生产；政治上加强中央集权，抑制豪强势力，破除东汉以来腐败僵

---

① 《南齐书》卷57《魏虏传》。

化的用人政策，唯才是举，不拘一格，网罗了大批地主阶级中下层人物。针对汉末的奢侈之风，他以身作则，大力提倡节俭，史书上说他的后宫不穿锦绣衣服，屋里的帷帐屏风坏了修补一下继续用，他遗令死后"敛以时服，无藏金玉珍宝"[1]，从而促成了社会上薄葬风气的兴起。

曹操去世后，儿子曹丕于当年十月逼迫汉献帝让位，取而代之，年号黄初，定都洛阳，国号魏（220—265），史称曹魏。魏文帝曹丕（220—226年在位）在选才用人方面采纳尚书令陈群拟定的九品中正制，在各郡设中正（曹芳时又在各州设大中正），将境内士人分为上上、上中、上下、中上、中中、中下、下上、下中、下下九品，定出"品状"以供吏部选用，初衷是为消除察举制"乡举里选"产生的"举秀才，不知书；察孝廉，父别居"[2]的严重弊端，使汉末以来被地方势力控制的选举权在一定程度上回归中央。为加强皇权，曹魏设置中书府，长官为中书监、中书令，共掌机要。魏明帝曹叡（227—239年在位）时，中书府改成中书省，处于皇帝"喉舌之任"的地位，使尚书台退而成为执行机构。为强化地方控制，曹魏确立了州、郡、县三级行政建制，又创立都督制，由都督诸军事统率中央军驻守各地，并大多兼任驻在州刺史。明帝统治时期曹魏达到全盛。在西部和南部，成功地抵御了蜀汉和孙吴的军事攻势；在东北，消灭了割据辽东的公孙渊，将统治范围扩大到辽东地区。

明帝病死后，年仅8岁的养子曹芳（240—254年在位）即位，大将军曹爽和太尉司马懿辅政。曹爽为大权独揽，剥夺了司马懿的实权，同时任命自己的弟弟曹羲统率禁军，又提拔何晏、

---

[1] 《三国志》卷1《魏书·武帝纪》。
[2] （东晋）葛洪：《抱朴子·审举》。

邓飏（yáng）等一大批名士分据要职。司马懿不露声色，以生病为由在家闭门不出，暗地里却做着铲除曹爽势力的准备。嘉平元年（249），司马懿乘曹爽兄弟陪魏帝祭扫高平陵之机，在洛阳发动政变，诛杀曹爽兄弟及其同党，把魏帝曹芳变成手中的傀儡，完全掌握了曹魏大权。司马懿死后，儿子司马师继续执政，废掉曹芳，另立曹丕的孙子曹髦（254—260 年在位）。司马师死后，弟司马昭专权，取代曹魏之心已是路人皆知。甘露五年（260），司马昭指使手下杀掉曹髦，另立曹操的孙子曹奂。景元四年（263），司马昭出兵灭掉蜀汉政权，地位获得空前巩固。咸熙二年（265）司马昭死，儿子司马炎继任丞相、晋王。同年十二月，司马炎逼迫曹奂让位，曹魏灭亡。

## 二　蜀汉建国与诸葛亮治蜀

蜀汉政权的建立者刘备，字玄德，涿郡（今河北涿州）人，西汉景帝之子中山靖王刘胜的后代。刘备虽然与皇室沾亲，但家道没落，自幼丧父，跟着母亲以"贩履织席为业"。15 岁时师从名儒卢植，接受儒家思想教育。黄巾起义爆发后，刘备在关羽、张飞以及当地大商人的鼎力支持下，也拉起一支武装，但屡受挫折，很不得志。后来刘备在荆州三顾茅庐结识了号称"卧龙"的诸葛亮。诸葛亮建议刘备占领荆州、益州，联合孙吴，与北方的曹操形成鼎足之势，等待时机，统一天下，这就是著名的《隆中对》。刘备接受这个建议，从此事业发生决定性转折。

刘备联合孙权在赤壁大败曹操后，乘胜占领荆州武陵、长沙、桂阳、零陵四郡。由于曹操占领汉中，占据益州的刘璋感到威胁，邀请刘备带兵入蜀协助抵御曹操。刘备趁机取代刘璋，占领益州。以后又和孙吴达成协定，以湘水为界，江夏、长沙、桂阳三郡归属孙吴，南郡、零陵、武陵归属刘备，稳定了对荆州的部分占有，初步实现了"跨有荆、益"的战略设想。

建安二十二年冬，刘备发动争夺汉中的战役，一年多以后，取得定军山大捷，迫使曹操放弃汉中。建安二十四年刘备在汉中称王；接着先后占领位于汉水上游的西城、上庸、房陵三郡，从汉中到襄阳这段汉水畅通无阻。同年七月，派关羽率军北攻襄阳。正当关羽军节节胜利的时候，孙吴却派吕蒙趁虚偷袭荆州，占领江陵。关羽回军施救，在麦城（今湖北当阳境内）兵败被杀。

曹丕代汉称帝第二年，刘备在成都称帝，建元章武，国号汉，史称蜀汉（221—263）。同年发动讨伐孙吴的战争，目的是夺回荆州并为关羽报仇。决战在夷陵（今湖北宜昌市东）进行。吴军统帅陆逊诱敌深入，以逸待劳，而后火烧蜀军连营，战争以刘备惨败告终。此后刘备一病不起，于章武三年（223）四月在永安宫（在今重庆奉节）去世。临终前他把儿子刘禅（223—263年在位）及蜀汉政权托付给诸葛亮。

诸葛亮，字孔明，琅邪阳都（今山东沂南）人，是中国古代杰出的政治家、军事家，以为国为民"鞠躬尽瘁，死而后已"的崇高献身精神流芳千古。他辅政以后，对外放弃对荆州的争夺，恢复与孙吴的联盟。对内严守边关，发展农业，派人专门对都江堰水利工程经常进行维护，保证了川西平原农业生产的连年丰收。设立司金中郎将，负责制造农具和兵器；设立司盐校尉，管理盐业生产。蜀汉的丝织业很发达，生产的蜀锦远销孙吴、曹魏。在治理国家方面，诸葛亮融通儒法，执法严明公正。他还十分注重人才的发掘和培养，杨洪、蒋琬、费祎（yī）、姜维等人都是诸葛亮培养的优秀人才。在用人方面，诸葛亮主张广开言路，集思广益。在诸葛亮治理期间，蜀汉政治、经济、军事都有较大的发展。

蜀汉政权对境内的少数民族实行开明的安抚政策，以马超为凉州牧，对西北的氐羌等少数民族进行安抚。益州的南部称为南中地区，即今云南、贵州和四川南部，居住着许多少数民族部落，蜀汉建立后在那里设立庲（lái）降都督进行管理。刘备去世后，南中的一些少数民族酋长煽动叛乱。建兴三年（225），诸葛亮率大军分几路南征。在南征过程中，诸葛亮坚持"攻心为上"的原则，在武力征伐的同时，对一些少数民族首领进行心理征服，使他们心服口服，表示不再反叛。在诸葛亮当政期间，南中的少数民族与蜀汉朝廷一直和睦相处。

南中稳定后，诸葛亮亲自率兵北伐曹魏。从建兴六年到建兴十二年，七年之间五次进攻，一次防御性作战。最后一次北伐时，诸葛亮不幸病逝，遗命葬于汉中定军山下。北伐行动被迫停止。

诸葛亮去世后，继承人蒋琬、费祎坚持诸葛亮的治国方针，军事上则采取防御为主的策略。蜀汉末年，宦官黄皓专权，排挤姜维，内政日益腐败，再加上连年战争，导致兵疲民贫，国力削弱，263年蜀汉被曹魏所灭。

## 三　孙吴立国江南

孙吴政权的奠基者为孙坚、孙策父子。孙坚，字文台，吴郡富春（今浙江富阳）人，东汉末任县吏，镇压黄巾起义有功，任长沙太守。后来依附于袁术，参加讨伐董卓的战争。董卓逃往长安，孙坚率军屯驻鲁阳（今河南鲁山），在攻打荆州刘表时中箭身亡。孙坚死后，长子孙策带兵还乡，开始经营江东。他在江东网罗人才，身边聚集着周瑜、张昭、太史慈等一大批江南江北士人，先后打败袁术、刘繇。短短几年时间便据有会稽、吴郡、丹阳、豫章、庐陵等郡。

建安五年，孙策被杀，弟孙权（200—252年在位）继位。孙权处事明果独断，不仅武勇，还有很深的文化修养。他接受鲁肃全据长江之险，然后"建号帝王以图天下"的建议，将势力西扩展到荆州，南延伸至岭南。建安二十四年，孙权乘关羽北攻襄阳之机，派吕蒙率军偷袭荆州，将荆州完全据有。为集中力量对付刘备，孙权主动向曹操、曹丕父子示好，接受给他的吴王封号。但孙权保持与曹魏这种关系不过是权宜之计，所以夷陵之战后又恢复联蜀抗魏的方针。222年，在曹丕、刘备相继称帝后，孙权建年号黄武。229年，正式称帝，国号吴，史称东吴或孙吴（222—280），首都建业（今江苏南京）。

世家大族是支撑孙吴政权的主要力量。张昭、鲁肃、诸葛瑾等自北方南来的士族是孙权创业的心腹，江南的顾、陆、朱、张、虞等土著大姓是孙吴政权的支柱，孙权非常善于笼络和团结这两种政治力量。孙吴实行世袭领兵制，担任将领的士族可以把军队作为自己的私人武装世代统领，功劳大者还可以增加领兵的数量。此外还实行赐客、复客，即把劳动人口作为田客赏赐给某些世家大族并免除其赋役。这两项举措在换取世家大族对孙吴政权的支持方面起着重要作用。

为在三国鼎立中与对方抗衡，孙吴很注重发展经济。统治者把大量的山越人[①]驱赶出山，有的编入军队，有的从事农业生产，既增加了军力，也增加了农业劳动力。朝廷设立冶令、冶丞、司盐校尉、盐池司马等官，管理冶铁、盐业生产。孙吴还有发达的造船业和强大的水军，并具有海上远航的能力。230年，孙权派卫温、诸葛直率领一万人的大型舰队到达夷洲（今台

---

① 山越，古越族后裔的通称，主要分布在湘、赣、闽、浙、皖山区，故称山越人。

湾）；242年，又派聂友、陆凯带领水军3万人远航珠崖、儋耳（今海南岛）。

孙权晚年，孙吴的政局发生变化。鲁王孙霸与其兄孙和争太子之位，朝中大臣也因此分成两派，内斗不已。孙权死后，又经过孙亮、孙休在位期间十几年的政治动荡，皇位落到昏庸残暴的孙皓（264—280年在位）手里，政治更加腐败。280年，被西晋所灭。

## 第二节　西晋的短暂统一

### 一　西晋的建立与统一全国

咸熙二年十二月，司马炎登基称帝（265—290年在位，是为晋武帝），建立晋朝，史称西晋（265—316）。司马氏是在世家大族的积极支持下，得以取代曹魏政权的。实际上司马氏本身就是世家大族的翘楚和领袖。司马懿，河内温县（今河南温县）人，祖宗三代都是高官。司马懿兄弟八人号称"八达"。司马懿本人"博学洽闻，伏膺儒教"[1]。孙子司马炎也说"吾本诸生家，传礼来久"[2]。他们在紧锣密鼓地夺取曹魏政权的斗争中得到世家大族的拥护。如司马懿发动政变，司徒高柔、太仆王观、太尉蒋济、尚书陈泰鼎力相助。魏帝曹髦不堪司马昭专权，准备纠集宫中兵力讨伐，侍中王沈、尚书王经、散骑常侍王业却事先向司马昭告发。当司马炎准备取代魏帝时，何曾、卫瓘、羊祜、杜预等都是坚定的支持者。

西晋经过多年的准备，于咸宁五年（279）十一月，分派六

---

[1]　《晋书》卷1《宣帝纪》。
[2]　《晋书》卷20《礼志中》。

路大军，水陆齐发，大举伐吴。太康元年（280）正月，各路大军攻入吴地。水军从益州顺江东下，攻克夏口、武昌，一直打到建业，孙皓投降，孙吴灭亡。分裂持续90年之久的中国大地重新恢复了大一统局面。

西晋王朝为了加强以司马氏为首的世家大族集团的封建统治，恢复和发展社会经济，于全国统一前后，在政治、经济和军事等各方面采取了一系列举措。

在政治上，晋武帝司马炎总结曹魏"强干弱枝"的历史教训，认为曹魏亡在宗室受控过严、皇权孤立无援。于是他恢复了分封制，大封宗室，以27人为王，以郡为国，特许诸王可自选长吏。在大封同姓王的同时，又大封同姓及异姓公侯等。一时大小不等的王国、公侯国多达五六百个。西晋实施门阀制度，不仅继续实行九品中正制，赋予世家大族垄断官位的政治特权，还给予按官品等级占田和荫客、荫亲属的经济特权。规定官僚第一品可占田五十顷，每品递减五顷，一直到九品。同时可按照品级或特定身份（如"士人子孙"等）荫庇亲属免除课役，最高者可惠及九代，低者也可以使三世受益。荫佃客从15户至1户不等，荫衣食客3到1人。魏、蜀、吴三国各行其法，宽严不一。司马炎命贾充等人撰《晋令》，通行全国。

在经济上，西晋颁行占田课田制和户调式。以普通农户为实施对象的计丁占田与计亩课田制规定：男子一人占田70亩，女子一人占田30亩。其外丁男课田50亩，丁女20亩，次丁男半之，女则不课。[①] "占田"是由政府限额确认农户已占有土地的所有权。"课田"是按定额田亩课征田赋，"凡民丁课田，夫五

---

① 《晋书》卷26《食货志》。丁男，又称正丁，16—60岁男子，服全役。次丁男，又称次丁，13—15岁、61—65岁男子，服半役。

十亩，收租四斛，绢三匹，绵三斤。"① 其中绢绵即属户调。

在军事上，实行封国领兵制，将所封的王国分三等，大国置上、中、下三军，共 5000 人；中国置上、下二军，共 3000 人；小国置一军，1500 人。宗王不仅领封国之兵，有的还担任州镇都督，封国地域与所督州镇不一致的，实行"移封就镇"。撤销州郡兵。此前，州刺史、郡守为地方军政长官，拥有兵权，故州刺史称州将，郡守又称郡将。西晋灭吴以后，"州郡悉去兵，大郡置武吏百人，小郡五十人"②。

西晋王朝实行的上述制度和措施，有的对恢复与发展社会经济、维护社会稳定发挥了积极作用，有的则隐患严重，祸大害深。前者如农户计丁占田制允许农户限额合法占有土地，无地或少地的农户可以自行开垦无主荒地，屯田户可以在西晋罢屯田制及州郡兵之后继续耕种并合法占有原屯田土地，这有利于促进农户努力垦荒，扩大耕地，发展农业生产；同时也可吸引一部分荫附者和流民著籍为编户，增加政府直接控制的劳动人口和财政收入。后者如大封诸王并让他们领兵治郡或出任都督、"移封就镇"，集军、政、财权于一身，则使诸王手握重兵，坐大封国。诸王之间互相猜疑、倾轧、结党，其中不乏觊觎皇位的野心家。西晋大封诸王不仅未起到屏藩皇权的作用，反而成为削弱中央集权的离心力和张扬分裂、酝酿内斗的祸根，最后终于酿成加速西晋灭亡的"八王之乱"。

## 二 八王之乱与西晋灭亡

晋武帝死后，太子司马衷登上帝位，即晋惠帝（290—306

---

① 《初学记》卷 27《宝器部·绢第九》。
② 《晋书》卷 43《山涛传》。

年在位)。他是历史上有名的弱智皇帝。皇后贾南风为达到专权目的，利用楚王司马玮先后杀死太傅杨骏、汝南王司马亮等人，接着又以擅杀大臣的罪名处死司马玮，以后又害死惠帝的太子司马遹（yù）。贾南风的一系列行为引起宗王朝臣们的不满。永康元年（300），赵王司马伦杀死贾南风，次年废掉惠帝自立。紧接着，司马伦与齐王司马冏、长沙王司马乂（yì）、成都王司马颖、河间王司马颙（yóng）又互相残杀。永兴二年（305），东海王司马越在山东起兵，次年相继杀死司马颖和司马颙，毒死晋惠帝，立晋怀帝（司马炽），动乱至此结束。这场历时16年之久、先后有八位宗王卷入其中的动乱史称"八王之乱"。

八王之乱严重消耗了西晋王朝的实力。晋惠帝元康九年（299），正当八王之间争斗犹酣之际，秦州、雍州（今陕西、甘肃）地区发生旱灾，粮食奇缺，米价涨到一石万钱。略阳、天水等六郡饥民十余万口逃荒到梁州、益州（今四川地区）寻找活路。流民领袖李庠、李特兄弟是少数民族賨（cóng）人。益州刺史赵廞（xīn）杀死李庠后，李特率兵进攻成都。永兴元年（304），八王之乱进入尾声之际，李特之子李雄在成都称帝，国号大成，后来汉王李寿入主成都，改国号为汉，所以又称成汉。成都的大成皇帝与洛阳的西晋皇帝比肩裂土，分庭抗礼，不但标志着统一的王朝已经开始分裂，也表明经过八王之乱的内耗，西晋统治者已经没有力量镇压叛乱了。

几乎与成汉政权建立同时，匈奴人刘渊也举起反晋的旗帜。刘渊是匈奴左部帅刘豹的儿子，从曹魏到西晋一直作为人质被留在洛阳。由于长期居住在汉族政治文化中心，刘渊熟读史书、兵书以及儒家经典，是个能文能武的人才。八王之乱中，刘渊趁机离开洛阳，回到部落中。在他还没有脱离西晋朝廷控制之前，五部匈奴的首领就已经秘密进行活动，共同推举刘渊为大单于。晋永兴元年，刘渊在左国城（今山西离石北）称王，国号汉。晋怀帝永嘉二年（308）刘渊称帝，建都平阳（今山西临汾西南）。刘渊死后，太子刘和即位，刘聪又杀兄自立为帝。永嘉五年，刘聪派遣族弟刘曜攻破洛阳，俘获晋怀帝。建兴四年（316），刘曜率军攻破长安，俘获晋愍帝（司马邺），仅仅维持了三十多年统一的西晋灭亡。

### 三 门阀制度与门阀士族的形成

西晋是门阀士族作为封建地主阶级特权阶层正式形成的历史时期。门阀士族以家族郡望、门第、官宦、婚姻、家学、族风相标榜，以成员血统高贵、跻身名士、官居清流并享有法定政治、经济与司法特权为标志。它的前身是东汉以来广占土地、世代高官、儒学传家、聚族而居、雄踞乡里的世家大族与魏晋之际门户新立、儒玄兼修[①]的新贵。西晋王朝代表世家大族的利益，大力实施门阀制度（史称阀阅之制），保障世家大族及新贵家族享有各种政治、经济与司法特权，从而定格为门阀士族。

西晋时期，世家大族出身的高官担任各级中正，把持鉴定任官资格、选拔人才的大权，将九品中正制从原来"盖以论人才优劣，非为世族高卑"[②]完全变成了"计资定品""唯以居位为贵"[③]，从而形成"上品无寒门，下品无势族"[④]，势族有"世及之荣"而寒门无"寸进之路"，"选举之弊，至此而极"[⑤]。西晋

---

① 魏晋之际，儒学传家的世家大族为获得名士资格，也是"遵儒者之教，履道家之言"，兼修儒学和玄学。
② 《宋书》卷94《恩倖传·序》。
③ 《晋书》卷36《卫瓘传》。
④ 《晋书》卷92《刘毅传》。
⑤ （清）赵翼：《廿二史劄记》。

按官品等级占田，让已然垄断五品以上高中级官位的世家大族得以广占良田。荫客虽有定额，但荫亲属可以多达九族，荫庇范围十分宽泛，使大量编户农民以"佃客"或宗族亲属身份合法地免除了封建国家的课役，成为世家大族控制的劳动人口。与此同时，重视起家之官，职官分清浊[1]，等级内婚（高门之间互通婚姻），以及限制士庶交往等也逐渐由此滥觞并日趋严格。对门阀士族的资格认定，有士族谱系和户籍记注[2]作为书面依据。这样，东汉后期以迄魏晋之际势力日益增强的世家大族，就在成文法与习惯法并行的制度架构内完成了门阀化过程，成为一个封闭性、排他性十足的封建地主阶级中的特权阶层。因此，魏晋之际是世家大族演进为门阀士族的分界线。[3]

门阀制度既大大增强了门阀士族阶层的政治、经济、文化实力和社会影响，使它有充分条件在政治舞台上扮演纵横捭阖的主角，在发展田庄经济中发挥组织经营者的重要作用，在思想文化领域里长期引领风骚；同时又加剧着门阀士族与寒门庶族之间的对立和冲突，败坏着社会风气，甚至腐蚀着门阀士族自身的进取精神和生命力。《晋书·愍帝纪》所载"史臣曰"引干宝《晋纪总论》说：西晋后期的社会风气是"风俗淫僻，耻尚失所，学者以老庄为宗而黜六经，谈者以虚荡为辨而贱名检，行身者以放浊为通而狭节信，进任者以苟得为贵而鄙居正，当官者以望空为高而笑勤恪"。门阀士族中的腐败分子如石崇、王恺之流不以事

---

[1] 清官为职事优闲、升迁快捷之官，由士族出任；浊官为政务繁冗、晋升怠慢之官，多由寒门担任。

[2] 据《晋书》卷51《挚虞传》：西晋挚虞"以汉末丧乱，谱传多亡失"，撰《族姓昭穆》10卷，为族姓"定品"。西晋"士族旧籍"至十六国时仍是前燕等民族政权定士族的依据。

[3] 门阀士族孕育于汉末三国，正式形成于西晋，至东晋达到鼎盛，从南朝到隋唐逐渐衰微，最后息影于唐宋之际。其兴衰存亡历时六百余年。

功为荣，唯以骄奢淫逸、争豪斗富为乐，堕落成为社会的寄生虫，迅速腐朽的西晋王朝也随之走向穷途末路。

## 第三节 十六国时期的北方形势

### 一 "五胡"内迁与十六国前期的北方

自汉末至魏晋之际，原居西北至东北边远地区的许多少数民族纷纷入居内地，历史上称为"五胡"内迁。实际上，内迁少数民族并不限于匈奴、鲜卑、羯、氐、羌五族，此外还有乌桓、柔然、高车、稽胡等。内迁各族人口众多，广泛分布于北方各地，形成小聚居、大分散的错居杂处状态。《晋书·文帝纪》号称，内附各族人口总数有八百七十余万。据西晋山阴令江统所著《徙戎论》估计，关中一地百万余口居民中，"戎狄居半"。

众多少数民族内迁是魏晋统治者"广辟塞垣，更招种落"[1]，"抚旧怀新，岁时无怠"[2]，大力招徕的结果。其目的在于解决北方地区长期战乱所造成的人口稀少、劳力短缺、田园荒芜及兵源不足等问题。魏晋政府实行比较宽松的内迁安置政策，对内迁各族在统治方式上因族制宜、区别对待，在赋役征发上予以优惠减免，这既有利于内迁各族的经济与社会发展，又有利于汉族居民与内迁各族人民之间的交流与融合。

少数民族内迁之后，由于地理环境与物质生产条件的变化，尤其是受到中原地区发达的封建经济文化的强烈影响，因而社会发展大大加快，人口迅速增加，经济文化水平显著提高。如氐族在与"中国错居"之后，"多知中国语"，"俗能织布，善田种，

---

[1] 《晋书》卷97《北狄匈奴传》。
[2] 《晋书》卷97《四夷传》。

畜养豕牛马驴骡"①，成为"编户之氓"②。南匈奴归附东汉时仅有五千余落，至西晋时增至三万余落。原居草原的游牧民的经济生活逐渐转型为定居农耕或从事农牧混合经济，从只知骑射、"无文书"的蒙昧状态改变为通晓汉族封建文化。内迁较久的少数民族大多不再以"异族"自居，而是主动认同中原地区的历史和文化，自称本族也是炎黄子孙，与汉族同祖同宗，如拓跋鲜卑说自己是黄帝之子昌意的后裔，羌人认为祖先是有虞氏，连匈奴铁弗部也自称系大禹的嫡脉相传。③

至晋武帝晚年，西晋民族关系出现趋于紧张的势态。一些地方官吏与当地汉族地主豪强互相勾结，肆意压榨内迁各族人民，如有的利用强制或欺诈手段大量掠卖胡人男女为奴婢，有的借口讨伐"叛乱"，乘机抢劫财物和人口。郭钦上书建议"徙戎"，已"怠于政术，耽于游宴"的晋武帝未予采纳，也没有采取其他对策。西晋平吴之后"民和俗静，家给人足"④的升平之世累积着爆发动乱的火种。

西晋后期，北方的民族关系和社会状况发生重大变化。惠帝即位后，"政出群下，纲纪大坏"⑤。持续16年之久的"八王之乱"是一场空前惨重的浩劫，使内迁各族人民的处境陷于艰困。"至于永嘉（307—313），丧乱弥甚。"⑥内迁各族聚居的秦、雍、并、司、冀、幽等州相继蝗灾肆虐、疾疫（某种传染病）流行、饥荒蔓延，西晋朝廷无心也无力赈灾，成千上万的

---

① 《三国志·魏书》卷30《乌丸鲜卑东夷传》注引《魏略·西戎传》。
② （西晋）潘安仁：《马汧督诔》，《昭明文选》卷57。
③ 《晋书》卷130《赫连勃勃载记》：赫连勃勃对王买德说："朕大禹之后，世居幽朔……今将应运而兴，复大禹之业。"
④ 《晋书》卷3《武帝纪》。
⑤ 《晋书》卷4《惠帝纪》。
⑥ 《晋书》卷26《食货志》。

灾民只能挣扎在饥馑与死亡线上，"戎晋并困"，从而导致民族矛盾与阶级矛盾大大激化。而内迁各族的酋长和贵族对于"我单于虽有虚号，无复尺土之业，自诸王侯，降同编户"①的状况早已心怀不满，准备乘机而起，恢复昔日的统治权。这样，在与全国各地以汉族为主的流民起义风起云涌的同时，北方内迁各族人民的反抗斗争则与酋长、贵族"兴邦复业"的权力逐鹿纠合在一起，使斗争形势复杂化。酋长和贵族们富有政治斗争经验，有的人久居内地，十分熟谙汉族文化和中原地情，他们掌握着起兵的领导权，在西晋王朝倾覆的前前后后，就在中原或其周边地区纷纷组建本民族政权，于是出现了"五胡十六国"②的纷争局面。

在西晋灭亡以前，内迁各族建立的民族政权仅有占领今四川、云南、贵州一部分的賨人成汉政权和占领今河北、山西、河南、陕西各一部分的匈奴汉国（319年改称赵，史称前赵）。前者于347年被东晋所灭，后者于329年被后赵消灭。

西晋灭亡后，原西晋凉州刺史张轨据守凉州，世代传承，成为割据政权。345年，张轨的孙子张骏称假凉王，以姑臧（今甘肃武威）为都城，史称前凉。统治地区有今甘肃西部、宁夏和新疆东部。376年被前秦所灭。

羯人石勒先为前赵大将，后与之决裂。319年称赵王，329年灭前赵，次年称帝，建都襄国（今河北邢台西南），后迁都邺城（今河北临漳西南），史称后赵。统治地区有今河北、山西、河南、山东、陕西和江苏、安徽、甘肃、湖北、辽宁一部分。

---

① 《晋书》卷101《刘元海载记》。
② "五胡十六国"系泛称，国数不止十六，其立国者也不限于"五胡"，其中有汉人建立的前凉、西凉、冉魏、北燕。

351年被冉魏所灭。

建立冉魏的是汉人冉闵，曾被后赵主石虎收为养子，骁勇善战。石虎死后，后赵大乱，冉闵杀掉后赵主石鉴称帝，国号大魏，史称冉魏。352年被前燕所灭。

早在285年，鲜卑贵族慕容廆（wěi）就在辽河流域建国。337年，慕容廆的儿子慕容皝（huǎng）称燕王，建都龙城（今辽宁朝阳）。352年，慕容皝的儿子慕容儁（jùn）称帝，灭冉魏后迁都邺城。统治区域有今河北、山东、山西和辽宁一部分，史称前燕。370年为前秦所灭。

东汉末年，拓跋鲜卑从漠北南迁，定居盛乐（今内蒙古和林格尔）。西晋愍帝建兴三年（315），封其首领拓跋猗卢为代王。至什翼犍统治时，国家形态已经基本完备。376年被前秦所灭。

建立前秦的是氐人苻氏。苻洪是这支氐人的酋帅，世居略阳临渭（今甘肃秦安县东南）。后赵时，苻洪及其部众被迁到枋头（今河南浚县西南）。后赵末年政局混乱，苻洪的儿子苻健率众回到关中，351年在长安称帝，国号大秦，史称前秦（351—394）。苻健的侄子苻坚即位后，灭前燕、前凉及代国，统一了北方地区。

## 二　后赵与前秦民族政策的差异

十六国时期北方曾出现许多少数民族建立的政权，尽管统治范围有大有小，统治时间有长有短，但统治的对象都是汉族和其他一些少数民族，所以都面临一个非常现实的问题，即如何对待汉族及其他少数民族。一般来说，统治者都采取"胡汉分治"的政策，既用中原王朝的行政制度治理汉人，又另设一套行政系统治理"各有部落，不相杂错"的少数民族。如汉和前赵在汉人居住区，初期实行州郡制，后改置左、右司隶，各领户20万，每万户设一内史，"凡内史四十三"。对少数民族的部落另设单于台，置大单于、左右辅，"各主六夷十万落，万落置一都尉"①，这些职位都由少数民族首领担任。其他如后赵、前燕、前秦、后秦、西秦、南凉等政权，也都设有这样胡汉两套并行的行政系统。不过这些建立政权的少数民族君主接受汉文化的程度不同，表现各异：程度浅者仍俨然以胡族首领身份自居，扬胡抑汉；程度深者则有意淡化自己的民族身份，以中原君主的态度，主张"混六合以一家"，消除民族之间的壁垒，后赵、前秦的民族政策就体现了这种区别。

后赵政权的建立者是"高鼻多须"、原籍中亚的羯族。羯族虽与汉族早有联系，但仍保持其原有的民族特点。后赵统治者自诩"出自边戎"，与汉人不同，把全境臣民分为赵人和国人，国人即羯族人，赵人即汉人，二者的地位高低悬殊。虽然石勒注意吸收汉族士大夫，集为"君子营"，但为了提高羯人的地位，后赵统治者仍然颁行"讳胡"之禁、"私论之条"、"偶语之律"等严刑峻法，严格胡汉之别，严惩侵犯胡人的汉人，而对羯人侵犯、抢掠汉人则不闻不问。因此，前赵石勒、尤其是石虎在位期间，民族歧视和民族压迫一直都很严重，激起汉族人民的不满和反抗。野心家冉闵正是利用了这种情况，故意挑拨离间，制造了一场对羯人"无贵贱男女少长皆斩之，死者二十余万"②的大仇杀。

前秦政权的建立者是氐族，与汉族有着悠久的历史联系，其社会结构与汉族已没有多大差异。氐人的汉文化水平在当时少数

---

① 《晋书》卷102《刘聪载记》。
② 《晋书》卷107《石季龙载记下附冉闵传》。

民族中是最高的，苻坚（357—385年在位）又是氐人中的佼佼者。他对汉族历史典籍十分熟悉，巡视太学时问难五经，许多博士都不能对答。他坚定地推行学习先进汉文化政策，对持反对态度并进行抵制、破坏活动的氐族贵族严惩不贷；而对汉族有才干的政治家则重用不疑，如与王猛"一见便若平生，语及废兴大事，异符同契，若玄德之遇孔明"。他大力兴办学校教育，崇尚儒学，实施礼仪教化，以德刑并举治国，坚持德治为先。苻坚提出"黎元应抚，夷狄应和，方将混六合以一家，同有形于赤子"①，表现出民族和睦的思想。

### 三　淝水之战与北方再分裂

苻坚重用汉人，推行汉化，"变夷从夏"，其目的是要富国强兵，实现统一南北的政治抱负。但当时前秦尚不具备完成全国"大同之业"的充分条件，苻坚的步子也迈得太急。尽管他统一了北方，推动的汉化也有长足的进展，但国内的民族隔阂仍然很深。被征服的前燕慕容氏时时想着复国，企图在关中建国的羌人首领也在时刻寻找机会。然而苻坚对这些全都视而不见，不顾众人的反对，在晋太元八年（383）发动旨在一举灭掉东晋的淝水（今安徽寿县东南）之战。苻坚调集步骑87万，号称百万，前锋列阵淝水。东晋宰相谢安运筹帷幄，前锋都督谢玄机智指挥，北府劲旅待诱敌中计后猛然出击。战争以苻坚的惨败告终，"投鞭断流"、"草木皆兵"、"风声鹤唳"传为千古笑谈。由于战争失败，国力骤衰，苻坚无力控制局势，北方再一次陷入分裂，呈现政权林立的纷争局面。分裂形势如下表所示：

---

① 《晋书》卷114《苻坚载记下》。

| 国名 | 创建人 | 民族 | 统治地区 | 都城 | 起止年 | 何国所灭 |
|---|---|---|---|---|---|---|
| 后秦 | 姚苌 | 羌 | 今陕西、甘肃、河南等地 | 长安 | 384—417 | 东晋 |
| 后燕 | 慕容垂 | 鲜卑 | 今河北、山东、山西和河南、辽宁的一部分 | 中山 | 384—407 | 北燕 |
| 西燕 | 慕容泓 | 鲜卑 | 今山西一带 | （初）长安（迁）长子 | 384—394 | 后燕 |
| 西秦 | 乞伏国仁 | 鲜卑 | 今甘肃西南部 | 苑川 | 385—431 | 大夏 |
| 后凉 | 吕光 | 氐 | 今甘肃西部、新疆东部、宁夏 | 姑臧 | 386—403 | 后秦 |
| 南凉 | 秃发乌孤 | 鲜卑 | 今甘肃西部、青海一部分 | （初）西平（迁）乐都 | 397—414 | 西秦 |
| 南燕 | 慕容德 | 鲜卑 | 今山东、河南一部分 | 广固 | 398—410 | 东晋 |
| 西凉 | 李暠 | 汉 | 今甘肃极西部 | （初）敦煌（迁）酒泉 | 400—421 | 北凉 |
| 夏 | 赫连勃勃 | 匈奴 | 今陕西北部、内蒙古一部分 | 统万 | 407—431 | 吐谷浑 |
| 北燕 | 冯跋 | 汉 | 今河北东北部、辽宁 | 龙城 | 407—436 | 北魏 |
| 北凉 | 沮渠蒙逊 | 卢水胡 | 今甘肃西部 | 张掖 | 401—439 | 北魏 |

## 第四节　东晋门阀政治与南朝政权的交替

### 一　东晋建立与北伐西征

早在西晋后期"八王之乱"时，琅邪王司马睿在王导的辅佐下就开始经营江东地区。司马睿是司马懿的曾孙、西晋宗室旁支。他出任安东将军、都督扬州诸军事后，请王导做安东司马。永嘉元年（307），在王导的策划下，司马睿移镇建邺。建兴四年（316），西晋愍帝在长安被前赵刘曜所俘，次年司马睿便在建康（建兴元年由建邺改名）即晋王位，年号建武，设百官，立宗庙社稷，形成新朝廷的规模。318年，晋愍帝被杀，司马睿遂即皇帝位（317—322年在位，是为晋元帝），建元大兴，以建康为国都，史称东晋（317—420）。

东晋打出恢复中原的旗号，前后举行过多次北伐及西征。首举大旗的是北伐名将范阳（今河北涿州）人祖逖。祖逖在中原大乱时率领宗族南迁，到达今江苏镇江。他素怀恢复中原大志，闻鸡起舞，苦练武功，砥砺意志，是南迁士族中主张北伐最坚决的人。在祖逖要求下，司马睿任命祖逖为奋威将军、豫州刺史，让他率军北伐。渡江北伐时，祖逖于中流击楫发誓："祖逖不能清中原而复济者，有如大江！"祖逖军一直打到河南，收复大片土地。然而东晋朝廷并没有给祖逖实质性的支持，不供给武器，让他自己招募士兵，还派人监督他，进行掣肘。晋元帝大兴四年（321）祖逖忧患成疾去世，北伐也告终止。

东晋率军北伐次数最多的统帅是桓温。晋穆帝永和元年（345），桓温出任都督荆梁四州诸军事、荆州刺史。他是个既具有雄才又怀政治野心的人，想利用手中的军权建立大功，提高威望与地位。永和二年，桓温率军出征，先西行灭掉成都的成汉政权，威望大升。永和十年，桓温率军进攻关中，一直打到长安附近的灞上。但由于军粮供应不上，前秦苻健又采取坚壁清野措施，桓温只得退军。永和十二年，桓温再次从江陵北伐，击败羌族首领姚襄，收复洛阳。为削弱桓氏家族日益扩大的权势，东晋朝廷委派谢万为豫州刺史。谢万缺少军事才能，在与前燕军事交锋中一败涂地，洛阳地区复为前燕所有。海西公太和四年（369），桓温乘前燕内乱，又一次出兵北伐，一直打到枋头（今河南浚县西南）。由于前秦出兵帮助前燕，截断桓温军的粮道，桓温损兵折将，大败而还。

东晋最后两次北伐与一次西征,是刘裕指挥的。刘裕是北府兵①重要的军事将领。晋安帝义熙三年(407),刘裕担任侍中、车骑将军、开府仪同三司、扬州刺史,完全控制了东晋朝廷大权。义熙五年四月,刘裕出兵北伐南燕,次年攻下南燕都城广固,俘虏南燕皇帝慕容超,把疆域扩展到青州地区。义熙八年,刘裕又派大将朱龄石攻入益州,消灭割据称王的谯纵。这两次征伐的胜利,进一步树立了刘裕的威望。为建立更大的功绩,义熙十二年,刘裕乘后秦内乱之机,北伐关中,并于次年占领洛阳,攻破潼关,直捣后秦国都长安,俘虏了后秦的皇帝姚泓,灭掉后秦。然而对刘裕来说,取代司马氏建立新王朝才是头等大事,所以灭掉后秦后,听说自己的心腹刘穆之病逝,害怕政局有变,便留下儿子刘义真镇守关中,自己匆匆赶回建康。不久,刘义真被赫连勃勃打败,只身逃回,关中地区得而复失。

## 二 士族内争与东晋门阀政治

东晋一代是"主威不树,臣道专行"②、皇权受控于门阀政治的历史时期。

东晋士族的内部构成纷繁多样。首先是南北之别泾渭分明。南方土著士族又称吴姓士族,著称于世的有吴县顾氏、陆氏、朱氏、张氏,会稽谢氏、贺氏,吴兴沈氏,义兴周氏等。自北方南迁的移民士族又称侨姓士族,权势显赫的有琅邪王氏、颍川庾氏、谯国桓氏、陈郡谢氏、太原王氏等,他们大多数是在两晋之际渡江南来的。在东晋的权力格局中,北方士族居于主导地位,

---

① 孝武帝初年,谢玄在京口(今江苏镇江)组建军队,士卒主要为南迁的北方流民,以英勇善战著称,因京口为"北府",故称"北府兵"。
② 《宋书》卷42《刘穆之王弘传》。

但并非所有北方士族都能官居高位，其中又因渡江早晚及其他因素而区分高下。"江左定士族，凡郡上姓第一，则为右姓。"① 右姓士族即门阀士族，属于郡姓中的高门，地位高于次门，与寒门之间更是天悬地隔。

东晋偏安江左，阻挡了胡人铁骑南下，但以士族为主体的统治阶级内部矛盾错综复杂并经常爆发冲突，多次以兵戈相向，内乱一波未平，一波又起。

东晋最高统治者司马睿虽然出身西晋宗室，却并非嫡系皇亲，本人才干又不出众，缺乏开国之君应有的威望和号召力。他初到江东，当地士民反应十分冷漠，后经王导巧作安排造势，笼络南方士族，才赢得南北士族共同拥戴，登基称帝。南北士族的首次政治合作顺利实现，但二者之间的矛盾却在明滋暗长。"时中国亡官失守之士避乱来者，多居显位，驾驭吴人，吴人颇怨。"日积月累的怨恨激起南方士族周𫖯以讨王导、刁协为名起兵反晋，"豪侠乐乱者翕然附之"②。

东晋北方士族之间的矛盾，既存在于中央当权集团的内部，又突出表现为地方实力派与中央当权集团之间争夺统治权的斗争，尤其是所谓"荆扬之争"（即荆州方镇势力与京都中枢执政势力之争）。东晋时期，首开门阀家族掌权政局的是"王与马，共天下"，尔后是"内委何、褚诸君，外托庾、桓数族"③。东晋朝政大权长期掌握在王、庾、桓、谢等大家族手里，形成这几大家族的代表人物王导、庾亮、桓温、谢安等既轮流主政，又彼此牵制，共同维护司马氏的君主地位，任何一家不得取而代之。手

---

① 《新唐书》卷199《儒学·柳冲传》。该传说，"以中国士人差第阀阅之制"，郡姓有膏粱、华腴、甲姓、乙姓、丙姓、丁姓之分。
② 《晋书》卷58《周处传附周𫖯传》。
③ 《晋书》卷77《殷浩传》。

握重兵、坐镇一方的地方实力派则要求重新分配政治权益，企图入主京都，或居外镇"执朝廷之权"。率先发难的是荆州刺史王敦，率军顺江而下，剑指建康朝廷。此后又有苏峻和祖约、王恭与殷仲堪、桓玄等起兵反叛。虽然这一次次的叛乱最终都被平定，但东晋朝廷也因内耗而元气大伤，末年中央政令所行"唯三吴（指吴、吴兴、会稽三郡）而已"。当政的司马道子、司马元显父子倒行逆施，又激起孙恩、卢循在"东土诸郡"发动五斗米道徒众大起义，前后持续12年，不仅几乎推翻了东晋王朝，还沉重打击了门阀士族势力。

东晋实行门阀政治，从形式上看，门阀士族与司马氏"共天下"，但实际上，不仅"朝权国命，递归台辅"①，许多地方重镇也由门阀士族掌控。东晋门阀士族垄断军政大权，显然处于政治轴心地位，而皇权则从属于门阀政治，"皇帝也就只是士族利用的工具"。有的君主（如元帝、明帝、孝武帝）试图改变这种权力失衡状况，振兴皇权，却收效不大。正如襄阳流人首领韦华对后秦主姚兴所说："晋主虽有南面之尊，无总御之实，宰辅执政，政出多门，权去公家，遂成习俗。"② 不过，由门阀家族主政的门阀政治也仅能得意于东晋一代。刘裕代晋自立为帝，表明"旧时王谢堂前燕，飞入寻常百姓家"，不仅回归皇权政治，而且标志着次等士族和寒人出身的武将站到了政治舞台的中心。

## 三　南朝政权的嬗代

南朝刘宋开国皇帝刘裕早年以"躬耕"、"樵渔"为生，家境贫寒。后加入北府兵，在镇压孙恩、卢循起义中战功卓著。

---

① 《宋书》卷1《武帝纪》。
② 《晋书》卷117《姚兴载记》。

后来又打败称帝的桓玄，把被赶下台的晋安帝迎回。此后接连北伐，连连取胜，威名大震。义熙十四年（418），刘裕废安帝而另立恭帝。元熙元年（419），刘裕受封为宋王，次年六月，接受晋恭帝的"禅让"即帝位，建元永初，国号宋（420—479），是为宋武帝（420—422年在位）。刘裕是东晋门阀政治的终结者。他即位后打击豪强，镇压不听命的世家大族，加强了中央集权；又实行"土断"①，限制豪强非法占有劳动人口；发布放免军户以及赦免奴婢的命令，使国家控制的劳动人口增加。他对下属的不同意见采取宽容和接纳态度，生活上反对奢侈，是南朝以开明、节俭著称的皇帝。他去世以后，儿子宋文帝（刘义隆，424—453年在位）整顿吏治、发展农业生产，使社会安定，民勤本业，余粮栖亩，史称"元嘉之治"。元嘉二十七年（450），刘宋和北魏发生大规模的战争，再加上刘宋统治阶级内部为争夺权力骨肉相残，国力渐渐衰弱，形成北强南弱的局面。

宋孝武帝（刘骏，454—464年在位）以后，宗室内的骨肉相残愈演愈烈，为萧道成建立新王朝提供了机会。萧道成起初任中兵参军，宋明帝（刘彧，465—472年在位）时逐渐升为督南兖和南徐二州诸军事、南兖州刺史，明帝死后又任右卫将军、领卫尉。后废帝时由于平定江州刺史刘休范的反叛，萧道成的地位和威望大增，成为掌握朝廷大权的"四贵"之一。479年，萧道成逼迫顺帝"禅位"，登上帝位，国号齐（479—502），年号建元，是为齐高帝（479—482年在位）。南齐是南朝宗室内斗最严

---

① "土断"是以居住地为准，将迁移当地的流民人口编为国家户籍，并取消对流民的赋役优惠政策。此为增加朝廷所掌控的劳动人口的措施，东晋、南朝多次实施，尤以刘裕"土断"最为著名。

重、历时最短的一个朝代，特别是齐武帝（萧赜，483—493年在位）死后，皇室内部的骨肉相残比刘宋有过之而无不及。萧氏宗族的族人萧衍乘机建立新的王朝。

萧衍的父亲萧顺之与齐高帝萧道成是同族兄弟，萧衍与皇室同族，又以"洞达儒玄"出名，所以仕途顺利。在齐郁林王萧昭业时就出任宁朔将军，镇寿春。到东昏侯萧宝卷（499—501年在位）时，萧衍已经担任雍州刺史，镇襄阳。萧衍的哥哥萧懿被东昏侯所杀，萧衍以报仇为名出兵讨伐，另立萧宝融。502年，萧衍逼迫萧宝融"禅位"，取代南齐，建立梁朝（502—557），年号天监，是为梁武帝。

梁武帝萧衍在位48年，不仅在南朝，而且在中国历史上也算得上皇位坐得长久的。他接受前朝皇室骨肉相残的教训，对宗室采取优待政策；大兴儒学，设立学校，实行土断，劝课农桑，制定律令，减轻赋税，使梁朝的政治、经济、文化达到南朝之鼎盛。以吉、嘉、军、宾、凶为内容的五礼制度在此时日渐成熟。中书省起草诏令、门下省"驳议"诏令、尚书省执行诏令的三省制已经成型，尚书省下设的吏部、祠部、度支、左官、都官、五兵六尚书实际上是后来尚书六部的渊源，强化了尚书省的执行职能。三省六部制作为一个新的中央行政制度从旧的行政系统中脱胎出来。梁武帝改革九品中正制，以通经或诗赋取士，不问其出身是否"牛监、羊肆、寒品、后门"[①]。梁武帝在历史上还以佞佛闻名，烟雨笼罩中的"南朝四百八十寺"，很多是在他统治时期兴建的。

梁朝历四帝，于557年为陈霸先取代。

---

① 《梁书》卷1《武帝纪》。

### 四　南朝寒人庶族兴起与门阀士族衰败

东晋南朝政治斗争不断，改朝换代频繁，皇权与宗室及高门大族之间进行权力博弈，这为庶族寒人兴起提供了大好机遇。

为加强皇权，皇帝需要依靠所信赖的宠臣襄助。南朝时朝中掌机要、出征执兵权的宠臣绝大多数都是寒人。他们出身卑微，地位低下，一旦被皇帝委以重任，必定受宠若惊，对皇帝竭尽忠心，而不会威胁皇权。如丹阳人刘系宗，刘宋末任侍书，是典型的寒官。萧道成称帝时，刘系宗已官居龙骧将军。从齐高帝萧道成到明帝萧鸾（494—498 年在位），经历五朝君主，刘系宗对政务烂熟于心，深受皇帝宠爱。齐明帝甚至说：那些学士不能治国，只知道读书，"一刘系宗足持如此辈五百人！"[1]

做皇帝控制地方的工具也是寒人跻身南朝政治的途径。最典型的就是典签制度。一般由寒人担任的典签本来是地方长官属下掌管机要文书的小吏。但是在南朝宋齐时期，典签们被赋予对担任州镇长官的诸王进行监控的权力。有些典签一年之内要回京城几次，向皇帝报告刺史、郡守等人的优劣表现，他们的言论往往决定着地方长官的命运，因此"威行州郡，权重藩君"[2]。

在改朝换代中大显身手，做皇帝的宠臣，充当皇帝控制地方的工具，这些都表明寒人在南朝政治舞台上扮演着十分重要的角色。不过，当时"士庶天隔"的等级界限尚未消除，寒人的社会地位与政治地位之间呈现明显落差。于是有不少寒人用伪造谱系、窜改户籍或与家道中落的士族通婚联宗等手段假冒士族。南齐时多次"检籍"，目的之一即是清查"改注籍状，诈入仕流"

---

[1] 《南齐书》卷56《倖臣·刘系宗传》。
[2] 《南史》卷77《恩倖·吕文显传》。

的冒牌货。但当时吏治腐败，结果是"前检未穷，后巧复滋"①。

与寒人逐渐兴起形成鲜明对照的，是士族高门逐渐走下坡路。南朝的门阀士族虽然失去与皇帝"共天下"乃至驾驭皇权的地位，但文化优势和社会影响并没有丧失，仍支撑着他们在国家政治生活中的地位，在政治、经济方面还保持着原先享有的一些特权。然而在皇权政治下，面对寒人势力逐渐兴起的趋势，他们本能地感到自己优越的地位日益受到威胁，于是采取与寒人之间构筑深沟高垒的办法，把自身封闭在狭小圈子里。为了与寒门庶族隔绝，他们不仅自身不与寒门通婚及来往，对于违反者，还向政府告发，要求给予免官甚至禁锢终身的严厉处分。如沈约告发士族王源嫁女给"家给温足"、聘礼丰厚的庶族子弟满鸾，抨击其"讬姻结好，惟利是求，玷辱流辈，莫斯为甚"②。

南朝门阀士族自我封闭，妄自尊大。"平流进取，坐致公卿"的政治特权地位和"饱食醉酒，忽忽无事，以此消日，以此终年"③的腐朽生活方式，使他们既丧失经世治国的本领，居官不知行政之道；也使他们缺乏基本的生活技能，治家不晓经营之法。"笔则才记姓名"④，向以诗书传家的高门著姓的后裔有的居然变成半文盲。这些纨绔子弟整日身穿香草熏过的华裳丽服，足登时髦的高齿屐，涂脂抹粉，搔头弄姿，出则乘车，入则要仆人扶持。既不会射箭，也不会骑马，以至有位官居建康令的琅邪王氏竟指马为虎。这样一群骨脆肤柔、弱不禁风的败家子、寄生虫，一旦遭遇社会动乱，只能束手待毙。

---

① 《南齐书》卷46《陆慧晓附顾宪之传》。
② （南齐）沈约：《奏弹王源》，《昭明文选》卷40。
③ （北齐）颜之推：《颜氏家训·勉学篇》。
④ 同上。

## 五 侯景之乱及其社会影响

梁武帝太清二年（548），发生了一场严重的社会动乱，这就是"侯景之乱"。

侯景是北魏人，北魏末期随高欢起兵。北魏分裂以后，侯景被东魏高欢任命为河南道最高行政长官。高欢死后，侯景与高欢的儿子高澄矛盾不断加深，于是决定投奔东魏的对手西魏，但在那里也没有得到信任。侯景走投无路，最后决定投降南朝梁。梁武帝接受了侯景的请求，为牵制东魏，援助侯景，梁朝军和东魏军在彭城外的寒山堰展开大战，结果梁军全军覆没。东魏军回军进攻侯景，侯景战败，最后退到寿春（今安徽寿县），仍然被萧梁朝廷任命为豫州牧，镇守寿春。

侯景在寿春大肆招兵买马，扩大势力。与此同时，东魏向梁朝伸出橄榄枝，提出只要梁朝不容侯景，就愿意与梁朝媾和，并放回寒山堰之战被俘的萧渊明和众多兵士。梁武帝答应与东魏媾和，侯景多次阻止无效，便于寿春起兵反叛。太清二年十月，侯景在梁武帝的侄子萧正德配合下攻进首都建康。太清三年三月，经过一百三十多天的攻守激战，皇城被侯景攻破，86岁高龄的梁武帝被软禁起来，两个月以后饿死。侯景立太子萧纲为帝（梁简文帝，549—551年在位）。

从548年侯景起兵到552年侯景被杀，这场动乱持续四年之久，给南朝社会带来巨大的影响。

侯景之乱沉重打击了士族高门。许多人体质羸弱，战乱中无力远逃，只能枯坐华堂，衣罗绮，怀金玉，交相枕藉，听天由命，等待死亡。也有一批士族逃到江陵依附荆州刺史萧绎，随着后来江陵被西魏攻破，这些人被掳入关中沦为仆隶。

侯景之乱导致梁朝的解体和最终灭亡。梁武帝被侯景叛军围困在台城时，镇守一方的萧氏宗族的子弟们不是积极出兵援助京城，而是忙着争位称帝。梁武帝的第七子荆州刺史萧绎最终战胜其他兄弟，在江陵即位，是为梁元帝。不久萧绎的侄子雍州刺史萧詧（chá）带领西魏军队攻破江陵，杀死梁元帝，建立西魏的傀儡政权，史称后梁。

侯景之乱发生后，陈霸先（吴兴长城人，今浙江长兴）在岭南地区起兵。陈霸先出身寒微，从乡里小吏起家，后在广州刺史萧映手下任中直兵参军。因屡立军功，被朝廷任为西江都护、高要太守、督七郡诸军事。江陵被攻破后，北上讨伐侯景的陈霸先在建康拥立萧方智，是为敬帝。557年，陈霸先逼迫敬帝让位，自己称帝，国号陈（557—589），建元永定，梁朝灭亡。陈武帝陈霸先是南方少数民族酋帅和庶族豪强的政治代表，他的建国称帝，标志着庶族豪强已跃居为南朝政治舞台上的主角。

陈朝历五帝而亡于隋。

## 第五节　北朝的社会发展与政治变迁

### 一　北魏统一北方与前期民族关系

建立北魏的鲜卑拓跋部最初是生活在大兴安岭北段[①]的氏族部落，以后南迁到呼伦贝尔草原上的呼伦池，开始向国家形态过渡。淝水之战后，386年正月，什翼犍的孙子拓跋珪（386—409年在位）召集旧部重建代国。同年四月又改称魏国，史称北魏（386—534），次年建都盛乐（今内蒙古和林格尔西北）。皇始三

---

[①]　大兴安岭北段古称大鲜卑山，位于今内蒙古呼伦贝尔盟鄂伦春自治旗阿里河镇的嘎仙洞一带，据说是拓跋鲜卑先民生活的地方。今大兴安岭南段，内蒙古兴安盟科尔沁右翼中旗西的大罕山古称鲜卑山，系东胡瓦解后东部鲜卑的栖居地。

年（398），道武帝拓跋珪把都城从盛乐南迁到平城（今山西大同）。拓跋部所建立的国家至此已然形态完备。到拓跋珪之孙太武帝拓跋焘（424—451年在位）时，北魏先后灭掉北燕、北凉，于439年重新统一了北方黄河流域，与南朝刘宋对峙，形成南北朝局面。献文帝拓跋弘皇兴三年（469），北魏军攻破南朝刘宋青冀二州，疆域进一步向南扩张。

伴随着鲜卑拓跋部南下的征程，他们也先后经历了狩猎、游牧、农耕等经济形态。狩猎和游牧经济培养了这个民族能骑善射的武勇品格，具备了十六国终结者的先决条件；离散部落，分土定居，从事农耕经济使这个民族领略了中原物质文明，从而产生认同先进文明的向心力；完备的国家形态以及北方统一的实现，更增强了这个民族吸收汉族先进文化的迫切性。

拓跋珪迁都平城后，在平城营建宫室，建立宗庙，又制定郊庙、社稷、朝觐、飨宴等礼仪。他还仿汉人制度建立太学，并在太学举行祭奠孔子的活动。又接受汉人李先的建议，搜集天下经书，编成《众文经》。北魏拓跋统治者向中原扩张之初，就注意任用汉人，利用他们的统治经验治理国家。拓跋珪在领军征伐途中，处处留心安抚接纳汉族士人，凡是有来拜访的，不论年少年长，全都接见，如果发现有才能者，就加以任用。拓跋珪的儿子拓跋嗣（409—423年在位）即位后，把国子太学改为中书学，这个由中央朝廷办的具有极高地位的学校，一直延续到魏孝文帝太和年间。中书学容纳了精通儒学的知识分子、懂得治国的政治家、政绩卓著的良吏、号为忠义的功臣、文武双全的将领、北方各地的大族、南朝降人等各种人才。

北魏统治者虽然任用汉人，但对他们并不十分信任。清河人崔逞，受拓跋珪之命给东晋襄阳戍将郗恢写回信，因信中称东晋皇帝为"贵主"而被拓跋珪所杀。拓跋焘当政时，汉人段晖因在马鞍中藏有金子，被怀疑欲投奔南朝而被处死。汉人崔浩，历事拓跋珪、拓跋嗣、拓跋焘三朝，尤其受拓跋焘的重用和信任，曾"专制朝权"，然而最终却因撰写拓跋部历史详备无讳而被杀。北魏统治者虽然对儒家文化兴趣浓厚，但对儒家典籍并不十分了解。北魏前期的礼仪制度与汉族传统也存在巨大差别。

上述现象表明，魏孝文帝以前北魏拓跋鲜卑虽然与汉族错居杂处并注意吸收汉文化、任用汉族人才，但族际壁垒并未消除，民族矛盾依然严重。

## 二 孝文帝改革与北方民族融合

北方的统一，使鲜卑拓跋部完成了从征服者到统治者的角色转变，所面临的任务也从对北方的军事征服和稳定政权，转变为维持其政权的长治久安以及实现南北方的统一。

皇兴五年（471）八月，献文帝让位给儿子拓跋宏，自己做太上皇。拓跋宏即孝文帝（471—499年在位），他在祖母文明太皇太后（俗称冯太后）的支持和指导下开始进行一系列改革。

太和八年（484），孝文帝下诏实行百官俸禄制度。在此以前，北魏的文职官僚们没有俸禄。拓跋军事贵族们可以通过征服战争掠夺大批财富，通过征战立功获得巨额赏赐，而各级文职官僚"惟取给于民"，实际上是纵容贪污受贿和搜刮百姓，或兼营商业，"贩肆聚敛"。"初来，单马执鞭；返去，从车百辆"[1]的现象并非罕见，"竞为聚敛"造成吏治极为败坏。实行俸禄制后，北魏严厉打击贪腐恶习，规定"枉法无多少皆死"[2]。在严法峻刑的威慑下，贪官不得不束手收敛，吏治状况为之改善。

---

[1]《魏书》卷33《公孙表附公孙轨传》。
[2]《魏书》卷111《刑罚志》。

不久，又相继实行均田制、三长制、新租调制等一系列改革措施。均田制的主要内容包括：（1）男年15岁以上受露田40亩，妇人受20亩，奴婢依良。丁牛一头受田30亩，限4牛。诸民年及课（15岁）则受田，老免（70岁）及身没则还田。奴婢耕牛随有无还受。（2）男夫每人给桑田或麻田20亩。露田有受有还，不得买卖；桑田或麻田为世业，可以继承，也可买卖，但有若干限制。政府定期进行土地的还授和登记。三长制即五家立一邻长，五邻立一里长，五里立一党长，三长由乡里威信高的人担任，为国家基层政权组织，取代了宗主督护制对基层社会的控制。新租调制规定了编户向国家缴纳的租调数额：一夫一妇帛一匹，粟二石。民年十五以上未娶者，四人出一夫一妇之调；奴婢八口、耕牛二十头也缴一夫一妇的租调。这三个制度互相配合，三长负责监督乡里，一是落实均田，二是查阅户口，防止向国家缴纳租调的人口流失；均田制使农民和土地结合，有能力向国家缴纳租调；租调制保证国家每年有固定的财政收入。

文明太皇太后去世后，亲理朝政的孝文帝排除阻力，继续坚持改革，并把改革从政治经济深入到礼仪制度、社会习俗等文化层面。太和十八年，孝文帝把都城迁到汉族文化中心洛阳，不久又作出几项进一步推进汉化的决定：禁止官员在朝廷说鲜卑语，以汉语为"正音"即官方通行语言；禁止穿鲜卑服装，不分男女一律改着汉装；改鲜卑复姓氏为汉姓，如改拓跋氏为元氏，贺赖氏为贺氏，独孤氏为刘氏；实行门阀制度，明确规定汉族"五姓"、郡姓和鲜卑八姓为高门望姓，自己和皇室带头与汉族高门通婚；把迁到洛阳的鲜卑人的籍贯改为河南郡洛阳县，死后安葬洛阳，不得迁回代北。此外，还按照魏晋之法改革官制，厘定魏律。

孝文帝所推行的一系列改革，涉及政治、经济和社会、文化等各个方面，措施得力，成效显著，不仅推进了北魏国家和拓跋鲜卑等少数民族社会属性的封建化，也促进了北魏各少数民族同汉族的民族融合。有学者统计，自魏晋到南北朝，少数民族融入汉族的总人口数多达千万，其中绝大多数是在南北朝时期完成民族融合历史进程的。孝文帝所推行的汉化改革起了关键性的作用。北朝民族大融合是中华民族发展史上的一个里程碑。

### 三　六镇起义与北魏分裂

拓跋部进入代北平城以后，蒙古草原又兴起一个强大的游牧民族——柔然。柔然汗国的版图，东起大兴安岭，西逾阿尔泰山，南至大戈壁，北到贝加尔湖以南。北魏建立以后，柔然骑兵几乎每年都南下侵扰边境，成为北魏北方的巨大威胁。为抗击柔然，北魏在北边由西向东一字排开设置六个主要军镇：沃野镇（今内蒙古五原县东北）、怀朔镇（今内蒙古固阳县西南）、武川镇（今内蒙古武川县西南）、抚冥镇（今内蒙古四子王旗东南）、柔玄镇（今内蒙古兴和县西北）、怀荒镇（今河北张北县北）。

六个军镇每镇都有镇都大将，这些大将在北魏初期都是由拓跋宗室或鲜卑八族王公担任，镇兵也大都是拓跋部成员。六镇的设立主要是对付柔然铁骑，这就决定了六镇地区的鲜卑人必定要保留许多鲜卑族特点，以保持能骑善射、剽悍劲勇的品格。所以当进入中原的鲜卑人大力推进汉化时，六镇地区的鲜卑人却没有与他们同步。

当孝文帝在平城推行改革时，柔然统治下的高车族试图从柔然汗国中独立出来，这使得北魏北方边境的压力得到缓和。北魏孝明帝（元诩，516—528年在位）时期，高车族的独立终于取得成效。柔然在攻打高车失败后国内权力争斗加剧，在争权中失败的柔然首领阿那瑰投降北魏，后在北魏帮助下重登柔然王位。

此时的柔然已成为北魏的盟友。

随着北方的威胁逐渐消失，六镇鲜卑人发现自己的作用日益被北魏王朝所忽视，而且自身的社会地位与迁入中原的同族也拉开了越来越远的距离。迁入中原的拓跋贵族经过孝文帝重新订立门阀制度，已变成高门清流，而留在六镇的拓跋鲜卑却沦落为武人浊流，并与谪罚的罪人和刑徒为伍，他们对自己的地位和境遇日趋恶化而越来越心怀不满和愤恨。

孝明帝正光五年（524），这种不满和愤恨的情绪终于爆发，沃野镇人破六汗拔陵首先聚众起义，杀镇将，建年号。不久，起义烽火便蔓延到河北、山东、关陇地区。六镇鲜卑或被起义裹挟，或被朝廷征召，纷纷涌入河北、关中地区。在动荡的社会环境中，各种政治力量重新进行整合。在高欢消灭了制造"河阴之变"[①]的尔朱氏势力后，北魏中央朝廷土崩瓦解，统一的政权分成东西两部分：东部称东魏（534—550），后为北齐（550—577）所代，由六镇怀朔地区鲜卑和汉族豪强集团所控制；西部称西魏（535—556），后被北周（557—581）所代，由六镇武川地区鲜卑和汉族豪强集团所掌握。

## 四 关陇集团与北方再统一

六镇鲜卑南下，在某种意义上说是第二批拓跋鲜卑进入中原。如果说从平城到洛阳的北魏拓跋鲜卑是汉化先行者，那么从六镇进入中原的拓跋鲜卑就是追随者。但是这个追随者并没有亦步亦趋，他们保留着自己的语言，保留着自己的鲜卑姓氏，甚至还把鲜卑姓氏赐给汉人。但这种保留并不意味着全面倒退。

---

① 528年，契胡尔朱荣在河阴（今洛阳东北），沉胡太后和元钊于黄河，杀朝臣两千余人，史称"河阴之变"。任职北魏朝廷的鲜汉高门遭到毁灭性打击。

六镇鲜卑有时候可能因自己的强悍而轻视汉人的文弱，但他们并不拒绝同汉人合作，也不排斥汉族文化。东魏高欢（496—547）任用范阳人卢景裕教授子弟儒家经典，以后的诸帝也"引进名儒，授皇太子诸王经术"。北齐甚至规定各个郡县推举精通儒家经典的人为孝廉。孝廉答对朝廷策问，答得好的加以提拔，这种制度无疑刺激了儒学的发展。

建立西魏北周的六镇鲜卑所在的关陇地区，人力、物力远远不如东魏北齐富庶，为了与东魏北齐及南朝政权抗衡，西魏北周统治者除在经济上实行均田制、在军事上实行府兵制以外，还竭力促成鲜卑与汉人的结合。在这方面府兵制具有重要意义。在府兵制度下，总揽西魏朝政大权的宇文泰（505—556）是最高统帅，下设六个柱国大将军，每个柱国大将军督两个大将军，每个大将军督两个开府，共二十四军。柱国大将军、大将军由鲜卑人和汉人担任，汉人将军也被赐予鲜卑姓。在西魏北周政权中，不仅包括鲜卑贵族上层元、长孙、宇文、于、陆、源、窦、独孤等家族，还包括京兆韦氏、弘农杨氏、武功苏氏、陇西李氏、河东裴氏和柳氏等关陇大族，形成胡汉紧密结合的关陇集团（见彩图十六）。

西魏北周对待儒学的态度比东魏北齐还要积极。宇文泰雅好经书，任用苏绰制定体现儒家治国思想的《六条诏书》；采用《周礼》设计的模式运转国家机器；任用大儒卢景宣充实儒家五礼制度。明帝宇文毓在位时，进一步完善官学，使儒学进一步发展。武帝宇文邕（561—578年在位）亲自行尊三老之礼，被史家称为"一世之盛事"。据史书记载，当时的北周是"天下慕向，文教远覃"[①]。

---

① 《周书》卷45《儒林传·序》。

北周武帝改革府兵制，提高府兵地位，扩大兵源，军力大为增强。建德六年（577），北周出兵灭掉北齐。随着北方重新统一，关陇集团又增加了博陵崔氏、清河崔氏、范阳卢氏、荥阳郑氏、赵郡李氏、顿丘李氏等关东大族，胡汉融合进入新阶段。

北周武帝是一个有雄才大略的君主，有着统一南北的雄心壮志。他所领导的北周，是一个经过又一番胡汉融合过程而产生的具有勃勃生机的政权。这个政权在政治、经济、军事、文化诸方面都体现出民族融合的新特点。这不仅是北方新局面的出现，也折射出中华民族历史重新走向全国统一的曙光。但武帝英年早逝。北周朝政大权落入外戚杨坚之手。他于581年取代北周，建立隋朝。

## 第六节　魏晋南北朝时期的社会经济与阶级关系

### 一　土地制度演变与北方社会经济的曲折发展

唐宋以前，北方黄河流域是全国政治、经济、文化的腹心地区。东汉末年割据一方的军阀连年混战，使这一地区遭到严重破坏，到处是"百里无烟，城邑空虚，道殣相望"[①]的悲惨景象。曹操统一北方后，恢复凋敝不堪的社会经济成为治国安邦的当务之急。当时仍处于干戈未息的战争环境，农田大量抛荒，人民流离失所。由政府兴办屯田，采取军事化的形式，直接组织农业生产，是恢复经济、安定社会各项举措中的首选。

曹魏屯田是从建安元年开始的，屯田范围遍及整个辖区。屯田分为民屯和军屯两种。民屯是以军事组织管理形式将屯田民安排在国有土地上进行生产，屯田民称为屯田客，或称典农部民，

---

① 《三国志》卷56《吴书·朱治传》注引《江表传》。

不属郡县管理，另设典农校尉、典农都尉等职官系统。屯田客按分成制上交农田收获物。军屯有两种形式：一种由现役士兵随宜开垦，且耕且守。另一种形式是士家屯田，他们隶属兵籍，世代相袭。大司农掌管全国屯田。曹魏大办屯田，成效十分显著。屯田区多设在没有郡县编户的土地荒芜地区，屯田客与屯田兵耕垦荒地，兴办水利灌溉工程，并采用先进的农业生产技术如区种法，实行集约式经营。其结果是迅速恢复了当地的农业生产，"荒野开辟，军民并丰"，原先"白骨遍于野，千里无鸡鸣"，如今"鸡犬之声，阡陌相属"①。农业的发展带动了手工业和商业的繁荣，被董卓洗劫一空、焚毁殆尽的洛阳城又重新成为中原地区的政治、经济和文化中心。

西晋统一中国后，曾于太康元年至十年的十年间，出现过经济繁荣、社会安定的小康局面，当时"牛马被野，余粮栖亩"，"人人咸安其业而乐其事"②。仅从太康元年至三年，全国在籍户数从 245.59 万增至 377 万，即增加了 130 余万。西晋在平吴之后广泛推行农户计丁占田与计亩定额课田制，发挥了积极的作用，这个制度既允许和鼓励农户合法占田，又在租调征收上给予优惠（如占田额增加而课田额固定不变），提高了农户的生产积极性和著籍主动性。但西晋的短期统一和繁荣只是昙花一现。

西晋末年，"八王之乱"在前，"永嘉之乱"继后，南北各地流民大起义，内迁各族政权林立，争战连年，北方地区出现了民族大迁徙、人口大流亡的滚滚浪潮，社会经济再度遭遇浩劫，以至当时有人惊呼"千里无烟爨之气，华夏无冠带之人。自天

---

① 《晋书》卷 26《食货志》。
② （晋）干宝：《晋纪总论》，《昭明文选》卷 49；《晋书》卷 26《食货志》。

地开辟，书籍所载，大乱之极，未有若兹者也"①。不过，干戈扰攘的"五胡十六国"期间，也出现过短期统一和社会经济有所恢复的局面，如前秦苻坚大力劝课农桑，兴修水利，并向民间开放"山泽之利"，从而形成了"关陇清晏，百姓丰乐"②的景象。

北魏统一北方，特别是孝文帝大刀阔斧地厉行一系列的政治、经济、社会改革后，黄河流域社会经济迅速恢复和长足发展。这首先应归功于北魏在全境普遍推行的均田制、新租调制和三长制。这三项制度配套实行，即通过把部分国有土地、户绝田、罪没田、无主荒地分配给无地少地农民，又把土地所有者原有土地纳入均田制管理范围，适当限制土地的占有、买卖与继承，从而有效调控了全境的土地占有关系，解决了因田业无主或产权纠纷而产生的大量农田抛荒问题，遏制了土地兼并与土地集中势头，扶植了人数众多的自耕农（包括汉族和内迁各族农户），同时又有力地加强了对基层社会的控制，使国家掌握了大量的劳动人口和赋役负担者，增加了财政收入。到孝明帝正光年间（520—524），北魏全境国家所控制的户口数量已超过西晋武帝太康元年全国户口的一倍，史载"于时国家殷富，库藏盈溢，钱绢露积于廊者，不可较数"③。贾思勰（xié）的《齐民要术》从生产技术层面反映了北朝农业生产所达到的高度，而杨衒之的《洛阳伽蓝记》则从城市风貌视域描绘了北魏殷富时期城市及其商业、手工业和中外经济交往的繁盛景况。

经济发展、中央集权强化和军事改革，使北朝国力不断增

---

① 《晋书》卷46《刘颂传》。
② 《晋书》卷113《苻坚载记上》。
③ （东魏）杨衒之：《洛阳伽蓝记》卷4《城西·法云寺》。

强，逐渐打破了南北之间的均势，形成北强南弱的局面，而北方民族大融合的实现，又大大淡化了南北对立的民族矛盾性质，这就为隋文帝结束隔江对峙、实现全国统一奠定了基石。

## 二 移民浪潮与江南经济开发

汉末三国，人口主要向益、荆、扬三州流徙。史称关中人数万户流入益州，有十余万户流入荆襄。淮河以北的民户，很多流徙到江南。《三国志·吴书》所记载的人物中，几乎有一半是从淮河以北迁过去的。赤壁之战后，曹操恐沿长江郡县民户被孙权所掠，决定将他们北移，民户转相惊扰，庐江（今安徽六安北）、九江、蕲春（今湖北蕲春）、广陵（今江苏镇江北）等地十多万户皆渡江南迁。

两晋南北朝时，由于战乱频仍，大批中原人聚集宗族乡里组成流民群，向南迁徙。其中规模较大的大约有五次：第一次在西晋元康（291—299）末年，关西战乱，频岁大饥，秦（治今甘肃天水）、雍（治今陕西西安市西北）六郡约十多万人到今汉中、四川地区"就谷"。当秦、雍流民进入益州时，又引起当地五万多户向长江中游的荆湘地区流徙。第二次在西晋末永嘉（307—313）之乱时，司、冀、雍、凉、青、并、豫、幽流民南渡，主要流徙到江淮及扬州地区。第三次在东晋成帝咸和（326—334）初年，石勒乘东晋发生苏峻之乱，占据淮北地区，那里的人民大批渡江，纷纷逃往今江苏镇江一带。第四次在东晋孝武帝太元八年（383）淝水之战后，前秦战败，北方大乱，雍秦流民流向今湖北襄樊，安徽和县、巢县、寿县等地区。第五次是在南朝刘宋文帝元嘉二十八年（451），北魏军南伐，到达长江北岸的瓜步，江北人民再次向南流徙。由于数量多达百万的大量北方人口向南迁移，东晋、南朝政府在自己的统治区域内设立许多以北方州郡县旧名命名的行政机构，以集中安置流民，历史上称为侨州、侨郡、侨县。如南徐州用来安置徐州流民，南兖州用来安置兖州流民，等等。一直到隋统一，侨州郡县才完全废除。

汉末北方流民进入江南，与南方土著和山越人一起，在孙吴统治时期已使江南得到初步开发。西晋末至南朝初大规模的移民浪潮，使得南方得到进一步开发。首先是耕地的扩大。这一时期南方腹地和山林川泽得到开发。刘宋大明年间，由于"富强者兼岭而占，贫弱者薪苏无托"①，朝廷不得不下诏明文规定官员占山锢泽的面积。其次，大量人口南迁，给南方带去中原先进的生产技术。南朝时期，牛犁耙耕在江南和岭南地区都较为普遍。铁制农具大量使用，水利灌溉事业也有长足发展。先进的生产技术及生产工具的使用，使农副业产量大增。在岭南交广地区，孙吴时已出现"再熟之稻"。东晋时江南又出现"三熟之稻"。梁代夏侯夔在豫州（治今安徽寿县）立堰，"溉田千顷，岁收谷百万余石"，即每亩10石。在江州豫章郡（治今江西南昌），有一亩20石的产量。在蚕桑生产方面，采用低温控制蚕卵孵化技术，以增加蚕的饲养次数。有一年"八熟"之蚕，"四熟"、"五熟"之蚕更加普遍。

东晋、南朝时期进行大规模的土地开发和经营主要是采取田园别墅的形式。北方南迁的侨姓地主和土著的吴姓地主竞相招募和组织劳动力，封山占泽，通过烧山辟地或围湖造田，在南方建立起一个个以综合开发、多种经营为显著特色的田园别墅，既从事粮食蔬菜种植、园林果木栽培、禽畜鱼虾饲养，又从事纺织、酿造、用具制造乃至药物生产，内容广泛，规模宏大。除供给自

---

① 《宋书》卷54《羊玄传附羊希传》。

己消费外，大量物资也投入市场销售。

经过从汉末至隋统一约四百年的开发，昔日"地广而人稀"的穷乡僻壤，焕然呈现"连宇高甍（méng），阡陌如绣"①的繁盛景象，形成了以长江中下游为中心的江南基本经济区。它标志着我国古代经济区域发生重大变化，由北向南扩展，为隋唐以后整个经济重心逐渐南移奠定了基础。

### 三　社会阶级阶层及劳动者地位

史书上记载魏晋南北朝时期各类人群有四十多种：皇室、高门士族地主、寒门庶民地主、寺院地主、少数民族酋帅、富商巨贾、编户个体农民、个体小手工业者、少数民族部落民、佃客、部曲、金户、银户、盐户、滂户、屯田户、军户、府户、营户、镇户、堡户、吏家、百工户、杂户、绫罗户、细茧户、伎作户、渔猎户、驿户、官户、乐户、隶户、馆户、厮养户、屯户、寺户、医户、工户、陵户、牧户、僧祇户、佛图户、奴婢等。

上述各类人群，可以分为贵族、良民、贱民三个等级。皇室、高门士族地主为贵族等级；寒门庶民地主、寺院地主、少数民族酋帅、富商巨贾、编户个体农民、个体小手工业者、少数民族部落民为良民等级；其余佃客、部曲及各种从事专门职业的民户为贱民等级。

从社会阶级角度看，上述三个等级包括地主、农民两大社会主体阶级以及特殊劳役民户、佃客、奴婢等非社会主体阶级。

士族地主是地主阶级的最高阶层。他们垄断了中央和地方的清职、要职，占有广大土地，有免除赋役、荫庇亲族、收揽门生故吏、享受赐田、给客、给吏卒、恩赏钱财等经济和政治特权。

---

① 《陈书》卷5《宣帝纪》。

庶民地主阶层包括地方豪强、寺院地主、富商巨贾等。他们在政治上不入清流，即使当官也被排斥在清职、要职之外。他们也占有土地，但不能享有士族特权。

已经封建化或正在封建化的少数民族酋帅也属于地主阶级，经济上等同于汉族庶民地主。不过，北魏孝文帝推行门阀制度以后，鲜卑显贵八姓已可厕身高门著姓。

上述三个阶层政治上属于统治阶级，经济上为剥削阶级。

农民阶级包括自耕农、半自耕农和贫农，其中贫苦农民占大多数。个体小手工业者的社会经济地位与农民类似。

特殊劳役民户即专门从事某一种劳役的民户，如兵户专门服兵役，绫罗户专供统治者绫罗织物等。他们的户籍不在州县而属专门的机构掌管，终身从役，而且子孙相继，不能改变，被视为贱民。他们与国家或机构有极强的人身依附关系，但不能被买卖，地位高于佃客和奴婢。

佃客是魏晋南北朝时期存在极普遍的劳动生产者群体。赐客、复客与荫客制、给客制先后在魏晋南北朝实行，免奴为客、免奴为部曲客女等记载频繁出现，所有这些客都指佃客。"客皆注家籍"[1] 表明佃客与主人结成很强的人身依附关系，他们不仅为主人从事农业生产，还要服各种杂役。主人对他们的人身控制世代相袭，还可以把他们转让、赐予。佃客要变为自由民，必须经过皇帝下诏放免，或经主人特许释放，自己赎免等途径。

奴婢的地位比佃客还要低，他们的人身完全被主人所占有，像牛马一样被视为主人的私产，可以作为财产买卖赠与。法律甚至明确规定，奴婢逃亡或反抗主人，要受到各种严刑，直至处死。

农民、特殊劳役民户、佃客、奴婢都是被统治被剥削阶级，

---

[1] 《晋书》卷24《食货志》。

都是劳动者，他们之间没有不可逾越的鸿沟，农民破产逃亡大多变为士族豪强的荫户或佃客，如果成为战俘或罪犯又可变为官私奴婢。在封建政权实行括户或免奴为民的政策时，荫户、佃客、奴婢又可转变为编户农民。

## 第七节　魏晋南北朝时期的思想文化与科技

魏晋南北朝时期，战乱连绵，社会动荡，但在思想文化领域别有一番风景：思想解放，文化多元，推陈出新，异彩纷呈，被誉为"战国以来又一次思想解放运动"和"又一次出现的辉煌时期"。

### 一　思想与宗教

魏晋南北朝时期，儒学失去一家独尊的地位，但并没有就此衰竭不振，而是仍然有所发展，主要表现在经学和儒学教育方面。著名经学家及著作在这个时期大量涌现。传世的《十三经注》中魏晋人所著就占六部，何晏《论语集解》、杜预《左传集解》、范宁《穀梁集解》、郭璞《尔雅注》在经学史上都具有重要地位。除上述诸人外，王肃、王淮之、王俭、贺玚、何佟之、明山宾、徐遵明、熊安生都是当时著名的经学家。这个时期官学、私学都有很大发展，官学包括太学（图5—1）、国子学、中书学、地方州郡学，这些学校所教的内容主要是儒家经学。私学包括私授生徒和家学。许多有深厚儒学素养的鸿生大儒招收生徒，传授经典，尤其在北朝"燕、齐、赵、魏之间，横经著录，不可胜数。大者千余人，小者犹数百"[①]，许多世家大族也是经

---

[①] 《北史》卷81《儒林传·序》。

学传家，形成独具特色的家学。官学和私学的兴盛，有力地推动着儒学的传播和发展。

图 5—1　西晋辟雍碑

魏晋之际，玄学成为思想文化领域风靡一时的主流思潮。从社会政治角度讲，玄学源于汉末的清议，由于害怕朝廷的高压，士人们的谈论由具体社会问题转向空玄的人性。从思想文化角度看，玄学源于对《老子》、《庄子》、《周易》的注疏。魏晋玄学提倡个体觉醒、理性思辨，关注的问题主要集中在两个方面：一个是"无"和"有"的关系，以何晏、王弼为代表的玄学家主张"贵无"，而向秀、郭象、裴頠（wěi）主张"崇有"。另一个是名教与自然的关系，嵇康提出"越名教而任自然"、"非汤武而薄周孔"，王弼等人提出名教源于自然，向秀、郭象等人则认为名教与自然同一。两晋时，玄学在思辨方面与佛、道两家互相影响，南朝时则表现为本质上向儒家礼教的靠拢和回归。

魏晋南北朝是佛教在中土大发展并日渐中国化的时期。宗教建筑数量激增，首先是寺院，西晋时只有180所，到南朝梁时仅建康地区就有500多所。北魏太和元年，有寺院6478所，北魏分裂后，北齐、北周共有4万多所。集宗教文化、雕塑、绘画、

第五章　魏晋南北朝时期

图5—2　甘肃麦积山石窟全景

建筑艺术于一体的甘肃敦煌石窟、大同云冈石窟（见彩图十七）、洛阳龙门石窟、邯郸响堂山石窟、甘肃麦积山石窟（图5—2）的开凿都始于或完成于这个时期，并逐渐形成石窟寺艺术的本土风格。佛教般若学①在中原发展迅速，形成六家七宗，即本无、即色、识含、幻化、心无、缘会六家，上述六家加上本无异称为七宗。这个时期名僧众多，道安、慧远、智𫖮、鸠摩罗什、佛图澄、竺道生等都是僧人中的佼佼者。禅宗初祖达摩、二世祖师慧可都是这个时期的人。除此之外，佛教信众之多也是空前的，西晋时只有僧尼3700人，到南朝梁武帝时竟增加到10万

---

① 般若（bō rě）学，汉魏时期佛学派别之一，以研究《般若经》义理为宗旨。南北朝时期与玄学结合，成为佛学思想的主流。

人。北魏太和初僧尼不到8万人，末期增至200万人，北齐、北周时达300万人。北朝时两度"灭佛"，也未能遏止寺院势力的扩张。

道教是中国土生土长的宗教，在两汉时期还处于原始形态。东汉末黄巾起义，就以道教作为联络动员群众的工具。黄巾起义失败后，原始道教也发生变化，其中一个流派在群众中继续传播，以符水道术等为人"消灾灭祸"。另外一个流派则专以炼丹、修仙为务，因而在封建统治者中广为传播。东晋有葛洪创建的金丹派①、许迈等人创建的上清派②，南朝刘宋陆修静创立的灵宝派③，不仅充实了道教理论，而且制定出一套仪规，使道教更具宗教形式。南朝梁陶弘景所著《真诰》和《真灵位业图》是颇具影响的道教典籍。北魏寇谦之清理整顿道教，除去早期五斗米道的陈规旧习，主张礼拜求度，练气服食，兴建道场，建立帝王受箓制度，在道教发展史上具有重要地位。

儒、玄、佛、道各有理论及思想体系，在魏晋南北朝时期激烈碰撞，玄学以叛逆姿态冲击儒学，佛、道之间也曾有"夷夏"之争。然而四者之间也有交融的一面，许多政治家玄儒双修，以儒治国，以玄自修；道教称"求仙者，要当以忠孝和顺仁信为本"④，与儒家思想产生共鸣；不少高僧又有高深的玄学造诣，体现了佛玄的互补。以儒学为主体，儒、玄、佛、道四者之间相互交融，促使中国传统文化发展成为内涵更加丰富的多元复合结构。

各种思想文化碰撞交融，擦出一些耀眼的思想火花。西晋杨

---

① 以炼丹、炼金、服食金丹成仙为主要特征的道教派别。
② 以修习《上清经》存神服气为修行手段的道教派别。在道教中极有影响。
③ "灵宝"一词始见于《太平经》，东晋时葛洪族孙葛巢甫作《灵宝经》，陆修静进行增修，据此设立道教仪轨，使"灵宝之教，大行于世"。
④ （东晋）葛洪：《抱朴子·内篇》。

泉《物理论》、东晋鲍敬言《无君论》、南朝梁范缜《神灭论》尤为著名。《物理论》把"元气"看作一种物质，认为它是自然的本体，对其进行了朴素唯物主义的解释。《无君论》认为天地万物皆由"元气"构成，反对"天命论"，进而否认"君权神授"，主张建立没有君主的社会。《神灭论》主张人的精神和形体是一体的，二者的关系就像锋利和刀刃，"舍利无刀（刃），舍刀无利，未闻刀没而利存，岂容形亡而神在！"[①] 上述理论在当时的思想界引起很大震动。

## 二 文学艺术

魏晋南北朝时期诗歌、辞赋、散文、小说、文学评论成就都很大。诗歌当首推"建安风骨"，其代表是"三曹"（曹操、曹丕、曹植）、"七子"（孔融、王粲、陈琳、阮瑀、刘桢、应玚、徐干）。诗作继承汉代乐府民歌的风格，具有风清骨峻的特色和强烈的现实主义精神。西晋太康诗人以陆机和左思成就最高，但总体看反映社会现实的作品不多。东晋前期由于受玄学影响，诗作多以老庄思想为主题，玄远虚幻，远离现实，直到后期以陶渊明为代表的田园诗人出现，才为诗坛带来新的气息。以谢灵运为代表的山水诗人则把田园情趣扩大到对大自然山水的热爱。沈约是"永明体"诗人的代表，"永明体"诗讲究声律对偶，追求艺术形式完美，为格律诗的形成奠定了基础。

辞赋也在继承楚辞汉赋的基础上有所变革，形式上多为短篇，不以用典和堆砌词藻为要；内容上抒情多于咏物，陶渊明《归去来辞》、王粲《登楼赋》、曹植《洛神赋》、左思《三都赋》、江淹《别赋》、庾信《哀江南赋》代表了这个时期辞赋的

---

① 《梁书》卷48《儒林·范缜传》。

最高水平。

　　散文仍继承两汉遗风，质朴自然，或说理，或叙事，或抒情，或写景，出现不少名篇。诸葛亮《出师表》情真意切，嵇康《与山巨源绝交书》犀利洒脱，李密《陈情表》感人肺腑，陶渊明《桃花源记》景色迷人，都是这个时期的散文杰作。

　　这个时期的小说主要有两类：志怪小说和笔记小说。笔记小说具有史料价值，故在史学中叙述。志怪小说很多题材和故事源于远古神话传说和历史人物的传闻逸事，也深深打上道教和佛教影响的时代烙印。晋干宝的《搜神记》、王嘉的《拾遗记》、张华的《博物志》、郭璞的《玄中记》、陶潜的《搜神后记》、南朝宋东阳无疑的《齐谐记》、刘义庆的《幽明录》、刘敬叔的《异苑》，南朝齐祖冲之的《述异记》，梁吴均的《续齐谐记》，北齐颜之推的《还冤记》等都是志怪小说的名作。小说中的故事，有的歌颂爱情的坚贞，有的褒扬友情的牢固，有的赞美惩恶扬善的豪侠，有的主张追求幸福，有的描写自然的灵异，体现了唯善、唯美、唯情的人文精神。

　　文学的发展和繁荣必然伴随文学评论之风的兴起。曹丕的《典论·论文》是我国最早的文学评论文章，该文评述当时文学家各自的长处，论述文体特征、批评标准、作家性格与作品风格的关系，提出文以气为主的主张，强调文学作品的社会和艺术价值。南朝梁刘勰的《文心雕龙》，是我国现存最早的自成系统的古典文学研究专著，提出文学应反映现实、文质并重的主张，阐明了文学评论的依据和标准，探讨了文学作品的构思、想象、风格、继承、创新等问题。同时期人钟嵘所作《诗品》，是我国最早专门评论诗歌的著作，对两汉至梁代的五言诗进行总结和优劣评判。萧统所辑《文选》是我国现存最早的诗文选集，其中涉及探索文章的体裁和流派，取舍的缘由和标准，因此具有文学评论的价值。文学评论的兴起，反映了人们对文学的"自觉"意识。

书法艺术高峰突起。钟繇、索靖、卫瓘、王羲之、王献之（图5—3）等都是著名的书法家。钟繇博取众长，自成一家，与王羲之被后人并称"钟王"。西晋尚书令卫瓘，尚书郎索靖，俱善草书，时人号为"一台二妙"。东晋王羲之更有"书圣"美誉。北朝的"魏碑"字体，结体扁方、构架紧密、方笔折角、骨力雄劲，在书法史上具有重要地位。

绘画成就令人瞩目。孙吴曹不兴善画佛像，被称为"佛画之祖"。东晋人戴逵，十多岁时便在瓦棺寺作画。顾恺之在绘画史上最负盛名，《晋书·文苑·顾恺之传》称其有三绝：才绝、画绝、痴绝，其所传下来的《女史箴图》堪称国画珍品（见彩图十八）。南朝陆探微所画人物肖像极其传神。民间传说张僧繇画龙不敢点睛，点睛则龙会飞去。

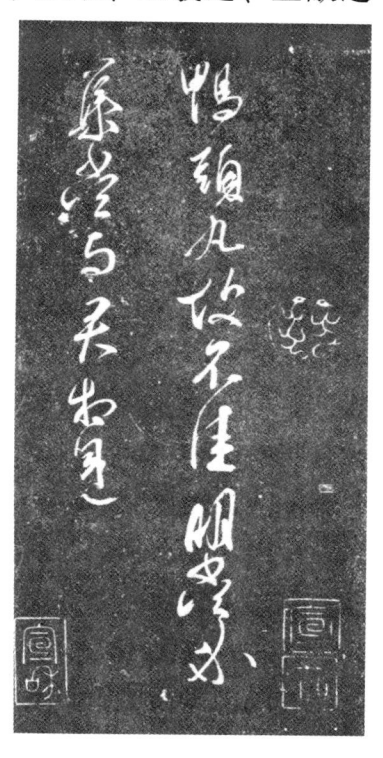

图5—3 王献之《鸭头丸帖》

## 三 史学

二十四史是纪传体正史，其中晋陈寿的《三国志》、南朝宋范晔的《后汉书》、沈约（历仕宋齐梁三朝）的《宋书》、梁萧子显的《南齐书》、北齐魏收的《魏书》五部正史都是这个时期所作。《后汉书》、《三国志》与《史记》、《汉书》并列为著名的"前四史"。南朝宋人裴松之为《三国志》所作的注，对《三国志》记载进行补缺、备异、纠谬、论证，大大丰富了原书内容，为史学体裁的一大创新。

出土文献丰富了史学材料。西晋武帝太康年间，汲郡（今河南新乡）的一座古墓被盗。武帝组织束晳（xī）、荀勖（xù）等一大批学者对墓中的竹简进行研究注释，整理出《纪年》、《易经》、《易繇阴阳卦》、《卦下易经》、《公孙段》、《国语》、《穆天子传》等古代著作75篇，其中《纪年》（即《竹书纪年》）和《穆天子传》具有很高的史料价值。

专门史包括地方史、国别史、地理、宗教、人物传记、杂记等。晋人常璩（qú）的《华阳国志》是记载我国西南地区历史、地理、人物的史志；陆翙（huì）的《邺中记》专门记载十六国时期邺城的情况；东魏杨衒之的《洛阳伽蓝记》记载洛阳城佛寺、宫殿、园林、官邸、政治、风俗、地理、传闻等，内容极其丰富；北魏崔鸿的《十六国春秋》记载北方各少数民族政权兴亡的历史；南朝梁释慧皎的《高僧传》、僧祐的《弘明集》，分别记载佛教人物和思想；晋人皇甫谧（mì）的《高士传》、《帝王世纪》是人物传记方面的代表作；北齐颜之推的《颜氏家训》是极具史料价值的杂记类著作；东晋僧人法显西行天竺取经，所作《佛国记》，记录当时西域和南亚地区三十多个国家的交通、地理、历史、文化，是研究这些地区和国家的重要文献。

南朝刘义庆的《世说新语》，是一部主要记述魏晋人物言谈逸事的笔记小说。语言简约传神，含蓄隽永，生动描写了魏晋名士的清谈、品题等活动，以及名士们的性格特征及其人生追求和嗜好，涉及汉末魏晋时期政治、经济、社会、文学、思想等多方面的内容，成为研究这个时代历史的重要史料。

士族门阀制度盛行，因查阅家族阀阅的需要，催生了一门新学问，即谱学，或称谱牒学。谱牒记载的是一家一姓一宗一族的历史。族谱在多次战乱中历经浩劫，但在《隋书·经籍志》中，仍著录着族谱104部，包括皇室族谱、士族家谱、以州为范围的族谱、以郡或小地望为名的各类族谱。东晋贾弼之一家五代人先后作《姓氏簿状》、《见客谱》、《姓氏要状》、《姓氏英贤》、《百家谱》等谱牒著作。继贾氏谱牒学之后，南齐王俭对《姓氏簿状》进行修补，萧梁王僧孺对《百家谱》进行改定，又相继撰成《十八州谱》、《百家谱集》、《东南谱集抄》等，形成王氏谱牒学。

目录学和文字学也取得很大成绩。西晋荀勖在郑默《中经簿》的基础上编成《中经新簿》，采用甲、乙、丙、丁四部分类法，李充又在此基础上将四部分类改成经、史、子、集，使史学著作分门别类，一目了然。南朝梁阮孝绪撰《七录》，其中的《记传录》就是史学目录。晋人郭璞的《尔雅注》、南朝梁顾野王的《玉篇》，在文字学中具有重要地位。

这一时期，史学不仅完全摆脱经学附庸地位，巍然独立，成果丰硕，而且创立了专职的国家修史机构——"著作之局"[①] 和始设了专职的修史之官——著作郎。

## 四 科学技术

魏晋南北朝时期科学技术的发明与创造，在天文、历法、算学、医学、农学、地理学等领域都取得了突出成就。

东晋虞喜在《安天论》中首次提出"岁差"概念，是我国天文历法史上一项重大发现。北齐张子信"视差"现象的发现，是继"岁差"之后古代天文学研究的又一伟大成果。从曹魏

---

[①] 《晋书》卷24《职官志》。专职修史官著作郎与"著作之局"均始设于曹魏。

《景初历》到南朝刘宋《元嘉历》，再到祖冲之的《大明历》，直至北周《丙寅元历》，历法的计算一次比一次精确。

刘徽的《九章算术注》今天已被翻译成多种文字出版，成为世界数学史上的名著。祖冲之是世界上第一个把圆周率数值算到小数点后七位数字的人。

建安年间，医学家张仲景写出医学巨著《伤寒杂病论》，西晋时期医学家王叔和在此基础上整理成《伤寒论》和《金匮要略》，至今仍是中医理论和指导临床治疗的重要典籍，并受到世界特别是亚洲诸国如日本、朝鲜、越南医学界的推崇。华佗发明的麻沸散，比西医麻醉药的使用早一千六百多年。王叔和所著的《脉经》，6世纪时便传到朝鲜和日本，11世纪至14世纪传到阿拉伯世界，17世纪时被译成英、法文字在欧洲刊行。

东魏贾思勰的《齐民要术》，是我国古代一部划时代的农学名著，这部书全面详细地描述了当时各种农作物的生长规律，是我国农业科学第一次系统的理论表现形式，反映了当时农业发展的先进水平。

西晋裴秀是这个时期杰出的地理学家、中国传统地图学的奠基人，他不但创造了"制图六体"理论，还绘出《禹贡地域图》18幅，这是见于文字记载的我国最早的历史地图集。北魏郦道元是我国古代最负盛名的地理学家，他的《水经注》不仅是我国古代一部地理学名著，也是一部优秀的山水文学名著。

# 第 六 章
# 隋 唐 时 期

隋朝581年建立，618年灭亡，共3帝，存38年。唐朝618年建立，907年灭亡，共20帝[①]，存290年。隋唐都城都在长安（隋时称大兴），以洛阳为东都（或称东京）。

隋唐时期历时327年。隋文帝灭陈，结束了汉末以来除西晋短暂统一之外，长达近四百年之久的分裂局面，再建统一的多民族国家。隋前期与唐前期，统治阶级积极总结魏晋南北朝的历史经验教训，完善制度，整肃吏治，关注民生，发展社会经济，调谐民族关系，并以开放心态与博大胸襟兼容并纳外来文化，达到了中国封建社会前期的鼎盛。"贞观之治"和"开元之治"将唐王朝打造成一个政治昌明、经济繁荣、文化灿烂、声威远播的强盛大国，在中国乃至世界文明史上谱写了壮丽篇章。唐后期，封建制度的痼疾致使各种社会矛盾激化，以安史之乱和藩镇割据为转折点，唐王朝由盛而衰，动乱与分裂的局面取代了安定统一的景象。但同时，为解决各种社会矛盾，又出现了新制度的雏形和新思想的萌芽，为封建社会后期的发展开辟了道路。唐宋之际发生了中国封建社会体制内的社会变革。

---

① 如果算上"武周"的"武则天"，则为21帝。

## 第一节　隋的统一与灭亡

隋朝建立者杨坚，本为关陇集团上层人物，他的女儿是北周宣帝的皇后。北周末年，杨坚辅佐年仅8岁的静帝，自为大丞相，实际掌握北周大权。大象三年（581）二月杨坚废静帝自立，建国号"隋"，改元"开皇"，是为隋文帝（581—604年在位）。

隋文帝性格严肃，勤于政事，崇尚俭素，不喜浮华。即位当年就着手建立三省六部制；采取轻徭薄赋政策；十月，颁行新律，减轻刑罚。开皇三年（583），提高成丁年龄，将徭役从每年30日减为20日，征收的调绢也减一半。开皇五年，推行"大索貌阅"和"输籍法"，即通过检查户口、定额赋役，将大量隐漏的户口从豪强手中查归国家。同时继续实行均田制，扩大自耕农数量，农业生产得以恢复和发展，政府经济实力也大大增强。在政治方面，废除九品中正制与地方长官自选僚佐，大小官员由吏部选拔和任用；"罢天下郡"，实行州、县两级建制。

隋朝与陈朝隔江对峙。隋文帝自即位起，就积极准备灭陈，统一全国。经过几年准备，开皇八年三月，下诏伐陈，以50余万兵力，西起今重庆奉节，东至今江苏扬州，向陈朝发起全面进攻。此时的陈后主迷信"长江天堑"，沉溺于狎妓、饮酒、赋诗。开皇九年（589）正月，隋将韩擒虎、贺若弼率军先后攻入建康（今江苏南京），生擒陈叔宝，陈朝灭亡。全国复归统一。

隋朝的统一建立在魏晋南北朝民族大融合与南北经济共同发展的基础上，统一程度更高更牢固，为唐代经济文化的昌盛创造了条件。

此后隋文帝继续改革府兵制度，减轻徭役，社会经济出现繁荣景象。开皇十二年，隋朝的府库已收藏不下从各地征来的绢帛，只好另建"左藏院"储存。而收藏在各大仓城的米粟，多则千万石，少也有几百万石。直到唐朝初年，仓库中的粮帛尚未用尽，可见数量之大。

隋文帝统治后期，刑罚日益严酷，曾规定凡盗窃一钱以上者判死罪，并开法律之外"决杖"（用木棒抽打）官员的先例。隋文帝本人性格"猜忌苛察"，使功臣往往性命不保，官吏人人自危。加上晋王杨广与太子杨勇争位的宫廷斗争，导致统治阶级内部矛盾加深。

杨广是隋文帝次子，为争太子位，以虚伪手段赢得母亲独孤皇后欢心，同时争取到宰相杨素的支持。开皇二十年，杨勇被废，杨广成为太子，四年后杨广杀死病中的文帝，即皇帝位，第二年，改元"大业"，是为隋炀帝（605—618 年在位）。

隋炀帝自以为才学很高，不听人谏，又依仗国家富庶，骄奢淫逸，滥用民力。大业元年（605）三月，开始营建东京（洛阳）宫室，征发役丁 200 万人；此后到大业六年，先后发丁 300 万修建运河；大业三年，发丁百万修建长城。又年年远出巡游：南到江都（今扬州），北至榆林（今内蒙古托克托西南），东北过涿郡，西抵张掖，曾有几十万从行者在山谷中遭遇暴风雪，大半冻死。后又三征高句丽，加速了隋朝灭亡。

高句丽统治者被隋文帝封为高丽王，曾经遣使朝贡。炀帝即位后，因高丽王不肯亲自入朝，于大业七年下令准备进攻高句丽，命官吏在东莱（今山东掖县）海口督造战船。工匠被迫站在水里日夜施工，腰部以下无不生蛆，死亡的多达十分之三四。对高句丽的战争准备激化了国内矛盾。同年，山东人王薄在长白山（今山东章丘县境）揭竿起义，自称"知世郎"，作《无向辽东浪死歌》，号召民众不要去辽东送死。王薄起义拉开了隋末农民起义的大幕。

大业八年,炀帝派兵百余万第一次进攻高句丽,大败而还。九年,亲自出征,再次进攻高句丽,不料杨素之子杨玄感在黎阳(今河南浚县东南)起兵反隋,炀帝仓皇撤军。平定杨玄感后,炀帝认为杨玄感一声号召,就有十万人响应,可见天下人不能多,"不尽加诛,无以惩后"[1],竟屠杀了三万余人。大业十年,炀帝第三次进攻高句丽。此时反隋武装已遍及各地,炀帝无力将战争进行下去,只好与高句丽议和收兵。

王薄之后,农民起义席卷全国,逐渐形成三支强大的武装力量,即李密的瓦岗军,窦建德的河北义军,杜伏威、辅公祏的江淮义军。与此同时,各地军阀豪族也纷纷叛乱,兵力较大的有梁师都、刘武周、薛举、萧铣、李轨、李渊。

大业十二年,炀帝执意再赴江都。大业十三年五月,李渊于太原起兵,趁隋军主力被瓦岗军吸引在东方的机会,于十一月攻占长安,立炀帝孙杨侑(yòu)为傀儡皇帝(后谥为恭帝)。次年(618)三月,江都发生兵变,炀帝被杀。五月,恭帝禅位于李渊,隋朝灭亡。

隋炀帝统治期间四处巡游,对安定边疆有一定积极意义;修大运河,有利于南北物资交流和对东南地区的控制;新设进士科、免除对妇人奴婢课赋,对后世也有较大影响。但他为人虚伪矫饰、刚愎自用,生活奢侈淫逸,施政不恤民力、好大喜功,以至穷兵黩武、草菅人命、滥杀无辜,造成国力迅速耗散,民众苦难深重,"罄南山之竹,书罪无穷;决东海之波,流恶难尽"[2],是中国古代历史上有名的暴君之一。

---

[1] 《资治通鉴》卷182,炀帝大业九年八月。
[2] 引自《资治通鉴》卷183,李密声讨隋炀帝檄文。

## 第二节 唐前期的昌盛

唐朝的建立者李渊也出身于关陇贵族集团,担任过隋的中央和地方高官,后来奉炀帝之命镇守太原,617年起兵反隋,占领长安。618年李渊称帝于长安,国号"唐",建元"武德",是为唐高祖。此时全国各地建有大小政权十余个。李渊父子先西后东,北战南征,先后平定或镇压了薛举、薛仁杲(gǎo)的"秦"、李密的"魏"、窦建德的"夏"、王世充的"郑"等,到武德四年(621),大体统一全国。

唐高祖在位时,废隋苛政,定律令、建官制、置学校、组建十二军统领府兵、颁均田制和租庸调法、行"开元通宝"钱,初步完善各项制度,为唐王朝日后的发展奠定了基础(图6—1)。

### 一 唐太宗与"贞观之治"

武德九年六月,唐高祖次子秦王李世民伏兵于玄武门,发动军事政变,射杀太子李建成与弟齐王李元吉。高祖被迫立李世民为太子,随即传位,称太上皇,史称"玄武门之变"。第二年,李世民改元"贞观",是为唐太宗(627—649年在位)(图6—2)。

唐太宗是中国古代一位善于吸取历史经验,具有开明思想和政治远识的帝王。即位后,经常与大臣讨论历代王朝盛衰的教训和治国方针政策。他意识到皇帝如果暴虐无道就处境危险,"天子者,有道则人推而为主,无道则人弃而不用,诚可畏也"[①];

---

① 《贞观政要》卷1《政体第二》。

图6—1 唐时期全图（669年前后）

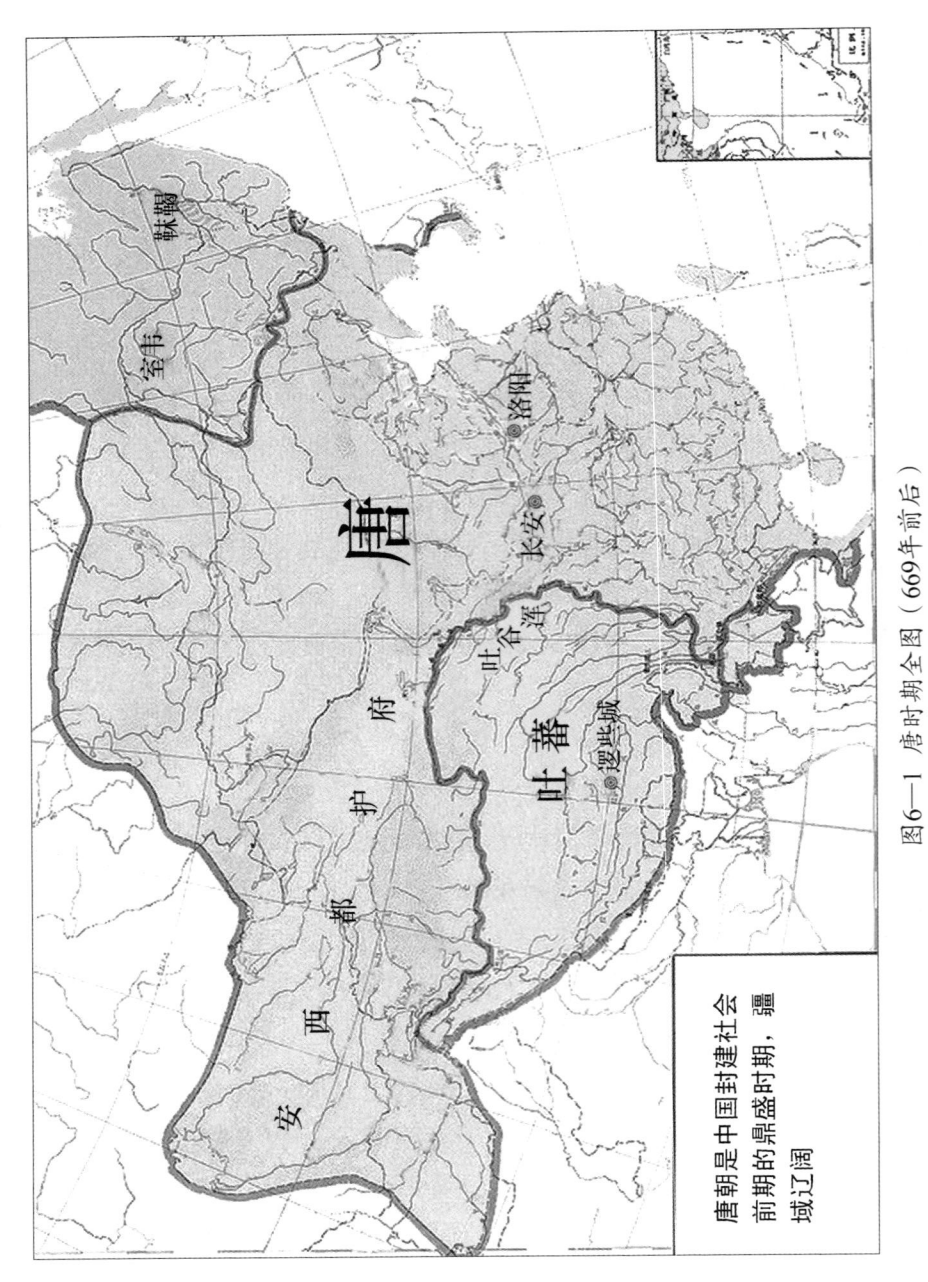

唐朝是中国封建社会前期的鼎盛时期，疆域辽阔

他继承历代民本思想，总结出一条重要的统治经验，即"为君之道，必须先存百姓"①；认为国家政事要尽量委任群臣去办，皇帝不要独断；要使国家长治久安，就要居安思危，慎终如始。

大臣虞世南献《圣德论》歌功颂德，唐太宗对他说：你把我拔得太高，我不敢当，而且你只看到"始"，没有看到"终"。如果我能慎终如始，则你的文章可以流传，如果不是这样，恐怕只会让后世嘲笑你了。

即位之初，唐太宗制定了"去奢省费，轻徭薄赋，选用廉吏，使民衣食有余"②的政策，将中央文武官员减至643员。他重视立法和守法，要求断狱须依据律文；注意"纳谏"并主动"求谏"，希望臣下能"谏上"也能"受谏"，对大臣们说："（朕）恒欲公等尽情极谏。公等亦须受人谏语，岂得以人言不同己意，便即护短不纳？若不能受谏，安能谏人？"③他充分信任"以谏诤为己任"的魏徵，当魏徵死时他动情地感叹："人以铜为镜，可以正衣冠；以古为镜，可以见兴

图6—2　唐太宗像

---

① 《贞观政要》卷1《君道第一》。
② 《资治通鉴》卷192，高祖武德九年十一月。
③ 《贞观政要》卷2《求谏第四》。

替；以人为镜，可以知得失。魏徵没，朕亡一镜矣！"① 在用人上，唐太宗不论地域，不讲出身，知人善任，选拔、使用了一批杰出将相，如房玄龄、杜如晦、李靖、李勣等，保证了政治稳定和各项政策的施行。对少数民族，唐太宗采取相对平等的态度，他说"自古皆贵中华，贱夷狄，朕独爱之如一"②，被北边各族共同尊奉为"天可汗"。

经过唐初，特别是贞观年间的治理，唐朝成为一个强盛的封建国家。版图广大，东极于海，西逾葱岭，北越大漠，南抵林邑，东西九千五百余里，南北一万零九百余里；人口增多，经济初步繁荣。加之多年丰收，物价低廉，风俗素朴，生活安宁。这一经济较快恢复和政治、社会相对稳定的时期，被史书称为"贞观之治"。

但是唐太宗在统治后期逐渐骄矜，征发百姓劳役增多，贞观十九年（645）还发动了对高句丽的战争。太子地位不稳问题依然存在。贞观十七年废太子李承乾，同时幽禁谋求太子位的魏王李泰，立晋王李治为太子。贞观二十三年，53岁的唐太宗病逝于长安。

## 二 女皇帝武则天

晋王是唐太宗第九子，即位次年改元"永徽"，是为唐高宗（650—683年在位），立士族出身的王氏为皇后。武则天，称帝后名"曌"（zhào）③，出身非士族，14岁时被唐太宗纳入后宫，太宗死后削发为尼，永徽初年被唐高宗召入宫中，得到高宗宠

---

① 《资治通鉴》卷196，太宗贞观十七年正月。
② 《资治通鉴》卷198，太宗贞观二十一年五月。
③ "武则天"是"姓"加"尊号"，并非姓名。她在称帝前名字为何，不明。

信。永徽六年（655），高宗不顾长孙无忌、褚遂良等大臣反对，在李勣、许敬宗等支持下，废王皇后立武则天为皇后。这场斗争具有打破士族集团在政权中的优势、削弱其势力的意义。

由于高宗性格软弱、身体多病，而武则天明睿机敏，兼通文史，处事得当，因此从显庆五年（660）左右就开始参与政事。到麟德初年（664）武则天已经完全掌握了权力，与高宗被臣下共称为"二圣"。自此时到她退位，统治天下长达半个世纪。

弘道元年（683）唐高宗病死，中宗李显立，武则天以皇太后名义临朝称制，随即废中宗为庐陵王，另立其弟李旦。这之后的几年间，先后有扬州徐敬业、宗室越王李贞、琅邪王李冲等起兵，都被武则天派兵平定。叛乱被迅速平定的一个重要原因是叛乱发生后，"海内晏然，纤尘不动"[①]，即得不到民众支持。

宗室叛乱直接导致了武则天对唐宗室大臣的清洗，也为她称帝铺平了道路。690年，武则天正式改"唐"为"周"，年号"天授"，自称大周"圣神皇帝"。称帝后，在朝廷内外压力下，不得已将李显从流放地召回，立为太子。称帝15年后，神龙元年（705），宰相张柬之等联合禁军将领，发动宫廷政变，迫使武则天让位于李显。同年末，81岁的武则天病逝于洛阳。死前下诏去帝号，复称皇后。

武则天当皇后时，就提出十二条施政意见，包括劝农桑、薄赋徭；减省功费力役；息兵；提升才高位卑的官吏；广开言路等。在她统治期间，下令限制王公以下蓄养奴婢的数目，改革徭役和户籍制度，允许逃亡农民在一定条件下编附户籍。这些措施促进了经济发展，国家控制的人口从贞观末永徽初的380万户增加到650万户。

---

① （唐）陈子昂：《陈拾遗集》卷9《谏用刑书》。

武则天具有驾驭臣下的能力。她为培植自己的势力，鼓励士人自荐，又开殿试、设"试官"，大量破格选用和升迁官吏。虽有录用过多、升迁过快的弊病，但一旦发现不称职者就立即贬黜。她慧眼识人，明察善断，赏罚分明，培养了一批有才干的官员。像唐休璟、狄仁杰，以及开元名臣姚崇、宋璟等，都是武则天发现并提拔起来的。非士族阶层的广泛参政，扩大了统治阶级的政治基础，抑制了士族势力，对政权的巩固和发展起到了一定的作用。

武则天统治期间又坚持重设龟兹、于阗、疏勒、碎叶四镇，巩固西部边防；抵抗北边突厥侵扰；平定东北契丹叛乱。这些举措对统一的多民族国家的巩固和发展有一定贡献。

武则天统治最黑暗处是鼓励告密和任用酷吏。她在朝堂上设置铜匦（guǐ），接受告密文书。告密失实无罪，致使朝廷内外告密成风。又重用索元礼、来俊臣、周兴等一批酷吏，对大臣肆意罗织罪状，严刑逼供，相继诛杀唐宗室数百人、文武大臣数百家。直到武则天称帝、政权相对稳定后，这种极恐怖的政治才告一段落。

### 三　唐玄宗与开元盛世

中宗李显复位后，朝政被韦皇后、安乐公主、武三思等操纵。他们卖官鬻爵，贿赂公行，日夜宴游，淫逸无度。景龙元年（707），非韦后亲生的太子李重俊政变，杀死武三思等，欲除掉韦后而未遂。景龙四年，韦皇后伙同安乐公主毒死中宗，立温王李重茂为小皇帝，自己临朝称制，甚至想学武则天改唐称帝。此时中宗之弟李旦为相王，被排斥在最高权力外，地位岌岌可危。在这种形势下，相王三子李隆基与相王之妹太平公主合谋发动政变，杀死韦后、安乐公主及其党羽，废李重茂，拥李旦即位，改元"景云",是为睿宗①。以李隆基为太子。

睿宗也比较昏庸,朝政依然腐败。太平公主因拥立之功,势力变大,宰相七人中有五人因她得位,文武大臣也多半依附于她。这就与太子李隆基发生了尖锐矛盾。景云三年(712)睿宗传位太子,李隆基即帝位,是为玄宗②。先天二年(713)玄宗率先下手,一举消灭太平公主集团,改元"开元"。自武则天以来的皇后、公主干预政事的局面至此结束,自中宗即位八年以来的混乱政局也至此稳定下来。

唐玄宗在位45年,基本上可说是唐王朝的鼎盛时期。

开元年间(713—741)唐玄宗励精图治,先后任用姚崇、宋璟等一批熟悉吏治、富有才能的宰相,选择良吏、建立制度,同时下令除奢从简,注意租税的均平征敛。面对社会发展出现的新情况,他适度进行改革:放松对逃亡编户(客户)的限制;施行新的兵役制度;在加强中央权力的同时对大行政区放权;提高执掌贡举官员的等级;用《循资格》③稳定官僚队伍;全面修订法律;设"常平仓本"调剂贫富;立"劝农社"促进农事。

这些政策使唐朝社会稳定、经济发展,成为一个国力昌盛、文化灿烂的强大王朝,吸引着周边政权向它学习、与它交往。到开元末年,国家富庶,物价低廉,社会秩序良好,行旅千里不绝。杜甫用《忆昔》诗称赞这个时代:"忆昔开元全盛日,小邑犹藏万家室;稻米流脂粟米白,公私仓廪俱丰实。"

但到天宝时期(742—756),唐玄宗逐渐追求奢欲、倦于政

---

① 睿宗李旦曾先后两次即位为帝。第一次在684—690年,但其间实由太后武则天临朝称制,睿宗无权干政,第二次在710—712年。
② 唐玄宗于712—756年在位为皇帝,756—762年为太上皇。
③ 指按资格逐级限年晋升的官员升迁方式,由吏部尚书裴光庭于开元十八年(730)制定。

事。天宝四载①（745），册封杨贵妃后，玄宗沉溺声色。这时宰相李林甫专权。李林甫虽然精于吏事，但"口蜜腹剑"，打击政敌不遗余力。天宝元年又在边境地区设置十节度使。节度使多由胡人担任，逐渐形成几个大的军阀势力。

虽然政治趋于腐败，社会风气日益奢靡，但天宝年间经济仍有发展。天宝十二载，自长安向西万余里，仍是人户相望、桑麻遍野。天宝十四载，全国统计户口有900余万户，5200余万口，达到唐朝统计户口的最盛。

## 第三节 唐后期的衰亡

### 一 安史之乱与藩镇割据

唐玄宗统治后期，边地军事力量膨胀，身任大军区长官的"节度使"除军事外，兼管民事，形成边将久任、军阀权重的局面。其中最大的军阀是安禄山。

安史之乱首领安禄山、史思明都是营州柳城（今辽宁辽阳）混血胡人②，骁勇狡黠。安禄山累积军功迁至平卢节度使（治营州），以财货贿赂杨贵妃和李林甫，深得玄宗宠信，后兼任范阳（治幽州）、河东（治太原）节度使，兵雄天下，有轻朝廷之意。天宝十一载（752），李林甫死后，宰相杨国忠与安禄山不和，激其反叛。天宝十四载十一月，安禄山以诏讨杨国忠为名，起兵15万反于范阳。

由于天下承平日久，中原唐军弱不能战，十二月，6万唐军一战败绩，叛军攻占洛阳，唐军退守潼关。同时朔方节度使郭子

---

① 天宝三年改"年"为"载"。
② 或以为是原居中亚的粟特人。

仪率众进军河北讨叛。十五载，安禄山自称大燕皇帝。六月，唐军兵败潼关，叛军攻占长安。唐玄宗出奔四川，在马嵬坡随行士兵哗变，杀死杨国忠，并逼迫皇帝处死了杨贵妃。太子李亨分兵后随即北上，在灵武（今宁夏灵武）即位，改元"至德"，是为肃宗。李亨称帝有擅立嫌疑，但在稳定人心、统一指挥平叛方面具有积极作用。

肃宗急调郭子仪回军灵武。至德二年（757）安禄山之子安庆绪杀父自立。九月，郭子仪大军收复长安，十月，收复洛阳。史思明于是在范阳降唐，只有安庆绪固守相州（今河南安阳）。乾元二年（759），史思明再叛，驰援安庆绪，与唐九节度大军决战于安阳。唐军溃败，史思明杀安庆绪。上元二年（761），史思明在洛阳再败唐军，想乘胜西入关，被他的儿子史朝义所杀。

宝应元年（762），唐玄宗、肃宗相继病死，太子李豫即位，是为代宗（762—779年在位）。十月，唐军在回纥（hé）军协助下收复洛阳。广德元年（763）大军直指范阳，叛军将领纷纷投降，史朝义自杀。安史之乱结束。

持续七年有余的安史之乱给民众带来一场大浩劫，对社会经济造成一场大破坏。它在政治上的直接恶果，是形成了唐后期持续150年的藩镇割据局面。

安史余部投降后，唐朝廷无力收回其兵权，仍然任命他们为当地节度使，其中李宝臣的成德镇（治今河北正定）、李怀仙的幽州镇（治今北京市城区西南）、田承嗣的魏博镇（治今河北大名）并称为"河北三镇"，是最跋扈的藩镇，名义上尊奉唐王朝，实际"既有其土地，又有其人民，又有其甲兵，又有其财赋"[①]，父死子代，长期割据一方，直到唐亡。

---

① 《新唐书》卷50《兵志》。

安史之乱后，内地也普遍设立藩镇。河北之外，中原藩镇有些割据性较强，如淄青（治今山东东平西北）、淮西（治今河南汝南）、昭义（治今山西长治）等。南方藩镇则军队很少，节度使多为文臣，基本忠于朝廷。

唐朝廷与叛乱藩镇有过几次大的战争。

德宗李适（780—805 年在位）初年整顿制度、施行两税，不许藩镇传土地于子孙，招致成德、魏博、淄青三镇叛乱。在平叛过程中，更有幽州、淮西继叛，各自称王称帝。前往平叛的泾原军队又发动兵变，占领长安，拥幽州节度使朱滔兄朱泚（cǐ）为帝，德宗出逃奉天（今陕西乾县）。兵变平息后，德宗对叛乱造成的危难心有余悸，于是对藩镇采取姑息态度，承认河北三镇世袭特权，维持现状。这次失败的削藩战争，基本奠定了其后中央与藩镇、藩镇与藩镇的强弱地位，以及各藩镇之间盘根错节的相互关系。

宪宗李纯（806—820 年在位）刚明果断，用人不疑，决心以法度制裁藩镇。先是使魏博归顺，继而历四年苦战平定淮西，强藩震动。此后成德臣服、幽州效忠。宪宗末年，集诸道兵击败淄青。至此，跋扈的河北三镇及淮西、淄青都接受朝廷约束，全国暂归统一。宪宗死，穆宗李恒（821—824 年在位）昏庸，宰相短视，河北三镇再成割据，唐朝廷不再对他们用兵。武宗李炎（841—846 年在位）时，位于"心腹地"的昭义叛乱，被坚决平定，这是唐朝廷最后一次对叛镇用兵。

藩镇割据破坏了唐王朝的政令统一，但同时藩镇间相互制约，又维系着唐王朝的统治。唐末，超强藩镇出现，打破均势，以兵力压制群藩，最后导致唐朝灭亡。

## 二 朋党之争与宦官专权

安史之乱后,君权多弱,相权又不专,导致朝官内部争权夺利,各结朋党,排斥异己。宪宗在位时已经关注朝官结党倾向,多次与宰相讨论朋党问题。宪宗以后,出现了影响朝政四十余年的所谓"牛李党争"。

牛僧孺、李宗闵是牛党首领;李德裕、郑覃是李党首领。两党大致各由志趣相投、政见相似的官员相结而成。虽然在科举置废、藩镇政策方面有不同意见和措施,也可分出优劣,但总体看,党争的主要表现还是以人划线,此进彼退,互相倾轧。

穆宗时,李德裕为浙西观察使,本当入相,却八年不得调动,而牛党引牛僧孺为相,造成李、牛积怨加深。文宗李昂(827—840年在位)时,牛李两党斗争日趋激烈,在朝议事,争吵不休;进退官员,唯党为是,皇帝也很无奈,以致文宗叹道:"去河北贼易,去朝廷朋党难。"[①] 武宗即位,以李德裕为相,牛僧孺、李宗闵被贬外地。李德裕施政经验丰富,对叛乱的昭义镇态度强硬,辅佐武宗取得较好政治局面。武宗死,宣宗李忱(847—859年在位)即位,牛党得势,贬李德裕于崖州(今海南琼山东南)。此后,牛李两党首领先后病死,"牛李党争"遂告结束。

导致唐后期政治腐败的更大问题是宦官专权,专权的基础和危害均源自宦官握有兵权。

唐初使用宦官有一定限制,到唐玄宗时宦官权力明显扩大。安史之乱爆发后,肃宗以宦官李辅国执掌禁军。代宗时神策军成为中央禁军。德宗不信任朝官,设左右护军中尉,以宦官担任,

---

① 《资治通鉴》卷245,文宗大和八年十一月。

统率神策军。从此，由宦官统领神策军成为固定制度，直至唐亡。神策军地位在其他禁军之上，装备精良，有 15 万人之多。控制了神策军等于控制了中央的军事力量。朝廷又以宦官为监军使，驻扎各个藩镇，直接与中央联系，既是中央耳目，又是控制地方的手段。朝廷还设置由宦官充当的左右枢密使，替皇帝裁决政务。两枢密使、两中尉号称"四贵"，掌握军政大权，成为政府实际统治者。自顺宗（李诵，805 年在位）以后至唐亡，除敬宗（李湛，825—826 年在位）外，八个皇帝都是宦官拥立的；两个皇帝（宪宗、敬宗）死于宦官之手；一个皇帝（昭宗李晔，889—904 年在位）曾被宦官囚禁。

跋扈的宦官胁迫皇帝、蔑视宰相、欺凌士人、横行朝野，必然与朝官发生冲突。由于宦官的机构在北面宫城，朝官的衙门在南面皇城，因此朝官和宦官的斗争被称为"南衙北司之争"。在皇帝支持下，朝官曾与宦官有过两次大的斗争。

一次是顺宗时。顺宗任用王叔文、王伾，引进柳宗元、刘禹锡等有识朝官，罢除了宦官掌握的"宫市"①，试图夺取宦官统领神策军的权力，结果遭到宦官强烈抵制。在大宦官俱文珍等人密谋下，废顺宗立宪宗，将王叔文、柳宗元等或赐死或贬为远州司马。这次斗争被称为"二王八司马"事件或"永贞（顺宗年号）革新"。

另一次是文宗时。文宗起用李训、郑注，策划了一个剪除宦官的计划。大和九年（835）十一月，李训使人谎称金吾厅后石榴树上有"甘露"，想在神策军中尉仇士良等率众宦官前往查看时将他们杀尽。仇士良在途中发觉有异，挟持文宗急入内宫，随

---

① 所谓"宫市"，即在长安所设采购宫中所需物品的市场，宦官在其中欺行霸市、公然掠夺财物。

即派神策兵捕杀李训、郑注并众宰相,血洗长安。这一事件被称为"甘露之变"。

文宗以后,再无皇帝主动对宦官采取大规模剪除行动,从此,"天下事皆决于北司,宰相行文书而已"[①],直到唐朝灭亡。

### 三 王仙芝黄巢起义与唐朝的灭亡

大中十三年(859)宣宗死,懿宗李漼(cuǐ)(860—873年在位)立。懿宗是个骄奢无度的皇帝,女儿同昌公主出嫁,一次就赐钱500万贯;自法门寺迎佛骨[②]入宫,耗费了国家巨大财力。在这前后,唐王朝政治上官僚队伍膨胀,官员贪贿成风;经济上土地兼并加剧,民众赋税增加。特别是徭役征发增多、兵役负担沉重,加上灾荒频仍,税吏横暴,导致大批民众生活无着、破产逃亡。当时人说民有"八苦":一官吏苛刻,二高利债侵夺,三赋税繁多,四官衙索取,五替逃户应役,六冤不得理、屈不得伸,七冻无衣、饥无食,八病不得医、死不得葬。"天下百姓哀号于道路,逃窜于山源,夫妻不相活,父子不相救。百姓有冤诉于州县,州县不理,诉于宰相,宰相不理,诉于陛下,陛下不理"[③],于是只有造反一条路了。

大中十三年十二月,浙东裘甫率众起义,饥民群起响应,揭开了唐末农民战争的序幕。起义八个月后被镇压。咸通九年(868)自徐州派往桂州的戍兵,因不满朝廷再三延长戍守期限,推庞勋为首,爆发兵变。庞勋率戍兵回师,攻占徐州,与唐军对峙一年以上,战败被杀。这次兵变沉重打击了唐王朝,为此后的

---

① 《资治通鉴》卷245,文宗大和九年十一月。
② 此处"佛骨"指"佛指舍利"。1987年陕西扶风法门寺地宫出土了这枚唐朝皇帝奉请并送还的"佛骨"以及大量珍贵的唐代文物。
③ 《文苑英华》卷676,刘允章《直谏书》。

农民大起义提供了有利条件。

咸通十四年发生严重灾情,灾民生活在死亡边缘。唐王朝不仅不予赈济,反而加紧勒索赋税。僖宗乾符元年(874)年末,王仙芝聚众在濮阳(今河南濮阳)起义,自称"天补均平大将军",黄巢响应,队伍迅速扩大到几万人,连续攻占今河南、湖北多个州县。乾符四年,王仙芝兵败被杀,黄巢成为义军首领,自称"黄王",号"冲天大将军"。乾符五年,黄巢率义军避开唐军主力,从浙江开山路700里,挺进福建。乾符六年,循福建向西,一举夺取南方重镇广州。十月,义军出师北上。广明元年(880)七月,打过长江,占领洛阳,逼近潼关。十二月,唐僖宗逃亡四川,黄巢大军进入长安,建国号"大齐",年号"金统"。义军宣称"黄王起兵,本为百姓"①,大杀唐宗室与官吏,剥夺富家财产。中和二年(882),黄巢大将朱温(后改名朱全忠)投降唐朝。中和三年,唐军十余万以李克用沙陀②兵为先锋向义军发起进攻,义军撤出长安。在转战河南、山东后,中和四年(884)六月,黄巢在泰山东南狼虎谷被杀,起义失败。

黄巢起义持续十年,其间利用藩镇矛盾,流动作战,成功南下、东进、北上;但由于没有建立牢固的根据地,攻占长安后又不能及时追歼唐僖宗流亡朝廷,最终被击败。这次大起义削弱了各级官吏和贵族豪强的势力,沉重打击了唐王朝统治。黄巢起义是中国封建社会农民起义由前期向后期转变的重要标志,突出特点是首次通过义军领袖称号曲折提出"平均"要求,反映起义目标由主要针对国家转向针对社会。

黄巢失败后,各地藩镇割据加剧,朝廷政令不出长安。宦官

---

① 《资治通鉴》卷254,僖宗广明元年十二月。
② 沙陀为突厥族别部。李克用及五代后唐、后晋、后汉的建立者均为沙陀人。

和朝官各结藩镇为援；藩镇之间也是兼并不断。昭宗时，强藩有宣武（治今河南开封）朱全忠、河东李克用、凤翔（治今陕西宝鸡北）李茂贞等。南衙朝官主要依靠朱全忠，北司宦官先后倚仗李克用、李茂贞。到昭宗末年，朱全忠已经成为最强藩镇。天复三年（903），朱全忠引兵入长安，杀尽朝中宦官，并命各地藩镇诛杀当处监军宦官。唐后期的宦官专权至此结束。天祐元年（904），朱全忠挟持昭宗及百官迁往洛阳。八月，杀昭宗，立昭宗的儿子哀帝李柷（zhù）。二年，杀宰相裴枢等大臣三十余人于白马驿，南衙与北司由此同归于尽。

朱全忠在其后与李克用的争霸战争中，赢得河北三镇支持，于天祐四年（907）逼迫哀帝让位，自立为"梁"。唐朝灭亡。此时全国范围内，尚有河东李克用、凤翔李茂贞、淮南杨渥、西川王建仍奉唐朝年号。唐后期藩镇、朋党、宦官三大祸患中，最终是藩镇割据为害最烈，直接导致了唐朝的灭亡。

## 第四节　隋唐政治制度

### 一　三省六部与使职差遣

唐朝中央政治体制的特点是：前期结构严谨、层次分明；后期新旧体制并存，机构重叠，职责混杂。

隋朝建立后，文帝总结魏晋南北朝以来的统治经验，将此前混乱的中央中枢政治体制加以整理，废除西魏北周的六官制，恢复在前代逐渐成形的三省制，设立了尚书、门下、内史三省。尚书省机构最大，下设吏部、礼部、兵部、都官、度支、工部六曹，分管各种政务。这一体制后来被称为"三省六部制"。

唐初统治者致力于国家制度建设，在隋制基础上，经高祖、太宗努力，完善了三省六部制，为唐前期的持续发展繁荣提供了政治制度上的保证。

唐朝的三省是中书、门下、尚书,六部是尚书省下属的吏部、户部、礼部、兵部、刑部、工部。六部之外,还有负责具体事务的九寺(太常、光禄、卫尉、宗正、太仆、大理、鸿胪、司农、太府)、三监(国子、将作、少府),以及负责监察的御史台。

中书省的职责是出令,即秉承皇帝旨意起草诏敕;门下省的职责是"封驳",即审核中书省所拟诏敕和尚书省奏上章疏,有不便施行者驳正封还;尚书省的职责是执行,即依靠六部(以及寺监)贯彻各种政令。这样,三省之间既分工明确,又互相制衡,避免了权力过度集中,减少了决策的失误。

唐朝施行多宰相制。唐初三省长官都是宰相,共同在"政事堂"开会商议军国大事。其后发生了相互关联的两种变化:一是皇帝为分相权,选拔中级官吏出任宰相,使用的头衔后来统一为"同中书门下平章事"。这一头衔本身没有品秩,任此职者必须另有职事官衔。这种方式被称为"差遣"。唐后期只有带"同中书门下平章事"衔者才是真宰相。第二个变化是仅执掌行政职能的尚书省地位下降,而与决策相关联的中书、门下省地位上升。唐玄宗时"政事堂"改名"中书门下",下设吏、枢机、户、兵、刑礼五房。"中书门下"成为独立的宰相办事机构,逐渐向决策和行政中枢演变。

安史之乱前,除宰相的"差遣"外,还出现了其他具有"差遣"性质的官(名多为"知"某某事)和"使职"。使职如观风俗使、黜陟使、安抚使等,在唐初多属临时性质。从高宗到玄宗,随着社会军事经济状况的变化,这种由皇帝直接授权、处理事务可跨越尚书六部、本身又无品秩的使职逐渐成为固定职务。安史之乱后,为适应复杂多变的政治军事形势,应付庞大军费开支，使职形成了三大系统：以度支、户部、盐铁三使为中心的财政诸使；以节度使、观察使为中心的地方军政诸使；以枢密使为首的宦官领内诸司使。这些使职多达几十种，在相当程度上替代了六部和寺监的职能。

这样，唐后期中枢机构和行政事务两方面都出现了变革，在提升皇权和追求行政效率的过程中，"中书门下"与"使职差遣"的作用日益增大；原有机构与新设实际办事机构并行；"官"与"职"分离。这些变化直接影响了五代和北宋的政治制度。

唐朝地方行政建制也有变化，增设了"道"与"府"。

## 二 科举制的确立

科举制萌芽于南北朝时期。隋朝建立后，废除了与士族门阀制度相联系的九品中正制，选官不再讲求门第，主要以考试成绩为标准。炀帝时，除沿袭过去的秀才、明经科外，新设置了进士科，标志着科举制的确立。

唐朝科举制有制举和常科。制举为选拔特殊人才，由皇帝召试，科目繁多，不常设。常科有六：秀才、明经、进士、明法、明书、明算。其中秀才应举者少，明法、明书、明算招考的是法律、书法、算数等专门人才，在常科中都不重要，而明经、进士则是常科乃至科举制中最主要的科目。明经科每年取百人左右，要多于进士科所取的30人，但考试难度及社会地位均低于进士科，以致当时有"三十老明经，五十少进士"[1]的说法。

参加考试的人有两种：出自各类学校的称"生徒"，学成直接参加尚书省礼部试；未入学的称"乡贡"，需先参加州县考试合格后，再参加尚书省礼部试。明经科考试主要是"帖经"，考

---

[1] （五代）王定保：《唐摭言》卷1《散序进士》。

的是背诵经典的能力，相对比较简单。进士科考试科目从唐初到玄宗不断变化，最后固定为三场：帖经、杂文（主要是诗赋）、对策。考试科目的变化与政治形势、文化风尚，以及统治者的好恶均有关系。

常科及第，只获得出身即入官资格，要想拿到官职，还必须参加吏部举办的"铨选"。铨选的标准有四：身（体貌）、言（言辞）、书（书法）、判（判语），其中的"判"是官员必备的处事能力。完整意义上的官员选举制度，包括获得入官资格的"举"和取得官职的"选"。明经出身，成为中下级官吏的较多；进士出身，则有更多的机会出任高级官吏。唐宪宗以后，进士出身的在宰相中已经占有绝对优势。到唐末，进士科出身者被称为"衣冠户"，享有免除徭役的特权，是宋代"官户"的前身。

隋唐科举制虽已确立，但仍不完善，具体表现为：第一，取人不多。在前期与门荫入仕、胥吏入仕诸途径并存，在仕途中尚不占主要地位。第二，仍有"荐举"残余。即考试录取时，除成绩外，应举者的声誉和各方面的推荐对主考官有很大影响，于是举子为得到名人推荐，到处请托关系，趋附奔竞。第三，及第后不能及时和保证得官。许多明经进士终身没有官职，造成入仕成本过高，浪费人才。尽管如此，科举制的确立还是起到了抑制门阀、选拔寒庶的作用，是唐朝兴盛的人事保证。它所具有的不问出身背景、公平竞争的特色也被后世继承和发展。此前，中国封建社会的选官制度经历了荐举制、察举制、九品中正制几个重要发展阶段，而科举制较为科学地总结了历代选官制度的经验教训，创设了一套更为完善的人才选拔机制，极大地扩展了统治阶级的社会基础，成为中国封建社会中后期普遍推行的选官制度，直至清代晚期，影响十分深远。

## 三 律令格式的完备

隋唐法制是中国古代法制建设的鼎盛时期，表现为建立了以律、令、格、式为主体的完备成文法体系。

隋朝初立，注意法制建设，很快制定了《开皇律》和《开皇令》。律令的篇章结构、五刑（笞、杖、流、徒、死）、十恶（不赦的十种严重犯罪）、八议（皇亲贵族等八种人犯罪时享有宽宥特权）等原则为唐代所继承，影响深远。

唐朝明确规定国家正式法律形式为律、令、格、式四种。唐高祖称帝就开始制定律令，后来陆续制定了格式并多次修订，著名的有武德律令、永徽律令格式、开元律令格式。"律"基本是刑法（也含有部分民事和诉讼程序的规定）。唐律12篇500条，篇名为：名例、卫禁、职制、户婚、厩库、擅兴、贼盗、斗讼、诈伪、杂律、捕亡、断狱。"令"是有关国家各项制度的规定，唐令大致为30篇1500余条，重要篇目有：官品令、职员令、祠令、户令、选举令、考课令、宫卫令、军防令、衣服令、仪制令、公式令、田令、赋役令、仓库令、厩牧令、关市令、捕亡令、医疾令、假宁令、狱官令、营缮令、丧葬令、杂令。[①]"格"是将皇帝诏敕整理为具有永久法律效力的法规，可补充或修订律、令、式。"式"是政府机关的施政细则。格、式的篇目都以官司命名。唐高宗永徽四年（653）还颁布了对律进行解释的《律疏》，后被称为《唐律疏议》，与律条具有同等法律效力。《唐律疏议》是中国现存最早最完整的、含有立法解释的古代

---

[①] 1999年浙江宁波天一阁发现的明抄本北宋《天圣令》所附唐令，是现存最完整的唐令法典。该《令》经中国社会科学院历史研究所唐史专家整理和诠释，已由中华书局出版。

法典。

唐律的特点是简约划一、概念明确、刑罚平允；立法精神则依照礼制，维护等级制和家族制，地位越高，惩罚越轻。对官员及其亲属的优待包括请皇帝裁决（死罪场合）、直接减罪、以铜赎罪、以官品顶罪等。唐律将这种不平等特权公开清楚地写在法律上，体现的是一种"依法实行不平等"的等级特权原则。同时，唐律对官吏的监督和制裁也很严厉，要求官吏依法行使职权、谨慎守纪、恪尽职守、保证效率，违反者要处罚，若利用职权（特别是实际掌权者）犯罪则予以严惩。

虽然皇权高于一般法律，但有作为的皇帝也能大体做到守法，并要求官吏懂法、依法办事。唐太宗就说过，"法者非朕一人之法，乃天下之法"，皇亲国戚也不能"挠法"[1]。武则天也曾下敕说，"律令格式，为政之本"，要求内外官吏退朝后要经常翻阅，并把本部门的"格令书于厅事之壁，俯仰观瞻，使免遗忘"[2]。

各级官员按"令"、"式"施政，"律"保证令、式的执行，"格"适应社会变化对律、令、式进行补充和修订。律、令、格、式这种分工协作、相辅相成的统一法律体系，调整着各方面的社会关系，提高了国家机构的统治效能，为唐朝兴盛提供了法律上的保证。

唐玄宗以后，不再大规模修订律、令、格、式，而是采取颁行《格后敕》[3]的简便立法形式，来应付日益复杂且多变的社会问题。《格后敕》与律、令、格、式并行，地位逐渐重要，最终

---

[1] 《贞观政要》卷5《公平第十六》。
[2] 《唐会要》卷39《定格令》。
[3] 《格后敕》也是整理过的皇帝诏敕，本身即具永久效力，编辑程序比"格"简单。

发展为五代及北宋的《编敕》。

## 四　府兵制与募兵制

隋朝在军事制度上继续施行府兵制，但对北周府兵制进行了重要改革。开皇十年（590）规定原有独立军户的军人，同家属一起列入州县户籍，与民户同样分有土地。军人平时耕作，战时出征，免除赋役，出征自备资粮。这一改革因取消军户，使兵源扩大，财政负担减少，实现了兵农合一，寓兵于农。

唐朝初年仍然施行府兵制，并在贞观年间进行整顿，规定中央十二卫是管辖军府的最高军事机关，每卫各领40—60个军府。军府改称"折冲府"，由折冲都尉统领。府下以200人为团，50人为队，10人为火。府兵原则上从富户强丁中征发，21岁服役，60岁退役。服役期间免课役，但要自备衣装、武器、粮料。

府兵本质上属中央禁军。除战时出征外，平时轮流到京城和边防要地宿卫，而以到京城宿卫为主。到京城后，由十二卫将军分领；出征则由朝廷另外命将统率；战争结束后兵散于府，将归于朝，将帅无法拥兵自重。

唐代前期，有630余府，其中京城所在的关中有261府，20万兵力，约占全国军府的40%以上，形成"举关中之众以临四方"的布局，强干弱枝、居重驭轻，有利于对全国的控制。唐初府兵地位较高，富室子弟积极从军，唐太宗又注意府兵训练，使府兵具有较强战斗力。

唐高宗后期即武则天统治时期，府兵制开始崩坏。原因主要是土地兼并日益严重，普通农户受田不足或得而复失，自备资粮成为均田农民的沉重负担；加上府兵地位下降，富室大户逃避征发，或雇人代役，致使避役、逃役严重，军府人员不足，甚至"无兵可交"。与此同时，边疆形势也发生了变化：突厥再次兴起，契丹等不断南下，吐蕃开始与唐对峙。在这种形势下，只靠亦兵亦农、定期服役、临时征发出战的府兵已不能有效发挥作用，需要设置长期驻扎在边疆的军队。于是征发的府兵不得不向招募的职业兵转化。

唐玄宗开元十年（722）采纳张说建议，招募壮士13万人，充当中央宿卫军；次年又补选府兵、白丁12万人，统称"长从宿卫"［后称"彍（guō）骑"］。开元二十五年，从各种因公迁到边疆的人家及当地客户中招募丁壮为"长征健儿"（后又称"官健"），由国家供给衣粮，充实边疆各地军镇。天宝八载（749），命折冲府停行发兵文书，府兵制废止。募兵制使边防军强大起来，对维护边疆稳定起到一定作用，但也造成将帅握兵坐大的弊病。

安史之乱后，各地藩镇军队多由"官健"组成。这些官健以从军为职业，父子世代为兵，是藩镇割据依靠的主要力量。

中央军队由"长从宿卫"（彍骑）代替轮番宿卫京城的府兵；地方（边防）军队由"长征健儿"（官健）代替轮番镇防的府兵，意味着由招募制的职业兵取代了征兵制的义务兵。这是唐代军事制度，也是影响后代兵制的重要变革。

## 第五节　隋唐社会经济与阶级结构

### 一　均田制及其崩坏

隋朝仍然施行均田制。开皇二年（582）规定：丁男、中男受露田[①]80亩，永业田20亩。妇女受露田40亩。奴婢5口给1

---

[①] 露田，原指不栽树的田。受田者老死后要将露田归还国家，其性质与唐代的口分田相同。

亩。诸王以下至都督，还可请占永业田 100 顷至 40 亩不等。

唐朝初建，利用荒地较多的条件，继续施行均田制。武德七年（624）后不断发布《田令》，规定了均田制的主要内容：丁男（21—59 岁）、中男（18—20 岁）给永业田 20 亩，口分田 80 亩；60 岁以上老人、残疾人①给口分田 40 亩；寡妻妾给口分田 30 亩；良口 3 口以下给园宅地 1 亩，每 3 口加 1 亩。各级官员还可受永业田 100 顷至 60 亩不等。应授受之田，每年 10—12 月按一定程序完成，登记在簿籍中。永业田可传子孙；口分田身死"则收入官，更以给人"②，一般优先给近亲中受田不足之人。庶民身死家贫无以供葬，可卖永业田；自少田乡迁往足田乡，以及用作住宅、邸店、碾硙（wèi），可卖口分田。

唐朝均田制明确取消了隋朝均田制中的奴婢、妇人受田，增加了僧人道士和工商业者的受田，土地买卖限制放宽，内容更详备。从近代发现的敦煌、吐鲁番户籍文书③可知均田制在一定程度上得以实行（见彩图十九）。如武周大足元年（701）敦煌户籍所记"邯寿寿户"有白丁一，小女一，寡妻一，登记"合应受田一顷三十一亩"。按《田令》规定：白丁受田 100 亩，小女不受田，寡妻受田 30 亩，3 人受园宅地 1 亩，合计 131 亩，与户籍登记数字相合，证明《田令》规定得到执行。但同时，此户籍又记该户实际受田只有 44 亩。敦煌属于足田的宽乡地区尚且如此，可见当时农民受田普遍不足。

---

① 残疾程度由法律规定。
② 《唐会要》卷 83《租税上》引武德七年《田令》。
③ 敦煌文书系 1900 年发现于甘肃敦煌莫高窟的古代文献，包括 5—11 世纪众多官私文书及佛经写本刻本、绘画作品等，总数超过五万件。吐鲁番文书是指 20 世纪初开始在新疆吐鲁番地区发现的西晋至唐代文书（部分非汉文文书可至元代）。这两批文书中的许多珍品被列强劫去，收藏在国外。

简明中国历史读本

均田制具有封建国家土地所有制的外观，但因永业田可传子孙，具备私有土地性质；口分田在一定条件下可以买卖，实际也是私有土地。唐朝实行均田制的主要目的，在于通过适当限制土地的占有、继承、转让，并将部分国有土地（包括户绝田、罪没田、无主荒地）分配给无地或少地的农户，以抑制土地兼并和土地集中，扶植自耕农。农民依法占有少量土地，成为自耕农，生产积极性提高，促进了社会经济的恢复与发展。唐前期国力日益强盛与均田制的推行有一定关系。

《田令》规定官员可按官品、勋级占有大量土地，又规定土地可有条件买卖，导致"籍外占田"、"限外更占"的公开化、普遍化，加上国内人口日益增多，荒地减少，造成能够还授的土地越来越少，土地兼并日益加剧，以至"富者兼地数万亩，贫者无容足之居"[1]。受田不足的均田农民，经济力量脆弱，在繁重的赋役负担下破产成为逃户。土地兼并使国家没有可授之地；农民逃亡使户籍虚乱，国家无法按籍授田。安史之乱后《田令》中土地还授的规定已是一纸空文。到唐德宗实行两税法，按个人实际占有土地面积征收"地税"，等于宣布承认私有土地漫无限制状况的合法存在。"疆畛相接，半为豪家；流庸无依，率是编户"[2]，均田制只能彻底弛废了。

唐朝后期，国家的土地政策主要是关注如何处理户口逃亡后留下的"逃田"，以增加财政收入。从北魏开始实行了300年的均田制终于从中国古代土地制度中消失，土地私有制的发展加快，国家对土地产权的干预相应减少了。

---

[1] （唐）陆贽：《陆贽集》卷22《均节赋税恤百姓六条》。
[2] 《全唐文》卷685皇甫湜（shí）《对贤良方正直言极谏策》。

## 二 从租庸调制到两税法

隋和唐前期的赋役制度规定在《赋役令》中。

隋朝初年规定 18 岁以上为丁。一夫一妻交租粟 3 石、调绢 1 匹（4 丈），绵 3 两；单丁和奴婢等交一半；丁男每年服役一个月。开皇三年（583）减轻赋役，改成丁年龄为 21 岁，等于丁男少服 3 年徭役或兵役；又改丁男每年服役日期为 20 日，调绢 4 丈为 2 丈。开皇十年补充规定：丁男满 50 岁，可以"庸（绢）"代役。隋政府减少徭役和绢布征收，并一定程度允许以庸代役，符合社会发展要求。此时对"庸"的规定尚不完善。

唐高祖武德七年（624）《赋役令》规定：21—59 岁丁男，每年纳"租"粟 2 石；"调"绢 2 丈、绵 3 两；服役 20 天，无役则按每天 3 尺绢折纳，谓之"输庸"。这一赋役制度遂被称为"租庸调"制。唐代制度基本承袭隋制，但规定妇人、奴婢不受田，因此不纳租。[①] 此外明确规定了代役"庸"的数额，即将输庸代役制度化，并扩大适用范围，实际减轻了丁男的徭役负担。

租庸调制是相对较轻的税法，对唐前期社会生产的恢复起了积极作用。同时《赋役令》明确规定各级官员依品级可免除本人或亲属的赋役，体现了制度上的不平等。

租庸调制以人丁为征收对象，而不论土地、财产的多寡。这是一种只能建立在自耕农大量存在，并且占有一定土地基础上的赋役制度。随着土地兼并严重，均田制破坏，农民逐渐失去土地，四处逃散，成为不登户籍的客户，政府据以征税的丁口数大大下降，租庸调收入自然显著减少。加上安史之乱后军费增加，各地方统治者乱收杂税，赋役制度的改革就势在必行了。

---

① 这一规定当始于隋炀帝时"除妇人及奴婢部曲之课"。

唐德宗建中元年（780）正式颁行"两税法"。两税法的原则是不再按人丁征收租庸调，而是以资产为本，按贫富等级征收财产税（户税）和土地税（地税）。并且不再区分土户（本贯户）和客户（外来户），只要在当地有资产，就在当地上籍纳税。税额按大历十四年（779）所征各种赋税的总额为准，摊派到各道各州（因此各州税额不同），征收钱（户税）和粮（地税）。每年夏、秋两次征收，因此被称为"两税法"[①]。

两税法统一税制，简化征收，扩大征税对象，增加了政府财政收入，使唐王朝能在安史之乱后继续生存下去，并初步具备了与叛乱藩镇斗争的经济力量。

两税法也有制度上的缺陷，主要体现在"以钱计税，又多以实物交纳"和"不论人口增减而税额固定"两方面。前者使"钱重物轻"时纳税人实际负担加重；后者导致州县将逃户税额摊到其他户，即"摊逃"问题日趋严重。

从租庸调制到两税法是中国古代赋税制度史上的重要变革。从此以后征税对象不再以人丁为主，而以财产特别是土地为主，影响直至后世各个朝代。

## 三　城市与商业

隋唐城市较以前有较大发展，特别是建造了像长安、洛阳这些闻名于世的宏伟都城。

隋朝初立，就开始在汉长安城东建造新都"大兴城"，唐朝改称"长安城"。长安城总面积达84平方公里，约为今西安旧城（明清时建）的7倍半。长安城的城市规划改变了"面朝背市"的旧传统，将城分为宫城、皇城、外郭城三部分。最北面

---

[①] 一说因为其中包括户税和地税，故称"两税法"。

是宫城，为宫殿区；其南是皇城，为中央衙署所在地。外郭城为住宅区和商业区，由纵横25条大街区分成108"坊"。各坊四周有墙有门，坊门昼开夜闭，严禁犯夜。城中南北主干道朱雀大街宽达150米，其他干道也宽几十米。整个都城呈棋盘式网形方格，严整有序，是国内最大城市，也是各国人士往来的国际性大都会。

长安城有上百万人口，需要大量商品供应，因而商业兴隆。当时的商品交易集中在东、西两市，店铺栉比，货物积聚。唐政府设"市令"等官吏对市内交易严格管理，商业活动一般限制在市内进行。

洛阳是唐代第二大都城，全城周长52里，有107坊，唐代设南、北、西三市，是重要的商业城市。其他北方名城还有相州、幽州、汴州、太原等。这些城市在安史之乱后的商业地位，不及长江流域的城市重要。

唐代后期，由于江南战乱较少，全国经济重心逐渐南移，长江流域商业城市发展起来，以扬州和益州（成都）为中心，当时谚语称"扬一益二"。特别是扬州，在经济上的地位超过了长安。其他如江陵、江州、洪州、苏州、杭州等，都在唐后期商业中占有重要地位，而广州自隋朝以来就一直是对外通商的繁盛城市。

唐代后期虽然政治上矛盾丛生，但经济特别是江南经济增长较快，商业持续发展。

在一些城市，坊、市的严格区分被逐渐突破，有些店铺设置到市外。除日市外还出现了热闹的"夜市"；乡村间进行交易的"草市"比较普遍，并逐渐发展成户口众多的城镇。

随着商业发展，钱币的需要量增多。隋朝铸五铢钱，唐初铸开元通宝钱，对统一货币有重要意义。但由于隋及唐前期商品交换不发达，绢帛依然用于支付，被称为"钱帛兼行"。到唐后期，钱币才成为主要交换手段。特别是在后期商业繁荣的背景下，出现了为商人储存钱物的"柜坊"和新的支付形式"飞钱"（又称"便换"）。所谓"飞钱"，实际是一种汇兑票证，即商人将不便携带的大量铜钱存入政府在各地的分支机构或私家，自己轻装上路，凭券牒异地取钱。这种异地汇兑方法在货币流通史上前所未有，反映了唐后期商业经济水平和商业信用程度的提高。

商业繁荣还表现在对外贸易上。除广州是最大贸易港外，西北由长安经西域通往西亚、欧洲各国的"丝绸之路"，也是著名的中外贸易通道，并形成了一批以敦煌为代表的国际性城市。

隋和唐朝前期商业活动须在城市坊、市内交易，交易时间受到限制，设官吏严格控制交易行为，货币铸造较少甚至"钱帛兼行"，都说明当时商业水平仍然有限。直至唐后期这些现象才发生变化，逐渐发展出比较繁荣的商业经济。

## 四 阶级结构

隋唐阶级大致可分为：地主阶级、农民阶级、其他阶级。地主阶级中包括皇帝及皇室、贵族、一般官吏、庶民地主。到唐后期，出现了由进士及第家庭形成的"衣冠户"。这是一个因科举制而兴起的特权阶层。农民阶级中包括自耕农和佃农。均田制有效推行期间，自耕农数量增多，是封建国家赋役的主要承担者；均田制废弛后，自耕农有所减少。佃农主要来自失去土地的自耕农，他们多以契约形式租种别人土地，交纳租粮，人身依附关系较"注家籍"的佃客有所削弱。随着土地兼并加剧，佃农数量在唐后期激增。其他阶级包括手工业者、商人、奴婢等。虽然国家限制商人做官，但商人中的富商因买官而入仕，在唐代特别是唐后期的社会地位并不低。

隋唐社会阶级结构的显著特点是旧士族的衰落，以及法定"贱民"的存在。

旧士族指六朝以来传统的门阀士族。他们在两晋时极盛，是一个重视血统、讲究门第、累世做官、拥有政治和经济特权的特权阶层。旧士族在隋朝还具有较重要地位，经过隋末农民战争打击，山东、江南士族势力下降，只有关陇士族还有一定实力。唐朝建立后，唐太宗敕编《氏族志》，明确表示要以现任官爵的高下定士族等级，压抑旧士族势力。到武则天统治时期，重修士族谱，改《氏族志》为《姓氏录》，完全以现行官品高下为据，五品以上官员都能入谱，旧士族垄断政权的局面迅速改观。到唐玄宗时，原则上不再官修士族谱，旧士族已不再享有法定特权，门阀士族制度基本上衰亡了。

唐代旧士族如果不做官，就没有政治和经济特权，而做官途径中最重要的科举制又不以门第为依据，这是造成旧士族衰落的重要原因。但同时，旧士族在社会上还拥有较高声望，不少新贵、富室还热衷与旧士族特别是其中的高门崔、卢、李、郑联姻。唐朝后期，士族子弟凭借其文化方面的优势，也容易在科举中胜出，因而数代为进士的并不罕见。唐末农民战争和藩镇争战，给旧士族以沉重打击，宋以后士族就不再是一个特殊社会阶层了。

隋唐时期，法律上规定有良民和贱民。[①] 良民又称"百姓"、"常人"、"白丁"，是一般平民。贱民指官户、杂户、部曲、奴婢等，又分官贱民和私贱民。官贱民包括官户、杂户、官奴婢。他们隶属官府，从事各种生产和杂役，以官奴婢地位最低，其次为官户，最高是杂户。私贱民包括部曲和私奴婢，隶属主人，部

---

① 唐朝避唐太宗李世民讳，称"民"为"人"或"口"。

曲地位高于奴婢。贱民社会地位低贱，只能在本阶层内通婚，法律规定：若官户、杂户殴打良民，要罪加一等惩处。至于奴婢，更是"律比畜产"①，主人可以自由买卖或赠予他人，生活十分悲惨。

由于官户、杂户、部曲的来源逐渐减少，原有贱民不断"放良"，唐朝法令又严禁压良为贱，唐末以后，这些贱民阶层就逐渐消失，除奴婢外，法律上不再明确区分良民和贱民。

旧士族及法定"贱民"制度衰落，以及新兴"衣冠户"出现，都是这一时期阶级结构变化的重要现象。

## 第六节　隋唐民族关系与中外关系

隋唐时期是中国境内各少数民族兴衰的重要阶段，封建社会后半期的主要民族，多能上溯到本时期，其强弱格局对后世也有很大影响：北边强盛的突厥、回纥相继败亡；青藏高原的吐蕃与云南地区的南诏因统一而强大；东北的靺鞨、契丹进步显著，并向强势迈进。此外还有吐谷（yù）浑、薛延陀、沙陀、党项、室韦（一部称"蒙兀室韦"）等。汉族的先进文化对各族发展影响很大；各族文化也丰富了汉族的社会生活。各族人民共同创造着多民族国家的历史。

### 一　突厥、回纥、西域

1. 突厥

北朝末年，突厥控制漠北，势力强盛。隋朝初年，突厥分为东、西两部。东突厥启民可汗曾率部迁至黄河南，与隋关系密

---

① 《唐律疏议》卷6《名例》。

切，其子始毕可汗统治时势力最强，隋末北方武装集团如刘武周、窦建德、李渊等都依为声援。颉（jié）利可汗在位，不断南侵，一度攻至长安附近，与唐太宗在渭水结盟而退。贞观三年（629），唐遣李靖等出击突厥，次年颉利兵败被俘，东突厥灭亡。灭亡后的突厥人大部分被安置在河套以南，贵族成为唐朝官吏，仅迁居长安的就有一万户。这些措施有利于北方经济的发展和民族融合的加深。

西突厥在射匮可汗时统一各部，隋末控制了西域广大地区，到唐初统叶护可汗在位时达到全盛，分部落为十部。唐高宗显庆二年（657），唐朝多次出兵后终于灭掉西突厥，设安西都护府管辖。西突厥灭亡，有利于西域各族社会经济发展，并为唐朝与西方各国交往扫清了障碍。

东突厥灭亡50年后其一部叛唐，自立为可汗，史称"后突厥"，到默啜可汗（时武则天在位）时占地东西万里，有兵40万人，达到最盛，并不断南侵直至玄宗初年。唐玄宗晚期"后突厥"国内大乱，被回纥灭亡。

2. 回纥

回纥是铁勒族一支，唐德宗时（788）自请改汉字译音为"回鹘"。隋唐之际，回纥被突厥统治，唐太宗贞观年间归附唐朝。武周时再受"后突厥"奴役。唐玄宗天宝三载（744），回纥趁突厥内乱攻破突厥，尽有其地，并遣使入唐。唐封其可汗为怀仁可汗。安史之乱爆发，回纥两次出兵援唐，与唐政府关系十分密切。此后100年间，回纥与唐除因茶马贸易有摩擦外，基本没有发生过战争。回纥在与唐的频繁往来中，多方面接受汉族文化影响。9世纪30年代末，回纥内部矛盾激化，加上连年天灾，势力衰落。唐武宗开成五年（840），回纥西北部的黠戛斯攻破回纥，可汗被杀，政权瓦解。大部分回纥人西迁，其中一支迁至河西走廊，称甘州回纥，是今裕固族祖先；另一支迁到西州（今新疆吐鲁番）、轮台（今新疆乌鲁木齐附近）等地，建立高昌回纥政权，以后逐渐形成维吾尔族。

3. 西域

西域大致指今新疆一带。隋唐之际，西域主要有高昌（今新疆吐鲁番）、焉耆（今新疆焉耆）、龟兹（今新疆库车）、于阗（今新疆和田）、疏勒（今新疆喀什）等王国，以高昌最强。隋末唐初，西域为西突厥控制，商旅使节往来内地受到阻断。贞观十四年（640），唐朝出兵攻破高昌，以其地为西州，置安西都护府。随后降服其余四国，设四都督府，号称"安西四镇"①。自此唐朝有效控制西域，对巩固统一的多民族国家具有重要意义。

唐朝西州即今吐鲁番地区，"虽居塞表，编户之甿，咸出中国"②，主体民族是汉族，主体文化是汉文化。近代从吐鲁番发现的大批古代文书包括户籍、账簿、儒家经典、法典、医书等，绝大部分都是汉文文书。

安史之乱后，吐蕃占据西域。9世纪末回纥人迁入，打败吐蕃，逐渐与当地居民融合，成为西域的主要居民。

## 二 吐蕃、南诏、渤海

1. 吐蕃（bō）

吐蕃族生活在青藏高原。唐太宗贞观三年（629），松赞干布继赞普③位，统一各部，建立了中央集权国家。松赞干布建立

---

① "安西四镇"前后有变化，其中有段时间以"碎叶"（今吉尔吉斯斯坦共和国境内）替代"焉耆"。

② 《文馆词林》卷664《贞观年中巡抚高昌诏一首》。

③ 吐蕃称"君"为"赞普"。

职官、军事制度，创立文字，制定法律，开始与唐建立亲密关系。贞观十五年，唐朝文成公主嫁到吐蕃，带去先进生产技术和文化，加强了中原与吐蕃的经济文化联系。

　　高宗至玄宗时期，吐蕃与唐朝长期争夺西域，战争不断。安史之乱爆发，唐调河陇、安西重兵东进平叛，吐蕃乘虚攻占唐陇右地区，甚至一度打进长安。此时吐蕃控制的区域，除本部外还包括今新疆南部、四川西部、甘肃陇山以西等广大地区，进入鼎盛时期。9世纪初，吐蕃再度与唐和盟。唐穆宗长庆元年（821），双方分别会盟于长安和逻些（今西藏拉萨）。现在拉萨大昭寺前还保存有当年所立的"长庆会盟碑"。碑中强调吐蕃与唐"社稷如一，结立大和盟约"，"彼此不为寇敌，不举兵革"，结束了唐蕃间的长期战争。

　　此后吐蕃内部本教①与佛教、王族与外族的斗争日趋激烈，最后导致王室分裂，属部叛离。强盛了近二百年的吐蕃政权，在9世纪中叶衰亡，属地陷入部落割据局面。

2. 南诏

　　隋末唐初，今云南洱海周围有六个较大的"乌蛮"部落，由于称王为"诏"，故又名"六诏"。六诏中的"蒙舍诏"在各诏之南，被称为"南诏"。唐玄宗时，南诏王皮逻阁统一六诏，被唐封为"云南王"，都太和城，后迁羊苴咩（xié miē）城（今云南大理）。

　　统一后的南诏向外扩张，与唐发生冲突，背唐依附吐蕃，天宝末年大败唐军。安史之乱后，趁唐朝廷无力顾及西南之机，南诏控制了今四川西南部、云南全部和贵州西北部，势力达到鼎

---

① "本教"为吐蕃本土宗教，"本"或写作"苯"。佛教自印度和中原传入西藏后，吸收本教的部分仪轨，才形成藏民族共同信奉的藏传佛教。

251

盛。后来不堪吐蕃奴役，唐德宗贞元十年（794）与唐和盟，复归于好。随着吐蕃和唐的逐步衰落，南诏不断向周围发动战争，一度曾攻入成都，掠走工匠数万人，成为晚唐严重边患。唐末撼动朝廷的桂州（今广西桂林）戍卒庞勋兵变，就与防卫南诏有直接关系。

南诏政治文化多受唐朝影响，几代南诏王都尊汉人郑回①为师。南诏晚期，统治阶级内部矛盾激化，唐昭宗天复二年（902），郑回后裔郑买嗣杀死南诏王，夺取王位，另立大长和国，南诏灭亡。

3. 渤海

隋唐之际，东北粟末水（今松花江）一带居住着"粟末靺鞨"。唐高宗时，粟末靺鞨迁至营州（今辽宁朝阳）。武则天时，契丹攻占营州，粟末靺鞨首领大祚荣率众自营州回到牡丹江上游，建立地方政权。唐玄宗开元元年（713），大祚荣被唐封为"渤海郡王"，从此以"渤海"为政权名，成为唐廷藩臣，以后又被封为"渤海国王"。

渤海国都基本是在上京龙泉府（今黑龙江宁安西南），诸王承袭均经唐朝廷册封，疆域最大时包括今东北大部、朝鲜半岛北部和俄罗斯沿日本海的部分地区。各种制度都模仿唐朝，使用汉字，以儒家思想为统治思想。

渤海是隶属于唐朝的地方民族政权，对唐以后的五代后梁、后唐仍保持臣属关系，仅向唐朝派遣使节就达一百余次。后唐天成元年（926），渤海为辽朝所灭。

---

① 郑回，唐相州（今河南安阳）人，被俘入南诏，为南诏王爱重，任王室教师，后任清平官（宰相），积极促进南诏与唐建立友好关系。

## 三　中外关系

隋唐时期的中国是一个有着先进文明的国家，特别是强大的唐朝在世界上享有很高声望。从这时起，唐朝成为中国的象征，中国人被各国称为唐人。直至今天，这种称呼还保留在一些国家中。

唐代长安当时是国际性都会，各国使节云集（见彩图二十）。许多外商在长安经商，有些就长期定居下来。亚洲一些国家还派留学生和学问僧到长安学习先进文化。

与隋唐有经济文化联系的国家甚多，而以东亚国家最为密切。其他如唐僧玄奘赴印度求法，对中国佛教有很大影响；造纸术经大食（阿拉伯帝国）传入欧洲①，则是世界文化史上的大事。唐朝还与东罗马帝国有贸易往来。

### 1. 新罗

隋及唐初，朝鲜半岛有高句丽、百济、新罗三个国家。7世纪中叶，新罗与唐联合，先后灭掉百济和高句丽，逐渐统一了朝鲜半岛大同江以南地区。

唐朝册封其王为"新罗王"，两国经常互派使节。唐朝诗人留下了许多送唐使赴新罗或送新罗使回国的诗句。新罗还不断派遣留学生来唐朝学习。唐文宗开成二年（837）时，新罗学生多达二百余人。从唐穆宗长庆元年（821）到唐末，在唐朝科举登第的新罗学生有58人。其中如崔致远，是今韩国庆州人，12岁入唐，临行前其父对他说"十年不第进士，则勿谓吾儿"②，于

---

① 751年，唐将高仙芝率部与阿拉伯帝国军队在怛（dá）罗斯（今吉尔吉斯斯坦与哈萨克斯坦边境）交战，唐军大败，被俘士兵中有从事造纸术者，他们建造了阿拉伯最早的造纸厂。欧洲人通过阿拉伯人学习造纸术约在公元12世纪。

② ［新罗］崔致远：《桂苑笔耕集·序》。

是勤奋努力，18岁进士及第，历任淮南节度使幕职，居唐16年后回国，被韩国学界尊为"汉诗学宗师"。他用汉文所著《桂苑笔耕集》流传至今。新罗商人频繁与唐朝进行贸易。唐朝东部沿海地区聚居有不少新罗人，他们的聚居地被称为"新罗坊"。

唐朝的官僚体制、思想文化对新罗有很大影响。

2. 日本

日本古称倭国，唐朝始改称日本。隋炀帝时，日本派小野妹子为大使出使隋朝。唐朝时，日本认为应全面效法唐朝制度，遂先后派遣唐使20次[1]。随遣唐使来唐的有留学生、学问僧、各类技术人员。他们在唐朝居留、游历、学习[2]，将先进的唐朝文化带回日本。

旅唐日本人中最知名的有三人：吉备真备在中国留学17年，回国后官至右大臣，极力推广唐朝文化。阿倍仲麻吕在唐朝名晁衡（朝衡），曾任唐官，有许多诗人朋友，终老唐朝。玄宗时误传他死于回国途中，李白写下了动人的悼念诗句："日本晁卿辞帝都，征帆一片绕蓬壶。明月不归沉碧海，白云愁色满苍梧。"[3] 学问僧空海回日本后传布佛教密宗，创制日文假名，对日本文化有相当影响。

唐朝僧人和商人也有不少渡海赴日，其中最著名的是扬州龙兴寺和尚鉴真。鉴真经五次挫折，第六次才成功抵达日本，在日本传授戒律，并修建了著名的唐招提寺。

日本在社会制度、城市建设、科学技术、工艺美术、文学语言、宗教思想等各方面都受到唐朝的深刻影响。

---

[1] 有些未能成行。

[2] 2004年在西安发现《井真成墓志》，记载日本人井真成来唐朝后，于开元二十二年（734）病逝长安，被赠从五品官"尚衣奉御"。

[3] （唐）李白：《李太白全集》卷25《哭晁卿衡》。

# 第七节　隋唐时期的思想文化与科技

隋唐文化特别是盛唐文化灿烂辉煌。学术上全力总结过去，同时酝酿创新；文学艺术上气魄宏大，一派勃勃生机。

## 一　思想与宗教

### 1. 思想

南北朝经学有南学、北学之分，与统一王朝要求思想文化统一的国策相背离。唐朝建立后，太宗令颜师古考订五经，做成五经《定本》；随后又令孔颖达等统一传注，撰定《五经正义》，成为学生学习和科举考试的经典依据。唐文宗开成年间（836—840），再令郑覃校定九经（《礼记》、《左传》、《毛诗》、《周礼》、《仪礼》、《周易》、《尚书》、《公羊》、《穀梁》），上石刊刻，成为流传至今的"开成石经"。经学统一，有助于思想统一，对尊崇儒学、完善科举有重要意义。

但统一的同时，经学明显僵化，读经只为考试，无法应对颇具思辨色彩的佛教思想挑战，加上安史之乱后社会动荡剧烈，于是新儒学开始萌芽。唐代中期，"《春秋》学"大盛，著名学者有啖助、赵匡、陆淳。他们研治《春秋》，舍传求经，阐说微言大义，主张"大一统"，反对藩镇割据，开创独立发挥个人见解的治学风气。唐后期，韩愈（河阳人，今河南孟州）作《原道》等，抨击佛、老，排列出儒家"道统"，在纲常名教中解释性、情关系。此后李翱作《复性书》，认为人性本善，但被后天的"情"所蔽，所以应该去"情"复"性"，办法是消灭"嗜欲"之心。韩、李汲取佛、道两家思想以拯救儒学，奠定了宋朝理学的思想基础。

## 2. 宗教

佛教在隋唐时完成了中国化并走向鼎盛。南北朝时，佛教已涌现众多不同的师说，但还不具备形成本土宗派的条件，到隋唐时期，开始结成中国佛教宗派，第一个宗派就是隋吉藏所创的三论宗。其后影响较大的有天台宗、法相宗、华严宗、禅宗、律宗、密宗（真言宗）、净土宗。这些宗派继续探讨佛性问题，将人的心、性、情与宇宙观连在一起，提出了一些重要哲学范畴，为宋代理学家所继承。到唐后期，主张不立文字、顿悟成佛的禅宗，成为广为流传的派别。此外，以念佛作为修行方式的净土宗在下层社会有很大影响。随着隋唐文化的高度繁荣，佛教传播中心从印度转到中国；寺院经济、佛教艺术在社会经济文化中也都占有重要地位。唐武宗会昌五年（845），为打压过分扩张的寺院经济，曾下令拆毁寺院、没收寺产良田、迫令僧尼还俗、释放寺院奴婢，是为唐朝历史上著名的"会昌废佛"运动。①

道教发展到唐前期达到极盛。唐朝皇帝宣传道教教主李耳是李唐皇室远祖，因此尊崇道教。唐高祖时确定道先、儒次、佛末的次序；太宗重申道先佛后；高宗追号老子为玄元皇帝；玄宗注释《道德经》，亲受道士符箓，道教发展到最高峰。唐代道教以"上清派"影响最大。该派传授符箓和辟谷等方术，也汲取禅法，主张渐进修仙。此外的丹鼎派讲究以炼丹服药追求长生，唐后期几个皇帝都死于服食丹药。随着唐朝衰亡，失去政权支持的道教也衰落了。

隋唐时期还先后传入一些外国宗教：景教是基督教的一支，传自叙利亚，流传很广，西安出土有"大秦景教流行中国碑"；

---

① 又称"会昌灭佛"。事件起因还有唐武宗笃信道教等因素。废佛后第二年武宗死、宣宗立，佛教复兴。

袄（xiān）教又名拜火教，出自波斯，唐以前已传入，多在胡人间流行，安禄山就有袄教信仰；摩尼教又称明教，也出自波斯，唐时多为农民起义利用。以上三教通称"三夷教"。此外伊斯兰教也约在唐高宗时传入中国。

## 二 史学与文学

### 1. 史学

唐以前，纪传体正史多由私家修撰。从唐朝开始，朝廷设立史馆，置史官专修史书，而以宰相总监。唐朝建立不久，太宗就命史家修撰齐、梁、陈、周、隋"五代史"，以房玄龄和魏徵为总监。随后又编写了《晋书》。唐朝史官还负责修撰当代史的"国史"，曾先后递修了自唐高祖至唐肃宗一百四十余年的"国史"一百余卷。这种官修史书制度为后世各朝所效法。

著名历史学家刘知几（彭城人，今江苏徐州）出任史官三十余年，潜心研究历史，写出了中国古代第一部系统的史学评论著作《史通》，对唐以前史学作了全面总结。他在书中强调史学"乃生人之急务，为国家之要道。有国有家者，其可缺之哉！"[①]主张据实"直书"，反对"掩恶"和"虚美"。书中讨论了各种体裁史书的得失，以及编写史书的方法。另外，他还提出史学家必须具备才、学、识"三长"。这些卓见对后世史学有很大影响。

唐后期杜佑（京兆万年人，今陕西长安县）著《通典》200卷，记录历代典章制度，开创了政书体通史的新体裁。他编此书的目的是从制度上总结历史中的治乱经验，以消除安史之乱后的社会弊端。杜佑认为"治道"的根本是"足衣食"，因此将《食

---

① （唐）刘知几：《史通》卷11《史官建置第一》。

货》作为《通典》首篇,这是很有见地的。在《通典》影响下,后世出现了《通志》和《文献通考》等政书体通史系列著作。

2. 文学

唐代文学是中国古代文学的新高峰,其中最繁盛的是诗歌。仅《全唐诗》就收有二千三百余人的近五万首诗篇,内容丰富、体裁多样、作者众多。初唐有"四杰"[1],之后有陈子昂。盛唐有高适、岑参的边塞诗,王维、孟浩然的田园诗,成就最大的是李白、杜甫。李白(籍贯陇西,生于碎叶[2],长在四川)的诗气魄宏大、豪迈奔放;杜甫(祖籍襄阳,生于河南巩县)的诗雄浑凝练、格调严谨,二人堪称唐诗"双璧"。中唐有"大历十才子"[3],之后白居易(原籍山西太原)改革诗歌,采平易语言,多叙事成分,创"元和体",影响最大。其他著名诗人还有元稹、韩愈、孟郊、刘禹锡、李贺、杜牧、李商隐等。唐朝后期,出现了与音乐搭配、句式长短不等的"词"。词一开始就具有抒情和艳丽倾向。

唐代文学的另一重要成就是"散文"文学创作的发展,其表现是"古文运动",主要发动者和参加者是韩愈、柳宗元。"古文运动"反对骈(pián)文,改革文风和语言,以散行单句作文,贯彻"文以载道"思想。韩愈的散文气势豪壮、论理清晰、简洁生动,对后世影响很大。

唐代是我国古典小说的成型期,创作高峰在中唐。因为是文人"征异话奇"后"录而传之",所以也称为"传奇"。传奇小

---

[1] "四杰"是王勃、杨炯、卢照邻、骆宾王。

[2] 李白先祖因罪徙边。李白就出生在唐安西四镇之一的碎叶城(今吉尔吉斯斯坦共和国境内)。

[3] "大历十才子"有不同说法,一般指卢纶、韩翃(hóng)、刘长卿、钱起、郎士元、皇甫冉、李嘉祐、李益、李端和司空曙。

说如《李娃传》、《柳毅传》等情节曲折、人物鲜明、语言明快，具有很高的艺术性，奠定了后代小说文学发展的基础。

由于佛教流行，寺院盛行以说唱方式宣讲佛经故事乃至历史故事，其底本称"变文"，因近代敦煌文书的发现而为人所知。变文对后世民间讲唱文学有重要影响。

### 三 艺术与科技

#### 1. 艺术

隋唐绘画艺术吸收西域"晕染法"，在各类题材上都有发展：宗教画仍然较多，著名画家吴道子画宗教壁画三百余壁，形成"吴带当风"的独特风格；现存敦煌壁画全部排列起来可长达 25 公里，其中"经变画"[1]构图复杂、富丽堂皇；人物动物画具有很高艺术水平，阎立本画帝王像，张萱、周昉画贵族妇女都很传神；韩干画马也能曲尽精妙；山水画突破"人大于山"的局限，形成李思训父子的青绿山水和王维的水墨山水，后者奠定了中国传统水墨山水画基础。近代出土的大量隋唐墓室壁画是反映当时绘画水平的宝贵资料。

唐代雕塑比前代更细腻生动。唐太宗昭陵前的石雕六骏，是闻名世界的石刻精品；龙门石窟卢舍那佛造像丰满圆润、庄严慈祥，高达 17.4 米，耳长即近 2 米；敦煌石窟存隋唐塑像近五百躯[2]，形象柔和生动；墓葬出土的各类陶俑三彩俑与石刻画极大丰富了人们对隋唐雕刻艺术的认识。

书法在风格上兼容南北，达到一个新高峰。初唐书法多学王羲之，以虞世南水平最高；欧阳询吸收北方书法风格，自成一

---

[1] "经变画"指以图像形式阐明某部佛经思想内容的绘画。
[2] 此仅指完整保存原样者。

体；他二人与褚遂良、薛稷并称"初唐四大家"。盛唐时笔意渐肥，颜真卿一扫"肥俗"之弊，笔法遒劲、方正浑厚，影响深远。晚唐有书法名家柳公权。此外怀素、张旭的草书也很有名。敦煌发现的几万件经卷，多为"经生"抄录；墓葬出土的几千方墓志出自众多书手刻工，它们是隋唐书法水平及其普及的最好见证。

音乐舞蹈的最大特点是"胡乐"、"胡舞"，即西域乐舞的流行。唐代朝廷"十部乐"中有六部为西域乐；舞蹈中的"胡旋舞"等也来自西域。

2. 科技

天文学方面，隋朝刘焯（chāo）在历法中以定朔法代替以往的平朔法，是天文学史上的重大变革[1]；唐朝僧一行组织了世界上第一次地球子午线测量，还与他人造出黄道游仪以观测恒星。数学方面主要总结前代成果，编选了《十部算经》作为学校教材。地理学方面，李吉甫《元和郡县图志》是现存最早的地方总志；贾耽首创沿革地图绘制体例，即"古郡国题以墨，今州县题以朱"[2]，所绘《海内华夷图》近10米见方，是一幅大型的全国地图。

医药学方面，完善了"分科"的医学教育治疗体系。隋朝巢元方《诸病源候论》开后世病因学和病理学先河；孙思邈《备急千金要方》、《千金翼方》集前人药方大成；王焘《外台秘要》对妇人、小儿立专章论述，还引进了印度眼科技术。唐高宗显庆四年（659）颁行的《新修本草》是世界上第一部国家药

---

[1] 即采用日行、月行速度不均匀性理论定出的节气历法（定朔法），比采用朔望月平均日数进行的推算（平朔法）更加精确。

[2] 《旧唐书》卷138《贾耽传》。

典。此外藏族医学经典《四部医典》也具有很高的医学水平。

　　唐朝还发明了雕版印刷术，大约在中晚唐逐渐应用于印制历书、字书、术数书、佛像经咒等各方面。敦煌发现的咸通九年（868）印造的《金刚经》已经是雕印技术相当成熟时的作品。印刷术的发明对文化传播起了很大的推动作用，是中国对世界文化发展的重要贡献。

　　隋朝李春所造赵州（今河北赵县）安济桥，是世界现存最早的单孔石拱桥；唐朝梁令瓒造天球仪，是世界机械天文钟的开端。这些成果反映了隋唐时期建筑业和机械制造业的水平。

# 第 七 章
# 五代十国与辽、宋、西夏、金时期

五代十国是唐末割据局面的继续。960 年,北宋在开封建立,随后逐个消灭割据政权,完成局部统一。与北宋并立的民族政权,主要有契丹族在北方建立的辽(916—1125)和党项族在西北建立的西夏(1038—1227)。1115 年,东北女真族建立金,并于 1125 年南下灭辽;1127 年,又灭北宋。宋室南迁临安(今浙江杭州),史称南宋,与金对峙。1234 年,蒙古灭金。1279 年,元朝灭南宋。

这一时期历时三百七十余年。虽然全国有多个政权并立、战争此起彼伏,但汉族、契丹族、党项族、女真族的经济、文化和社会都呈快速发展之势。特别是两宋,迈入中国封建社会的新阶段,文明达到新高峰。其主要标志是,对世界文明发展产生重大影响的中国四大发明,有三项是由宋人完成或广泛应用的;完成了中国古代经济重心的南移,社会经济发展水平在全国乃至世界居于领先地位;国家调整土地政策,封建土地制度与阶级关系呈现新特点,农民起义提出"等贵贱,均贫富"的口号;主要由庶族出身、科举入仕的官僚士大夫群体取代门阀士族,活跃于政治舞台;周敦颐、张载、程颢、程颐、朱熹、陆九渊等著名思想家建构的宋代理学,代表着中国古代理论思维发展的新高度,史学、文学、艺术别开生面。在宋朝的影响下，辽、西夏、金实现跨越式的进步，也取得了多方面的辉煌成就。综观这一时期（907—1279），我国各民族政权之间既有政治、军事上的对立和碰撞，也有经济、文化上的交流与融合。各民族共同推动着历史的发展，创造了多民族国家的灿烂文明。

## 第一节　五代十国与契丹的兴起

### 一　五代更迭

五代（907—960）是指唐朝灭亡以后在黄河流域相继建立的后梁、后唐、后晋、后汉和后周。

后梁的建立者朱温，曾是唐末黄巢起义军将领，降唐后赐名全忠，任宣武军节度使，治汴州（今河南开封）。天祐四年（907），他废唐哀帝，自立为帝，国号大梁，史称后梁（907—923），改汴州为开封府，以之作为都城，称东都，以唐东都洛阳府为陪都，称西都。后梁直接统治区有今河南、山东两省，以及陕西、湖北大部，河北、宁夏、山西、江苏、安徽等省区的一部分，辖地是五个中原王朝中最小的。后梁统治的17年间，与李克用、李存勖父子的战争从未停止过，甚至一年数战，直至亡国。

李克用由镇压黄巢起义起家，被唐封为河东节度使，不久进封晋王。开平二年（908），李克用死，李存勖继承晋王位。龙德三年（923）春，李存勖称帝，国号大唐，史称后唐（923—936）。同年冬天，李存勖突袭开封，灭后梁，建都洛阳。同光三年（925），李存勖出兵灭前蜀，并基本上统一黄河流域。全盛时期的后唐，统治范围包括今河南、山东、山西三省，四川、重庆、河北、陕西等省市的大部，甘肃、宁夏、湖北、江苏、安徽等省的一部分。同光四年，魏州（治今河北大名）兵变，李克用的养子李嗣源乘机夺取帝位，是为后唐明宗。明宗统治时期，政治比较清明，局势相对稳定，战事很少发生，生产也有恢复，农业连年丰收，是五代有名的"小康"时期。长兴四年（933）明宗去世，闵帝李从厚继位，之后李从珂夺取帝位。两年后，立国14年的后唐被石敬瑭所灭。

后晋的建立者石敬瑭是李嗣源的女婿，他为夺取帝位，乞求契丹的支持，不惜尊其君主耶律德光为父皇帝，自称"儿皇帝"，并割让幽、云十六州（大致相当于今北京市和河北、山西两省北部的大片土地）给契丹，同时岁贡绢帛30万匹。契丹从此据有燕山山脉，中原则失去抵御契丹骑兵的天然屏障，在军事上长期处于不利地位。清泰三年（936），石敬瑭灭掉后唐，即位称帝，迁都开封，史称后晋（936—947）。石敬瑭死后，侄儿石重贵即位，他只向契丹称孙而不称臣。后晋开运四年（947）初，契丹军攻入开封，历时11年的后晋灭亡。

后汉的建立者刘知远，曾任后晋河东节度使，在后晋与契丹争战之际意存观望，同时招兵买马扩充实力，成为最强的藩镇。后晋被灭，刘知远在太原称帝。契丹兵北撤，刘知远乘机进入汴州，称东京，改国号为汉，史称后汉（947—950）。后汉统治地区包括今山东、河南二省，山西、陕西二省大部，以及河北、宁夏、湖北、安徽、江苏等省的一部分。乾祐元年（948），刘知远病死，其侄刘承祐即位，统治集团发生内乱。乾祐三年，后汉枢密使、邺都留守郭威起兵，攻入开封，夺取后汉政权。此时距后汉开国仅仅四年。

次年正月，郭威称帝，国号周，史称后周（951—960），郭威即周太祖，仍建都开封。后周开国之初，和它并立的有一系列割据政权，其中北汉、后蜀、南唐的势力都不可小觑。不过，到后周建立时，这几个政权的统治者大都昏庸腐朽，骄奢淫逸，以致民不聊生，阶级矛盾尖锐。

周太祖针对前朝弊政，积极改革，除去一些严刑峻法，废止某些苛捐杂税，提高农民的生产积极性，社会经济得到恢复发展。显德元年（954）初，周太祖病死，养子柴荣即位，是为周世宗（954—959年在位）。他采取果断措施，整顿军纪，淘汰老弱，精选士卒，编成一支由中央政府直接控制的精锐部队，提高禁军的战斗力，大大加强了中央集权。从此，后周兵强马壮。于是周世宗决心削平割据，统一全国，并确定先易后难、先南后北、各个击破的战略。

显德二年九月，周世宗首先攻取后蜀在秦岭、岷山以北的几个州，堵住后蜀北进的道路，解除后顾之忧，接着开始进攻南唐。显德五年，后周军队到达长江北岸，直逼南唐都城金陵（今江苏南京），迫使李璟割让淮河以南、长江以北的14州、60县。后周由此得到富庶的淮南，经济实力大大增强。显德六年三月，周世宗亲率大军攻辽，所向披靡。正当后周军队向幽州挺进之时，周世宗突患重病，只好班师回京，不久病死，他7岁的儿子继承帝位。不过，周世宗在位五年半的文治武功，已经为结束割据局面奠定了基础，他堪称五代时期最为杰出的政治家。

晚唐以来，黄河中下游地区历经军阀混战的破坏，早已极度凋敝。五代时期，中原王朝不断更迭，政治形势极不稳定，对人民生活和社会经济都造成非常恶劣的影响。社会生产基本上陷于停滞，只是在个别地区和较短时间里，曾有过一定程度的恢复。

## 二 十国割据

五代的统治者虽以正统自居，但与此同时，其他地区还存在若干相互独立的割据政权。这些政权包括前蜀、后蜀、吴、南唐、吴越、闽、楚、南平（荆南）、南汉以及北汉，统称十国。其中的吴和南唐，前蜀和后蜀分别是前后相继。在郭威建立后周之时，刘知远的弟弟刘崇割据山西，于太原称帝，依附辽朝，史称北汉，这是十国中唯一建立在北方的政权。

前蜀创建者王建，参加过镇压黄巢农民起义，后来逐步拥有一支武装，在唐末军阀混战中，不断扩展势力。唐昭宗天复三年（903）被封为蜀王。唐天祐四年，朱温篡唐后，王建称帝，建都成都，国号大蜀，史称前蜀。前蜀据有今四川、重庆大部及陕南、甘南、鄂西部分地区。后梁贞明四年（918），王建死，幼子王衍继位。王衍荒淫奢侈，政治极端腐败。925年，前蜀被后唐所灭。

后蜀建立者孟知祥，在唐末投靠李克用，受到赏识，并娶李克用的侄女。孟知祥在后唐时受到重用，于明宗长兴四年（933）被册封为蜀王。次年初，孟知祥在成都称帝，国号蜀，史称后蜀。孟知祥死后，其子孟昶（chǎng）继位。孟昶利用中原混乱之机，把势力范围扩展到前蜀的全部疆域。乾德三年（965），后蜀被灭，历时31年。

吴的建立者杨行密，在唐末曾参加江淮农民起义，在军阀混战中起家。唐昭宗天复二年被封为吴王。吴以扬州为都城，其势力范围包括今江苏、安徽、河南三省的淮河以南地区，以及湖北东南部和江西全部，在南方各政权中最为强大。杨行密死后，政权旁落到大臣徐温及其养子徐知诰手中。后晋天福二年（937），徐知诰夺取政权，迁都金陵。徐知诰以唐皇室后裔自居，改名李昪（biàn），国号唐，是为南唐。南唐继承吴的势力范围，并进一步扩张。李昪的儿子李璟西灭楚，东亡闽。南唐执行保境息民政策，境内比较安定，生产得到恢复发展，是五代时期少有的经济文化繁盛地区。南唐在李昪时期政治比较清明，所建庐山白鹿洞书院成为后世著名的书院之一①。

吴越与吴、南唐相邻，控制的地区包括今浙江和苏南的太湖流域。吴越的建立者钱镠（liú），参加过镇压黄巢起义，由此起家。唐昭宗天复二年进封越王，天祐元年，改封吴王。后梁龙德三年，钱镠受后梁封为吴越国王，正式建国，以杭州为首府。后唐长兴三年，钱镠病死，其子孙相继承袭吴越国王。

闽的建立者王潮、王审知兄弟，曾参加黄巢农民起义。唐昭宗景福二年（893），王潮攻入福州，被唐授为福建观察使，从此据有福建。后梁开平三年，后梁封王审知为闽王。王审知死后，继位者都很残暴，统治阶级内部争权不断，内乱不止。后晋开运二年，闽的大部分地区被南唐和吴越瓜分，闽王向南唐投降。

楚的开创者马殷，在唐昭宗乾宁三年（896）进入长沙，并逐步控制湖南。楚国全盛时拥有今湖南全省，广西的东部及东北大部，贵州东部边境及广东西北一部分。马殷统治时期，人民得到休养生息。马殷死后，马氏内部不断争权夺位，战乱不停，军政不修，至后周广顺元年（951）被南唐所灭。

南平也称荆南，其创立者高季兴，唐末为富人家童，后来投靠朱温。后梁代唐后，任高季兴为荆南节度使，后唐封其为南平王。高季兴死后，子从诲立，南平据有荆（今湖北江陵）、归（今湖北秭归）、峡（今湖北宜昌）三州。南平地小势弱，高从诲通过向诸割据政权称臣，换取经济上的"赐予"，并与诸国基本上保持着和平友好关系，得以维持存在。

南汉创始者刘隐，在唐昭宗时被任命为清海军节度使，割据

---

① 中国古代著名书院还有湖南长沙岳麓书院、河南登封嵩阳书院、河南商丘应天书院、湖南衡阳石鼓书院等。

局面开始形成。后梁建立后，刘隐受封为南平王。后梁贞明三年，刘隐之弟刘䶮（yǎn）称帝，国号大越，次年十一月改国号为汉，史称南汉，并改广州为兴王府，作为都城。南汉全盛时，据有今广东、广西、海南，以及湖南南部一部分。南汉税役繁重，在割据诸国中最为腐败。由于地处南疆，远离中原，因而得以偏安一隅。

南方这九个政权，政局大多相对稳定，社会生产不同程度地有所发展，尤以长江下游的吴、南唐以及吴越比较显著。五代十国时期政治上支离破碎的形势，对各地区之间经济上的交往，有着严重的阻碍作用。但是，无论中原王朝或南方各割据政权，彼此之间互通有无的交流还是客观存在着，经济生活反映出彼此不可分割的依存关系。

### 三 契丹的兴起

唐灭亡之后，契丹族在我国北方建立辽政权。辽朝的统治历时210年，几乎与五代十国及北宋的统治时期相当。契丹族是中国的一个古老民族，最初由八大部落繁衍发展起来。从北魏时开始，契丹族就经常以"朝贡"的形式与中原王朝进行经济交往。隋唐之际，八大部落形成了契丹族历史上的第一个正式部落联盟，即大贺氏部落联盟。唐开元二十五年（737）前后，契丹族开始进入遥辇氏部落联盟时期。

唐天祐四年，耶律阿保机取得契丹部落联盟首长的地位，结束了遥辇氏部落联盟170年的历史。早在此前几年间，阿保机就担任联盟军事首长和权位仅次于联盟首长的"于越"，并逐渐总揽联盟的军政大权。加冕联盟首长后，他的地位实质上已无异于奴隶制政权的君主。为巩固统治地位，阿保机设置一支由他亲自掌握的禁卫武装，即所谓"腹心部"或"御帐亲军"，依此粉碎了部落贵族内部的叛乱。后梁贞明二年，阿保机称皇帝，是为辽太祖（916—925 年在位），建元神册，建都临潢府（今内蒙古巴林左旗），国号契丹①。至此，以契丹族迭剌部为核心的奴隶制政权正式建立，世袭皇权代替了过去世选部落联盟首长的旧制度。

阿保机称帝后，规定了契丹族八大部落居民的居住地域，由皇帝委派皇族迭剌部和后族萧氏这两个贵族集团的成员，分别对八个部落实行管理。神册六年（921），阿保机又下诏"定法律，正班爵"②，进一步巩固统治秩序。对于被征服的契丹族以外其他各族，阿保机用强制手段予以重新编制，固定其居住地区，组成新的部落，变成一级政权组织，由国家委派契丹八部贵族担任"节度使"。对被俘的渤海人和汉人，阿保机设立州县进行统治，同时在朝廷设置汉儿司，管理汉人事宜。

阿保机以其卓越的军事、政治才干，统一了中国北疆的大片领土和处于分散状态下的草原各游牧民族，促进了契丹民族和北方各游牧、渔猎民族的发展，加速了北方诸民族的历史融合进程。

天赞五年（926）七月，耶律阿保机病逝，皇后述律平（月理朵）继续执政。次年十一月，按照述律后的意志，由次子耶律德光取代太子耶律倍继承皇位。耶律德光即辽太宗（927—947 年在位），在他统治时期，助后晋灭后唐，取得幽、云十六州。大同元年（947），辽太宗病死，耶律阮被拥立为帝，是为辽世宗（947—951 年在位），改国号为辽。应历元年（951），辽世宗遇害，耶律璟继帝位，是为辽穆宗（951—969 年在位）。

---

① 辽的国号前后发生几次变化，916 年阿保机称帝建元，国号为契丹，947 年（一说 938 年）改称辽，983 年复称契丹，1066 年仍称辽，直至 1125 年为金所灭。本书为叙述方便，统一称辽。

② 《辽史》卷 2《太祖纪》。

## 第二节　北宋的建立和政治改革

### 一　北宋的建立及其局部统一

五代十国时期的各政权，在相互博弈中势力此消彼长，逐步走向统一是大势所趋。北宋政权就是建立在后周开创的统一大业基础上。

周世宗死前，为防止政变，煞费苦心地做了一番安排，把禁军最高首领殿前都点检张永德（郭威的女婿）免除军职，由赵匡胤代替。赵匡胤早年投靠郭威幕下，屡立战功，后来又得到柴荣的信任和重用，成为后周举足轻重的人物。显德七年（960）正月初，赵匡胤借口北汉和辽要会师南下，率军从京城出发，北上防御。行军至开封北郊的陈桥驿，赵匡胤被部下"黄袍加身"，拥立为帝，史称"陈桥兵变"。赵匡胤兵不血刃地夺取后周政权，建立宋朝，史称北宋，仍都开封，称为东京，赵匡胤即宋太祖（960—975年在位）（图7—1）。

赵匡胤称帝后，首先巩固北宋在原后周辖境范围内的统治，然后采取先易后难、先南后北的方针，以实现南北的统一。对于来自北方的契丹、北汉以及西北党项族的威胁，赵匡胤派遣一批武将分别驻守沿边州郡，保障北宋无西北之虞，以尽力统一东南。

乾德元年（963）正月，宋朝以讨伐湖南叛将张文表为名，借道荆南。当宋军压境之时，荆南节度使高继冲被迫投降，荆南成为被宋朝消灭的第一个割据政权。紧接着，宋军日夜兼程向南进发，很快又吞并湖南。至此，宋朝切断了南唐、南汉与后蜀的联系，为日后各个击破创造了条件。宋军可以从江陵顺流而下，南唐再也不能凭恃长江天险。

乾德二年底，宋朝开始攻蜀。后蜀政治腐朽，将帅无能，士

第七章 五代十国与辽、宋、西夏、金时期

图 7—1 宋太祖蹴鞠图

无斗志，宋军仅用六十多天，就迫使后蜀孟昶投降。宋太祖消除长江上游这一割据势力后，先后两次攻伐北汉，都因遭遇辽的援军而失败，于是重新贯彻先南后北的战略方针。开宝三年（970）底，宋军从湖南南下，用不到半年时间，进入广州，削平南汉，把广东、广西的一部分纳入北宋的统治之下。

南唐在周世宗夺取淮南时就充分暴露出积弱之势。李璟主动上表给后周，请求削去帝号，自称唐国主。宋朝建立后，南唐即表示臣附。建隆二年（961）六月，李璟死，子李煜（yù）即位，史称李后主。李煜对宋谨修臣节，以期继续偏安一隅。开宝七年十月，宋太祖还是派遣十万大军开始进攻南唐，很快就包围金陵。李煜遣使恳求缓兵，宋太祖按剑说："天下一家，卧榻之侧，岂容他人鼾睡乎！"① 开宝八年冬，宋军攻陷金陵，历时39年的南唐灭亡。李煜被安置在开封居住，太平兴国三年（978）七月被毒死。

李煜虽无治国之才，却工书善画，更长于作词，尤其是在被俘往开封以后，怀念故国，心境凄凉，创作了不少名篇。李煜将词从"花间派"②的狭窄领域中扩展开来，开辟了词的新意境，对宋词的发展有着重大影响。词作为一种文体，开始取得和诗同样重要的地位。李煜不仅是五代、宋初最杰出的文学家，在中国文学史上也占有重要地位。

至此，南方的割据政权只剩下福建泉、漳两州的陈洪进和吴越的钱俶（chù）。他们在宋朝建立后都已称臣朝贡。太平兴国三年四月，陈洪进发现宋朝决心消灭割据，便主动献出2州14县，史称"泉、漳纳土"。钱俶随之也献上所属13州1军86县，史称"吴越归地"。至此，整个南方都被宋朝统一。

太平兴国四年正月，宋太宗（赵匡义，976—997年在位）亲征北汉。五月，北汉帝刘继元出降，北宋终于消灭最后一个汉族割据政权，将黄河流域、长江流域和珠江流域都纳入管辖之下，结束唐末以来分裂割据的局面，取得局部统一。

## 二 北宋的统治措施

宋太祖、宋太宗在进行统一战争的同时，还采取一系列措施，逐步削夺方镇手中的兵权、政权和财权，以改变五代以来"方镇太重，君弱臣强"的问题。

---

① 《续资治通鉴长编》卷16，开宝八年十一月辛未。
② 花间派：晚唐五代词的一种流派，其文字富艳精工，艺术成就较高，对后世词影响较大。

## 第七章 五代十国与辽、宋、西夏、金时期

宋朝的军队由禁军、厢军、乡兵和蕃兵组成,其中禁军是维护北宋政权的主要军事力量。建隆二年,宋太祖通过所谓的"杯酒释兵权",巧妙解除禁军主要将领石守信等人的军权。以后又废除殿前都点检和侍卫亲军马步军都指挥司,禁军分别由殿前都指挥司、侍卫马军都指挥司、侍卫步军都指挥司,即所谓三衙统领。禁军领兵权析而为三,以名位较低的将领掌握三衙,意味着皇权对军队控制的加强。宋太祖还建立养兵制度,一遇灾荒,就大量招募灾民入伍,以此把潜在的反叛力量变为保卫封建统治的力量。宋太祖还扩充禁军名额,从地方军队中挑选强壮善战者到开封当禁军。同时,实行"更戍法",禁军的屯驻地点几年更换一次,而将领不随之变动,以防止将领与兵士相结合。在兵力部署上,将禁军一半驻京师开封,一半驻地方。

中央的最高行政长官是同中书门下平章事,为宰相之职。宋太祖唯恐宰相权柄过大,因而采用分化事权的办法削弱相权。军政大权归枢密使掌握,而财政大权由三司使掌握,宰相所掌仅限于民政。宰相办公的中书门下(习称政事堂)与枢密使办公的枢密院,并称"二府",皇帝利用这两者间的异同,发号施令,独断专行。此外,还设置参知政事、枢密副使、三司副使,作为宰相、枢密使和三司使的"副贰",与各部门长官互相制约,以削弱其权力。

北宋的地方政权初分州(府、军、监)和县两级。宋初的节度使,沿袭五代,下辖数州,这些州叫做"支郡"。北宋在消灭割据政权的过程中,规定所属各州直接归中央管辖,取消节度使管辖支郡的制度。州的长官简称知州,可以直接向皇帝奏事。后来又在各州(府)设置通判,作为知州的副手,实际上起着监督、牵制的作用。县的长官叫做知县或县令,也由中央派遣。

淳化四年(993)又分全国为十道,至道三年(997)改为

十五路，以后又有增加。从宋初至神宗朝各路陆续设有职任不同的四个机构：安抚司、转运司、提点刑狱司、提举常平司，分管地方各项事务，后三个部门合称"监司"。路的主要任务之一，就是监督州县各级官吏。

平定各割据政权后，宋廷往往从中央政府临时派遣文臣前往新占领地区，代替原来的节度使担任地方官，并且不让他们在一个地方长期任职，称为"权知"，即暂时管理的意思。北宋前期官、职、差遣相互分离。"官"（本官）变成一种等级待遇，作为叙级、分等、定薪俸之用；"职"（职名）不是职务，而是标志清要身份的加官；只有"差遣"才是实际职务。

北宋统治者进一步完善科举制度，严格考试程式，考官锁宿，试卷封弥、誊录。科举考试成为朝廷选拔官员的主要途径。科举及第者，一般随后即予授官，并且在今后的仕途升迁上，也较恩荫等其他出身者便捷。宋太祖亲自主持殿试，并由此成为制度，及第者都成了"天子门生"。宋太宗时又大大增加各科录取名额，以笼络更多的知识分子，扩大统治阶级的政治基础，形成崇文抑武的文官政治格局。

这一系列渗透着"防弊"精神的措施，在一定程度上达到了预期效果，强化了中央集权，巩固和稳定了封建统治；但也造成军队战斗力削弱，政府行政效率低下，农民负担沉重，社会尚武之风衰微等消极后果，为后来的统治危机埋下祸根。

### 三　北宋的统治危机与农民起义

北宋政权虽然得以巩固，但农民受压榨的命运并没有改变。北宋政府在有效调整全国土地占有关系上无能为力，不再规定地主占田的最高限额，并且允许土地自由买卖，直接导致宋代土地兼并与土地集中之风比唐代后期更盛，"富者有弥望之田，贫者无卓锥之地"①。农民阶级的处境日益恶化，从北宋初年起，小规模的农民起义就不断爆发。

四川地区的农民所受苦难尤其深重。淳化四年初，以王小波、李顺为首的农民起义在青城县（今四川都江堰市）爆发。起义一开始，王小波就明确提出"吾疾贫富不均，今为汝均之"的口号，表达了农民对社会财富严重不均的强烈不满，使唐末农民起义处于萌芽状态的"均平"思想具体化、明确化。这是中国农民战争史上第一次提出"均贫富"的口号，标志着农民斗争发展到一个新阶段，对以后的农民起义有着重大影响。虽然两年之后，这次起义被镇压下去，但统治者深切感到农民反抗斗争的威胁。对辽两次用兵均以失败告终的宋太宗，于是决定调整统治方针，全力贯彻"守内虚外"政策，对辽、西夏采取被动的守势，而把预防"内患"放在绝对优先的地位。

景德元年（1004），辽军南下，攻破数州，直逼京城。宋真宗（赵恒，998—1022年在位）惊恐万分，想迁都南逃。宰相寇准陈明利害，力请真宗御驾亲征。真宗亲临战阵，宋军将士深受鼓舞，士气大振。辽朝见势遂有议和之意，本就怯战的真宗立即表示同意，与辽朝达成"澶渊之盟"，以每年送给辽朝绢、银为代价，结束了宋、辽之间四十多年来的敌对状态，双方约为兄弟之国，从此基本保持和平局面，直到北宋末年。

为了粉饰太平，宋真宗同王钦若等人伪造"天书"，东封泰山，西祀汾阴，兴建宫观，劳民伤财，每次祭祀活动还大量赏赐各级官员。真宗死后，年仅12岁的儿子赵祯即位，是为宋仁宗（1023—1063年在位）。摄政的刘太后又信任佞臣贪官，任意封赏。官僚机构叠床架屋，官僚队伍日益庞大，行政效率低下。

---

① 《续资治通鉴长编》卷27，雍熙三年七月甲午。

为维持这些庞大的开支，宋廷大量增加赋税的名目和税额，加重对百姓的剥削。农民不堪重负，大批自耕农破产，加之连年灾荒，致使流民所在皆是，农民起义此起彼伏。宋朝不仅阶级矛盾尖锐，同西夏和辽朝的关系也复杂、紧张。在西夏的侵扰和辽的要挟面前，宋朝显得软弱无力，长期以来形成的军事弱势暴露无遗。军队的扩充和岁币的增加，又使冗费激增，年年入不敷出，财政危机日益严重。

为摆脱社会危机，加强宋王朝统治，统治集团中一些人开始考虑尝试变法，最著名的是由范仲淹、富弼等人主持的"庆历新政"。范仲淹，字希文，苏州人，是北宋中期有影响的政治家。他素以"先天下之忧而忧，后天下之乐而乐"为志，十分关心宋朝长治久安的问题。登上仕途以后，他敢于直言朝政得失，提出一些兴利除弊的建议。后来他又在陕西指挥对西夏的防御战争，较有成效地阻止了西夏的进攻，从而名重一时。

庆历三年（1043）八月，宋仁宗任命范仲淹为参知政事，富弼为枢密副使，希望依靠他们改革弊政，革新政局，并对当世急务提出书面建议。范仲淹与富弼商议后，奏上著名的《答手诏条陈十事》，所谓"十事"，是指"明黜陟、抑侥幸、精贡举、择官长、均公田、厚农桑、修武备、减徭役、覃恩信、重命令"。宋仁宗采纳了大部分改革建议，从庆历三年九月到庆历四年，先后发布一系列诏令，宣布对此前实行的官僚选拔和升迁办法进行改革。这就是所谓的"庆历新政"。新政所推行的这些措施，以整顿吏治为主要内容，有利于改善弊端丛生的宋朝专制统治。但它触犯了官僚、权贵的一些既得利益，遭到他们的强烈攻击。他们指责支持改革的官员是"朋党"，甚至耍弄阴谋，制造谣言，对范仲淹等人进行恶意中伤。

庆历四年十月初，宋夏议和。庆历五年正月中旬，辽朝又遣使到开封告知辽夏战争结束，并向宋朝示好。西夏与辽的威胁相继解除，仁宗认为天下已经太平，同月下旬就将范仲淹和富弼罢免而出任地方官。新政夭折。

但是，各地小规模农民起义和下层士兵哗变事件仍然不断发生。统治集团内部要求改革的浪潮也继续高涨，继仁宗之后的宋英宗（赵曙，1064—1067年在位）也希望能革除积弊。只是由于他在位时间短暂，且一直患病，未能着手进行改革。

## 四 王安石变法

治平四年（1067），英宗病死，继位的宋神宗（赵顼，1068—1085年在位）很有抱负，决心改变内忧外患、财政困乏的局面，并把变法的希望寄托在独负天下盛名的王安石身上。王安石，字介甫，临川（今江西抚州）人，是我国古代杰出的政治家、改革家、思想家和文学家。他曾长期担任地方官，对现实社会有较多了解，对宋朝统治所面临的危机有较深刻的认识。神宗即位后，起用王安石为翰林学士，允许他直接向皇帝陈述政见。熙宁二年（1069），神宗任命王安石为参知政事，并创立"制置三司条例司"，作为主持变法的机构，由王安石亲自负责，实行变法。

在理财方面，王安石提出"因天下之力以生天下之财，收天下之财以供天下之费"[①]的基本方针，推行均输法、青苗法、农田水利法、免役法、市易法、免行法、方田均税法等措施。同时，为加强宋王朝应对"内忧"和"外患"的能力，还实行保甲法、保马法、将兵法以及建立军器监等措施。此外，还着手改革科举制，整顿学校，以培养和吸收拥护新法的人才。

---

① 《宋史》卷327《王安石传》。

王安石所进行的变法以富国强兵为核心，前后进行了近二十年。部分实现了变法"富国"的目标，中央和地方财政大大改善。"强兵"方面，开始取得对西夏的战略优势。但是，将兵法的实行未能显著提高禁军的战斗力，保甲法恢复"寓兵于农"制度的设想，在当时的历史条件下也很难实现。

新法或多或少地触犯了皇室、中高级官员、豪强和高利贷者的利益，因而遭到他们的反对和阻挠。宋神宗虽有心坚持变革，但在人事上也于新旧两党之间寻求平衡。熙宁七年，王安石第一次罢相。次年，宋神宗又召王安石回京复职，继续执行新法。但二人在如何变法的问题上产生分歧，王安石复相后得不到更多支持。加上变法派内部分裂，爱子王雱（pāng）病逝，王安石于熙宁九年辞去宰相职务，从此闲居江宁府（今江苏南京），潜心学问，不问世事。

元丰八年（1085）三月，神宗病逝，其幼子赵煦继位，是为宋哲宗（1086—1100年在位），由神宗之母高氏垂帘听政。高太后是宫廷内部反对新法的主要人物，她一执掌朝政大权，就火速把司马光、吕公著、文彦博等保守派元老大臣召回京城，并让他们推荐守旧派人物到朝廷任职。司马光就任宰相后，在一年多的时间内，废除了熙宁年间（1068—1077）颁布的大部分变法措施。这些事发生在哲宗元祐年间（1086—1093），后来被称为"元祐更化"。

元祐八年（1093），高太后病死，宋哲宗亲政。他随即同变法派的一些人结合起来，打起继承宋神宗"遗业"的旗号，改元绍圣，恢复神宗颁布的一些法令。但重新上台的变法派，主要考虑的是如何巩固自己的权势，统治集团内部的明争暗斗进一步加剧，北宋王朝的统治陷入更加深刻的危机之中。

## 第三节 辽、西夏、吐蕃、回鹘和大理

### 一 辽在北方的统治

辽景宗（耶律贤，969—982年在位）承穆宗衰乱之余，励精图治。982年，景宗病死，年仅12岁的长子耶律隆绪即位，是为辽圣宗（983—1030年在位），由承天太后萧绰（燕燕）摄政。次年，改元统和，又改国号为契丹。承天太后摄政长达27年，继承和发展景宗时开始的中兴步伐，终成盛世。

统和二十二年（宋景德元年，1004），承天太后亲征，大举南下。"澶渊之盟"后，辽朝每年从宋朝得到绢20万匹、银10万两，财政状况得到较大改善，人民也能安居乐业（见彩图二十一）。承天太后死后，辽圣宗用时十年征讨高丽，又西讨阻卜部的叛乱，劳民伤财，损失惨重。辽圣宗虽然注意吏治，关心民生，但在他统治末年战乱不已，国势由盛转衰。

辽朝统治者在建立政权和开拓疆域的过程中，不断吸收各族上层人士参与治理，学习各族的文化和制度，使他们的统治方式与各地区人民的社会文化背景相适应。在辽世宗耶律阮（兀欲）时，形成了适应本国基本情况的政治制度，并历经穆、景、圣三朝，逐步得以完善。辽朝统治的基本方针是"因俗而治"，建立了两套平行的政权机构——北面官和南面官。北面官处理契丹各部和其他游牧、渔猎部族事宜，长官由契丹贵族担任；南面官管理汉人、渤海人事务，长官由契丹贵族、汉人和渤海人中的上层担任。北面官的最高行政机关是北枢密院，也称契丹枢密院。北枢密院同时也是皇帝直接控制下的最高军事决策机构。南面官的最高权力机构是南枢密院，也称汉人枢密院，掌管汉人、渤海人州县事务。总理契丹等各游牧部族军政事宜的中央机构是北、南

二宰相府。

辽政权虽有五京的建置，皇帝与朝臣却并不常居京城，他们每年四季都巡幸于不同地区，政治中心也随着他们的行踪而转移，契丹语称为"捺钵"，意为辽帝的行营，又称四时捺钵。每年夏季和冬季，皇帝在捺钵与北、南大臣商议国事。捺钵既是举行国政会议的地点，又是皇帝处理国事的场所。皇帝以及个别后妃、亲王个人掌管的政治、经济、军事机构叫"斡鲁朵"，汉译为行宫。

在地方治理和机构设置上，也体现出"因俗而治"的特点。对契丹等游牧部族以部落治理，汉人和渤海人则统以州县。此外，契丹贵族还建立有投下（也作"头下"）军州，用以安置在汉地掳掠的人户。

## 二 西夏政权的兴起和发展

11世纪初，党项族在我国西北地区建立大夏政权，史称西夏。党项是羌族的一支，早年活动于今四川省西北部和青海省东南部一带。唐朝建立后，党项族各部酋长率部落内属，和唐朝发生了密切联系。后来由于受到日益强盛的吐蕃势力的压迫，一部分党项人开始向东北迁徙。唐宋之际，党项人的聚居区，大体上在东北至陕西府谷一带，南达陕西延安、富县，西南至甘肃会宁，西北据有宁夏灵武、盐池。迁徙后的党项族，在政治、经济等方面与中原地区的联系进一步加强。9世纪末，党项族拓跋部首领拓跋思恭曾参与镇压黄巢起义，唐朝政府封他为定难军节度使，赐姓李，晋爵夏国公。

宋朝建立后，党项李氏表示归附，但仍保持原来的割据局面。宋太宗统治时，对党项首领李继捧重加赏赐，并晋升官职，以此取得党项李氏世代承辖的领土。但是，李继捧归附宋朝之举引起党项内部的急剧分裂。李继捧族弟李继迁拒不内迁,联合其他党项部落首领,进行反宋斗争。他还利用辽、宋之间的矛盾,争取辽的援助。党项与宋朝之间的战争互有胜败。

宋真宗景德元年(1004),李继迁死去,子李德明继立。李德明对辽、宋都保持友好关系,特别是与北宋的政治、经济联系有了很大的发展。宋真宗天禧四年(1020),李德明把统治中心移到兴州(今宁夏银川)。宋仁宗明道元年(1032),李德明死,子元昊立。他采取一系列措施,逐步建立起中央王权,并按照唐宋制度建立一整套从上到下的政权机构。在军事制度上,元昊一方面继续保持部落兵制,并加强对部落兵的控制;另一方面从各部豪族中精选5000人,充当自己的近卫军,以加强王权的力量。元昊还和野利仁荣一起,模仿汉字,创造"蕃书"(即西夏文),通令国人使用。此外,他还强制境内各族人民秃发,规定各级官员和民庶的服饰,废弃唐、宋王朝"赐"给拓跋首领的"李"姓、"赵"姓,改号嵬名氏,等等。

宋仁宗宝元元年(西夏天授礼法延祚元年,1038),元昊正式称帝,国号大夏,史称西夏,建都兴庆府(今宁夏银川),辖境东尽黄河,西界玉门,包括今宁夏、甘肃大部、陕西北部和内蒙古一部。宝元二年正月,元昊遣使向宋朝上表,希望宋朝承认其称帝的合法性。宋仁宗见到表章后,削夺过去封给元昊的官职爵位,停止互市,"揭榜于边,募人能擒元昊若斩首献者,即为定难军节度使"[1]。此后,宋朝与西夏连年交战,屡战屡败。西夏虽然得胜,但死伤惨重,特别是与中原贸易关系断绝,"饮无茶,衣帛贵"[2],人民生活困苦,对统治者怨恨日深。在这种情

---

[1] 《宋史》卷485《夏国传上》。
[2] 《续资治通鉴长编》卷138,庆历二年十二月。

况下，元昊向宋朝求和。宋廷求之不得，宋仁宗庆历四年（西夏天授礼法延祚七年，1044）双方达成协议，元昊以夏国主名义称臣，宋"岁赐"银、绮、绢、茶25.5万[1]；允许夏国自置官属；置榷场[2]于边境，恢复贸易往来。

元昊对辽一直称臣，并娶辽公主为妻，以争取辽的援助，对抗宋朝。辽朝也利用西夏，作为向宋朝讨价还价的手段，迫使宋朝增加岁币银绢20万两匹。在西夏与辽之间，由于争夺边境上的人口，不时发生冲突。当西夏与宋朝议和之后，辽与西夏的矛盾尖锐化了。辽重熙十三年（1044），辽兴宗（耶律宗真）亲征西夏，被元昊打败。庆历八年，元昊死，子谅祚继位。次年，辽又进攻西夏。西夏在取胜之后，依旧向辽表示臣属，从此形成北宋、辽、西夏三足鼎立的局势。

元昊的后继者继续向宋称臣，但对边境的骚扰和掠夺从未停止过。宋朝在军事上一直处于被动挨打的状态。在神宗熙宁、元丰时期，宋朝曾先后两次出兵西夏，均以失败告终，劳民伤财。西夏虽然取得胜利，但经济上也失去岁赐和贸易的实惠，内部矛盾日益尖锐。双方都没有力量继续打下去，于是又恢复到原来的状态：西夏向宋称臣，换取大量岁赐。但是，边境的冲突一直到北宋灭亡始终没有停止。

## 三 吐蕃、回鹘和大理

### 1. 吐蕃

9世纪中叶，吐蕃王朝灭亡以后，无论是吐蕃本部（今西藏），还是吐蕃王朝曾经统治的河西、陇右地区，都处于分散混

---

[1] 《宋史》卷485《夏国传上》。
[2] 榷场，宋朝与西夏等政权在接界地点设置的互市市场。

乱的状态，并一直持续到13世纪中叶蒙古大汗统治西藏。在这期间，逐渐形成一些较大的割据势力。藏传佛教①也在此时得到发展，并与割据势力紧密结合在一起。到9世纪末10世纪初，南下河西走廊的回鹘占领甘州，地处河西走廊东端的凉州（今甘肃武威）处于被隔绝状态。凉州首领后来是由当地吐蕃首领担任，但他们都接受中原王朝的册封，并几次请求中原王朝派去节度使。宋真宗咸平年间（998—1003），统治凉州一带的吐蕃六谷部首领潘罗支及其后人，积极配合宋朝抵抗党项人的战争。六谷部还经常供应宋朝大批战马，宋朝也回赠他们茶叶、纺织品、药材甚至弓箭兵器，双方保持着密切联系。

11世纪初期，以青唐城（今青海西宁）为中心，吐蕃首领唃（gū）厮啰建立了一个地方性政权，成为甘青地区吐蕃势力的中心。11世纪中叶，凉州被西夏占领，六谷部余部也来投奔唃厮啰。历代唃厮啰都接受宋朝的册封，尊称宋帝为"阿舅天子"。不过，宋神宗之后，由于多次武力征讨河湟吐蕃，北宋与吐蕃的关系趋于紧张。西夏控制整个河西走廊之后，高昌回鹘等地的商人往往取道唃厮啰政权统治下的鄯州（今青海乐都）到中原贸易，鄯州成了当时中原与西域交通的一个枢纽。

北宋境内的泾水和渭水流域，还有不少分散的吐蕃部族，各有自己的首领。其中编入北宋政府户籍者，被称为"熟户"，北宋保留他们的部落组织，任命他们的首领以各种官职，而且一般是世袭的。

---

① 藏传佛教，或称藏语系佛教，俗称喇嘛教，是佛教传入吐蕃地区后，大量吸收当地原有的宗教因素而发展起来的教派。始于7世纪，在9世纪中叶一度遭到禁绝，即所谓"朗达玛灭佛"。一百年后，佛教由原西康地区和卫藏地区再度传入，西藏佛教又得到复苏。朗达玛灭佛之前，佛教在西藏的传播被称为藏传佛教的"前弘期"，之后称为"后弘期"。后弘期根据佛教传入路线的不同，又分为上路弘传和下路弘传。

当时吐蕃本部虽然同北宋没有直接的接触，但甘青地区和宋境内的吐蕃部族却成为他们联系的媒介。

2. 回鹘

9世纪中叶，回鹘汗国被黠戛斯灭亡，回鹘人的主要部分向西迁徙到河西走廊直至葱岭以西的广阔地区，特别是今天的新疆地区，在那里先后建立了几个政权：甘州回鹘、高昌回鹘、于阗回鹘、龟兹回鹘和喀喇汗国（或称黑汗朝）。所有这些回鹘汗国，都同中原王朝保持着密切联系，或自认为是中原王朝的一部分。从后唐以后，甘州回鹘一直是中原战马的重要供应者。宋朝秦（今甘肃天水）、渭（今甘肃平凉）等州的守臣经常派遣牙校到甘州回鹘境内购马。高昌回鹘经常派遣使节到宋朝和辽朝。太平兴国六年（981），宋太宗派王延德等出使高昌，受到可汗的隆重接待。于阗、龟兹的可汗也同宋朝保持密切联系，于阗还同辽朝有联系。喀喇汗国虽然距中原最远，但他们的汗在头衔中往往带有"桃花石汗"的字样。在突厥语中"桃花石"意指中国，可见他们自认为是中国的汗。

回鹘原是游牧民族，西迁以后除保留原有的畜牧业外，农业和手工业也得到发展。回鹘商人来往于东西方之间。在辽朝的都城上京，有专门给回鹘商人居住的"回鹘营"。还有许多商人到辽的南京（燕京，今北京）贸易。到北宋贸易的回鹘商人也很多，有的甚至携带家眷，久留不归。通过"朝贡"、互市等方式，回鹘人将自己出产的或从别处转运来的马匹、玉器、药材、香料等运往内地，从内地换回茶叶、铁器、钱币等。在经济交流的过程中，回鹘文化也吸收新疆地区以及东西文化的精华，获得长足的发展。

在政治、经济、文化密切交流的基础上，新疆各族人民以回鹘为主干逐渐融合，形成今天的维吾尔族。大约在11世纪初期，喀喇汗国灭了于阗汗国，并使当地居民改信伊斯兰教。12世纪初，喀喇汗国被西进的辽军所降服，成为西辽①的属国，至1211年灭亡。

3. 大理

唐昭宗天复二年（902），南诏政权覆灭。此后，云南相继出现过三个政权，即郑氏的大长和（902—928）、赵氏的大天兴（928—929）和杨氏的大义宁（929—937）。后晋天福二年（937），大义宁政权的通海节度使、白族人段思平联合云南东部三十七部"乌蛮"（彝族），攻下大理城，灭掉大义宁，建立大理政权。

大理的疆域基本与南诏相同，共有八府、四郡、三十七部，政治经济中心在洱海周围地区。八府、四郡是大理政权直接管辖的地区，三十七部则有世袭的"部长"，有相对的独立性，大都是彝族。大理政权的最高统治者是段、高两姓贵族。

大理政权建立之初，内地汉族区仍处于割据纷争的状态中，及至宋朝建立，逐渐恢复联系。乾德三年（965），宋灭后蜀，大理便立即派官吏送公文入宋廷，表示祝贺。此后，大理曾九次遣使向北宋朝廷"入贡"，要求通好。太平兴国七年，宋太宗下令在大渡河上造大船，以便大理"入贡"。大理与宋朝之间政治、经济、文化的联系从此展开。政和七年（1117），北宋朝廷正式册封段和誉（即段正严）为"大理国王"。大理与宋之间的往来比较频繁，只是由于当时的政治形势和复杂的民族关系，宋朝统治者对于大理存有戒心，因而在某种程度上影响大理与宋朝

---

① 西辽又称黑契丹、哈喇契丹或哈喇乞答。1131年，辽皇族耶律大石所建，西征中亚后定都于虎思斡耳朵（今吉尔吉斯斯坦布拉纳）。蒙古乃蛮部贵族屈出律篡夺帝位后，未改国号。1218年，成吉思汗派大将者别杀屈出律，灭西辽。

之间的政治关系和经济文化交流的进一步发展。

## 第四节  金与辽、两宋的对峙

### 一  金的建立与辽、北宋的灭亡

金是女真族在中国东北建立的一个政权。女真人的祖先靺鞨，在北魏时称为勿吉，分为七部。其中的粟末靺鞨在8世纪中叶建立渤海国，黑水靺鞨役属于渤海。五代时，契丹耶律阿保机灭渤海国，黑水靺鞨始以女真之名见于史籍，并附属于契丹。契丹贵族为削弱女真人的反抗力量，把居住在今松花江以南的女真"豪右数千家"[①]迁到今辽阳以南地区，编入辽的户籍，称之为熟女真；居住在黑龙江中下游及长白山地区的女真人，未编入辽的户籍，称之为生女真。

10世纪末到11世纪初，生女真各部先后开始定居生活，并使用铁器，生产力明显发展，逐渐强大起来，威胁着辽的统治。辽朝为此多次发动对女真人的讨伐，残酷杀掠敢于反抗的女真各部。辽统治者还采取以女真人治女真人的策略，任命生女真各部中比较强大的完颜部酋长，充当辽王朝统治生女真各部的代理人。完颜部逐渐发展成一个强大的部落联盟，到11世纪末，终于统一生女真各部。辽统治者的种种压榨，使女真各部忍无可忍。宋徽宗政和四年（1114）九月，以阿骨打为首的女真贵族誓师起兵，女真人起而响应，攻城拔寨，战无不克。

次年，阿骨打仿照汉族制度，称皇帝，是为金太祖（1115—1122年在位），建国号大金（1115—1234），立年号收国，定都会宁（今黑龙江阿城南）。紧接着，阿骨打又攻下黄龙

---

① 《文献通考》卷327《女真》。

府、东京辽阳府。金兵的节节胜利，充分暴露辽王朝的虚弱实质，辽王朝早已潜伏的内部矛盾也由此爆发，内外交困，面临覆灭。这时，以宋徽宗（赵佶，1101—1125年在位）为首的统治集团也想乘机对辽用兵，夺回后晋割给契丹的幽、云十六州。宣和二年（金天辅四年，1120），宋金订立所谓"海上之盟"：双方夹攻辽朝，金军攻取辽中京大定府（今内蒙古宁城境），宋军攻取辽南京析津府（今北京）和西京大同府（今山西大同）；灭辽后，幽云之地归宋，宋则将原送与辽的岁币转送给金朝。

"海上之盟"订立后，金朝发起对辽的新攻势，接连攻下辽的上京临潢府、中京大定府及西京大同府。辽天祚帝（耶律延禧）率卫兵逃往夹山（今内蒙古包头附近）。辽皇族耶律淳在燕京自立为帝。宋朝因忙于镇压方腊起义，直到宣和四年才派兵攻打燕京，结果却遭大败。不久，耶律淳病死，宋朝再次派兵伐辽，又遭惨败。为了掩饰败绩，童贯暗中派人约金兵攻打燕京。于是，金兵越过长城，攻占燕京。辽保大五年（金天会三年，1125），天祚帝在逃亡中被金兵俘虏。辽皇族耶律大石率部分残余力量向西越过沙漠，最后到达新疆西部和中亚地区，建立西辽国。统治北中国210年的辽王朝灭亡。

随后，女真贵族尽括燕京及其所属六州的财富以及二三万民户，席卷而去，把几座空城交给宋朝。宋朝占领燕地之后，继续掠夺、榨取未被金兵搜括尽的民户，引起人民激烈反抗。

金天会三年（宋宣和七年，1125）十月，金太宗（完颜晟）下诏进攻北宋。十二月，宋燕京守将降金，金兵分两路大举南侵，长驱直入，直逼开封。宋徽宗惊慌失措，急忙把帝位让给儿子赵桓（宋钦宗）。开封军民在抗战派大臣李纲的带领下，给金兵以迎头痛击。但是，以宋钦宗为首的统治集团全无斗志，派人向金求和。随着各路勤王兵陆续赶到，开封军民经过联合斗争，迫使金兵于靖康元年（金天会四年，1126）二月北撤。八月，金兵再次分两路南侵，进逼开封。宋钦宗仍然企图用绢、银和土地乞求金朝退兵，不作坚决抵抗的准备。十一月底，金兵再次包围开封。开封人民坚决要求抵抗金兵，但由于宋朝的投降政策，开封终至陷落。次年三四月，金兵把宋徽宗、钦宗父子连同后妃、宗室、朝官等三千多人俘虏北去。开封城也被金兵洗劫一空，北宋覆灭。

## 二　南宋与金对峙局面的形成

靖康二年五月初一，宋高宗赵构（1127—1162年在位）在南京应天府（今河南商丘）即位，改元建炎，后建都（行在所）于临安（今浙江杭州），史称南宋。

南宋建立之初，金兵还只是打通了两条通往开封的道路，河东、河北的其余地区都还在宋军手中。两河人民组织起来进行抗金斗争，牵制了女真贵族的大量兵力。在宋朝内部，宋高宗起用李纲，抗战派力量也有所加强。李纲还推荐宗泽任东京留守，到开封组织抗金斗争。王彦率领的"八字军"在斗争中不断壮大，吸收太行山一带的十多万义兵，形成一股强大的抗金力量。宗泽积极联络河南、河北的各支义兵，同"八字军"彼此呼应，在黄河南北给予金兵沉重打击，使金兵不得不暂时放慢南侵的步伐。

以宋高宗为首的投降派却企图割地求和，竭力破坏李纲联合义兵抗金。李纲任相仅75天，即被罢免。宋高宗南逃扬州，以求苟安享乐。宗泽在开封积忧成疾，于建炎二年（1128）七月含恨死去，他所聚集的义兵也被宋高宗一伙逼散。女真贵族得以逐个攻陷两河州县，把各支义兵相继镇压下去。

建炎二年底，女真贵族初步建立对两河地区的统治，然后继续向南进攻，很快占领山东、河南等大片地区，进逼扬州。宋高宗仓皇渡江逃往江南，金兵一路追赶到明州（今浙江宁波）。由于金朝的骑兵不习惯海上活动和江南的水土，多次被宋兵击败。加之后面有韩世忠、岳飞等率军积极抗击，金兵被迫北撤。

金统治者决定在宋金战争的正面战场上暂时采取守势；同时，在黄河以南到淮河以北的地区建立伪齐政权，作为缓冲地带，以抽出兵力，集中于陕西方面。至宋绍兴元年（金天会九年，1131）三月，金兵基本占领全部陕西五路。此后，宋、金在川陕交界地区出现长期拉锯战的局面，双方沿大散关到淮河一线对峙，宋金战争进入相持阶段。

绍兴四年（金天会十二年），金军主帅完颜宗弼（兀术）又率兵南侵，遭到坚决抗击，以失败告终。次年，金太宗死，金熙宗（完颜亶）即位，女真贵族内部发生争权夺利的内讧。以挞懒为首的女真贵族提出将河南、陕西原伪齐统治地区交还南宋，同南宋议和。绍兴八年（金天眷元年）十二月，由秦桧代宋高宗跪接金朝的国书。

但是，次年七月，完颜宗弼发动政变，夺取兵权，撕毁和议。绍兴十年（金天眷三年）五月，金朝兵分四路南下，很快夺回河南、陕西。不过，金兵在顺昌（今安徽阜阳）之战中，遭到惨败，被迫退回汴京。七月，岳飞率领岳家军，接连在郾城、颍昌大败金兵，先锋部队克复郑州、洛阳。在敌后坚持斗争的许多义兵，受到很大鼓舞，纷纷打起岳家军旗号，准备响应，整个黄河南北，抗金形势一片大好。然而，宋高宗伙同秦桧，下令宋军班师后撤，以便议和。岳飞等坚决反对投降，仍以恢复中原为己任，完颜宗弼就授意南宋朝廷除掉岳飞。绍兴十一年（金皇统元年）八月，岳飞被罢官，随后被罗织"谋反"罪状，与部将张宪同下大理寺狱。与此同时，高宗、秦桧加紧进行降金求和活动。十一月，签订和议，南宋称臣，划淮为界，岁贡银25万两、绢25万匹，史称"绍兴和议"。至此，宋金南北对峙的局面最后确立。

十二月，宋高宗和秦桧以"莫须有"的罪名，将岳飞及其子岳云、部将张宪杀害。岳飞，字鹏举，汤阴（今河南汤阴）人，是我国历史上杰出的民族英雄，他尽忠报国的事迹代代传诵，成为中华民族宝贵的精神财富。

### 三　金的统治与灭亡

从阿骨打起兵反辽，到金熙宗与南宋签订"绍兴和议"，经过26年的用兵，金朝的统治地区北抵外兴安岭，东达黑龙江下游及乌苏里江以东的海滨，南及淮河，西接西夏。在这广阔的地区内，居住着女真、契丹、汉、奚、室韦等各族人民。

猛安谋克原是女真族部落进行战争时的军事编制，阿骨打起兵后，猛安谋克成了女真族以及一部分较早归附金朝的奚人、契丹人的社会基层组织。凡猛安谋克户，平时从事生产活动，战时编成军队，应征出战。金统治者把这些猛安谋克迁到华北及中原地区后，称为屯田军。屯田军寨的官府，同统治汉人的州县官府平行，不相统属。屯田军户一面种地自给，一面巡捕私盐，并随时准备镇压附近地区人民的反抗斗争。

金太祖废除国相制，设立谙版勃极烈等辅佐国政。从金太宗（1123—1134年在位）时起，就有一些女真贵族建议改女真旧制，用汉官制度。金太宗于天会四年着手建立中央集权的政权机构。金熙宗（完颜亶，1135—1148年在位）时，加快改制步伐，废除勃极烈制，全面实行汉式官制，史称"天眷新制"。通过改制，把军权从军事贵族手中收归中央，削弱了旧贵族的势力。皇统九年（1149）完颜亮（1149—1160年在位）杀金熙宗，众人拜他为皇帝，史称海陵王。随后，完颜亮废都元帅府，改依汉制设枢密院，并规定"枢密院虽主兵，而节制在尚书省"①，进一步把军权集中到自己手中。为加强对中原地区的控制，完颜亮于天德五年（1153）把都城自上京会宁府迁到燕京，定为中都。正隆元年（1156），完颜亮还颁行"正隆官制"，废除形同虚设的中书、门下两省，由尚书省专理政务，直属于皇帝，并进一步加强御史台的监察职能，令御史台劾举百官。

金统治者崇儒尊孔，推行文治。金熙宗及完颜亮等女真贵族深受汉族儒生的影响。从都城到地方州郡，都设有学校，授以儒业经术。早在金太祖时，已创制女真文字，作为官方通行文字。但是，上自皇帝、贵族，下及平民百姓，用汉字的更为普遍。对于在汉族和契丹族中有广泛影响的佛教，金统治者也大力加以提倡。在灭辽及灭北宋过程中，金统治者任命许多前来投靠的契丹、奚及汉族的上层人物担任要职。金太宗还在河东、河北实行贡举取士，吸收更多汉族士大夫参加金朝的政权机构。熙宗以后，更是大力推行科举制度。金王朝从女真贵族的专政，逐步转变为以女真贵族为核心，联合各族剥削阶级上层人物，共同对各族人民进行统治的政权。

正隆六年（宋绍兴三十一年）九月，完颜亮南下攻宋。十月，完颜雍（金世宗，1161—1189年在位）乘机在辽阳自立为帝。十一月，完颜亮在扬州被部将杀死。金世宗继承熙宗、完颜亮改革所取得的成果，对金朝制度加以新的调整。在他统治的30年间，对外不再发动战争，女真贵族间的纷争也逐渐结束，社会趋于安定。

大定二十九年（1189）世宗去世，完颜璟（金章宗，

---

① 《金史》卷114《白华传》。

1190—1208年在位）即位。在他统治的明昌、承安年间（1190—1200），女真族由奴隶制向封建制的变革已经成熟。但是，金章宗没有进一步针对弊政加以改革，导致金朝开始由盛转衰。到章宗后期，已是民穷国困。至卫绍王（完颜永济）、金宣宗（完颜珣）统治时期（1209—1223），政治更加腐败，社会危机更加深化。各族人民纷纷起义，他们身穿红衲袄，号称"红袄军"，金朝政权在起义军的沉重打击下已濒临灭亡。

此时，北方的蒙古迅速崛起，不仅征服西域，而且南下把金逼到黄河以南。宝庆三年（1227），蒙古灭西夏。绍定五年（金开兴元年，1232），蒙古窝阔台汗与南宋议定联合灭金，同年蒙古军队包围汴京。金哀宗（完颜守绪，1224—1234年在位）一路逃至蔡州（今河南汝南）。绍定六年，宋军与蒙古军队合攻蔡州。次年正月，蔡州城破，金哀宗自杀，金亡。

## 四 南北对峙局面确立后南宋的政局与灭亡

"绍兴和议"之后，南北对峙局面确立，秦桧在宋高宗的纵容和支持下总揽朝政，长达18年之久。这一时期，稍有声望的抗战将领都成为秦桧的打击目标。台谏官也成为秦桧排斥异己的工具。秦桧死后，宋高宗依靠的还是秦桧余党，朝政依然是乌烟瘴气。

绍兴三十一年（金大定元年），完颜亮南侵。虽然宋军在采石（今安徽马鞍山市西南）之战中取得胜利，迫使金兵北撤，但宋金战争并未停止。次年，宋高宗传位于宋孝宗赵昚（shèn）。孝宗很想有一番革新，在即位之初就宣布给岳飞父子昭雪，驱逐朝中的秦桧党人。隆兴元年（金大定三年，1163），出师北上，希望改变宋金臣属关系。但是，符离一战败绩，动摇了孝宗恢复故土的决心，重新起用秦桧党羽汤思退为相。隆兴二年，南宋与金订立和议，不再向金帝称臣，改称侄，"岁贡"改称"岁币"，由原来每年银、绢各 25 万两、匹，减为 20 万两、匹。此后 30 年，宋金未再发生大规模战争。

"隆兴和议"后，孝宗也想对秦桧擅权时的一些弊端有所改革，但决心不大，又有多方牵制，因而成效很小。孝宗虽被称为南宋历史上最有作为的皇帝，但他在位 28 年，政治形势并无起色。

淳熙十六年（1189），宋孝宗让位给儿子宋光宗赵惇（dūn）。光宗在位 5 年，受制于李皇后，与太上皇的关系日益紧张。绍熙五年（1194），孝宗病逝。同年，光宗在宗室赵汝愚和外戚韩侂胄（tuō zhòu）等人的逼迫下退位，其子赵扩继位，是为宋宁宗（1195—1224 年在位）。韩侂胄为了大权独揽，很快把宰相赵汝愚赶下台，并制造"庆元党禁"，斥道学为伪学，以清除赵汝愚一派在朝野上下的影响。但是，"庆元党禁"并没有达到打击政敌、压服舆论的目的。韩侂胄为巩固自己的政治地位，决定发动对金战争。鉴于当时宋金双方的政治军事形势，辛弃疾、叶适等人反对仓促北伐。但是，开禧二年（金泰和六年，1206）南宋还是下诏伐金。虽然南宋也取得过局部胜利，但未能挽救全局的失败。

开禧三年四月以后，双方议和。同年十一月，韩侂胄被史弥远杀死。南宋在史弥远的主持下与金签订"嘉定和议"，满足金人提出的全部要求，增岁币为 30 万，犒师银 300 万两。从此，朝政落到史弥远手中。嘉定十七年（1224），宁宗病死，史弥远矫诏立宋理宗（赵昀，1225—1264 年在位）。理宗即位后，朝政昏暗如故。

绍定六年，史弥远病死，宋理宗亲政。他一方面在政治上寄希望于道学家，一方面用兵北伐，企图利用金朝灭亡之机，收复黄河以南地区。端平元年（金天兴三年，1234）蒙古灭金后，南宋军队曾进驻原北宋三京，即南京应天府（今河南商丘）、东京开封府（今河南开封）和西京河南府（今河南洛阳东）。然而，这三城已被蒙古兵掳掠一空，宋军乏食，陷入绝境。蒙古兵反攻洛阳，宋军溃败。

从端平二年开始，蒙古军队前后三次向南宋发起全面进攻。由于人民群众和沿边将士的积极奋战，加之蒙古贵族内部的纷争，南宋得以坚持40年之久。

宋理宗宝祐六年（1258），蒙古军队发起第二次全面进攻。时在鄂州督战的南宋右丞相贾似道遣使向忽必烈求和，愿意称臣纳贡，割让长江以北土地。贾似道隐匿私订和议，而妄称战胜蒙古军，鄂州围解，因而有"再造功"，加官晋爵，进一步攫取朝廷大权。面对蒙古强大的军事压力，南宋国政却愈益腐败。景定五年（1264），宋理宗死，宋度宗赵禥（qí）即位。度宗（1265—1274年在位）更加昏庸荒淫，终日不理朝政，南宋已至不可救药的地步。

至元六年（宋咸淳五年，1269）以后，蒙古军队发动第三次大规模军事行动。至元十三年（宋德祐二年），元兵攻入临安，宋恭帝赵㬎（xiǎn）出降。以文天祥、陆秀夫、张世杰为首的少数抵抗派，先后拥立宋度宗的两个幼子赵昰（shì）、赵昺（bǐng）为帝，辗转于福建、广东沿海一带，艰苦支撑了三年。至元十五年（宋祥兴元年），文天祥兵败被俘。次年正月，陆秀夫、张世杰也于崖山（今广东新会南）战败。陆秀夫背负幼帝赵昺蹈海而死，张世杰欲奔海外以图再举，不幸舟覆牺牲，南宋灭亡。文天祥被押解到元朝大都（今北京），以"人生自古谁无死，留取丹心照汗青"的精神，宁死不降，从容赴义。文天祥大义凛然、宁死不屈的崇高精神为后世称许，与陆秀夫、张世杰合称为

"宋末三杰"。

## 第五节　辽、宋、西夏、金时期的社会经济与阶级结构

### 一　社会经济

两宋时期，我国社会经济获得迅速发展，完成了经济重心的南移。北宋虽是我国历史上疆域最小的中原王朝，但两宋始终据有富庶的南方地区，在农业、手工业、商业等方面都取得突出成就，不仅高于辽、西夏、金，以及蒙古等民族政权，而且在当时世界上也居于领先地位。

就农业生产来说，不同地区呈现出极不平衡的状态，大体可以分为三大区域。

秦岭、淮河以南地区的农业继续发展，进一步扩大对北方的优势。据北宋崇宁元年（1102）的统计，全国总户数为20264307户，口数为45324154口[①]；其中秦岭、淮河以南各路户数为14432167户，口数为30266362口，户、口数分别占总数的71.2%及66.8%，也就是说，南方的户口比北方多了一倍。当时南方人民在生产实践中形成一套以种植水稻为中心的先进耕作制度，从而使水稻总产量超过粟、麦，跃居首位。当时南方各地区之间，发展也很不平衡。最先进的是两浙，特别是太湖流域的苏、杭、常、湖、秀等州，成都府路、福建沿海次之，两湖地区又差一等，两广及夔州较为落后。

秦岭、淮河以北地区，主要是黄河中下游，包括华北平原及关中。这里开发最早，农业也有较好的基础，虽然历经唐末以来

---

[①] 宋代户口统计一般只计男丁，户口数字中的口数指男丁的人数。按每户实际平均五口计算，宋徽宗时全国人口约为一亿人。

三百多年的多次战乱，农业生产曾受到严重摧残，但在政治相对稳定的北宋中后期及金朝中期，有一定程度的恢复发展。

其他周边地区，以东北地区及蒙古东部的农业生产发展最为显著，这主要得益于辽、金时期大批汉人向塞外的移民。西夏统治期间，河套地区、河西走廊发展灌溉农业，农作物品种也有了比较多样化的发展。高昌、吐蕃、大理等统治区的农业也具有相当高的水平。

这一时期的传统手工业部门，在生产技术、产品质量和生产规模等方面，比前代都有显著发展。手工业生产的地区布局，比起前代有明显变化。南方成为手工业生产最繁荣的地区，边疆地区的手工业也有进步。

丝织业的生产中心，依然在四川、江浙、河北、京东等地区。随着许多河北汉户的迁入，我国长城以北地区的丝织业也发展起来。西南地区的麻织品，以其技术之新颖、产品之精美驰名于世。棉纺织业由海南岛黎族聚居地区发展到两广、福建，并向浙江地区发展，这在我国棉纺织业史上具有划时代的意义。毛纺织业的发展，主要集中在西北党项等游牧民族地区。

这一时期所产的瓷器之精美，数量和品种之繁多，都大大超过前代。最著名的有定州（今河北曲阳）的定窑（见彩图二十二）、汝州（今河南临汝）的汝窑以及开封的官窑。辽统治区的陶瓷业也在中原地区的影响下发展起来。在宋金对峙时期，由于北方名窑的许多工匠移居南方，江南地区一举成为全国制瓷业的中心，比较著名的有江西景德镇等。而北方各大名窑普遍衰落，唯独钧州（今河南禹州）的钧窑成为金统治区制瓷业的代表。

矿冶业的发展也特别突出。铜、铁等重要矿产品的产量都比唐代有了大幅度增长，开采规模和冶炼技术也有新的突破。东北、西北、西南地区的矿冶业也得到发展。煤炭（石炭）这时也成为开封等都市及河东地区城乡人民日常生活中的重要燃料。四川地区出现的"卓筒井"促进了井盐业的快速发展。

造船业由于海外贸易的兴盛得到迅速发展。其中最发达的地区依然是两宋统治的江南和东南沿海地区。辽和金的造船工场分别以宝坻（今天津宝坻）和通州（今北京通州）为代表。

这一时期刻书成风，官、私、坊刻均有很大发展，雕版印刷业趋于鼎盛。宋朝雕版印书业，形成杭州、开封、建阳（今属福建）、眉山（今属四川）四个中心。造纸技术也获得全面提高，纸的用途也更加广泛。

各个政权在各自统治区内，还以各种方式经营商业。宋朝政府对茶叶、盐、矾等多种物资及海外输入的乳香等舶货实行专卖，不允许民间私自交易，称为"禁榷"。宋神宗统治年间所实行的市易法，更把官办商业作为一项国策加以贯彻执行。辽朝也专门设置有"榷盐院"，主持对盐的专卖。金朝也对盐、茶、香、醋等物资实行官府专卖。

这一时期，我国境内各政权统治区的商业发展并不平衡。两宋统治地区的商业最为繁荣。宋辽西夏对峙时期，北宋的东京开封府是最大的商业中心（见彩图二十三），此外还有一些地区性商业都会。这些大商业城市已完全突破坊（居民住宅区）和市（商品贸易区）的限制，商业活动时间也更为自由。此外，各级官府所在地也都有相当活跃的商品贸易市场。在县城下面，有许多镇市，城镇郊外的农村还有草市定期集市贸易。辽统治区的商业虽不如北宋繁荣，但在都城和各级地方政府所在地，也形成多层次的商业中心。进入宋金对峙时期，南北两大区域性的商业活动发生了结构性变化。在南宋统治区内，商业以杭州为中心，在长江流域及江南广大地区继续发展。而金统治下的整个黄河以南地区，商业要比北宋时期萧条，开封失去商业大都会的地位。黄河以北的河北、河东地区，以及东北地区的东京辽阳府，商业活动还比较活跃。金熙宗在上京会宁府（今黑龙江阿城南白城子）仿宋汴京的规模进行修建，商业也随之发展起来。

北宋政府很重视发展同辽、西夏以及大理等政权的商业联系，在边境地区设置各种榷场来管理贸易往来事务。各个政权之间还通过聘使往来，互相馈赠与回赐，进行物物交换，这也是一种特殊形式的商业活动。位处新疆地区的哈喇汗国、于阗、高昌，和辽、北宋、金也有聘使往来，汉族商队到这些地区经商。辽上京有回鹘商贩居住区。回鹘同北宋的贸易关系相当密切，当时许多回鹘商人带着家属长期居住在开封经营商业。此外，民间走私贸易是沟通各政权之间商业联系的另一重要渠道。

对外贸易主要是通过东海、南海的海上航路，同高丽、日本及东南亚、南亚、西亚进行往来。主要贸易港口，有东南沿海的广州、泉州、明州、杭州以及山东半岛的密州（今山东诸城）、登州（今山东蓬莱）等。除了大量民间海商贸易活动外，两宋政府还通过"朝贡"、"回赐"的方式，同太平洋、印度洋沿岸许多亚洲国家和地区进行贸易往来。在广州、泉州、明州等海港城市设置市舶司，专门管理海外贸易事务。宋朝与海外国家通过海上航路所进行的商业活动，无论在海舶的航程、活动范围，还是进出口商品的品种和数量等方面，都超过了前代。市舶司的收入，成为支撑宋朝财政的一项重要来源。

同商业发展相适应，在使用铁钱的四川地区，首先出现我国最早的纸币——交子。不过，在整个北宋时期，交子的使用还只是局限在一定的地区，民间也很少使用。铜钱和铁钱仍是流通的主要货币。到了南宋，政府还发行了新的纸币——会子，与铜钱并行流通。纸币的流通，开辟了中国货币史上的新纪元。金统治区也仿照南宋纸币，发行交钞。金章宗时，还铸造流通了我国最早的银币。这种纸币、银币与铜钱、铁钱并行流通的货币制度的出现，既是商业和商品经济发展的反映，也对以后的社会经济发展有着积极影响。但是，南宋和金朝统治者后来都把滥发纸币作为弥补财政亏空的手段，造成纸币的严重贬值和币制的混乱，对商业的发展造成不利影响。

## 二　阶级结构

### 1. 辽朝

统治阶级包括以皇帝为首的契丹奴隶主贵族、汉族地主阶级和其他族的上层分子。契丹贵族包括皇族、后族和其他高级官僚、将领。进入辽朝统治集团的汉人和渤海人上层，在出租土地、收取地租的同时，也像契丹贵族一样建立庄园，占有大量部曲、人户，身兼地主、奴隶主双重身份。随着辽朝封建化程度的提高，一些地方的大土地所有者，多以租佃方式经营地产，奴隶制逐步向地主制经济转化。上层僧侣是寺庙地产的管理者，实质上是靠地租生活的地主。由于土地来源不同，他们的佃户既有二税户[①]，也有具有独立自由身份的国家编户。由于商业的发展，辽朝境内还出现富有的商人阶层，他们或经商于五京、州县，或来往于辽、五代诸国及宋境，有的甚至成为代表辽朝办理交涉的使臣。

被统治阶级包括农民、牧民、手工业者以及宫分户、投下户、著帐户等奴隶。游牧的契丹人被编入相应的部落，是部落贵族的属民。辽朝境内的汉族劳动人民，绝大部分分属于宫分或投下，他们的身份是奴隶。另一部分是仍然留在幽、云地区的汉

---

① 二税户，辽代头下军州所属的人户，既依附于领主，又从属于国家，同时向领主和国家缴纳赋税。

人，保持自耕农或佃农的身份，被编入州县，从事农业生产。辽朝境内也有一些个体手工业者，他们同农民、牧民一样，是国家赋役的承担者和财富的创造者。

2. 宋朝

主体阶级是地主和农民两大阶级。地主阶级大致可划分为皇室、官户、吏户、乡村上户、僧道户、干人等几个阶层。除了赵氏皇室外，官户作为一个法定的阶层，居于社会的最高层，外戚大体可列入官户，宗室的一部分也可列入官户。官户绝大多数拥有数量不等的田产。吏户是仅次于官户的统治阶级，其户数也多于官户，对广大民众来说，他们则是更为直接的统治者、压迫者和剥削者。乡村上户大体上是指没有官和吏身份的地主。尽管各地划分户等的财产标准不一，但乡村上户往往拥有几百亩以上的田产。按照宋代制度，乡村上户须服职役，即吏役。僧道户是指僧寺和道观，在宋代的户口登记中，只能以寺观为单位，列入主户户数登记，而僧道个人则列入主户人数登记。干人是一个特殊的阶层，他们是官户和地主的高等仆人，但对农民而言，却是直接的盘剥者。

农民阶级主要由乡村客户和下户构成，他们分别负担不同的赋役。在宋代，乡村主、客户的区分主要在于有无田地。乡村客户往往成了佃农的代名词。按财产多少，乡村主户分为五等，其中第一、二、三等户称上户，第四、五等户称下户，有时也将第三等户称乡村中户。由于一些复杂的原因，大量没有田地，本应算做乡村客户的佃农，也被列入乡村下户的户籍登记。此外，宋代的城市居民被称为坊郭户，根据有无房产，也分为主户与客户，坊郭主户又分为十等户。

宋代农业中的生产关系以契约型租佃制为主，雇佣制为辅，而在工商业以至家内劳动中，逐渐采用雇佣制。佃农的身份为编户齐民，对地主的人身依附关系较以前"注家籍"的佃客有所松弛。宋代私人奴婢的法定名称是"人力"和"女使"，其社会地位比唐律中的奴婢也有所提高。

3. 西夏

在西夏社会，皇帝及皇室拥有至高无上的地位。以党项宗族首领为主体的贵族地主，在经济上占有大量土地，在军事上拥有自己的武装，在政治上还享有种种特权。上层僧侣也属贵族地主。"官"是区别西夏贵族与庶人的标志，贵族是世官世禄，庶人则无官无禄。不过，西夏后期实行科举制度，"官"的身份有所变化。庶人主要来自党项氏族时期的部落成员，拥有自己的独立财产和人格，即所谓的自由民。庶人的经济力量很不相同，既有田产较多的地主、牧主，也有占田较少的自耕农。失去土地、牲畜的农牧民以及手工业工匠，占社会人口的大多数。此外，还有半奴隶性质的使军和类似奴隶的奴仆。商人是西夏社会的新兴阶层，大商人和小商贩应属于不同阶层。

4. 金朝

进入中原的女真贵族和官僚，既是占有大量奴隶的奴隶主，同时也是靠出租土地进行剥削的地主。迁入中原的女真军户，通过分配和垦荒，很多都成了自耕农。留居东北边疆的女真人，发展进程较为缓慢，仍处于家长奴隶制发展阶段，奴隶仍是农业生产的主要承担者。但是，中原的封建制对他们也有一定影响。

部分汉人在战争中被虏为奴婢、部曲，由原来具有独立身份的国家编民降为女真贵族的私属。但通过逃亡、赎买、放良等方式，多数人会重新取得自由身份。因此，汉人中的主要阶级仍为地主和自耕农、佃农等。

一部分契丹贵族受到女真统治者的重用，同女真贵族一样，既是奴隶主，也是地主。一般契丹人户被编入猛安谋克，随同南迁，同于女真军户。大部分仍在原地的契丹人被编入猛安谋克，由契丹上层统领，从事游牧。于是，在契丹人中，既有以租佃方式经营农业的地主和农民，也有在奴隶制经济中从事农业生产的奴隶主、农民和奴隶，还有从事牧业的牧主和牧民。

在中原封建经济的影响下，金朝的大部分地区都经历着一个或快或慢的奴隶解放和向封建制转化的过程。金朝境内的主要阶级仍然是地主与农民。

## 第六节　辽、宋、西夏、金时期的思想文化与科技

这一时期，我国不同地区的各民族共同创造了灿烂的文化。特别是宋朝，在思想、文化与科技等方面达到空前的高度，在当时世界上占据领先地位，对人类文明作出了重大贡献，产生了深远影响。

### 一　宋学

宋代是我国古代经学发展的重要时期，完成了由"汉学"向"宋学"的转变，即由章句之学转变为义理之学。

宋学以中晚唐的儒学复兴为前导。自唐后期到五代末，战乱不已，经济凋敝，韩愈所倡导的新儒学销声匿迹。宋初数十年，社会相对和平，经济有了较快发展，思想文化领域也逐渐活跃，儒、释、道思想相互渗透。宋仁宗时，一些有作为的士大夫相继提出各种改革方案，展开激烈论争。疑经思潮风生水起。被称为"宋初三先生"的胡瑗、孙复、石介，是宋学的先驱。他们的学术活动基本上都开始于仁宗朝前期。至仁宗庆历（1041—1048）前后，一种吸收佛、道学说以阐述儒学的新学派宋学逐渐形成，李觏（gòu）、范仲淹、欧阳修等人在其中起到积极的推动作用。

## 第七章　五代十国与辽、宋、西夏、金时期

从宋仁宗晚年到宋神宗初年,宋学得到较大的发展,各大学派正式登场。王安石的新学是早期宋学中最重要的学派,影响也最大,在学术上居主导地位达60年之久。王安石提出研究经术要为现实服务,认为"天变不足畏,祖宗不足法,人言不足恤",并以此作为其推行政治改革的思想基础。司马光同王安石不仅在政治领域,而且在学术思想领域的许多关键问题上都是意见对立。司马光的朔学大力宣扬天道观和"礼治",积极维护现存秩序。司马光在史学上取得重大成就,是宋儒重视史学的最重要代表。苏洵、苏轼、苏辙父子的蜀学立足于儒学而博取其他诸家学说,因其缺乏固定的思想体系,在政治上也就易于多变,但在文学上成就突出。理学形成于北宋,周敦颐与程颢、程颐、张载、邵雍等作为理学学派的创始人或初步发展的奠基人,被南宋朱熹并称为"北宋五子"。其实在北宋时,除王安石的新学、二程的洛学、张载的关学外,其他学派大多未成气候,影响有限。[①]

进入南宋以后,随着政治形势的突变,宋学各派力量互有消长。洛学迎合了南宋统治者的需要,因而受到朝廷的提倡,获得长足的发展。两宋之交的杨时、胡安国、胡宏,南宋前期的张栻(shì)、陆九渊、朱熹等人,对理学的进一步发展作出了重大贡献。主要由濂、关、洛、闽四大学派[②]建构的理学是哲学化的儒学,以讨论"性"(以人性为主,兼及物性)与"理"(天理、天道)为中心,阐释儒家经典的义理。理学又称道学,理学家

---

[①] 朔学、蜀学、洛学、关学之名均是从地域角度而来。司马光,陕州夏县(今山西夏县)人。苏洵、苏轼、苏辙,眉山(今四川眉州)人。程颢、程颐,原籍洛阳(今河南洛阳)。张载,郿县(今陕西眉县)人。

[②] "濂"指濂溪(在今湖南道县),世称周敦颐为"濂溪先生",其学派为"濂溪学派"。闽学指朱熹在福建武夷山著书讲学时创立的朱子学派。

标榜自己是继承孔孟之道的正统。至朱熹集理学之大成，建立了完整的思想体系，理学遂在宋学中成为巍然兀立的主流学派。与此同时，在民族危机的刺激下，形成以吕祖谦为代表的金华学派，以叶适为代表的永嘉学派和以陈亮为代表的永康学派，三者统称为浙东事功学派。浙东事功学派提倡研究学问要经世致用，反对理学派的空谈性命、义理。

宋理宗当政时，采取各种措施提高理学的地位，并正式肯定二程、朱熹是孔孟以来道统的真正继承人，从而使程朱理学成为钦定的官方哲学，其深远影响不仅下及元明清，而且远播朝鲜、日本诸国。在程朱理学确立独尊地位以后，宋学其他各派走向衰落，理学本身也因缺乏竞争而日渐僵化和陈腐。理学是在儒、佛、道三教结合的基础上孕育形成的，在发展理论思维方面取得了前所未有的成就，在中国思想史上占有重要地位，但它宣扬的"三纲五常"极大地强化了封建礼教的精神束缚。

## 二　宗教

这一时期在我国境内流行的宗教主要有佛教、道教、摩尼教等，其中佛、道两教势力最盛，对政治影响很大。

五代十国各政权的统治者大多信奉佛教，其中南唐和吴越特别突出，只有后周世宗柴荣是一个例外。宋朝建立后，赵匡胤对佛教采取既保护又限制的态度，因而在他当政时期，佛教只是略有恢复。宋太宗崇尚佛教，在他的支持下，佛教有了很大发展。宋真宗对于佛教更加热衷，对各地寺院屡加赏赐。真宗以后的几代皇帝，都继续执行保护佛教的政策。到了北宋末年，宋徽宗崇道抑佛，佛教一度受到影响。宋室南迁后，历代皇帝对佛教都采取保护的态度。由于财政紧张，北宋后期和南宋政府曾大量出卖度牒，作为一项重要的财政收入，这就造成僧尼的不断增多。宋代佛教派系林立，其中势力最盛的是禅宗和净土宗，其次为天台宗、华严宗、律宗。

佛教在辽朝也很盛行。对儒、释、道都加尊奉，是辽朝历代统治者共同遵循的方针。但在三者之中，最受重视的要算佛教。特别是辽代中期的几个皇帝，都是佛教的狂热信徒。由于统治者的提倡和扶植，辽朝辖区之内寺院日多，其中尤以南京为盛。辽朝的僧尼还享有各种特权，不少僧尼横行不法。密宗在唐代末期已趋衰落，但在辽朝又兴盛起来。律宗也有较大影响。相比起来，禅宗在辽朝统治区内并不活跃。此外，民间还流行有各种名目的宗教结社，统称为念佛邑。这显然是净土宗的一种组织，和南方的白云宗和白莲会颇有相似之处。

西夏统治者笃信佛教，僧侣在西夏社会中享有特殊地位。政府中专门设有管理佛教事务的机构，与三司、御史台同为二品，仅次于中书和枢密院。西夏受藏传佛教影响，在中国历史上首设帝师。

金朝对待佛教的态度前后有所变化。前期的几个皇帝都崇信佛教，设有僧官管理佛教事务。中期的几个皇帝，则对佛教采取保护但又加适当限制的方针。金朝末期，战争频繁，经济凋敝，连年灾荒，金朝政府滥卖度牒、师号、寺额，企图以此缓解财政困难，导致僧尼和寺院数目大增。金朝前期，律宗的势力最盛，其次是禅宗。中期以后，禅宗势力日盛。

这一时期道教也很流行。但大部分时间里，道教的势力和影响都比佛教要小，只有北宋真宗和徽宗两朝例外。契丹统治者对佛教最为热衷，对道教也采取保护态度。但总的来说，在辽朝统治区内，道教的势力和影响比较小。在宋代和辽代佛教有很大势力，到金代，道教力量上升，与佛教势力大体相当。几种新型的道教应运而生，其中影响最大的是全真教，其次是大道教（后称真大道教）与太一教。① 这三种道教宗派都得到金朝政府的承认和保护，是金朝统治者的御用工具。

唐武宗灭佛时，摩尼教也受到打击，在中原地区几近绝迹。但在我国西北部，西迁后的回鹘人中间，摩尼教仍有很大影响。宋代沿海的两浙、福建地区，仍有摩尼教的活动。北宋的某些起义曾利用摩尼教作为组织和发动群众的工具。因此，宋朝政府在北宋末年起就下令取缔，南宋时禁令更严。经过这些打击，摩尼教更加衰落。

### 三 史学

五代时期虽然战乱不断，但中原王朝仍沿唐制设有史馆，修撰实录。特别是后汉、后周，积极补修前代实录，使得五代的各朝实录总数达360卷之多。"十国"中也修撰有一些实录。但五代史学中最重要的著作，当属后晋所修的《旧唐书》。

宋代是我国古代史学的鼎盛时期，不仅创设了新的史书体裁，还开辟了一些新的领域，产生许多著名的史学家和重要的历史著作。宋初，薛居正等编成《旧五代史》。宋仁宗时，欧阳修、宋祁受命重修唐史，成《新唐书》，欧阳修又私撰《五代史记》（《新五代史》）。北宋中期，司马光在刘恕、刘攽（bān）、范祖禹等人的协助下，花了19年时间，编写成《资治通鉴》，"鉴前世之兴衰，考当今之得失，嘉善矜恶，取是舍非"②，意在

---

① 全真教，为两宋之际王重阳在陕西终南山所创，也称全真道或全真派。大道教，为金朝皇统年间（1141—1148）刘德仁所创，一度被金朝所禁，至元宪宗时，得到统治者宠信，改称"真大道"。元以后逐渐衰亡，或合并于全真教。太一教，或称太乙道、太一道，为金熙宗天眷年间（1138—1140）萧抱珍所创，传至元代，后并入正一教。

② 《资治通鉴·进书表》。

为最高统治者巩固统治提供可资借鉴的经验教训。该书是我国第一部编年体通史,自宋元以来一直备受推崇,并产生很大影响,被称为"通鉴"体,成为后来编年史的通用体裁;其《考异》部分,更将史学研究引入史学编纂领域。南宋时,袁枢将《通鉴》中的重要事件分门别类,每事详备始终,并列出标题,撰成《通鉴纪事本末》,开创了以记事为中心的新体裁。这种纪事本末体为明清许多史家所仿效。通史方面的巨著,还有南宋初郑樵编撰的《通志》,宋元之交马端临编纂的《文献通考》,这两部书与唐代杜佑的《通典》,并称为"三通"。《通志》中的"二十略",记述上古至唐代的典章制度沿革,是该书的精华。《文献通考》记述远古至南宋末的历代制度,对宋代制度沿革记述尤详。

宋朝不仅重视总结前代历史,还特别重视编修本朝史。宋朝设有国史院、实录院等修史机构,由宰相兼任"监修"或"提举",编纂日历、实录、国史、会要等。宋代官修史籍记述之详,篇幅之大,居汉、唐、明、清各朝之冠。现行《宋会要辑稿》,仅为宋代官修《会要》的残本,材料已十分丰富。

宋代私人修史之风很盛,编修的各类当代史很多。其中最重要的有:李焘的《续资治通鉴长编》,记述北宋一代的史事;徐梦莘的《三朝北盟会编》,记述宋徽宗、钦宗、高宗三朝与金和战的史实;李心传的《建炎以来系年要录》,记述宋高宗一朝的史事。

地方志是一种专门记述州县沿革、地理、风俗、物产、人物等方面的书籍,保存有丰富的社会经济史料。时至宋代,地方志大量出现,达到前所未有的水平,体例已臻完备,不仅有地理总志,还编撰有大量州、县、镇及都市志。

金石学是中国考古学的前身。宋代的金石学者开始把金石学的研究同古代文献的考订结合起来，为史学研究开辟了新的领域。欧阳修的《集古录》、赵明诚的《金石录》，是金石学研究的重要著作。

## 四 文学艺术

宋代文学艺术继唐代之后，有了进一步的发展，呈现出一派繁荣瑰丽的景象。

北宋前期，五代以来的浮靡文风继续统治文坛。以杨亿、刘筠、钱惟演等为首的宫廷文人，崇尚词藻华丽，而忽视思想内容。他们曾相互唱和，编成《西昆酬唱集》，故这种文学流派被称为"西昆体"。宋初最有成就的作家是钜野（今山东巨野）人王禹偁，他的诗文平易简约，饶有风韵。至北宋中叶，文坛掀起诗文革新运动。在诗歌方面，欧阳修以及梅尧臣、苏舜钦等倡导平淡清新，间或粗犷奔放的新诗风。继起的王安石等人，创作了大量反映社会生活的诗歌。这一现实主义诗风，继而影响到南宋诗坛，产生了一批现实主义诗人，其中最杰出的代表是陆游（越州山阴人，今浙江绍兴）。

宋诗继承唐诗而有所创新，题材更为广泛，其中描写农事、反映农民生活和民间疾苦的诗篇较多。爱国诗篇之多，更是一大特色。其中著名的诗作如陆游的《示儿》、文天祥的《正气歌》等，都对后世爱国主义精神产生深远影响。在散文方面，欧阳修、王安石、曾巩、苏洵、苏轼、苏辙等人，以继承韩愈、柳宗元的传统为己任，倡导流丽畅达、骈散结合的散文新风，被后世合称为"唐宋八大家"。

词是宋代最具特色的文学体裁。北宋前期以晏殊、晏几道、范仲淹、张先、欧阳修为代表的婉约派，承袭五代词风，委婉典丽。范仲淹词作虽不多，但扩大了词的表达范围，词风

第七章 五代十国与辽、宋、西夏、金时期

也较遒劲。柳永精通韵律，开始创作慢曲长调新体裁，长于铺叙，用语俚俗，深受下层平民的欢迎。苏轼冲破词专写男女恋情、离愁别绪的藩篱，开创豪放词派。南宋词人辛弃疾（历城人，今属山东济南）继承发展苏轼豪放派的词风，把词所表现的范围扩大到更广阔的社会领域，其词作充溢着爱国主义的激情。两宋之际的女词人李清照（章丘人，今属山东济南），讲究音律，词语平淡而精巧，婉约中带豪放，独树一帜，时称"易安体"。

宋代的城市经济空前发展，为适应城市居民的文化需要，话本、诸宫调、宋杂剧、南戏等新的曲艺、戏曲形式兴起，并在"瓦舍"或"瓦子"等游艺场所上演。

宋代的绘画艺术题材更为广阔，形式、风格更加多样化。山水画、花鸟画蓬勃发展，与人物画并驾齐驱，达到成熟的阶段。《清明上河图》这类描写社会生活的风俗画开始出现，为绘画艺术开辟了新的途径。契丹、女真等兄弟民族的社会生活，在绘画中也得到一定表现。水墨画法开始流行，逐渐成为我国绘画的一种主要表现技法。壁画广泛流行于各个地区、各种场所，题材多样，内容丰富。与此同时，由于印刷业的兴盛，主要由民间画家创作的木刻版画，也在社会上日益传播开来。

宋代书法的成就很大。北宋的苏轼、黄庭坚、米芾（fú）和蔡襄都是著名的书法家。宋徽宗的书法自成一体，称为"瘦金体"。盛行于宋代的法帖，对后代的书法艺术产生很大影响。

雕塑艺术也有很大成就。重庆大足县的摩崖石刻，多数是宋代作品，堪称我国晚期石窟艺术中的优秀代表（见彩图二十四）。太原晋祠的42尊侍女彩塑，塑造于北宋元祐年间，富丽浓艳，各具神态，栩栩如生。

## 五　科学技术

宋代是科技发展史上的辉煌时期。我国古代的四大发明，除了造纸术，其他三项都是在宋代发明、完善或广泛应用的；其西传，极大带动了世界文明的进程。北宋的毕昇（淮南路蕲州人，今湖北英山）在雕版印刷的基础上，发明胶泥活字印刷术。西夏活字印刷的文献流传至今。活字印刷术的发明与推广，对传布科学文化起了很大的作用。指南针的发明并应用于航海，也是在北宋时期。火药虽是宋代以前发明的，但在入宋以后才广泛应用于军事方面。北宋中期编成的《武经总要》保存了三种火药配方，这是世界上最早的记载。

在数学方面，我国独特的代数运算系统在这一时期形成。北宋贾宪发明开方作法本源图，即二项式定理系数表，从此解代数方程便不只限于二次和三次方程。南宋末秦九韶撰《数学九章》记载有这种解高次方程的计算程序，比欧洲要早好几个世纪。北宋初还出现有关简捷算法的专书，后来进一步发明了除法口诀。计算技术的改革，促进了我国算码的产生，算码被普遍使用于商业计算上，后来也用于数学演算上。

天文学方面，北宋时期进行过六次恒星观测。北宋苏颂等人所造的水运仪象台，被国际上誉为天文钟的祖先。这一时期著名的历法包括北宋的崇天历和纪元历、南宋的统天历，以及金代的大明历。其中统天历定一回归年为365.2425日，和现行公历的一年长度完全一样。

北宋医学家对医方书和本草书做了很多总结性的工作。王怀隐主编有《太平圣惠方》，贾黄中等人编辑有《神医普救方》。元丰年间太医局编有《太平惠民和剂局方》，这是我国第一部由政府公布的配方手册。本草书的编辑出版，在北宋时期是个高潮，为我国药物学知识提供了丰富的内容。北宋的医学，以小儿科、产科和针灸科最为著名。金代前期的成无己对《内经》、《伤寒论》等古典医书进行注释，开创了医学理论研究的风气。

地理学方面的成就也很突出，对地球表面上的某些自然现象，已有比较科学的认识。沈括在《梦溪笔谈》中阐释了河流的沉积和侵蚀作用，其论点的提出比欧洲早得多。属于地理学重要组成部分的方志学和地图学，也有显著发展。

建筑方面，宋人所建太原晋祠是一组园林式祠庙建筑，代表宋代建筑技术的光辉成就。金人所建大同华严寺大殿的体量居全国寺庙殿堂之最。辽人所建应县释迦塔是现存古代木塔中的第一高度。西夏人所建多座皇陵高大巍峨，堪称中国式的金字塔。《营造法式》是具有重大历史价值的建筑文献。

# 第 八 章
# 元　代

　　元朝是中国历史上蒙古族建立的统一王朝。1206 年，成吉思汗建立大蒙古国。1260 年，忽必烈即蒙古国大汗位，年号先后为中统、至元，1271 年正式改国号为大元，年号未改。忽必烈先以开平府（今内蒙古正蓝旗境内）为都城，后定都于大都（今北京市）。1279 年，元朝灭南宋，实现国家统一。1368 年，元朝灭亡。

　　元朝定鼎中原，统一全国，结束了三百七十余年多个政权对峙的局面，统一的多民族国家的巩固和发展达到了新的高度。元代是中国历史上又一次民族大迁徙、大融合时期。蒙古族于横扫欧亚的同时自草原入主中原，跟随蒙古族而来的还有来自西域和中亚、西亚的众多民族，他们涌入内地与汉族交错杂居，汉族也迁居到周边民族地区。各民族长期比邻而居，互相影响，民族融合再现高潮，契丹人、唐兀人等融入其他民族，而回族、东乡族、土族、保安族、撒拉族等新的民族共同体雏形在元代形成，蒙古族和汉族也吸收了许多其他民族的成分。中华民族由此增添了新成员，民族风貌显得更加多姿多彩。元代疆域辽阔，行省制在全国普遍实施，民族地区和边疆治理成效卓著，中央与地方、内地与边疆之间的联系空前加强。西藏地区自此正式纳入中央政府的直接管辖之下,澎湖巡检司的设置标志着元政府对台湾实施有效行政管理。但元朝统治者对汉族始终厉行民族歧视政策,中后期吏治日益败坏,蒙古贵族和各级官吏骄横跋扈、穷奢极欲、贪赃枉法之风愈演愈烈,从而促使民族矛盾和阶级矛盾不断激化,终于引发元末红巾军大起义,元朝历时不足百年而寿终。

## 第一节 蒙古族的崛起

### 一 成吉思汗统一蒙古草原与创立大蒙古国

蒙古源自蒙兀室韦,原是隋唐以来室韦部落联盟中的一个部落。大约9世纪中叶以后,蒙古自今额尔古纳河流域逐渐向西迁徙,至10世纪,游牧于鄂嫩、克鲁伦、土拉三河河源地区。当时,蒙古草原上分布着许多不相统属的部落,统称达怛(鞑靼)或阻卜,蒙古只是其中的一部。12世纪以后,草原诸部社会内部出现阶级分化,原始氏族制度趋于崩溃瓦解。进入阶级社会的草原诸部相互掠夺和兼并,出现了一些强大的部落集团。各部与金朝保持臣属关系。随着金朝国势日趋衰落,各部摆脱金朝统治的倾向愈益增强。草原部民渴望结束这种"天下扰攘,互相攻劫,人不安生"[①]的局面。这个历史重任落到了成吉思汗的身上。

成吉思汗,名铁木真,1162年出生于蒙古部乞颜·孛儿只斤氏族。他的祖先世代担任本部首领。铁木真9岁时,其父也速该被塔塔儿部谋杀,族众离散。铁木真历经艰辛,一直不忘复兴祖业。他投靠克烈部首领王罕,寻求支持。在王罕和札只剌部首

---

[①] 《元朝秘史》第254节。

领札木合的帮助下，他重新把本部落人户召集起来，并协助金朝打败世仇塔塔儿部，被金朝授予札兀惕忽里官。从此他以朝廷命官的身份号令部众，提高了自身的声望和政治地位。

1202年，铁木真联合王罕战胜乃蛮、篾儿乞、泰赤乌、塔塔儿等部组成的联军，消灭了塔塔儿部。随着势力的不断壮大，铁木真与王罕的矛盾日益凸显，以致兵戎相见。在王罕和札木合的联合进攻下，铁木真起初惨败。稍事休整后，坚毅的铁木真再次集结部众，彻底击败克烈部。随后，他又击败草原西部的大部落乃蛮部，终于完成了统一蒙古草原的大业。

1206年，蒙古草原各部在斡难河（今鄂嫩河）源举行贵族大会，拥戴铁木真为各部共同的大汗，号"成吉思汗"[①]（后追尊为元太祖），建立国家，国号大蒙古国。建国后，成吉思汗建立了一套适合管理草原社会的国家制度。主要包括：

按照游牧民族以十进制编组军队的传统，将草原牧民分别编入十户、百户、千户组织，实行千户制。大部分千户是由来自不同部落的人户混合编组而成，打破了原有的部落组织。授予贵族、功臣世袭千户长、百户长的权力。每个千户都有指定的游牧地区。所有千户的民户和分地，最高所有权归大汗。千户制是军民合一的社会组织，是大蒙古国的地方行政单位，符合草原国家初期发展阶段政权建设的需要。

在那可儿（部落首领的亲兵）制度的基础上，扩建护卫军。从各级官员以及平民子弟中遴选有技能、身体强健者一万人，组建护卫组织，蒙古语称"怯薛"。平日轮值警卫，战时随大汗出征。怯薛还分管汗廷的各种事务，或奉命外出传达圣旨。

设置大断事官，蒙古语称"也可札鲁花赤"，为最高行政和

---

[①] 对"成吉思"，有"海洋"、"天赐"、"勇武"等各种解释。

司法官。下设若干断事官为僚属。

命人采用畏兀儿字母书写蒙古语，创制蒙古文字，改变了以往靠刻木记事的落后做法。

制定法律，用蒙古文字颁布《大札撒》（法令），用于维护蒙古贵族的统治地位和社会秩序。

依照游牧民族分配家产的传统，将大蒙古国的人民和牧地作为成吉思汗"黄金家族"的共同家产，按份子分封给宗室子弟。成吉思汗诸弟的封地位于蒙古东部，称东道（左手）诸王；长子术赤、次子察合台、三子窝阔台的封地在西部，称西道（右手）诸王。大部分民户和蒙古中心地带，由成吉思汗直接统领，按照"幼子守产"的习俗，日后由幼子拖雷继承。各支宗王在自己的封地（兀鲁思）内享有相对独立的权力。各级官员对大汗和诸王处于绝对从属的地位。部分勋臣贵戚也获赐民户和土地。

通过这些措施，大蒙古国的基本政治制度确立了。成吉思汗善于学习和吸收各民族的优秀文化，具备卓越的政治判断力和军事指挥才华。在草原社会发生巨大变化的背景下，他顺应时代潮流，结束了蒙古草原数百年来部族林立、争战不休的混乱局面。大蒙古国建立后，蒙古草原各部逐渐融合成一个以蒙古为族称的新的民族共同体，对草原地区乃至中国和世界历史都产生了重要而深远的影响。1227年，成吉思汗病逝于六盘山（今宁夏境内）行营。

## 二 蒙古西征与四大汗国的建立

大蒙古国建立后，发动了大规模的扩张战争。在北部，征服了今西伯利亚地区的吉利吉思等森林部落。在南部和东部，相继占领了西夏和金朝的大片领土，并于1227年和1234年先后灭亡这两个大国。在西部，迫使畏兀儿（即高昌回鹘）、哈剌鲁（分布于今伊犁河和楚河流域）等依附于西辽的诸族归顺，使得在西域和中亚一带立国的西辽政权，国力日益衰弱。1218年，蒙古出兵灭西辽，占领可失合儿（今新疆喀什）、斡端（今新疆和田）、叶密立（今新疆额敏南）等地。

从1219年起，蒙古军发动了三次大规模的西征，在蒙古本土之外，建立起四个幅员辽阔的藩属国。

第一次为成吉思汗西征。1219年，成吉思汗亲统大军西征，于1222年消灭了阿姆河流域（今中亚地区）强盛的花剌子模国。1223年，成吉思汗东还，留一部分蒙古军继续进攻忻都（今印度）、波斯（今伊朗），越过太和岭（今高加索山），大败斡罗思（今俄罗斯）和钦察诸部联军。1225年，西征结束。蒙古军占领了中亚、黑海、高加索一带地区，成吉思汗把它们分封给自己的三个儿子。长子术赤的封地在也儿的石河（今额尔齐斯河）以西、花剌子模以北，远至今咸海以西、里海以北之地；次子察合台分得西辽旧境，东起畏兀儿之地，西至阿姆河、锡尔河；三子窝阔台的封地以叶密立河（今额敏河）与霍博（今新疆和布克赛尔）地区为中心，囊括今鄂毕河上游以西至巴尔喀什湖以东地区。

第二次为拔都西征。灭金后，窝阔台汗（1229—1241年在位）继续筹划南伐和西征。西征军由术赤之子拔都任统帅，因宗室各支以及万户以下官都遣长子从征，也称"长子西征"。1236年，西征军首先灭亡也的里河（今伏尔加河）中游的不里阿耳国，次年征服位于咸海、里海、黑海之北的钦察诸部。到1239年底，相继征服斡罗思诸王公。随后进兵孛烈儿（在今波兰）、马札儿（在今匈牙利）等国，远涉多瑙河。接到窝阔台汗的死讯后，拔都才率军东返，留驻也的里河下游地区，在扩大术赤封地的基础上，以钦察草原为中心建立了钦察汗国。其疆域东起今额尔齐斯河，西至欧洲中部，南抵高加索地区。

第三次为旭烈兀西征。拖雷之子蒙哥汗（1251—1259年在位）统治时期，派遣其弟旭烈兀继续西征。1256年，灭亡盘踞于波斯北部的伊斯兰亦思马因派宗教政权木剌夷国；1258年，攻陷报达（今伊拉克巴格达），灭阿拉伯阿拔斯王朝（黑衣大食）；1259年，进兵叙利亚，次年，被密昔儿（今埃及）军击败。旭烈兀退据波斯地区，建立伊利汗国。其疆域东起阿姆河和印度河，西迄小亚细亚，北邻钦察汗国，南抵波斯湾。

忽必烈即位后，察合台、窝阔台后裔支持阿里不哥。阿里不哥战败后，他们拒绝归附元廷，走上独立发展的道路，在察合台、窝阔台封地（兀鲁思）的基础上建立了察合台、窝阔台汗国。元成宗时期，才表示承认元朝皇帝的宗主地位。

通过长达半个多世纪的大规模征战，大蒙古国成为一个横跨欧亚大陆的世界帝国。钦察、察合台、窝阔台、伊利四大汗国本来是统一帝国的一部分，但帝国是靠军事征服建立起来的军事行政联合体，彼此间的政治经济联系松散，分裂在所难免。元朝建立后，统一的蒙古国最终解体。不过诸汗国仍奉元朝皇帝为正统和共主，与元朝保持着宗藩关系。诸汗国的汗位承袭，法理上须取得元朝皇帝的册命。

蒙古三次震撼世界的西征伴随着血腥屠杀，给所经地区带来深重灾难。蒙古西征改变了欧亚大陆的政治格局，对世界历史发展进程产生了重大影响。这客观上对打通欧亚交通路线，推进东西方经济文化交流也有积极意义。从此，大批中亚和西亚人迁居中国，为中华民族输入了新鲜血液。

## 第二节 统一多民族国家的进一步发展

### 一 元朝的建立与全国统一

蒙哥即大汗位后,命其弟忽必烈主管汉地事务。忽必烈素有雄才大略,"好访问前代帝王事迹",特别仰慕唐太宗,"闻唐文皇为秦王时,广延文学四方之士讲论治道,终致太平,喜而慕焉"①。他也延揽了一批汉族儒士,以备参谋顾问。在汉人幕僚的建议下,忽必烈于漠南②冲要处营建开平府,作为藩府驻跸之地;在中原地区恢复生产,招纳流亡,屯田积粮,整饬军纪,兴利除弊。同时,重视拉拢和利用汉族地主武装的首领。这一文一武两支力量,都视忽必烈为乱世英主,倾心归属,他们在忽必烈夺取汗位、统一全国的过程中立下功勋。

1254年,忽必烈率军经由吐蕃地区进入云南,灭大理国。宋理宗宝祐五年(1257)秋,蒙哥亲征南宋。宋理宗开庆元年(1259)七月,蒙哥病死于合州(今重庆合川)钓鱼城外。身在漠北的蒙哥幼弟阿里不哥号令天下,调集军队,准备继承汗位。此时,忽必烈正在湖北前线,决定与宋议和,率师北归。次年三月,忽必烈抢先在开平即大汗位,建元中统,自命为承继中原王朝的正统。随后,阿里不哥在漠北宣布就任大汗。他们分别代表着统治集团中革新派与保守派的势力。忽必烈率军北征,经过四年苦战,阿里不哥战败投降。

蒙古占领中原后,就面临着以何种方式统治汉地的问题。在

---

① 《元朝名臣事略》卷12《内翰王文康公》引《王鹗墓碑》。
② "漠"指瀚海沙漠,其南称漠南,在今内蒙古地区;其北称漠北,大部分是蒙古高原。

汉族儒士的影响下，深谙历史与现实的忽必烈认识到"北方之有中夏者，必行汉法，乃可长久"①的道理。中统四年（1263），升开平为上都。国家的政治中心由漠北迁至漠南汉地。至元元年（1264），以燕京（今北京）为中都。八年，取《易经》中"乾元"之义，改蒙古国的国号为"大元"。九年，改中都为大都，正式迁都于此。建元、改国号、迁都，是元朝定鼎中原、推行汉法的重要标志。

当然，忽必烈采行汉法毕竟是有限度的。漠北草原存在着一个强大的游牧贵族集团，在国家政治生活中占有不容忽视的地位。忽必烈本身就是蒙古贵族的一员。维护蒙古贵族的特权，保持民族差别，就要防止全面汉化，保留部分蒙古旧制，如分封制度、怯薛制度等。

至元四年（宋度宗咸淳三年，1267）八月，忽必烈麾师南下，与南宋展开决战。主张妥协的南宋统治集团，无心抵抗。南宋军民浴血奋战，坚守襄（阳）、樊（城）达六年之久。至元十一年，元军攻陷襄、樊，顺汉水转入长江，扑灭沿江各地军民的抵抗，直逼临安。十三年二月，南宋恭帝投降。十六年二月，元军在广东崖山歼灭南宋残部，宋帝投海。统一战争结束，标志着元朝由此成为中国历史上第一个由少数民族建立的全国性政权（图8—1）。

在统一的历史进程中，忽必烈同分裂叛乱势力进行了坚决的斗争。

中统三年春，山东行省大都督李璮（tǎn），乘忽必烈北征阿里不哥之机，举兵叛乱。忽必烈迅速调集蒙古、汉军镇压，同年七月平叛。原来，蒙古在经略中原汉地的过程中，对各地归降

---

① 《元史》卷158《许衡传》。

简明中国历史读本

图 8—1　元前期疆域图

元代中国统一多民族国家的巩固和发展达到了一个新高度

的官僚、军阀，多授予大元帅、领行省事等官衔，继续管军领民，使世袭其职，称为世侯。李璮事件后，忽必烈剥夺了汉人世侯的军权，取消汉官世袭制，代之以迁转法，加强了中央集权，消除了内乱的隐患。

分裂的力量同样来自蒙古族内部。东、西道诸王，以及拖雷系诸王，多次举兵反抗忽必烈。窝阔台之孙海都，曾支持阿里不哥角逐汗位，后被漠北蒙古贵族的保守势力奉为盟主，长期与元朝为敌，甚至一度攻占了漠北的政治中心和林城。忽必烈一次次挫败叛军，有效地遏制了西北藩王的势力，削弱了宗王在封地的权力。

至元三十一年正月，元朝创建者忽必烈在大都病逝，庙号世祖（见彩图二十五）。忽必烈是中国历史上一位有作为的君主。他吸收借鉴中原先进文化，建章立制，奠定了元朝统治的基础。这不仅有利于汉地社会生产的恢复，而且有利于蒙古族本身的发展。忽必烈坚决打击分裂叛乱势力，坚定维护国家统一和边疆稳定。但后期的政治倾向逐渐趋于保守，嗜利黩武的消极因素增多。如重用阿合马、桑哥等"理财"大臣，与民争利。发动对日本、安南、缅甸、爪哇的战争，大多以失败而告终。

## 二 中央与地方行政

在保障蒙古贵族特权地位的前提下，元朝逐步确立了以中原王朝制度为基础的中央集权行政体制。

元朝的中央机构，主要由总理政务的中书省、主掌军政的枢密院、负责监察的御史台组成。中书省简称都省，设右丞相、左丞相各一员，平章政事四员，右丞、左丞各一员，参知政事二员。都省领吏、户、礼、兵、刑、工六部，分管各项政务。枢密院设院使、知院、同知院事、副使、佥书枢密事等职,名额不定。中书省派平章政事二员参决枢密院事。御史台的设置略晚于省、院,始建于至元五年。设御史大夫、御史中丞、侍御史、治书侍御史各二员,监察御史三十二员。忽必烈说:"中书朕左手,枢密朕右手,御史台是朕医两手的。"①

至元年间,行中书省(简称行省)逐渐由临时性的中央派出机构定型为地方最高行政机构,民事、军事无所不管。行省制的确立是中国古代地方行政制度上的一项重大改革,影响十分深远。元代设置岭北、辽阳、河南、陕西、四川、云南、甘肃、江浙、江西、湖广10个行省。每省置丞相一员,品秩比中书省官低一等;平章政事,左、右丞,参知政事的品秩与中书省官相同。河北、山东、山西称为"腹里"地区,由中书省直辖。在距离行省治所较远或有特殊需要的地区,设立宣慰司,"掌军民之务,分道以总郡县"。行省、宣慰司以下的行政机构有路、府、州、县,管民而不治军。大都、上都设置警巡院,路治所在地设录事司,以管理城市居民。路以下机构以蒙古人担任达鲁花赤②,行监临之责。漠北等地的蒙古人户仍是以千户、百户作为地方行政单位,直属朝廷或分属诸王,不隶路、府。

元朝分置江南诸道和陕西诸道两个行御史台,作为地方监察机构,简称南台和西台,分别监察东南、西部各省官员。北部和中原地区不另置行台。在路以上设置肃政廉访司(元初称提刑按察司)。御史台(中台)、行台与肃政廉访司构成覆盖全国的监察系统。

---

① (元)叶子奇:《草木子》卷3下《杂制篇》。
② 蒙古和元朝的官名,为地方军队和官衙的监治长官。

## 三 民族地区与边疆的有效治理

元朝十分重视民族地区和边疆①的治理，通过建立有效的行政管理机构，将广袤的民族地区和边疆置于中央政府的直接管辖之下。

岭北地区②是元朝的"祖宗根本之地"，分布着众多的蒙古千户。1235年，窝阔台汗在鄂尔浑河岸建造和林城，作为大蒙古国的首都。忽必烈即位后，漠北地区从大蒙古国的中心地带降为元朝的边疆区。和林降为元昌路。至元九年（1272），设立和林转运使司。数年后，改置和林宣慰司都元帅府。大德十一年（1307），升置和林行省，仁宗皇庆元年（1312）改称岭北行省。行省下设称海（科布多，今蒙古吉尔格朗图东南）宣慰司都元帅府、和林路（后改和宁路）总管府。后来，称海改置屯田总管府。岭北行省管理的主要是蒙古各千户、戍军、工匠以及军民屯田，所以辖下只有一路，也没有属州属县。

东北地区分布着女真、蒙古、汉、契丹、兀者等民族。由于山北辽东道、开元等路宣慰司威望不够，不足以震慑诸王，至元二十三年，将东北地方行政机构升格为东京行省（后改称辽阳行省）。下辖辽东道宣慰司以及辽阳、沈阳、开元、水达达等七路一府。偏远处设立兀者吉烈迷万户府、女真水达达万户府、胡里改军民万户府等机构。在弩儿哥（即奴儿干）设置征东招讨

---

① "民族地区"，指中国境内少数民族聚居的地区，如元代女真人、契丹人居住的东北地区，畏兀儿、哈密力等居住的新疆地区等。"边疆"指中国境内毗邻边界的地区。在地理上，东北、西北、西南地区的"边疆"大多位于"民族地区"之内，是"民族地区"毗邻边界的部分。有的"民族地区"位于内地，远离边界。

② 元代行中书省之一。全称岭北等处行中书省，治和林（和宁），统辖漠北诸地。

司。辽阳行省的辖境东临大海，包括骨嵬（即库页岛）。

天山南北的人口按其所居地，分别被称为畏兀儿人、哈密力人、斡端人、可失合儿人等，他们都是今维吾尔族的先民。此外还有哈剌鲁、蒙古、汉等兄弟民族。蒙哥汗时期，曾设立别十八里（今新疆吉木萨尔境内）等处行尚书省，管理天山一带。忽必烈时期，天山南北是元朝与西北叛王势力交错的地方，中央政府采取了积极的管理措施。至元十六年，在天山南路，设立斡端宣慰司都元帅府。至元十八年，在天山北路，将畏兀儿断事官改为北庭都护府；二十三年，设立别十八里、和州（今新疆吐鲁番）等处宣慰司都元帅府。成宗元贞元年（1295），设置曲先塔林（今库车、塔里木周围地区）、北庭（即别十八里）两处都元帅府，分治天山南北。文宗至顺元年（1330），设立哈剌火州（即和州）总管府。元朝发行的交钞在畏兀儿地流通，朝廷在该地置交钞提举司行使货币管理职能。

元朝在西藏地区建立了地方行政机构。1246年，藏传佛教萨迦派首领萨班到凉州（今甘肃武威）谒见蒙古宗王阔端，双方就藏区归附蒙古达成协议。萨班致信吐蕃各僧俗首领，敦劝他们向蒙古臣服。乌思（前藏）、藏（后藏）、纳里速古鲁孙（阿里地区）各地相继归附蒙古。元朝统治者积极笼络佛教上层人物，利用宗教势力作为统治西藏的工具。忽必烈封萨迦派法王八思巴为国师，后升号帝师。从此，元朝历代皇帝都置帝师一职。帝师是全国的佛教领袖，通常在京供职；在西藏享有政教特权，可以奉诏发布命令，并提名高级官员。至元元年，中央设置总制院，负责管理全国的佛教事务以及吐蕃事务；至元二十五年，改称宣政院，秩升从一品，用人奏事不必经由中书省而直通皇帝。为首的院使一般由丞相等朝廷重臣兼任，第二名院使由帝师荐举的僧官出任。在宣政院总摄下，西藏建立起完整的地方行政体系。至元初设置乌思藏三路军民万户府，至元十七年前后升置乌思藏纳里速古鲁孙三路宣慰司都元帅府，简称乌思藏宣慰司①，为最高地方行政机构。宣慰司下设万户府、千户所等行政机构。宣慰使、万户长由宣政院或帝师荐举，皇帝直接任命，也是僧俗并用。朝廷多次派员在西藏清查户口，征收赋税。调蒙古、汉军驻防。西藏地区从此正式纳入中央政府的直接管辖之下。

云南民族成分众多且发展不平衡。大理政权归服后，在原八府四郡及乌、白蛮三十七部的范围内设置了近二十个万户府，总领于都元帅府。至元十一年，建立云南行省，治中庆（今昆明）。行省之下设立若干宣慰司兼都元帅府。废除万户府、千户所，改置路、府、州、县，或宣抚、安抚、招讨等司。在委任流官进行直接统治的同时，边远地区路以下官员任用土著首领为土官，世袭任职，因俗而治。土官制度是唐宋羁縻州政策的继承与发展，既保证了国家的统一，又保持了各民族自身的文化特点，有利于民族地区的社会发展。

澎湖列岛和台湾在元以前隶泉州晋江县，宋朝曾派兵到澎湖巡防戍守。据元人汪大渊在《岛夷志略》中记载，元朝至元年间设置澎湖巡检司，每年征收盐税中统钞10锭25两。澎湖巡检司的设立是中国政府对台湾地区实施行政管理的重要标志。

除设立行政和军事机构外，元朝为加强民族地区与边疆治理还采取了以下措施：

宗王出镇。为加强对边疆地区的管控，忽必烈派遣皇子宗王统兵出镇西北、西南，执行军事镇戍和军政监督任务。此后宗王

---

① 宣政院管辖的吐蕃地区，共有三道宣慰司，除乌思藏外，还有吐蕃等处宣慰司都元帅府，又称朵思麻宣慰司，管理今青海、甘肃等处吐蕃人；吐蕃等路宣慰司都元帅府，又称朵甘思宣慰司，管理今四川甘孜、西藏昌都地区的吐蕃人。

出镇成为元朝的一项重要制度。如北平王、晋王出镇岭北，西平王、镇西武靖王出镇吐蕃，云南王、梁王出镇云南。宗王与行省、宣慰司互不隶属，起到相互制约、平衡权力、防止一方独大的作用。

遍置驿站。为加强边疆与内地的联系，元朝以大都为中心开辟了通往全国的驿道。边疆地区驿骑往来，与内地无异。中央政府十分重视保持边疆驿道的畅通，遇有灾荒，由朝廷拨款赈济在驿站服役的站户，补买马、牛等供给驿站。如辽阳行省共设120个水陆站，在黑龙江流域因地制宜地设置了15处狗站。驿道畅通促进了边疆各族与内地的经济、文化交流。

屯垦戍守。为维护边疆稳定，在西北，忽必烈派皇子那木罕镇守西域地区，调遣大批蒙古、汉军进驻别十八里、曲先、斡端、可失合儿等地屯守戍边。在东北黑龙江流域，设置有肇州蒙古屯田万户府、水达达路屯田总管府、蒲峪路屯田万户府等屯垦机构。在岭北、云南等地，都有军民屯垦。这对开发和稳定边疆发挥了重要作用。

元朝在民族地区与边疆的行政建置和措施，意义重大。如西藏在元朝统一前，地方势力与各教派僧侣集团相结合，形成一个个独立王国。元朝在西藏推行政教合一制度，实行有效的行政管理，遏制了地方势力之间的争斗，保持了社会稳定，促进了经济发展。

元朝的疆域，"北逾阴山，西极流沙，东尽辽左，南越海表"，"东、南所至不下汉、唐，而西、北则过之"[①]。元的统一，结束了唐后期以来长达数百年的分裂割据局面，有利于各民族的相互交流和融合，边远民族地区与内地的联系得到前所未有的加

---

① 《元史》卷58《地理志一》。

强，促进了民族地区开发，统一多民族国家的巩固和发展达到了一个新的高度。

## 第三节 民族等级制度及元政的衰败

### 一 四等人制

随着大一统局面的形成，元朝出现了大规模的民族迁徙。蒙古人、西域和中亚各族人纷纷向中原和南方地区迁徙，大批汉族人迁移到周边民族地区。各民族广泛交错杂居，彼此间的交往更加密切。元朝民族关系的主流是各民族经济文化联系的加强和民族大融合。如来自葱岭以西信仰伊斯兰教的各民族侨民，广泛散居于中国各地，统称回回人。他们或从军，或经商，或从事农业、手工业生产，与汉族、畏兀儿等族杂居，大分散小聚居，到元朝末年已具备了民族共同体的雏形，入明以后，终于形成一个新的民族——回族。东乡族、土族、保安族、撒拉族的形成也肇始于元代。

但是，元朝统治者作为蒙古贵族的代表人物，依靠民族特权来维护其统治地位，施行民族分化和民族压迫政策。面对人口和经济水平都高于蒙古人的汉族，蒙古贵族倚重汉族以外的各族上层人物帮助统治，有意识地压制汉族。从大蒙古国开始到元朝统一，逐步形成四等人制，即把全国居民分成蒙古人、色目人、汉人、南人四个等级。第一等蒙古人是"国人"、"自家骨肉"。第二等色目人，是对畏兀儿、回回、钦察、康里及唐兀（党项）、吐蕃等各色民族的统称。第三等汉人，是指原金朝境内的汉族、契丹、女真人等，以及较早被征服的四川、云南人。第四等南人，贬称蛮子，是南宋遗民。不同的等级在司法、官员选任、经济和社会生活等方面的待遇是不平等的。有的是不成文的惯例，有的则以法律、制度的形式确定下来。

在司法方面,规定蒙古人、色目人殴打汉人,汉人不得还手,只能向官府报告,否则,严行断罪;蒙古人、色目人打死汉人,只是判罚从军出征,而汉人、南人打死打伤蒙古人、色目人,一律处死。同样犯盗窃罪,汉人、南人刺面,蒙古人、色目人不刺面。司法机构也有区别,汉人、南人归中书刑部,蒙古人、色目人归大宗正府判决。蒙古官员犯了法,由蒙古官审判断罪。这使得蒙古官僚贵族在法律上有恃无恐。

在官员选任方面,除了极个别情况,中书省正、从一品官左、右丞相和平章政事例皆用蒙古人、色目人,汉人最高只能任职正、从二品的左、右丞和参知政事。汉人、南人官员不得与闻军政。朝臣奏事内廷,如事涉兵机,汉官虽位居左、右丞也须回避。元朝明确规定地方官员"以蒙古人充各路达鲁花赤,汉人充总管,回回人充同知,永为定制"①。汉官不仅永居蒙古官之下,还受到色目人的牵制。汉人也不能任御史台的长官。各道廉访使必择蒙古人,如无合适人选,可选任色目贵族,汉人只能授以副使以下官。南人则连在省、台、廉访司任职的资格也没有。科举考试,蒙古人、色目人为一榜,汉人、南人为一榜,蒙古人、色目人的考试内容较汉人、南人简单,所取人数则相同,而它们的人口数相差几十倍。

在经济和社会生活方面,征敛马匹时,蒙古人因为有军籍可以免征,色目人每户征马三分之二,汉人则全部征收。为防范反抗,没收汉人、南人的弓箭和兵器,禁止学习枪棒,百人以上一同持弓箭打猎就要处以死刑。汉人军士的兵器,只有训练、出征时才发放,平时存放在库房。禁止汉人迎神祈福,南人夜间灯火

---

① 《元史》卷6《世祖本纪》至元二年二月。

使用也受限制。乘马、用车、服色、婚嫁等都有厚此薄彼的区别性规定。由于禁令烦琐，汉人、南人平民百姓动辄得咎，生命财产安全没有保障。

民族等级制度是民族分化和压迫政策的体现，目的是制造民族间的隔阂和矛盾，维护蒙古贵族的统治。民族压迫的实质是阶级压迫。广大下层的蒙古人户也须承担繁重的军役和劳役，不免破产流亡的命运，那些特权规定事实上不能给他们带来实际的利益。而一些汉人官僚家族则被视同蒙古"国人"，享受各种特权。元朝的社会矛盾特别突出，与其民族歧视政策分不开，也与其阶级压迫不可分离。

## 二　元中后期的政局与吏治败坏

元世祖忽必烈去世后，孙子铁穆耳（元成宗，1295—1307年在位）即位。成宗任用前朝旧臣，奉行世祖成规，被称为守成之君。成宗以后，皇位交替往往伴随激烈的权力争夺，削弱了元朝的统治。大德十一年（1307），怀宁王海山（元武宗）即位，处死成宗的皇后和安西王阿难答。至大四年（1311），武宗去世，弟爱育黎拔力八达（元仁宗）即位。仁宗受汉文化影响较深，恢复实行科举制度，改革朝政，整顿吏治。延祐七年（1320），仁宗逝世，儿子硕德八剌（元英宗）即位。英宗继续进行改革，颁布法典《大元通制》。至治三年（1323），守旧的王公贵族杀害英宗，拥立晋王也孙铁木儿（泰定帝）为帝。致和元年（1328），泰定帝去世，儿子阿剌吉八于上都即位，而武宗之子图帖睦尔（元文宗，1328—1332年在位）在大都被拥戴为帝。双方兵戎相见，结果大都政权倚仗南方各省发达的经济取得了胜利。随后，文宗图帖睦尔主动逊位于其兄和世㻋（元明宗，1329年在位），然而明宗不久即中毒暴亡，文宗再次即位。

推戴文宗有功的色目贵族燕铁木儿大权独揽，朝臣侧目。至顺三年（1332），文宗去世，燕铁木儿立年仅7岁的明宗次子懿璘质班（元宁宗）为帝。宁宗逾月而亡。次年，燕铁木儿病死。明宗长子妥懽帖睦尔（元顺帝，1333—1368年在位）即位。蒙古贵族伯颜独秉朝政，倒行逆施，进一步激化了社会矛盾。顺帝罢黜伯颜，以伯颜之侄脱脱为相。脱脱采取了一些挽救危机的措施，但多数不得要领，无法化解长期积聚的尖锐的社会矛盾。币制混乱引起的通货膨胀，黄河泛滥成灾及征调民夫治河，激化了已有的社会矛盾，最终导致元末农民大起义的爆发。

元朝中后期，权臣专擅蠹政现象非常严重。元仁宗时，蒙古贵族铁木迭儿居相位，大肆兼并土地，贪污纳贿，连供奉祭祀郊庙的马匹都敢中饱私囊。顺帝时，中书省丞相伯颜和搠思监、江浙行省丞相达识帖睦迩等达官贵人，营私舞弊，卖官鬻狱，贿赂公行，声名狼藉。有人作诗讽刺伯颜的贪婪："百千万锭犹嫌少，垛积金银北斗边。"云南行省丞相铁木迭儿，贪婪而残暴，僰（bó）夷与蛮互相仇杀，他收受僰夷的贿赂，诈称蛮人反叛，发兵镇压。

买官卖官盛行，官员铨选法名存而实亡。社会上流传着"使钱不悭，便得好官；无钱可干，空作好汉"的民谣。出钱多的，卑劣之辈也能担任显要职务，获得高官厚禄；没钱送的，即使人才出众，任期满了也不再迁转，甚至刚上任一年半载，便被无故免职，或调往偏僻荒凉之地。

官员收礼索贿，各有名目。初次接见下属要收"拜见钱"，强行索要叫"撒花钱"①，利用管事职权收礼叫做"常例钱"，处理诉讼受贿叫做"公事钱"，追征赋役收取"赍（jī）发钱"，迎

---

① 撒花，波斯语，意为礼物，引申为勒索的财物。

来送往叫做"人情钱",逢年过节要收"追节钱",过生日收受"生日钱",收的钱多美其名曰"得手"①。

官官相护自不必说,官府与富豪恶霸狼狈为奸、欺凌百姓的事司空见惯。地方官对司法诉讼久拖不决,向被告、原告两家索贿,不管是非曲直,谁出的钱多谁胜诉。两家争讼,却把与本案毫不相干的四邻、亲戚、村民、乡胥里长等几十家裹挟进来,随时传唤到官府讯问,百般刁难,榨取钱财。甚至故意制造事端,或捕风捉影,拘禁无辜之人,进行敲诈勒索。

在中国历代王朝中,元朝的吏治腐败问题是比较突出的。蒙古贵族拥有种种政治、经济特权,骄横跋扈、擅权不法、穷奢极欲是他们的一贯作风。依附于他们的各族上层人物、各级官吏,往往贪赃枉法,胡作非为。吏治败坏是导致元朝灭亡的重要原因。

## 第四节 元代的经济与阶级关系

### 一 社会经济的恢复和发展

金末以来,中原地区久遭兵患和屠戮,田园荒芜,人口锐减,社会生产受到严重摧残。占领中原的蒙古统治者横征暴敛,掳人为奴、夺田放牧之事层出不穷。1235年(乙未年),窝阔台汗下令编籍中原户口。在乙未籍户的基础上,依照蒙古体例分土分民,将中原的一部分州县和百姓分封、赏赐给宗亲贵戚,其余的归大汗统领。蒙古统治者将草原游牧贵族统治体制强加于中原农业区,使中原地区的社会经济发生倒退。这些政策遭到有识之士的反对。窝阔台汗时期,契丹人耶律楚材(世居金中都)主

---

① 《草木子》卷4下《杂俎篇》。

掌汗廷文书，受到重用，曾制定了一些有利于恢复中原社会生产的政策与措施，如实行征税办法，限制王公贵族任意科敛，规定由朝廷派官向封地内人民征赋，按应得份额赐给封主。但推行起来阻力很大，效果有限。窝阔台去世后，耶律楚材遭到排挤，抑郁而死。

忽必烈即位后，采取了一系列发展农业生产的措施。如兴修水利，鼓励垦荒，轻徭薄赋等。中央成立专门管理农业的机构大司农司，在农村普遍立社，社长专务督促农业生产，社众之间在生产上互相协助。编纂并颁布农学著作《农桑辑要》，推广先进生产技术。围田、柜田、架田、涂田、沙田等水利田提高了抗旱排涝能力。耧车、耧锄、高转筒车、牛转翻车、水转翻车等农具创新，成效显著。精耕细作达到新的水平。农作物品种更加多样化。中原和江淮地区的农业得以恢复，江南地区的耕地面积、粮食产量达到或超过前代水平。草原畜牧业得以发展，由于凿井技术的推广，牧地得到改良和扩大。人口数量逐步上升，至元三十年的在籍户为14002760户，约7000万人。元朝全国总人口的最高值估计在8000万人左右。

手工业生产中，官办手工业的规模很大，拥有众多匠户，原料丰富，财力雄厚，产品数量多。私营作坊规模不大，但有些产品的质量胜过官办手工业。主要手工业部门有丝织、棉织、麻织、毡罽（jì）、制瓷、兵器、矿冶、制盐、印刷、造船业等。丝织品花色品种繁多，质量精美，织金纻丝技术提高了产品的华丽细密程度。青花瓷是工艺技术很高的新产品，色彩清新，造型优美，畅销海内外（见彩图二十六）。火铳、火炮等火器生产，技术含量高，种类多，产量大。考古发现的元代海船，载重量达400吨以上。

棉花种植、棉织技术的推广，是元代社会经济的突出成就，对后世影响很大。北方地区棉花种植的普及，畏兀儿人功不可没。南方的植棉与棉织技术主要传自闽广和海南地区。南宋末年，松江府（今上海）妇女黄道婆流落海南，与黎族人民共同生活了约四十年，学会棉纺织技术。元成宗时期，她返回故乡乌泥泾（今华泾），创制了一种多锤纺车，织造出名满天下的"乌泥泾被"。乌泥泾一地以棉织业为副业的有一千余家。

商业方面，发行全国统一使用的纸币，以银为本，不限年月流通。四通八达的驿道，从杭州至大都的京杭大运河的开通，南北海运的通航，促进了经济交流和商业发展。但国家对许多商品实行专卖，又委托色目商人营利，发放称为"斡脱[①]钱"的高利贷，滥发纸币，官僚贵族经商逐利，都阻碍了正常的商业活动。

随着海上航线的开辟，元朝与东亚、东南亚、南亚、西亚、北非、东非的许多国家和地区有贸易往来，规模空前。主要出口丝棉织品、瓷器、金银器、铁器、漆器等，进口象牙、珍珠、犀角、钻石、香料等商品。在泉州、庆元（今宁波）、广州等城市设有市舶司，专门管理海外贸易。元代的泉州被称为世界上最大的海港之一。太仓刘家港（今太仓浏河镇）"粮艘海舶，蛮商夷贾，辐辏而云集，当时谓之六国马头"[②]。后遂成为明代郑和下西洋船队的启锚之地。通过陆路进行的对外贸易，仍有相当规模。与前代相比，元朝与外国的联系有显著发展。中外经济文化交流空前活跃。

大都、杭州、广州、泉州等城市，不仅人口稠密，市井繁华，聚集着各种手工业部门，商品云集，而且有许多来自海外的坐贾行商、传教士、外交使者，成为国际性大都市。还出现了一

---

① 斡脱，蒙古语，本义为合伙人。元朝指经营高利贷商业的官商。
② 《弘治太仓州志》卷1《沿革》。

批新兴的工商业城市。元世祖时期，意大利旅行家马可·波罗沿着亚欧丝绸之路到达大都，留居中国17年，游历了上都、京兆（今西安）、成都、大理、济南、扬州、镇江、泉州等许多城市，回国后向人们讲述了他的东方见闻，引起欧洲人对中国的浓厚兴趣。

元朝重视边疆少数民族地区的开发。采取移民实边、军民屯垦的政策，大批汉族农民、手工业者带着先进的生产工具、生产技术进入边疆。内地与边疆经贸往来密切，边疆民族地区社会经济获得空前发展。如回回人赛典赤·赡斯丁、纳速剌丁父子，相继主政云南行省二十多年，兴修水利，传播农业技术，开垦出大量荒地；开采金、银、铜、铁等矿产资源，大力发展手工业生产。云南境内出现"居民辏集，禾麻蔽野"，"百姓富庶"的景象。[①] 各族人民为开发边疆作出了卓越的贡献。

## 二 土地制度和阶级关系

建国前的蒙古族处于阶级社会的初始阶段。大蒙古国前期，蒙古奴隶制有较快的发展。占领中原和江南地区后，推行奴隶制是行不通的，土地所有制的基本形态仍为地主土地所有制，经营方式是租佃制。伴随分封制的实行，蒙古奴隶主转化成封建贵族、地主（或牧主），一般的牧民成为承担各种封建义务的在籍户。汉地的土地制度、阶级关系没有发生根本性变化。但官田的数量超过了前代，除没收金朝和南宋的官田外，还占有大量无主荒田，新开垦屯田，并侵夺有主民田。官田的经营方式主要是租佃制。王公贵族、官僚和寺院从朝廷获得大量赐田，同时大肆兼并土地。

---

① （元）郭松年：《大理行记》。

第八章 元代

从 1235 年至 1289 年，大蒙古国、元朝进行过四次大规模的户籍清理与登记，在此基础上形成了一套完整的户籍制度。国家根据人们的职业和承担封建义务的不同，编制"诸色户计（户籍）"，包括民户、军户、站户、匠户、医户、盐户、僧户、道户、儒户等。各种户计相对固定，世代相袭。每户根据土地、资产、丁力的不同状况，分三等九甲。缴纳赋税、出丁当差时便按户等高下征发。但户等不实的情况很普遍，户等制只是部分地反映了社会的阶级差别。

皇帝、后妃和宗室诸王、公主、驸马是元朝最大的地主集团，拥有巨大的政治、经济特权。皇帝控制着数额庞大的官田，并有权支配民田的赋税收入。宗室贵族在草原上有兀鲁思①，在中原、江南地区拥有投下封邑②。异姓封王者，主要是蒙古、色目贵族，他们也有数目不等的封邑、封户。王公贵族在世袭领有的草原兀鲁思内，行使相对独立的行政、司法、征税等权利；在汉地的投下，可以自设官府管理所属人户、田产。此外，还有巨额的"岁赐"，并大肆兼并土地、招收私属人户。

各族官僚地主也占有大量土地，除了皇帝的赏赐，不少土地是依仗权势霸占来的。他们享有许多特权，如政治上可以荫补子弟入仕，经济上有职田，且不负担杂泛差役。应该缴纳的赋税和商税也常得旨放免，或千方百计地偷税漏税。他们普遍地经营作坊和商业，发放高利贷。

寺院，尤其是与皇室关系密切的所谓官寺，占有大片土地。上层僧侣掌握着土地的支配权，实际上就是地主。除了统治者的

---

① 兀鲁思，蒙古语，指封地、领地及领地上的人民。
② 投下，亦作头下，可追溯至辽朝的头下军州制度。元朝指封地、采邑，引申为拥有封邑的诸王贵族。

赐予，寺院地主也从民间掠夺土地和财产，并经营手工业、商业和高利贷。

庶民地主占有土地的数量相差很大，占田多的每年可以收取二三十万石田租。他们名义上承担着比农民更多的赋役，但他们勾结官府把部分甚至全部负担转嫁给农民。一部分地主在各级官府担任胥吏，或在乡里承担职役，把持官府、仗势欺人的现象很严重。

富商、私营手工业主也是剥削阶级的成员。皇帝、后妃、诸王、公主委托"斡脱"商人，发放高利贷，经营内外贸易。他们往往夹带私人资金，营运牟利。某些商品经济发达的城镇中的手工作坊存在雇佣劳动。

以农民为主体的广大劳动人民，是国家赋役的主要承担者。自耕农占有小块土地，佃农租种地主或国家的土地。由于土地兼并现象突出，贫穷破产的自耕农不断加入佃农队伍。草原上的牧民多数是仅有少量甚至没有牲畜的贫穷牧民，受雇于官僚贵族或富裕的牧主。从户计上看，农（牧）民有民户，也有军户、站户，包括部分儒户、僧道户。王公贵族的私属农户不入国家户籍，人身依附关系更强。

手工业者的主体是诸色户计中的匠户、盐户、冶户等。他们在官营作坊、矿场、盐场劳作。也有从事民间手工业生产的，一般采取个体经营，一部分属于雇工身份。王公贵族的私属人户中也有手工业者，其承受的经济剥削和人身压迫更重。

奴隶，称作驱口、驱奴，数量众多。拥有奴隶最多的自然是皇帝和贵族官僚，庶民地主、手工业主、商人占有数量不等的奴隶。除从事家内劳动外，奴隶也被用于农牧业、手工业生产。奴隶作为私产登记在主人的户籍上，不许与良人通婚，可以买卖。

受残余的蒙古奴隶制因素的侵蚀，汉地的土地制度、阶级关系出现若干逆转倒退的现象。如分封制，匠户人身依附关系的强化，私属人户和奴隶数量的扩大，以及官田数量的大幅度增加，都给元代经济和社会发展带来消极影响。

土地高度集中，赋役负担繁重，官府、贵族、官僚、地主对劳动者敲骨吸髓式的剥削压迫，使元朝的阶级矛盾异常尖锐。顺帝至正十一年（1351），爆发了由韩山童、刘福通等领导的波澜壮阔的红巾军起义。经过十几年的战乱，元朝的统治走到尽头。

## 第五节 元代的思想文化和科技

多民族统一国家的建立，民族文化的交汇融合，中外文化的广泛交流，为思想文化和科学技术的发展提供了沃土。元代多元汇合、丰富多彩、卓有建树的文化、科技成就，为中国文化的发展作出了重要贡献。

### 一 思想与宗教

蒙古人最早信仰的是原始萨满教。接触外界各种思想文化之后，蒙古统治者采取了兼容并蓄、为我所用的态度。元朝统治的核心区域是汉地，汉地占统治地位的思想文化是儒学，统治者必然推行尊崇儒学的政策。而各种宗教，只要不悖逆元朝的统治，都可以在全国自由传播。

元朝占支配地位的思想文化，是程朱理学。金朝崇尚北宋苏洵、苏轼、苏辙父子的"三苏"之学。金亡后，蒙古军南下伐宋，被俘的宋儒赵复等人受到礼遇，开始在北方传授程朱理学。忽必烈奉命管理汉地，特别是建立元朝后，招徕汉族儒士，其中就有不少理学家。许衡（河南新郑人）被任命为负责教育的国子祭酒，他以程颢、程颐、朱熹的著作作为基本教材，扩大了理学的影响。姚枢、窦默等理学家也是忽必烈谋士集团的成员。从此，州县乡社遍立学校，名山胜地多建书院，都主要研习程朱理学。元仁宗时期恢复科举制度后，考试内容也以程朱理学为主，非议理学的其他学术思想均遭排斥。这就确立了程朱理学在思想文化领域中的统治地位。

宗教是蒙古统治者统治人民的辅助工具。元朝对待各宗教派别态度的变化，主要取决于统治者的政治需要。元朝境内各族人民信奉的宗教主要有佛教、道教、伊斯兰教、基督教、摩尼教（明教）、萨满教等。各种宗教内部存在不同的宗派。如佛教有禅宗、藏传佛教等。道教分全真教、真大道教、太一教、正一教等派别。基督教有聂思脱里派（景教）、罗马天主教等。各教各派的势力大小不一。佛教派生出来的白莲教，又名白莲宗、莲宗、白莲社、白莲会，由南宋初昆山（今属江苏）僧人茅子元创立。崇奉阿弥陀佛，宣扬"弥陀出世"，以劝在家人斋戒念佛，死后"同生净土"为宗旨。因教义浅显，修行简便，南宋后期得到广泛传播。入元后大盛，堂庵遍布全国。元政府时而承认，时而禁断，但其信徒不断增加。到元末，白莲教为红巾军起义所利用。

藏传佛教在元朝的地位尤为突出。这是因为藏传佛教本身富有神秘色彩，其侈设仪式、讲究修法、演习咒术，与汉地禅宗及其他宗教相比，更容易被信仰萨满教的蒙古统治集团所接受，而且可以借此抑制汉族地区佛教势力的发展。藏传佛教之盛特别体现在对帝师的尊崇上。皇帝即位前，由帝师受戒9次方能正式君临天下。英宗时，诏令在全国各州治所修建帝师八思巴殿，其规制高于孔庙。泰定帝时，绘制了11幅八思巴像，颁布各行省，令塑像祭祀。藏传佛教的各个教派大部分都建立了各具特色的教法体系，涌现出众多学问精深的高僧。帝师八思巴是位学识渊博、精通佛法的大师。所著《彰所知论》，当时就有汉文译本，后收入汉文《大藏经》中。藏传佛教喇嘛的活动范围遍布全国，佛事支出耗费巨大，仗势恣肆、扰乱朝纲、危害社会的现象颇多。

元朝各种思想文化相互激荡，既有摩擦排斥，也有交流融会。1255年，在蒙哥汗的指示下，佛、道两教的代表人物在和林举行了一次宗教辩论。1258年，在忽必烈的主持下，来自吐蕃、畏兀儿及西夏、大理故地的300多僧众，与道教各派200多道士，于开平举行大辩论，并有200多儒士旁听作证，结果佛教占了上风。入元以后，宋金以来出现的儒、释、道三教合一思潮，继续有所发展。主张三教同功归一、各具其用的思想，不仅三教信徒中大有人在，也被统治者接受。

## 二 史学、文学与艺术

私修史书有胡三省（浙江宁海人）的《资治通鉴注》和马端临（江西乐平人）的《文献通考》。《资治通鉴注》对《资治通鉴》一书作校勘、注释，尤其注意对地名异同、州县废置、制度沿革的考订。《文献通考》，348卷，分24门，继承并发展了唐代杜佑《通典》的修史方法。史料丰富，考证精审，体系完整，特别重视制度变通和历史变革的研究。这两部史学名著，在我国史学史上占有重要地位。

至正三年至五年，以中书右丞相脱脱为都总裁的《辽史》、《宋史》、《金史》三部正史纂修成书。三史由汉、蒙古、畏兀儿、哈剌鲁、唐兀、康里等多个民族的学者共同参与修撰，在中国史学史上意义重大。三史摆脱无谓的正统之争，采取平等对待三朝的原则，符合多民族国家的客观实际，具有一定的积极意义。

少数民族文字书写的史学著作，同样珍贵。蒙古族第一部史书《蒙古秘史》，不仅具有珍贵的史学价值，也是一部不朽的古典文学名著。吐蕃学者蔡巴·贡噶多吉的《红史》①，是研究藏族历史的重要文献。云南白族历史文献《白古通记》（原书已佚），主要记载南诏、大理及元初云南史事，后代有关云南的史志多取材于此书。

元曲是我国文学艺术史上的一朵奇葩，它包括散曲和杂剧。散曲，也称北曲，分小令和套数两种。小令是从民间小曲演变而来。套数融合并发展了唐宋以来大曲、鼓子词、传踏、诸宫调和赚词的联缀方式。散曲虽然源自民间，吸收了"俗谣俚曲"的大量营养，但它并不是民间说唱艺术，而是韵文的一种新兴形式，传世作品主要出自上层社会出身的作家之手。元杂剧是在金院本与诸宫调的基础上，吸收其他艺术形式，将套数（唱）、宾白（白）、舞蹈动作（科）结合在一起，形成的一种新的综合性戏剧艺术。在我国戏剧史上，元杂剧具有划时代的意义。关汉卿（大都人）的《窦娥冤》，王实甫（大都人）的《西厢记》，不仅具有高度的艺术性，而且具有强烈的现实性和人民性，是元杂剧中最出色的代表作。元曲繁荣的背景是城市经济的发展及市民生活的活跃（见彩图二十七）。元末，杂剧逐渐衰落，代之而兴盛的是原流行于江浙地区的南戏。

元代的书画艺术也具有很高的成就。宋宗室赵孟頫（fǔ）（浙江湖州人），号松雪道人，工书画。他的人物画继承唐人技法，山水画宗五代人，以书法笔调写竹，用飞白法画石，自成一家风格，对当时和后世的影响很大。他的书法用笔圆转流美，骨

---

① 《红史》一译《红册》。作者亦译作搽里八·公哥朵儿只，曾任蔡巴（搽里八）万户长，有多种著述。

力秀劲,世称"赵体"。传世代表作有《三马图》、《松水盟鸥图》等。黄公望(江苏常熟人),号大痴、一峰道人,擅长山水画,笔势雄伟,意境苍茫。传世代表作有《富春山居图》[①]、《九峰雪霁图》等。元代绘画,写意之风盛行,淋漓挥洒,抒写画家胸中逸气,求意趣而不重形似。这种写意派文人画,在中国绘画史上有开山之功。

## 三 科学技术

元代科学技术在天文、水利、农学、医学等多方面取得显著成就。各民族都不乏优秀的科技专家。

杰出的科学家郭守敬(河北邢台人),改进和发明了近二十种天文仪器。他简化了传统的浑天仪,保留了两套观察用环,一个测量赤道坐标,一个测量地平坐标,名之为简仪。其赤道装置与现代望远镜的装置基本结构一样,滚珠轴承装置比世界上同类仪器早二百多年。据有关学者推算,郭守敬主持的"四海测验",其最南的南海测点就在今西沙群岛一带或中沙群岛附近的黄岩岛。他主持修订的《授时历》,计算详尽而准确,达到中国古代天文学的最高水平。郭守敬负责开凿大运河最北段通惠河,根据地形地貌,修建白浮堰,解决了水源问题;他设计制造的闸坝、斗门,很好地解决了水量水位问题。

在元朝广阔的疆域中,由于各民族科学家的共同努力,水利事业也取得巨大的成就。女真族地理学家蒲察都实、阔阔出兄弟实地考察黄河河源,对当地的地形、水系、动植物等都有翔实记

---

[①] 《富春山居图》的流传极富传奇色彩。明末收藏家吴洪裕令将它焚烧殉葬,被救出,但已烧为两段。前段现藏浙江省博物馆,后段现藏台北故宫博物院。2011年两岸联手,在台北举办了该画两段的联合展览。

录，在水文勘测史上具有重要地位。潘昂霄（山东济南人）根据他们的考察经历，撰成《河源志》。顺帝至正十一年，水利学家贾鲁（山西高平人）由都水监迁工部尚书、总治河防使，负责整治决口北流的黄河。在前期实地考察的基础上，提出疏、浚、塞并举的工程方案，又创造了石船堤障水法。由于方法得当，技术先进，终于使河复故道，取得治河成功。

农学家王祯（山东东平人），著有《农书》，全面系统地总结了全国范围内农业生产的技术和经验。全书分三部分：《农桑通诀》总论农时、地利、耕垦、播种、锄治、施肥、灌溉、收获等知识。《百谷谱》介绍各种农作物、树木的栽培技术，特别是对棉花种植的研究推广最有价值。《农器图谱》绘制了306幅各种农具、机械图纸，并有文字说明，不少是新创制或有待推广的器具和机械。他还发明了木活字和转轮排字法，推进了印刷技术的革新。畏兀儿农学家鲁明善所著《农桑衣食撮要》也有较高的科学价值。

外科医术专家危亦林（江西南丰人），在麻醉和骨折复位手术方面贡献突出。所著《世医得效方》，是世界上关于全身麻醉法的最早记载。他运用悬吊复位法治疗脊椎骨折，符合现代整复手术原理，比欧洲人提出的时间早数百年。

在实用计算技术方面，珠算是元代一大发明，既快捷又方便，在我国民间长期使用，并流传至许多国家。

来自中亚的回回科学家还带来了阿拉伯、波斯科学技术的精华。天文学家札马剌丁，建造了浑天仪、天球仪、地球仪等多种天文仪器，还编制《万年历》，主持回回司天台的工作。郭守敬与他在学术上多有交往。兵器技术专家阿老瓦丁、亦思马因创制了威力巨大的"回回炮"。建筑学家亦黑迭儿丁参与设计大都新城。

# 第九章
# 明　代

明朝处于中国封建社会的晚期，从1368年朱元璋建立，到1644年被李自成农民起义军推翻，前后延续277年，历17朝、16位皇帝（正统、天顺两朝的皇帝都是明英宗朱祁镇）。明朝最初定都南京，永乐十九年（1421）迁都北京。大致而言，洪武、永乐两朝（1368—1424）为明朝初期，国势日强，并奠定了基本的政治、经济制度；洪熙到弘治朝（1425—1505）为明朝中期，政治、经济制度及社会风气发生变化；正德到崇祯朝（1506—1644）为明朝后期，经济继续繁荣，但政治危机严重，明朝逐渐走向衰亡。

明王朝是贫苦农民出身的朱元璋利用元末农民大起义的斗争果实一手创建的封建国家。开国皇帝明太祖深知民间疾苦，对贪官污吏的打击雷厉风行，毫不手软；同时又十分警惕当朝大臣专政擅权、觊觎皇位，担心文人学士舞文弄墨、动摇皇权，即位之后屡兴大狱，肆意清洗。明太祖及其继任者在高度强化君主专制统治、完善各项制度建设的同时，在社会经济方面，实行了许多有利于农业、手工业与商业发展的措施。社会经济结构和阶级结构逐渐发生的一些新变化，使明代自16世纪初叶开始萌动从传统社会向近代社会的转型。商品经济的发展孕育着资本主义的萌芽，明滋暗长的社会变迁酝酿着市民阶层意识的觉醒。以小说、戏剧和说唱艺术为主要表现形式的通俗文化以及学术民间化、儒学平民化的新思潮，奏响了社会生活方式与价值观念"厌常喜新"的变奏序曲；封建士大夫中的有识之士欣然接受来华传教士传播的西方文化，表现出对异型文化的开放心态。然而满洲贵族突然入关定鼎，扰乱了此前历史发展已经选定的航道，中国传统社会向近代社会转型的进程在清初延迟了几十年后才又重新萌动。

## 第一节 明朝的建立与巩固

### 一 元末群雄并起与朱元璋建立明朝

元朝末年，政治腐败，灾害频发，赋役繁重，民不聊生。至正十一年（1351），白莲教领袖韩山童、刘福通在颍州（今安徽阜阳）起义，称"红巾军"。同属红巾军系统的还有蕲州（今湖北蕲春）的徐寿辉、濠州的郭子兴等。此外，张士诚、方国珍则分别活跃于江苏一带和浙江东部。

明朝开国君主明太祖朱元璋（1368—1398 年在位），正是从元末群雄并起的背景中脱颖而出的。朱元璋是濠州钟离（今安徽凤阳）人，本名重八，出生于贫苦农民家庭，17 岁因父母和长兄相继病故，入皇觉寺为僧，后来四处化缘游食于江淮之间。至正十二年，朱元璋来到濠州城，参加郭子兴的红巾军，并娶郭子兴的义女马氏为妻，即后来的马皇后。他还为自己取了一个官名——元璋，字国瑞。

至正十三年，朱元璋率徐达等 24 人南略定远（今安徽定远）。在定远，朱元璋接受了冯国用"金陵龙蟠虎踞，帝王之都，先拔之以为根本"① 的建议，决定向南用兵，先后占领滁州（今安徽滁州）、和州（今安徽和县），并吸纳了李善长、常遇春等，又招降巢湖水寇廖永安、俞通海等人。

至正十五年六月，朱元璋率军从和州渡江，次年三月攻占元朝的集庆路（今江苏南京），改名应天府。在南京，朱元璋逐步建立起政权组织。

当时，朱元璋的西面是武昌、九江一带的陈友谅，东面是苏州一带的张士诚，因而只能向南发展，逐渐将皖南、浙东纳入自己的控制范围。一批地主阶级知识分子中的优秀人才也在此时进入朱元璋的政权之中，为他出谋划策。徽州老儒朱升提出"高筑墙、广积粮、缓称王"② 的策略。至正二十年，"浙东四先生"宋濂、刘基、章溢、叶琛应征来到南京。刘基，字伯温，浙江青田人，曾在元朝做过官。他向朱元璋建议，擒贼先强，应该先灭陈友谅，再灭张士诚。

由于帐下已聚集了李善长、刘基、徐达、常遇春等文臣武将，朱元璋的势力迅速扩张。按照刘基先灭陈友谅的战略部署，朱元璋在东面以防守为主，派吴良和耿炳文分别扼守江阴和长兴，防止张士诚水陆两路进犯，从而能将主要兵力放在与陈友谅的争夺上。至正二十三年，双方决战于鄱阳湖，陈友谅战死。次年，其子陈理投降。至正二十七年，张士诚败亡，方国珍也被迫投降。同年，朱元璋派大将军徐达北伐中原，直指元大都（今北京）。

1368 年正月初四，朱元璋在南京即皇帝位，国号大明③，建

---

① 《明史》卷 129《冯国用传》。
② 《明史》卷 136《朱升传》。
③ 朱元璋定国号为"大明"，有学者认为源于明教经典《大小明王出世经》，也有学者认为源于白莲教徒诵读的主要经典《大阿弥陀经》。

元洪武，标志着明朝正式建立。同年，福建的陈友定、广东的何真陆续被平定。八月，徐达占领元大都，元顺帝北遁，后于洪武三年（1370）死于应昌（今内蒙古克什克腾旗西达里诺尔附近）。

明朝建国后，消除各地敌对武装势力的战争仍在继续。洪武二年（1369），徐达平定山西、陕西等地；洪武四年与十五年，明将傅友德先后平定四川和云南；洪武二十年，大将军蓝玉接受盘踞辽东的元将哈纳出的投降。至此，明朝基本完成了对全国的统一。

## 二　君主专制统治的加强

建国之初，明朝基本沿袭元朝的制度：中央设中书省，中书省设左、右丞相，总揽中枢权力，下设吏、户、礼、兵、刑、工六部；地方设行中书省，由行中书省平章总揽各行省权力；行省以下，则撤销元朝"路"的建制，改"路"为"府"。

明太祖朱元璋的权力欲很重。他认为元朝灭亡的主要原因是"委任权臣，上下蒙蔽"，当然不愿意看到自己的政权中出现权臣专擅。洪武四年，辅佐朱元璋近二十年的中书省左丞相李善长以"疾"致仕。李善长之后，胡惟庸开始大权独揽，广植私党，"生杀黜陟，或不奏径行"①，甚至僭用皇帝使用的金龙凤纹"黄罗帐幔"。相权对朱元璋的皇权构成了威胁。

洪武十三年，明太祖朱元璋以"擅权结党"之罪杀胡惟庸。十年后，他再给胡惟庸加上"谋逆"、"通倭"的罪名，兴起大狱，杀了三万多人，连77岁的功臣李善长也被赐死。洪武二十六年，朱元璋又以大将蓝玉谋反为借口，再兴党狱，杀了一万五

---

① 《明史》卷308《胡惟庸传》。

千多人。通过两次杀戮，朱元璋成功地消除了相权、将权对皇权的威胁，使"元功、宿将相继尽矣"①，解决了功臣骄横、尾大不掉的问题。

　　杀功臣的同时，朱元璋对行政机构做了调整。胡惟庸被杀后，朱元璋废除了中书省，将权力分散到六部，并规定：今后子孙做皇帝不准再立丞相，如有人敢奏请设立丞相将被凌迟处死。至此，在中国历史上延续近两千年的宰相制度被正式废除。地方的行中书省则早在洪武九年已被废除，改设专掌民政的承宣布政使司、掌刑名的提刑按察使司和掌军政的都指挥使司，合称"三司"。"三司"彼此不相统属，各自直属中央。

　　朱元璋还改革军事机构，废除大都督府，分设中、左、右、前、后五军都督府，又增设负责内外章奏的通政司、掌管刑狱的大理寺，并改御史台为都察院。当初中书省总揽政务的格局，变成了"五府、六部、都察院、通政司、大理寺"彼此不相统属、并行对皇帝负责的结构。朱元璋在《皇明祖训》中说，这些机构"分理天下庶务，彼此颉颃，不敢相压"，然后"事皆朝廷总之，所以稳当"。

　　开国伊始，朱元璋命令李善长、刘基等制定《大明律》。经过反复修改，到洪武三十年，正式颁布《大明律》。为警示臣民，朱元璋还亲自汇集官民"犯罪"事例，编成《大诰》、《大诰续编》以及《大诰三编》、《大诰武臣》，颁行天下。《大诰》作为判决范例，同样具有法律效力。《大明律》和《大诰》不仅加强了明初的法制建设，而且强化了皇权。洪武十五年，设锦衣卫。锦衣卫有侍卫之责，同时也掌管缉捕、刑狱，

---

① 《明史》卷132《蓝玉传》。

所谓"盗贼奸宄，街涂沟洫，密缉而时省之"①。由于朱元璋出身贫民，深知民间疾苦，痛恨官吏贪污腐败，他还加强了对官员贪贿的惩治力度。他规定，官吏贪污钱财60两以上要斩首示众。此外，朱元璋从元朝那里继承了廷杖的方式，在朝廷上肆意杖打大臣。

朱元璋通过学校、科目（科举）、荐举、铨选等多种途径选拔官员。洪武三年，朱元璋命开科举，举行乡试，次年会试。此后，除洪武朝一度中断十几年外，科举逐渐成为明朝政府选官的主渠道，所谓"科目为盛"，"卿相皆由此出"②。科举分乡试、会试、殿试三级，三年举行一次。府、州、县儒学生员、国子监生及"儒士"在秋季参加各省乡试，中式者为举人；次年春，举人可以参加礼部主持的会试，中式者为"中式举人"，再参加殿试。殿试名义上由皇帝本人主持，实际上只是对中式举人重排名次。殿试前三名，赐"进士及第"，称"状元"、"榜眼"、"探花"。殿试使进士群体成为"天子门生"。在明代，大批士人通过科举入仕，再加上为数众多的已取得生员、监生、举人身份的待入仕者③，逐渐形成一个享有政治经济特权的士绅阶层。士绅，尤其是居于乡里的乡绅，一方面是封建国家借以实施基层社会统治的重要政治力量；另一方面作为一种与地方有千丝万缕联系的社会势力，也有着与封建国家不完全一致的利益诉求。明朝的科举制度基本上为清朝所沿用。明清两代科举制度，尽管只是封建国家的选官体制，但对促进各个社会阶层的上下流动以及提高社会文明程度起到了积极作用。

---

① 《明史》卷76《职官五》。
② 《明史》卷69《选举一》。
③ 据顾炎武《亭林文集》卷1《生员论上》估计，明末全国生员"县以三百计，不下五十万人"。

明朝统治者在利用科举制网罗人才的同时，又采取高压手段加强思想文化专制。朱元璋屡兴文字狱，往往以无中生有乃至荒诞离奇的理由，检出只言片语，罗织罪名，滥杀文人，形成"寰中士夫不为君用"就要"诛而籍其家"①的严酷局面。

## 三 屯垦与赋役制度的建立

元末战争之后，人口流失，田土荒芜，水利失修，社会经济极度残破。洪武元年徐达北伐时，河北一带"道路皆榛塞，人烟断绝"②。因此，恢复生产秩序成为明朝建国后的首要任务之一。

为了恢复生产，明太祖朱元璋鼓励屯田、垦荒和水利工程建设。屯田包括军屯、民屯和商屯。军屯即各地的军事卫所各抽调一定比例的军士作为屯军，就近屯垦，供应军需；民屯由政府提供耕具、种子，强制移民或者招募流民进行屯种；商屯一般由商人在边境地区募民耕种，然后将粮食就近缴纳到边境的军储仓，换取食盐运售凭证"盐引"，以从事食盐贸易。政府还通过免除赋税的方式鼓励垦荒。洪武三年，政府下令，新垦荒地三年免征。明初15年间，全国增垦田地面积达180万顷，约占洪武十四年耕地总量（366万顷）的一半，可见鼓励屯垦的政策对恢复生产起到了关键作用。政府积极兴修水利。到洪武二十八年，全国共计修筑塘堰四万余处，疏通河流四千多处，修建陂渠堤岸五千多处。政府在考察地方官时，农桑方面的政绩是着重考察的内容。

明朝政府恢复农业生产的目的，是为了确保赋税征收。明朝

---

① 《明史》卷94《刑法》。
② 《明太祖实录》卷33，洪武元年闰七月庚子。

赋税沿袭唐宋以来的两税制，分夏税和秋粮。在基层还建立粮长制与里甲制。洪武四年，朱元璋命户部核查耕地，以税粮一万石为一个征粮单位，设粮长，督收税粮并解送官府。洪武十四年，建立里甲制，以110户为一里，其中10户为里长；里以下每10户为一甲，设甲首，轮流充任。替官府追征田赋是粮长、里长的主要义务。

为了严格赋税征收，朱元璋命户部核查全国的户口田土，编制户籍册和田土册。洪武三年，户部颁发"户帖"，要求民户如实填写各户人口、年龄、性别等。洪武十四年，命各府、州、县以"里"为单位编制户籍册，以征调赋税，每"里"一册，详列各户人口、田土、房屋等信息，并规定每十年重编一次。户籍册编成后，呈送户部一份，以黄绢封皮，故称"黄册"或"赋役黄册"。田土册的绘制工作从洪武元年开始，到洪武二十六年完成，有总图和分图。分图也是以"里"为单位。田土册对相邻的田土按顺序编号、绘图，记录每块田地的名称、类别、面积、田主姓名和四至。由于田土册图形相接，状若鱼鳞，故称"鱼鳞图册"。洪武二十四年政府统计数字表明，全国人口5677万余人，耕地面积387万多顷。编制黄册和鱼鳞图册，是明太祖整顿赋税制度的一大建树。

耕地面积扩大，粮食产量增加，赋税便有了保证。明朝政府以黄册为经，以鱼鳞图册为纬，将劳动人民紧紧束缚在封建剥削之下。到洪武二十六年，全国税粮总量达3227万多石。地方仓储也很充盈，如山东济南府的粮仓"蓄积既多，岁久红腐"[①]。

经三十多年的恢复，明朝的经济开始走上正常发展之路，不仅农业生产，手工业与商业也日益兴盛。

---

① 《明太祖实录》卷241，洪武二十八年九月丙申。

### 四　明成祖对民族地区与边疆的经营

为确保朱氏天下的稳固，明太祖朱元璋将诸子分封各地为王。然而，分封制与中央集权是背道而驰的。洪武三十一年，朱元璋去世。由于此前太子朱标早逝，所以由皇太孙朱允炆（wén）继承皇位，改元建文，是为建文帝（1399—1402年在位）。建文元年（1399），朱元璋分封于北平（今北京）的第四子燕王朱棣打着"诛奸恶"的旗号，反叛朝廷，并在建文四年攻入南京，夺取皇位，改元永乐，是为明成祖（1403—1424年在位）。

朱棣是一位雄才大略的皇帝。即位后，他便着手迁都北京的准备，派人疏浚大运河，在北京修建庞大的宫殿群。永乐十九年（1421），明朝正式迁都北京。迁都北京之后，南京成为陪都，仍保留着一套中央机构，只是各机构前加"南京"二字，以示区别。在明成祖朱棣统治时期，明朝政府加强了民族地区与边疆的经营和治理。

都城移往位于北方前线的北京，意味着"天子狩边"，对北部边疆的经营起到了积极作用。蒙古族在元朝灭亡后退回蒙古草原，分裂为兀良哈、鞑靼和瓦剌三部。朱棣招抚了兀良哈部，使兀良哈部成为明朝与鞑靼之间的屏障。永乐七年，朱棣派兵征鞑靼，却全军覆没。次年，朱棣亲征，取得胜利。终永乐一朝，朱棣五次北征，三次大败蒙古军队。

永乐二年，朱棣封安克帖木儿为忠顺王。永乐四年，设哈密卫，封授畏兀儿、哈剌灰等族首领为指挥、千户、百户等职，派汉人官员为忠顺王府长史、纪善，协同理事。哈密卫的设置，加强了明朝对西部边陲的统治。

永乐元年，朱棣派遣使臣告谕黑龙江下游的吉烈迷等渔猎部落。在此后六年间，明政府成功争取到各族部落首领的归附，在黑龙江流域设置132个卫，强化了在东北边疆的统治。永乐七年，明朝在奴尔干（今俄罗斯境内黑龙江下游东岸的特林）设都指挥使司，管辖东自日本海、西至兀良哈三卫、南抵鸭绿江、北达外兴安岭包括库页岛（今俄罗斯萨哈林岛）在内的广袤土地。派往奴尔干都司的宦官亦失哈、官员康旺等人还在奴尔干建造永宁寺，竖碑纪事。《敕修永宁寺碑记》是明朝在黑龙江流域实施行政管理的明证。

在西南，明成祖朱棣对藏传佛教的萨迦派、格鲁派和噶举派进行招谕，分别封授。各派领袖也均被迎请入京。永乐五年，明朝政府修筑了从雅州（今四川雅安）到乌斯藏的驿路，设置驿站，加强西藏与内地的联系。永乐十三年，朱棣在西南增设贵州省，进一步加强明朝在西南地区的统治。贵州建省后，全国的布政使司由12个增加到13个。

## 第二节　明中期政治制度的演变

### 一　从仁宣之治到弘治中兴

永乐二十二年（1424），明成祖朱棣在北征途中病逝于榆木川（今内蒙古多伦西北）。太子朱高炽继位，是为仁宗。仁宗在位不到一年，暴病而亡。皇太子朱瞻基继位，改元宣德，是为宣宗（1426—1435年在位）。仁、宣时期，政治清明，社会安定，堪比汉代的文景之治。

宣德十年（1435），38岁的宣宗病逝，年仅9岁的太子朱祁镇继位，改元正统。正统朝（1436—1449）前期，内阁大学士杨士奇等主持政务；后期，宦官王振窃取了朝廷大权。正统十四年（1449），蒙古瓦剌部首领也先入侵。王振不顾大臣们的反对，怂恿英宗朱祁镇亲征。七月十六日，朱祁镇率五十余万大军离京北征。八月初一，明军抵达大同。在得悉前线战败惨状之后，王振深感恐惧，决定班师。八月十三日，明军抵达怀来卫城东二十五里处的驿站土木堡（今河北怀来县土木镇境内），被瓦剌军队包围。三天后，明军大败，王振被乱兵所杀，朱祁镇被瓦剌俘虏，史称"己巳之变"，又称"土木堡之变"。土木堡之变后，瓦剌兵临北京城下，明朝面临重大的政治军事危机。

危难时刻，于谦挺身而出。于谦，字廷益，浙江钱塘（今杭州）人，是明朝中期著名的政治家、军事家，时任兵部左侍郎，留守北京，升任兵部尚书。他拥戴朱祁镇的弟弟朱祁钰（景帝，1450—1456年在位）继位，反对弃城逃跑迁都南京，主张坚守北京。在他的布置下，迅速集结了二十万人的兵力。十月中旬，明军与瓦剌军队在北京城下激战五天，连挫瓦剌军队。十月十五日，瓦剌军队拔营北遁。北京保卫战取得胜利。（图9—1）

景帝朱祁钰在形势危急的情形下即位，任用于谦主持军务，击败瓦剌军队的进攻，是有历史功绩的。即位后，他遥尊兄长朱

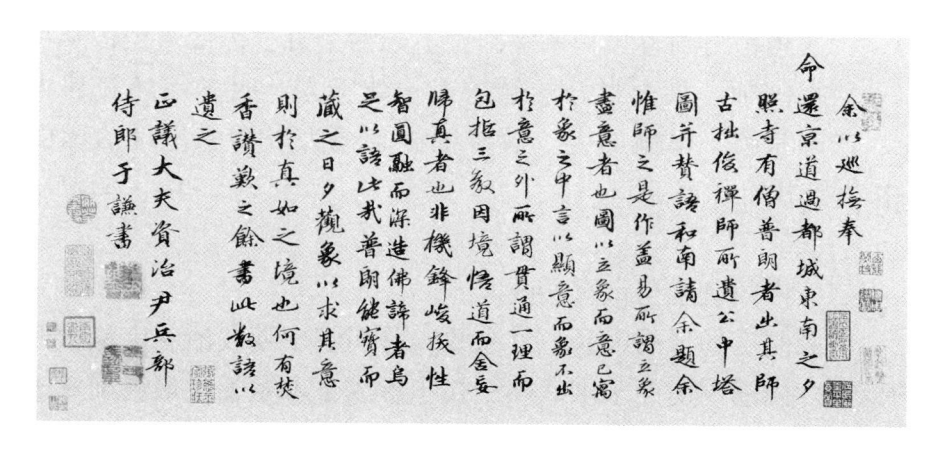

图9—1　于谦：楷书题公中塔图并赞页

祁镇为太上皇，立侄子朱见深为太子。景泰元年（1450），英宗朱祁镇获释回京，但被幽禁于南宫。景泰三年，朱祁钰废太子朱见深，改立自己的儿子朱见济为太子。景泰四年，朱见济病逝。景泰八年正月，朱祁钰病重。部分大臣主张恢复朱见深的太子之位。武清侯石亨却认为："请复立东宫，不如请太上皇复位，可得功赏。"[①] 他纠合了一批政治投机分子，如太监曹吉祥、都督张𫐄（yuè）、左副都御史徐有贞等，决定发动政变。正月十六日夜，张𫐄率兵进入皇城，打开南宫，迎朱祁镇入奉天殿。十七日黎明，朝房中等候的大臣们得到了"上皇帝复位"的消息。英宗复辟后，改景泰八年为天顺元年，废景帝为郕王，并杀害于谦。这起事件，史称"南宫复辟"，又称"夺门之变"。

朱祁镇重登宝座后，又做了八年（1457—1464）皇帝。朱祁镇死后，其子朱见深即位，是为宪宗（1465—1487 年在位）。宪宗宠信宦官，设皇庄，带头掠夺土地，又常不经过吏部选拔、廷推、部议等正常选官程序，以个人好恶任命官员，形成所谓的"传奉官"，即由内旨直接任命的官员。这些秕政，在朱见深之子明孝宗弘治皇帝朱祐樘（chēng）（1488—1505 年在位）统治时期，才稍稍得到整顿。孝宗即位不到两个月，传旨汰免传奉官以及获得国师、真人封号的僧道人士数千人。明孝宗还礼遇大臣，广开言路，体恤民生，被传统史家视为以儒家伦理治国的"中兴令主"。

## 二 内阁制度与宦官参政

内阁制度的形成以及宦官参政，是明朝中期政治制度最重要的变化。内阁制萌芽于洪武朝，初步形成于永乐朝，最终确立于

---

[①]（明）谷应泰：《明史纪事本末》卷35《南宫复辟》，中华书局1977年版。

宣德朝；宦官乱政则萌芽于永乐朝，并在此后历朝都有所发展。

　　明太祖朱元璋废除了中书省及中书省丞相，但中枢政务的存在却是客观事实。没有丞相，所有的中枢政务集中到皇帝一人身上。以洪武十七年（1384）九月十四日到二十一日的八天为例，内外诸司奏疏共1660道，涉及3391件事情。平均计算，朱元璋每天要阅读207份奏章，处理423桩政事。为此，辅助皇帝行政的内阁也就应运而生。洪武十五年，朱元璋仿照宋朝制度设殿阁大学士，备顾问。殿阁大学士虽不参与政事，却是内阁制度的最早雏形。

　　成祖朱棣即位后，命翰林院官员解缙、杨士奇、胡广等七人"并直文渊阁，预机务"①。由于文渊阁在午门之内，地处内廷，而大学士又常在殿阁之下侍候皇帝，故称"内阁"。永乐朝的内阁不仅备皇帝顾问，还参与机务。不过，终永乐一朝，内阁诸臣官阶仅为五品，权力也不如六部尚书。仁宗朱高炽即位后，开始提高阁臣的地位。永乐二十二年十二月，仁宗朱高炽任命杨荣为工部尚书兼大学士。杨士奇、黄淮、金幼孜等人在宣宗朱瞻基统治时期也相继晋升为尚书。内阁大学士兼尚书之后，阁权渐重于部权。

　　宣德时期，内阁制度正式形成。从宣德朝起，内阁大学士获得"票拟"之权。"票拟"又称"条旨"，指大学士以墨笔在小票上写下意见，贴在奏疏上，交给皇帝，以备决策参考。票拟权是内阁制完备的一个标志。

　　作为辅佐皇帝决策的机构，内阁填补了明朝废宰相之后的权力空间。但是，内阁制的形成，却并不等于相权的回归。内阁大学士只是皇帝的助手，并不能自主决断事务，实际上严重束缚于

---

① 《明史》卷147《解缙传》。

君主的专制权力，甚至还要受到宦官的制约。

从明朝中期起，宦官的政治影响越来越大。朱元璋曾严禁宦官干政。然而，朱棣夺取皇位后，开始信用宦官，派他们出使、监军。永乐十八年，朱棣设立特务机构东厂，命宦官提督。从宣宗开始，宫中设内书堂，教宦官识字。宦官能够识文断字，也为后来的宦官干政创造了条件。宣宗统治时期，宦官二十四衙门中最重要的机构司礼监获得了"批红"权力。"批红"指司礼监秉笔太监按内阁的票拟，经皇帝审批后，用朱笔写出。如此一来，章奏批答实际上多经由宦官之手，于是有了"内阁之拟票，不得不决于内监之批红，而相权转归之寺人（宦官）"①的说法。

正统年间，由于英宗年幼，以王振为代表的宦官势力迅速膨胀。王振是蔚州（今河北蔚县）人，做过儒学教官，后净身入宫。宣宗朝，王振得到皇帝信任，侍奉太子朱祁镇读书，后升任司礼监太监。朱祁镇从不直呼王振的名字，只称"先生"。从正统四年起，王振开始窃取权力。正统七年，太皇太后去世，杨士奇等元老或年迈，或早逝，王振得以大权独揽，成为明朝第一位专擅的宦官。正直的大臣如刘球因弹劾王振被逮入诏狱，遭谋害致死。王振权势最盛时，公侯勋戚都称呼王振为"翁父"。即便后来王振在土木堡之变中被乱兵杀死，英宗朱祁镇复辟后还是为他修建了祠庙。

景泰、天顺、成化诸朝，宦官势力继续发展。景泰年间，京军设立团营，分十营，每营都有宦官监枪。成化十三年（1477），宪宗增设特务机构西厂，由御马监太监汪直提督。西厂最猖狂时，擅捕三品以上的京官都不向皇帝禀报。

---

① 《明史》卷72《职官一》。

## 三　巡抚总督制度的建立

明朝中期政治制度的另一项重大变化，是巡抚及总督制度的形成，开创了明朝地方行政体制的新格局。

巡抚作为一种制度或者官名，最早始于明朝。明初废除行中书省后，分设三司，三司彼此不相统属。这种体制虽然解决了地方权力集中的问题，却也带来了新的弊端。省内重大政事，都要由布、按、都三司会议，报中央批准后，才能推行。在应付自然灾害及突发事件时，三司容易互相推诿，不能及时妥善处理。巡抚制度正是为弥补这一缺陷而产生的。

建文元年（1399），建文帝派侍郎暴昭、夏原吉等24人任采访使，分巡天下，是为巡抚制度的萌芽。永乐十九年，明成祖派尚书蹇义等26人巡行天下。这一次命官分巡的地域更为广泛，且取得了兴利除弊的实效，为其后巡抚的专设奠定了基础。不过，在建文和永乐两朝，巡抚的差遣多半是暂时的，还没有形成定制。官员分巡各地，事毕还朝，不一定再派人替代。

宣宗时期，巡抚制度基本形成。洪熙元年（1425）八月，即位不久的明宣宗便派大理寺卿熊概、参政叶春巡抚南畿、浙江。《明史》认为："设巡抚自此始。"[①] 熊概巡抚南直隶五年，后由周忱接替。此后，南直隶巡抚之职，除正德年间因刘瑾专权停置三年外，终明一朝没有再中断。同时，设置巡抚的地域也越来越广泛。宣德五年（1430），宣宗派于谦等人巡抚两京、山东、山西、河南、江西、浙江、湖广等地。这也被认为是各省专设巡抚之始。

宣德以后，巡抚任职时间一般都较长，逐渐由早期的短期出

---

① 《明史》卷9《宣宗本纪》。

巡变为常驻久任。久而久之，巡抚也就由皇帝特命的专职重臣变成近似于地方行政官员的职务。

巡抚成为常设的专职以后，与都察院派往各省的巡按御史容易产生矛盾。景泰年间，巡抚加都察院"副都御史"、"佥都御史"衔；抚、按发生矛盾时，巡按听命于巡抚。自此以后，巡抚的正式官名一般是"都察院副（或佥）都御史巡抚某某地方"，但也还有以"侍郎"衔任巡抚的。

巡抚制度的形成，改变了各省三司分治的权力格局。三司地位也大大降低。但是，巡抚仍是由皇帝委派，以中央派遣身份到地方，没有佐官和直属的办事机构。这样既减少了三司互不统属、运转不灵的弊端，又避免了地方权重。

总督之设始于明朝中期。正统六年，云南麓川土司叛乱，以兵部尚书王骥总督云南军务，为总督设置之始。景泰到成化年间，以两广总督和三边①总制的设置为标志，总督制度正式形成。成化十年，明朝规定巡抚受总督节制。不过，总督一职在明朝军事意味较强，且多设于边疆。

正统元年，明朝在南、北两京及各省增设提学官，以提督学校。两京以御史提学，各省提学官则隶属于提刑按察使司，职衔为副使或者佥事。"提督学校"后来因避熹宗朱由校的名讳，改"提督学政"。这种教育行政制度为清朝继承。

## 第三节　明后期的危机与张居正改革

### 一　明后期的政治危机

弘治十八年（1505）明孝宗死后，随之而来的是武宗朱厚

---

① 三边，指陕西北部沿边分设的延绥、宁夏和甘肃三镇，职责御边。

照的腐朽统治。武宗（1506—1521年在位）恣情纵欲，不理朝政，多次出游宣府、大同等边镇，又南下江南。武宗正德一朝，前期有宦官刘瑾专权，后期有佞幸江彬等人乱政，还发生了安化王朱寘鐇（zhì fān）、宁王朱宸濠两次宗室叛乱，爆发过刘六、刘七领导的京畿农民起义，阶级矛盾和统治阶级内部斗争都很尖锐。

正德十六年（1521），武宗去世。武宗没有儿子，堂弟朱厚熜（cōng）以湖广安陆藩王的资格入继大统，改元嘉靖，是为世宗（1522—1566年在位）。世宗即位后，在如何尊崇自己的亲生父亲朱祐杬（yuán）的问题上与大臣们发生矛盾，史称"大礼议"。世宗想要尊崇自己的生父为"皇考"，而大学士杨廷和等人认为朱厚熜应该"过继"给伯父孝宗，以孝宗为父，以武宗为兄，以生父为"皇叔父"。嘉靖三年（1524），杨廷和辞职，反对"大礼议"的官员二百三十多人在左顺门前哭谏。世宗逮捕并廷杖了一些官员，其中十六人被廷杖致死。最终，朱厚熜尊自己的生父为"皇考"，谥"睿宗"，进入太庙。"大礼议"之争损耗了国家元气，也是明朝政治危机日趋严重的转折点。

世宗迷信道教，常在宫中建坛斋醮，服食丹药。嘉靖二十一年，十余名宫婢乘世宗熟睡之际，企图用绳子将他勒死。方皇后闻讯赶到，世宗得救，宫婢们被处死。此事史称"壬寅宫变"。事后，世宗索性搬出皇宫，移居西苑，一心修道斋醮，向神仙祈福。为世宗斋醮时撰写祝词，成为官僚升迁的一条捷径。嘉靖四十五年，世宗病逝。裕王朱载垕（hòu）即位，改元隆庆，是为穆宗（1567—1572年在位）。穆宗不关心政事，也是个不作为的皇帝。

皇帝不理朝政，内阁却纷争不止，尤其是首辅之争。内阁自设立起，大学士就有位次的排序。到天顺、成化年间，开始有

"首辅"的名称。一般而言，首辅是大学士中入阁时间最长、资历最老、最为皇帝眷注的人。嘉靖八年，以支持"大礼议"受宠的张璁任首辅。嘉靖十五年，以支持皇帝的"天、地分祀"主张而受宠的夏言，取代了之前病重致仕的张璁。然而，夏言的地位很快就遭遇到严嵩的挑战。嘉靖二十七年，夏言被杀，严嵩成为首辅。严嵩任首辅十余年，大权独揽，卖官鬻爵，给明朝政治带来了不少恶果。嘉靖四十一年，严嵩被徐阶扳倒。从严嵩家中，查抄出黄金三万余两，白银二百余万两，珍宝无数。徐阶之后，李春芳、高拱在隆庆年间相继出任首辅。然而，高拱又清算了徐阶。几乎每位首辅倒台的背后，都有激烈的政治斗争。

上行下效，朝中结党营私，贪污成风。著名的清官海瑞在嘉靖四十四年给世宗上疏，抨击当时"吏贪官横、民不聊生、水旱无时、盗贼滋炽"的社会现象。海瑞嘲笑说，皇上您的年号为"嘉靖"，是"家家皆净而无财用"[①]的意思啊！

## 二 东南倭患与北疆互市之争

倭寇指14至16世纪劫掠我国及朝鲜沿海的日本海盗。15世纪后期，日本诸藩割据，进入战国时代。诸藩都想与明朝通商，但限于明朝的朝贡贸易体制，朝贡次数与人、船的数量都有限制。嘉靖二年，宁波港发生"争贡"事件。日本大内氏派来的贡臣宗设，与细川氏派来的贡臣瑞佐、宋素卿相继到达宁波市舶司，彼此发生冲突。宗设烧了市舶司的嘉宾堂，还杀死了明朝的都指挥刘锦、千户张镗，逃回海上。明朝政府对此事进行调查，处死了宋素卿，将瑞佐送回日本，并在嘉靖八年废除了浙江市舶司。此后，除嘉靖十八年和嘉靖二十六年日本方面有两次使

---

① （明）海瑞：《海瑞集·治安疏》。

明船之外，中日之间正常的海上贸易中断，而海上武装走私活动却日益猖獗，尤其是日本海盗勾结中国走私商人，在我国东南沿海进行武装抢劫，史称"嘉靖大倭寇"。

嘉靖二十六年，朱纨巡抚浙江，兼摄福州、兴化、泉州、漳州四府，厉行海禁，将所有船只一律烧毁。禁海损害了在走私贸易中获利的闽、浙势家大族。他们唆使代表他们利益的京官弹劾朱纨。结果，朱纨被削职，愤而自杀。此后，倭寇愈演愈烈。"五峰船主"王直、徐海是中国海商，却也是有名的倭寇领袖。王直等人以日本的五岛列岛为根据地，以宁波、泉州港外的双屿、浯屿为据点，不断骚扰沿海。由于明朝政府的无能，倭寇进入内地，如入无人之境。嘉靖三十二年，四十余名倭寇因失落船只，上岸抢劫，窜入浙江平湖、海盐等地，杀死大批官军，从容夺船出海。倭寇骚扰给沿海人民带来了无尽的苦难。

明朝政府决定全力平倭，先后派王忬、张经、胡宗宪等人负责剿倭。胡宗宪设计诱杀了王直。然而，闽浙倭患依旧。直到戚继光和俞大猷（yóu）受命抗倭，抗倭战争才获得决定性胜利。戚继光和俞大猷是明朝嘉靖年间著名的军事家。嘉靖三十四年，戚继光调任浙江，镇守倭患严重的宁波、绍兴、台州三府。他招募义乌、金华的剽悍壮丁，教习击刺之法，更新火器兵械，组建名闻天下的"戚家军"。戚家军先后在浙江慈溪县的龙山、舟山东面的岑港以及台州等地沉重打击倭寇，随后进入福建，配合俞大猷平息福建倭患，再移师广东。嘉靖四十三年，平倭战争最终结束，明朝的东南海防获得了相对的平静。

南边倭患的同时，明朝的北疆也受到"北虏"的威胁。"北虏"是明朝政府对蒙古诸部的蔑称。16世纪初，蒙古达延汗统一了鞑靼诸部。到明世宗时，达延汗的孙子俺答汗以河套地区为据点，日益强盛。俺答汗请求与明朝贸易，遭到拒绝，于是在嘉靖二十九年由大同侵入明朝境内，直抵北京城下。蒙古骑兵在京畿骚扰了八天，史称"庚戌之变"。此后，俺答汗不断入犯，明朝守军疲于应付。隆庆四年（1570），俺答汗的孙子把汉那吉投降明朝。明朝政府将把汉那吉送还俺答汗。以此为契机，双方议和，并确定开展互市贸易。次年，明朝封俺答汗为顺义王。从此以后，蒙古诸部与明朝政府间没有再发生大规模的战争。

军事危机给明朝带来了严重的财政危机。"南倭"、"北虏"使政府的军费支出日益浩大，入不敷出。以北边军费为例，从1549年起，政府每年发往边镇的"年例银"不少于200万两，加上其他费用，北方边防的军费少则300万两，多则500万两，远远超过户部每年200万两白银的收入。

### 三 张居正改革

政治矛盾尖锐、南北外患频仍、财政赤字严重等问题，威胁到国家的生存。为此，明朝政府不得不采取措施来挽救其危亡。统治阶级内部的有识之士如海瑞、高拱、庞尚鹏等人，在嘉靖末年和隆庆年间已开始着手对吏治、边防、财政进行改革。嘉靖、隆庆年间的改革尝试，是万历年间张居正改革的前奏。

张居正，字叔大，号太岳，江陵（今湖北江陵）人，嘉靖二十六年进士，入翰林院，先后得到严嵩、徐阶、高拱等人的器重。他曾奏上《论六事疏》，向皇帝系统提出过自己的改革意见，但没有得到重视。隆庆元年，张居正成为内阁大学士。隆庆六年，穆宗逝世，遗命高拱、张居正等辅佐10岁的太子朱翊钧。同年，张居正与太监冯保结盟，驱逐了首辅高拱，自己接任首辅，并从此牢固地控制中枢政权达10年之久。

张居正是明朝著名的政治家和改革家，掌握中枢大权之后大刀阔斧地推行改革。政治上，张居正整顿吏治。万历元年，他提出"考成法",加强对官员的考察。考察的方法,是逐级考核。内阁稽查六科,六科稽查六部,都察院及六部稽查巡抚、巡按,抚、按考察地方官员。在这些环节中,六科、巡抚很重要。六科设于午门外,章奏均必经其手。六科给事中官秩仅七品,但负责稽查驳正六部之违误,且有建言、进谏之责,位卑权重。万历初年,各省巡抚也几乎都是张居正的同乡或亲信,如耿定向、潘季驯等。此外,张居正建立了随事考成的制度,要求各衙门将逐日的章奏登记,立文册两本,一送六科,一送内阁,实行一件,注销一件,每年每月针对事情的完成程度加以考察。这样,各级官吏对中央政令就不敢敷衍塞责,吏治因而得到很大改观。在军事上,张居正竭力整饬边防,派戚继光在蓟镇整顿防务,修筑边墙,派名将李成梁防守辽东。

为解决财政危机,张居正把理财作为改革重点之一。他裁减冗官冗费,甚至要求皇室节省开支,积极清理历年拖欠的税赋。由于官僚地主瞒报土地,造成国家赋税收入不足,张居正决定重新清丈全国土地。从万历六年到万历十一年,清丈基本结束。清丈后的田地总量,比弘治时期的田地总量多了300万顷。张居正还推行"一条鞭法"的赋役改革。一条鞭法的实质,是赋役合并、一概折银,由地方官直接征收。它使原先繁多的杂税归于一条,又将原先按丁征收的役改由丁、田分担,对农民的人身控制相对松弛,客观上有利于生产力发展。一条鞭法上承唐代的两税法,下启清代的"摊丁入亩",是中国赋役制度的一大变革,具有重要的进步意义。

张居正改革缓解了明王朝的统治危机。到张居正死时,户部太仓储银超过600万两,京师储粮达700万石,是隆庆年间的三倍。同时,"海内肃清",边疆稳定。如果没有张居正改革所积累下的财富,万历三大征——万历二十年平哱拜的宁夏之役、万历二十年至二十七年的援朝抗日战争、万历二十六年至二十八年平杨应龙的播州（今贵州遵义）之役，是不可能顺利进行的。

万历十年六月，张居正病死，神宗朱翊钧（1573—1620年在位）亲政。之前受张居正打击的官僚纷纷上疏，攻击张居正。万历十二年，神宗下令查抄张居正家。张居正的改革措施也多被中止。万历后期，神宗倦于政事，纲纪废弛，百弊丛生。明朝沿着衰亡的轨迹继续下滑。

## 第四节　明代的商品经济与资本主义萌芽

### 一　商品经济的繁荣与市民阶层的崛起

明朝中后期，农业和手工业技术提高，规模扩大，商品化趋势不断加强。全国道路畅通，商贸往来频繁，开始形成全国性的商业市场。

农业发展反映在两个方面，即粮食产量提高和经济作物种植面积增加。水稻种植自嘉靖年间（1522—1566）起在北方获得稳定推广，到崇祯年间（1628—1644）达到巅峰。原产美洲的耐旱粮食作物玉米、红薯传入中国，既提高了粮食的单位面积产量，又扩大了耕地面积，从而使许多原本用以种植粮食作物的耕地可改种棉花、蚕桑、烟草、花生等经济作物。棉花种植在全国很普遍。浙江湖州、四川阆（làng）中一带的种桑养蚕业很发达。南方各省普遍种植甘蔗。烟草也在明朝后期由吕宋（今菲律宾）、安南（今越南）传入我国福建、广东，进而延伸到江南乃至北方。原产巴西的花生也传入福建、浙江。此外，福建、江西等地还种植一种名为蓝的染料作物。另一种染料作物红花的种植范围更广。

经济作物的种植，推动了农产品的商品化。种植经济作物所获得的收入，要超过单纯种植粮食作物。以浙江湖州府为例，每亩桑田出售桑叶可获利5两白银，比种植水稻的利润要高出一到两倍。当地的部分养蚕人自己不种桑树，依靠购买桑叶养蚕，被称为"看空头蚕"①。在福建的漳州、泉州、汀州等府，农民"种菁种蔗，伐山采木，其利乃倍于田"。种植经济作物的目的不是消费，而是出售。农民将经济作物产品投向市场，换回其他生活必需品。例如，河南是重要的棉花种植区，棉花"尽归商贩"。嘉定县因种植棉花，"不产米，仰食四方"②，靠购买外地粮食生活。这样一来，农民的日常生活越来越受到市场的支配。此外，农村家庭手工业也日益卷入市场之中。在松江府，妇女们"晨抱绵纱入市，易木棉花以归，机杼轧轧，有通宵不寐者"③。

在手工业中，棉纺、丝织、冶铁、制瓷、印刷等行业的技术有很大提高，并形成了地域性的手工业中心：苏州是丝织业中心；松江是棉纺织业中心，盛产优质棉布"标布"；芜湖是染业中心；苏州、南京、福建建阳是刻书业中心。手工业发展还催生了许多手工业专业市镇。例如，瓷业中心景德镇的制瓷工人达数万人，市场"延袤十三里许"。嘉兴府的王江泾镇、濮院镇，湖州府的双林镇，都是著名的丝织业市镇。广东佛山镇的铁器业，松江府枫泾镇的棉纺业，也远近驰名。

明朝后期的商业很发达，全国性的商业网络开始形成。商人足迹北至塞外，南到两广、云贵，并出现了徽商、晋商、江西商人等著名商人集团。商品的种类繁多。据《明会典》记载，景泰二年（1451）北京大兴、宛平两县制定的《收税则例》中，

---

① （明）朱国桢：《涌幢小品》卷2《蚕报》。
② （清）顾炎武：《天下郡国利病书》第六册，苏松。
③ （清）顾炎武：《肇域志》江南九《松江府》。

所列举的应税商品达230种以上，从食品、服装、日用杂货到各类奢侈品，应有尽有。商业的发达，推动了城市繁荣。大型的商业都市有三十多座：除北京、南京外，苏州、杭州，南方的广州、桂林，北方的济南、太原，西部的成都、重庆，皆为繁华之都（见彩图二十八）。天津、上海、汉口等新兴城市在明朝后期也日渐繁荣。商人拥有极雄厚的资本。例如，徽州商人"藏镪（qiǎng，本义为钱串，后多指代白银）有至百万者"[①]，而资本二三十万两白银的，只能算是中等规模的商人。

明代工商业市镇的勃兴和手工业、商业的发达，促使市民阶层的形成。这一新兴的社会阶层主要由中小商人与手工业者构成。市民阶层在明代后期成为反对矿监税使横征暴敛和宦官专权干政的一支新的政治力量，在城市的"民变"中扮演着主要角色。市民阶层的崛起，是明代阶级结构发生新变化的一个显著标志。

## 二　海外贸易与白银流入

明朝嘉靖（1522—1566）、万历（1573—1620）年间，海外贸易突破了朝贡贸易体制的限制，民间海外贸易兴起。中国海商的足迹几乎遍布东南亚各国。他们用瓷器、丝织品换取南洋的香料、染料、药材和珠宝。欧洲的葡萄牙人、西班牙人、荷兰人到来后，则用白银换取明朝的生丝和瓷器。隆庆元年（1567），明朝政府开放海禁，在漳州府的月港设督饷馆，私人海上贸易取得了某种程度的合法地位。

嘉靖三十二年（1553），葡萄牙人入据澳门。澳门逐渐成为晚明对外贸易的中心。葡萄牙人的帆船载着胡椒、苏木、象牙、

---

[①]（明）谢肇淛：《五杂俎》卷4。

檀香等货物以及原产于拉丁美洲经葡萄牙里斯本转运而来的白银，由印度果阿出发，来到澳门，在澳门购买中国的生丝和绢绸，运到日本长崎高价出售，换回日本白银。然后，葡萄牙人再用日本白银大批购买中国生丝、瓷器及其他货物，运回果阿。澳门成了"果阿—澳门—长崎"航线的中心。此外，澳门还是"澳门—（菲律宾）马尼拉—（墨西哥）阿卡普尔科"航线的起点。中国商品由澳门或月港运抵马尼拉，然后搭载着西班牙人的"马尼拉大帆船"，跨越太平洋，到达墨西哥阿卡普尔科。由于跨越太平洋的主要商品是丝织品，这条航线被称作"太平洋丝绸之路"。

在明朝的海外贸易中，中国始终处于出超地位，而葡萄牙、西班牙和日本不得不用大量白银来支付贸易逆差。晚明海外贸易的显著特点是：中国的丝绸流向菲律宾，再到世界各地，美洲和日本的白银则不断流入中国。有学者估计，1572年到1821年，大约有2亿比索的西班牙银币流入中国。1530年到1570年，流入中国的白银主要来源于日本，每年流入约53万两；16世纪末到17世纪初，每年从美洲流入中国的白银数量约为57吨到86吨。

海外白银的流入，增加了国内白银的数量，扩大了白银的流通范围，对明朝经济影响深远。从明朝中期起，货币就开始以银为主，以铜钱为辅。白银对商业和市镇的发展也起到了积极的作用。例如，在福建沿海的漳州府，从1491年到1573年，集市的数量就由26个发展到72个。晚明以"纳银"为特征的一条鞭法赋役改革较早出现在浙江和福建，正是因为沿海地区在海外贸易中获得了较多的白银。白银流入与白银货币化，加速了农业、手工业的商品化进程，因为人们必须先将自己的产品拿到市场交易，换取白银，才能再购买其他生活用品，缴纳赋税。

## 三 资本主义萌芽

在封建经济之中，商品经济的繁荣促使了资本主义萌芽的出现。明朝后期是中国封建社会内部产生资本主义萌芽并萌动社会转型的历史时代。资本主义生产方式萌芽的必要条件之一，是劳动者与土地的脱离，以及自由雇佣劳动。到明朝后期，农民和匠户对封建国家的依附关系有所松弛，他们可到市场上去出卖劳动力。同时，赋役不均和土地兼并使大批自耕农破产，失去土地，沦为雇佣劳动力。因此，商品经济的发展、货币的大量供给、封建人身束缚的松弛及自由雇佣劳动的大规模出现，共同为资本主义萌芽创造了条件。

到明朝后期，在江南及东南沿海，棉纺、丝织、制瓷、矿冶、榨油等行业率先出现资本主义萌芽。在苏州和杭州等地，丝织业工场的规模扩大，雇工数量增加。雇工们为寻求更高的工资，可以寻找新雇主，而工场主也竞相以较高工价雇佣熟练工人。苏州玄庙口有了比较成熟的劳动力市场。蒋以化《西台漫纪》记载："大户张机为生，小户趁织为活。每晨起，小户百数人口嗷嗷相聚玄庙口，听大户呼织，日取分金为饔飧计。"这种大户与小户的关系，在《明神宗实录》中被形容为"机户出资，织工出力"①。机户拥有资本、织机，以此雇佣工人并剥削工人的剩余劳动价值，迅速发家致富。万历时期的吏部尚书张瀚曾说，其先祖在成化末年以白银一锭购买机床一张，后增加到二十余张机床，最后富至数万金，规模扩大数十倍。棉纺织业和棉布加工业尽管多数仍是个体生产的家庭手工业，但松江府的棉布袜制造业却是例外。在松江府西郊，有暑袜店百余家，"合郡男妇

---

① 《明神宗实录》卷361，万历二十九年七月丁未。

皆以做袜为生,从店中给筹取值"①。万历年间浙江崇德县石门镇的榨油业,也出现了资本主义的萌芽。该镇二十多家油坊平均每家雇佣四十个工人,付给工钱。在江西景德镇,除官窑外,民窑也达到了较大规模,所以不得不雇佣窑工来进行生产。到嘉靖年间,景德镇全镇窑工达数万人。在矿冶业中,有些炉窑聚集的工人也达二三百人。这样的规模,显然并不属于封建性的小规模雇佣。

明朝后期的资本主义萌芽有很大的局限性。首先,具有资本主义萌芽经营方式的手工作坊是零星而微弱的,限于少数地区、少数行业,而且在手工业总量中所占的比重也很小。在绝大部分地区,自然经济仍然占据主导地位;即使在出现资本主义萌芽的行业中,官营和农村家庭手工业也还是主体。其次,出现资本主义萌芽的手工业作坊中,也还存在不少的封建残余。再次,封建统治者对工商业的摧残,严重阻碍了资本主义发展。封建统治者通过重税、低价收购、借用、摊派等方式对工商业进行盘剥。例如,江西景德镇"御窑厂"经常通过"官搭民烧"的方式,强迫民窑为其提供价廉质优的产品。封建统治者对盐、茶、矿产等资源的垄断,同样严重束缚了工商业的发展。因此,明朝后期的资本主义萌芽只能在艰难阻滞中缓慢发展,虽然出现了社会关系的某些新变化、新趋势,但还不足以改变整个社会的性质。不过,资本主义萌芽是商品经济发展到一定水平的产物,是瓦解传统社会秩序的革命性因素,具有萌动社会转型的进步意义。

---

① (明)范濂:《云间据目抄》卷2《记风俗》。

## 第五节　明朝的灭亡与清兵入关

### 一　明末的政治腐败

明朝末年，政治黑暗。神宗二十多年不上朝，还经常将大臣们的奏疏留置宫中不加处理，称为"留中"。官员空缺往往不补。严重时，南北两京六部尚书缺员 3 人，侍郎少 10 人。万历朝三大征，耗费了之前张居正整顿财政所节省下来的银两，加剧了政府财政的窘况。神宗本人却贪财成癖，派宦官充任矿监和税监四处搜刮，激起了各地民变。在山东临清、湖广武昌、南直隶苏州等地，民变非常激烈。云南民众甚至将税监杨荣处死后扔到火中焚烧。对此，神宗感叹说："（杨）荣不足惜，何纲纪顿至此！"[①]

统治阶级的内部斗争不断加剧。在统治阶级的最上层，神宗偏爱郑贵妃所生皇子朱常洵，迟迟不愿册立长子朱常洛为太子。大臣围绕立太子之事不断上疏，史称"争国本"。万历二十九年（1601），朱常洛被立为太子；然而，万历四十三年，一名男子试图闯入慈庆宫梃击太子，事件牵涉到郑贵妃，史称"梃击案"。

文官之间的党争愈演愈烈。万历二十二年，顾宪成因推举内阁大学士人选触怒神宗，罢官回乡，十年后在无锡创建东林书院。顾宪成曾说："官辇毂志不在君父，官封疆志不在民生，居水边林下志不在世道，君子无取焉。"[②] 这表明，以顾宪成、高攀龙为代表的一批正直的士大夫虽退居水边林下，仍存心世道。

---

[①]（清）谷应泰：《明史纪事本末》卷 65《矿税之弊》。
[②]《明史》卷 231《顾宪成传》。

他们与朝中官僚士大夫遥相应和，抨击时弊，被称为"东林党"。围绕着此后每六年一次的"京察"，东林党与其他一些派系的官员之间发生党争，相互罢黜对方派系的官员。东林党的对立面，有宣党、昆党、齐党、楚党、浙党等派。东林党虽然多君子，但也有小人，而与东林党政见不同的诸党也不都是小人。东林人士过分严于君子小人之辨，对立党派也睚眦必报，致使党争愈演愈烈，从而破坏了晚明正常的政治秩序。

万历四十八年七月，神宗病逝。八月，太子朱常洛即位，是为光宗（1620年在位）。朱常洛起用大批东林人士，将宫中所藏白银发往边疆充作军费，力图有所振作。然而，不到一个月，朱常洛因服用太常寺卿李可灼所制"红丸"而病情加重，暴病身亡，史称"红丸案"。朱常洛死后，其15岁的儿子朱由校即位，即明熹宗（1621—1627年在位），年号天启，并规定万历四十八年八月后为"泰昌元年"，以保留明光宗的泰昌年号。熹宗没有受过系统的教育，几乎是个文盲，喜欢在宫中做木匠活，将朝廷事务全部交给宦官魏忠贤主持。魏忠贤专权后，与东林党对立的齐、楚、浙三党中的人物如王绍徽、阮大铖、魏广微等，都投到了魏忠贤门下，借着魏忠贤的毒焰，大兴党狱，将杨涟、左光斗、袁化中、魏大中、周朝瑞、顾大章等东林党人下狱惨杀，又下令逮捕高攀龙、周顺昌等人。高攀龙赴水自沉，彰显出不屈的人格。无耻官员们尊称魏忠贤为"九千岁"，为他四处建造生祠，甚至有人提议将魏忠贤供奉孔庙。魏忠贤的暴虐专政，将明朝政治推向了黑暗的巅峰。

天启七年（1627）朱由校去世，其弟朱由检（1628—1644年在位）即位，年号崇祯。崇祯帝迅速处死魏忠贤，并在崇祯元年（1628）清理阉党。崇祯帝勤政俭朴，但生性多疑，急于求成。崇祯朝十七年中，共任命了五十余名内阁大学士，其中任期较长的温体仁、周延儒等人，后来都列名于《明史·奸臣传》，其人品可见一斑。在多疑和刻躁的驱使之下，崇祯帝肆意屠戮大臣。内阁大学士周延儒、薛国观，六部尚书王洽、陈新甲，督抚袁崇焕、杨镐等数十位大臣，都被处死。事实上，崇祯皇帝的所作所为，非但没能挽救明朝灭亡的颓势，反而进一步加速了明朝的灭亡。

## 二 满族的崛起和后金与明朝的战争

满族原名女真，1635年改称满洲。明朝对女真采取招抚为主的政策，设立辽东、奴尔干等指挥使司及卫所等行政机构，管辖范围包括女真地区。

女真分海西、建州、野人三部。女真建州首领努尔哈赤，姓爱新觉罗，明嘉靖三十八年（1559）出生。他以先辈的"遗甲十三副"起兵，经多年征战，统一了女真各部，确立了八旗制度①。明朝想通过扶植努尔哈赤以羁縻女真各部，但努尔哈赤另有谋算。明万历四十四年（1616）正月，努尔哈赤在赫图阿拉（今辽宁新宾境内）称汗，建立"大金"（史称后金），年号"天命"。

后金建立后，努尔哈赤即筹划与明廷公开决裂。明万历四十六年（后金天命三年，1618）四月十三日，他在赫图阿拉以"七大恨"告天，起兵反明。翌年，明廷以杨镐为经略②，调集大兵，进攻后金，结果大败于萨尔浒（今抚顺东浑河南岸）。努

---

① 八旗为清代满族军事、社会组织，分正黄、正白、正红、正蓝、镶黄、镶白、镶红、镶蓝八旗。皇太极时期又将归附的蒙古人、汉人另编为蒙古八旗、汉军八旗，原来所设的八旗遂为满洲八旗。

② 明清两朝，遇有重要军务时特设经略，统理一省或数省军务，职位高于总督，事毕即罢。

尔哈赤乘胜攻陷开原、铁岭，吞并叶赫，兵锋直指辽沈。萨尔浒之战是明清更迭的关键性战役。之前，为应对与后金的战事，明朝政府增加摊派"辽饷"。然而，军事上的节节败退，使原本准备"事宁停止"的加派根本无法停止，从而加深了人民的苦难。御史袁化中说，朝廷最初"计饷八百万以剿，始欲保一隅以安天下"，结果却是"疲天下以奉一隅"。萨尔浒之战后，朝廷逮捕杨镐，改派熊廷弼为辽东经略。

此时，明朝军队在东北越来越被动，士气低落，补给困难，根本无力与后金军队抗衡。所以，熊廷弼采取"坚守渐逼"积极持久的防御之策，收效明显。然而，朝中浙党姚宗文等人攻击熊廷弼出关多年而没有胜绩。因此，朝廷罢黜熊廷弼，改命袁应泰为辽东经略。

明天启元年（后金天命六年，1621），后金军队攻占沈阳、辽阳等大小七十余城，袁应泰自杀。紧急关头，朝廷重新起用熊廷弼为辽东经略，但又任命王化贞为辽东巡抚。王化贞志大才疏，擅自行事，致使广宁卫（治所今辽宁北镇）失陷。事后追究责任，罪魁祸首王化贞只是被羁押，而熊廷弼先被下狱，后被处死。熊廷弼之后，继任的辽东经略王在晋的对策是退守山海关，而努尔哈赤则把都城南迁至辽阳，以后又迁至沈阳，改名盛京，并将女真人大批迁至辽沈地区，以巩固统治和准备继续南进。

天启二年，孙承宗以大学士身份督师，积极拓展山海关以外的防务。他任命袁崇焕为按察金事备兵宁前道，驻守宁远（今辽宁兴城境内）。袁崇焕，字元素，号自如，广东东莞人，明朝末年著名的军事将领。在袁崇焕的经营下，宁远不仅成为关外军事重镇，而且成为"商旅辐辏，流移骈集"的贸易集散地。天启五年，由于阉党的攻击，孙承宗被高第取代。高第命令尽撤关外锦州诸城。袁崇焕拒绝放弃宁远，决心以孤城抗击后金军队。天启六年，努尔哈赤攻打宁远，结果后金军遭受重创，自己也负了伤，不久去世。宁远大捷是明朝对后金战争的首场大胜。此役，葡萄牙人的红夷大炮发挥了巨大威力。天启七年，袁崇焕以右佥都御史巡抚辽东，节制关内外军事，不久因遭到魏忠贤亲信的弹劾，辞官回乡。

崇祯元年（后金天聪二年，1628），崇祯帝重新起用袁崇焕。崇祯二年，后金军队绕开明朝重点布防的宁远、锦州防线，侵入京畿。多疑的崇祯帝竟然怀疑袁崇焕通敌，将袁崇焕下狱，次年以凌迟之刑杀害。史称："自崇焕死，边事益无人，明亡征决矣。"[1] 明朝政府在东北的被动局面此后再也没能扭转。

## 三 李自成起义与明朝灭亡

明朝末年，灾荒频仍，赋役繁重。在自然条件差的陕西，农民更是陷入绝境。礼部行人马懋才说，他的家乡延安府遭灾后，农民只能吃树皮、观音土，甚至"炊人骨以为薪，煮人肉以为食"[2]。政府为节省开支，于崇祯元年听从兵科给事中刘懋裁撤驿站的请求，使得西北大批驿卒失业。此外，边镇士兵因拖欠军饷而哗变或者逃亡的事情时有发生。在明末农民起义中，饥民、驿卒和逃兵构成了起义军的主体。

天启七年（1627），陕西澄城县旱灾严重，知县仍然百般催缴赋税。灾民王二联络数百人，以墨涂面，冲进县城，杀死知县，而后逃入山中。王二起义揭开了明末农民起义的序幕。崇祯元年，逃亡士兵王嘉胤在府谷起义；安塞"马贼"高迎祥率众

---

[1] 《明史》卷259《袁崇焕传》。
[2] （清）雍正年间《陕西通志》卷86艺文二《备陈灾变疏》。

造反，号闯王。一时间，秦地数千里深山大谷，皆"盗贼渊薮"。随着农民起义的不断发展，李自成和张献忠逐渐成为义军的主要领袖。

李自成做过银川驿卒，崇祯二年加入起义军，归高迎祥帐下为闯将。高迎祥牺牲后，其部下推李自成为首领，接过"闯王"大旗。崇祯十三年，李自成进入旱灾、蝗灾严重的河南，饥民纷纷响应，队伍扩大到十余万人。一些下层知识分子如牛金星、宋献策、李信（李岩）加入进来。农民军纪律严明，声称"杀一人如杀吾父，淫一女如淫吾母"，并提出"均田"、"免赋"的口号，得到人民的广泛支持，故"所过无坚城，所遇无劲敌"。崇祯十五年，李自成占领湖广襄阳，改名襄京，建立政权。崇祯十六年（1643），李自成攻占西安，建国大顺，改元永昌。张献忠于崇祯三年在米脂起义，称"八大王"。他曾经多次向明朝政府假装投降，但不久又重举义旗，屡降屡叛，在斗争中发展壮大，成为李自成义军之外另一支重要力量。

崇祯十七年，李自成农民军从西安出发，直指北京。农民军所至之处，摧枯拉朽，不到两个月便占领了整个山西和北直隶。三月十七日，大顺农民军抵达北京城下。三月十八日夜，大顺农民军对北京城发起强攻，太监曹化淳开彰义门迎义军入城。凌晨子时，崇祯帝在煤山（今景山）自缢身亡。十九日，李自成"毡笠缥衣，乘乌驳马"[①]，率领大队人马，由德胜门入城。这一年，张献忠所率的农民起义军进入四川，占据成都，建立了大西政权。

崇祯帝之死，标志明王朝的结束。然而，大顺农民军也并没有获得最后成功。

---

[①] 《明史》卷309《李自成传》。

### 四　清兵入关与山海关之战

就在明末农民大起义揭开序幕的前一年（1626），努尔哈赤去世，皇太极继承汗位。他采取一系列措施，加强和巩固后金统治，并以明朝的政治体制为模式，改造自身的政治体制，推动后金封建制的发展。天聪九年（崇祯八年，1635），皇太极宣布废除女真旧称，而以"满洲"作为新的族名。天聪十年四月，皇太极即位称帝，改国号为"清"①，改元"崇德"。从此，他开始集中力量，大举伐明。崇德元年（1636）、三年和七年，清军三次绕道边墙隘口，采取突然袭击方式，长驱直入，攻打北京附近州县和山东地区，大肆掳掠之后，迅速返回，不在内地停留。掳掠的对象主要是人口、牲畜、金银珠宝和布匹等。这种掠夺性的战争，给内地人民带来灾难，消耗了明朝的力量，增强了清的实力。

崇德八年（崇祯十六年，1643），皇太极猝死，年仅6岁的福临继承皇位，年号顺治。摄政睿亲王多尔衮掌握大权。这时，明王朝已在农民起义的打击下摇摇欲坠。顺治元年（1644）四月初，大学士范文程上书多尔衮，建议清军迅速出征，与农民军争夺天下；得地必守，毋弃毋屠；官仍其职，民复其业。多尔衮采纳了他的建议，四月初九日率领大军自沈阳启程。几天后，清军抵达辽河，得知明朝灭亡。多尔衮下令加紧进兵，准备乘机入关，镇压农民军，窃取胜利果实，实现统治全国的目的。途中意外接到明山海关总兵吴三桂的书信，请求速选精兵合击农民军，

---

① 皇太极定国号为"清"，后人有多种解释，或认为系"扫清廓清"之义；或认为"清"即"青"之义，系萨满教所崇尚；或认为"清"与"金"在满语中系一音之转。

直入山海关，首尾夹攻。

多尔衮果断决策，率师直奔山海关。四月二十一日，李自成指挥大顺军，与吴三桂军鏖战于山海关石河西岸。农民军作战勇敢顽强，又在兵力对比上占有优势，逐渐从三面包围吴三桂军。但至次日，多尔衮率领的5万余名满洲八旗骑兵突然杀入战场，与吴三桂联合作战，击败了大顺农民军。

满洲贵族与明朝降将互相勾结、合力剿杀农民军的山海关之战，为清朝定鼎北京铺平了道路，成为由"明"入"清"这段历史的一个重要转折点。多尔衮封吴三桂为平西王，拨给兵马，命他为追杀大顺军的前驱，自己则亲统八旗劲旅，直奔北京。多尔衮向诸将申明，此次出兵是为了夺取天下，沿途不得杀害无辜，劫掠财物，焚烧庐舍。清军一路传檄明朝地方官，声明要为他们报君父之仇，宣布"吏来归，复其位；民来归，复其业"。永平、昌黎、滦州、丰润等地的明朝地方官员，相继开城迎降。五月，多尔衮进入北京。

## 第六节　明代的中外关系

### 一　郑和下西洋

元朝以来，南海以西的海洋及沿海各地，包括印度及非洲东部在内，被称作西洋。自古以来，这些国家和地区与中国友好往来。明朝开国伊始，太祖朱元璋即以重建"厚往薄来"的朝贡体制为本朝睦邻外交的基本方针，并公开宣布"不征诸国"的名单，其中大部分是"西洋"的许多国家。明初社会经济恢复以后，明成祖朱棣采取了更为积极主动的对外政策。永乐三年（1405），朱棣派宦官郑和出使西洋，宣扬国威，招徕各国来朝，发展朝贡贸易。从永乐三年到宣德五年（1430），郑和前后七下西洋。

郑和本姓马，字三保，回族。他在洪武朝入宫，后供职于北平燕王府，"从燕王起兵靖难，出入战阵，多建奇功"，擢为太监，赐姓郑，世称"三保太监"或"三宝太监"。据说郑和曾受命出使日本，说服足利义满向中国朝贡，因而更得朱棣赏识。明初，陆路出使西域或海路下西洋，多以波斯语为外交语言，而掌握波斯语的人多为蒙元时代入华的回回人后裔。这或许也是朱棣派郑和出使的一个原因。今天依然保存在斯里兰卡境内的永乐七年郑和所立的石碑，即分别用中文、泰米尔文和波斯文三种文字写成。

永乐三年六月，郑和船队从苏州太仓刘家港出发。船队由62艘船和27800多人组成，配备航海图、罗盘针等当时最先进的航海设备；郑和所乘宝船长四十四丈四尺（138米），宽十八丈（56米），是迄今为止世界各地建造过的最大的木制帆船。船队先来到占城（今越南南部），然后通过满剌加（今马六甲）进入印度洋，到达古里（今印度南部城市科泽科德），并于永乐五年九月回到南京，前后历时两年三个月。从永乐六年到宣德五年，郑和又先后六次率领船队远航，"云帆高张，昼夜星驰"，经历了亚、非三十多个国家和地区，最远到达非洲东海岸。船队所到之处，宣扬明朝国威，邀请各国派遣使臣到中国"朝贡"，用中国的瓷器、丝绸等物与各国进行贸易，购买各国特产。郑和出访后，各国纷纷向中国派遣使臣和商队。东南亚国家的一些国王，甚至亲自来到中国访问，如渤泥（今加里曼丹岛北部）、苏禄（今菲律宾苏禄群岛）、古麻剌朗（今菲律宾棉兰老岛）国王都曾访问中国，而满剌加在永乐、宣德间先后有三位国王五次到中国访问。

宣德五年，郑和最后一次远航。船队穿越印度洋回国途中，郑和病逝。郑和所代表的明初航海事业，也就此中止。郑和下西洋是在宋元几百年来海外贸易发展的基础上实现的，并取得了远超前代的伟大成就。郑和七下西洋，比欧洲大航海早了半个多世纪，是世界航海史上的空前壮举。今天东南亚一带，仍然保留着许多纪念郑和的古迹。郑和远航，促进了中国同亚非各国的经济文化交流，增进了彼此之间的友谊，扩大了中国在亚非地区的影响。

## 二 明朝与朝鲜、日本及中亚的关系

朝鲜是中国山水相连、唇齿相依的邻邦，彼此关系密切。1392年，高丽大将李成桂趁高丽王室衰微，夺取皇位，建立朝鲜王朝，并接受明朝册封。此后，朝鲜自始至终与明朝保持良好关系，每逢元旦及明朝皇帝或皇太子生日，都会派出使节奉表朝贺。两国之间的贸易也络绎不绝。中国向朝鲜输出绢、布，甚至火药、弓角，朝鲜则向中国输出马、牛、纸张和药材。万历二十年（1592），日本关白丰臣秀吉派十余万军队从釜山登陆，入侵朝鲜，占领王京（今韩国首尔）和平壤。应朝鲜国王李昖的请求，明朝政府派杨镐、李如松率军支援朝鲜。李如松相继收复平壤、王京，迫使日军议和。万历二十五年，并未完全退兵的日本军队卷土重来，再度向朝鲜发动攻击。次年，援朝明军与朝鲜军队并肩作战，在陆海两路给日军以沉重打击，但朝鲜将领李舜臣、明朝老将邓子龙也都在海战中壮烈牺牲。万历年间的援朝抗日，充分体现了中朝之间的友谊。女真后金政权崛起时，朝鲜仍然效忠于明朝，不断为明军骚扰后金的后方，还曾派军队参加萨尔浒之战。清太宗皇太极于1627年和1636年两次派兵攻打朝鲜，迫使朝鲜臣服。

日本是中国一衣带水的近邻。洪武初，朱元璋先后派遣行人杨载、莱州府同知赵秩出使日本。日本使臣于洪武四年回访南京。此后，中日之间不仅有使臣和商人往来，日本还向中国派遣留学生。洪武朝后期，明朝政府认为胡惟庸谋反，"欲藉日本为助"①，断绝与日本之间的往来。即便如此，朱元璋在《皇明祖训》中仍然规定日本为15个"不征之国"之一。成祖朱棣即位后，开始恢复与日本的交往，重开宁波市舶司以管理中日之间的朝贡贸易。中国向日本输出绸缎、瓷器等物，日本输入中国的商品则有刀、扇、硫磺和铜。然而，嘉靖二年（1523）的"宁波争贡"事件以及此后"嘉靖大倭寇"的猖獗，打断了中日之间的正常贸易往来。自此以后，海盗集团或葡萄牙人成为中日贸易的主要媒介。"澳门—长崎"航线成为中日贸易的重要通道。但是，中日之间商船和人员的直接往来也还是很频繁。明亡之后，著名学者朱舜水四次东渡日本，并最终定居日本，讲学于日本水户藩，推动了日本儒学的发展，为中日学术文化交流作出了重大贡献。

明初，帖木儿帝国崛起于中亚，统治南到印度、北至俄罗斯、西抵巴尔干半岛、东及塔里木河的广大地区。洪武二十八年，明朝派傅安抵达撒马尔罕，被帖木儿扣留。永乐三年，帖木儿向东想要攻打明朝，途中病死。其孙哈里承袭汗位，决定与明朝恢复正常邦交，派使臣虎歹达将傅安送还。此后，双方友好贸易往来。永乐间，明朝使臣陈诚还写下了《西域行程记》和《西域番国志》，记述出使所见所闻。

### 三　明朝与欧洲的接触

新航路开辟后，葡萄牙人、西班牙人、荷兰人以及英国人于

---

① 《明史》卷322《外国三》。

16世纪相继由海路来到中国。跟随着商人及武装殖民者一同到来的，还有天主教传教士以及他们带来的西方科学知识。

　　明人将西班牙和葡萄牙统称为佛郎机。正德十二年（1517），葡萄牙使臣皮雷斯抵达广州。此后更多的葡萄牙人来到中国，先后入侵广东新会的西草湾，福建漳州月港、金门岛、浯屿、诏安等地。嘉靖三十二年（1553），葡萄牙商人借口商船遭遇风暴，请求借澳门晾晒货物，贿赂明朝官员，入据澳门。在澳门，葡萄牙人修筑定居点，严重侵犯了我国的领土主权。葡萄牙人还以澳门为中心，从事中日之间的中介贸易。天启、崇祯年间，明朝政府曾从葡萄牙人那里得到西方的先进火炮——红夷大炮，并雇佣葡萄牙"铳师"为教习。

　　继葡萄牙人之后，西班牙人也来到亚洲。西班牙人占据菲律宾南部诸岛，攻灭吕宋，屠杀华人数万。万历二年，广东潮州人林凤率战船62艘、水陆军2000余人，登陆吕宋岛，袭击西班牙殖民军。昏庸的明朝政府竟然派把总王望高前往菲律宾，与西班牙殖民者共同"围剿"林凤。占据了吕宋的西班牙人，以马尼拉为中心，从事中国到拉丁美洲的远洋贸易。

　　明人称荷兰为"和兰"，又蔑称为"红毛番"。万历三十二年，荷兰船来到广东香山澳，请求通商未果。荷兰人试图攻占澳门，也没有成功，转而骚扰福建沿海。天启二年（1622），荷兰人强占我国的澎湖列岛。天启四年，福建巡抚南居益率军渡海收复澎湖。荷兰人转而侵略我国的宝岛台湾，占据台湾南部。到崇祯十五年，荷兰人将占据台湾北部的西班牙人逐出，独占台湾。直到1661年，民族英雄郑成功渡海作战，才收复台湾。此外，崇祯十年，英国船舰闯入虎门，与明朝发生第一次直接碰撞。

　　16世纪，耶稣会士来到中国。耶稣会是天主教的一支，成立于1540年，旨在维护教皇权威，反对宗教改革。嘉靖三十一年，耶稣会士方济各·沙勿略来到广东海域的上川岛，但未能进入内地。第一位进入中国内地的教士罗明坚，也没有在基督教在华传教史上留下重大影响。真正为天主教在中国传播打开局面的是意大利人利玛窦。利玛窦早年曾接受过神学、古典文学以及自然科学的训练。1578 年，利玛窦从葡萄牙里斯本出发，赴远东传教。1582 年，利玛窦到达澳门，次年进入广东，经南昌、南京辗转到达北京。他取了一个中文名字"利西泰"，换上中国士大夫的衣冠，且"尽通经史之说"。他结交徐光启、李之藻、杨廷筠等著名士大夫，发展他们为教徒，还结交其他文化人，如以医术见长的王肯堂、以刊印《程氏墨苑》而闻名的程大约、被视为异端而入狱自杀的思想家李贽。利玛窦深知，传教"最善之法"，"莫若渐以学术收揽人心"，主张通过传授科学知识来吸引中国的士大夫。他从欧洲带来了三棱镜、自鸣钟、世界地图以及钢琴。利玛窦的世界地图《坤舆万国全图》，第一次使中国人看到了世界地理全貌（见彩图二十九）。他还成功地在北京建起了一所天主教堂（今北京南堂）。1610 年利玛窦逝世，万历皇帝下旨赐以陪臣礼葬于阜成门外二里嘉兴观的右侧（今北京阜外马尾沟）。

  以利玛窦为代表的明末清初来华耶稣会士，向中国输入了西方的数学、地理学、天文学、物理学等科学知识。他们带来的科学书籍，不少在徐光启、李之藻等人的协助下被译成中文。例如，利玛窦曾分别与徐光启、李之藻合译过《几何原本》、《圜容较义》。崇祯年间，传教士龙华民、汤若望等人还参与修订新历，编制《崇祯历书》。西学东渐的同时，中国文化也开始影响欧洲。"四书"、"五经"等儒家经典，经传教士之手被译成西方文字。传教士关于中国文化，特别是儒学的描述，对 18 世纪的欧洲启蒙思想产生过深远的影响。中国的科举制度，对西方近代文官铨选制度的建立，也具有重要的借鉴意义。

## 第七节　明代的思想文化与科技

明代思想文化逐步突破统治者奉为圭臬的程朱理学的樊篱，各种社会思潮掀风鼓浪，小说、传奇异军突起，西学东渐与中国文化西传交流互动。晚明传统文化的变迁折射出传统社会转型的萌动。

### 一　思想与宗教

明初统治者提倡程朱理学，规定科举考试首场在"四书"（即《大学》、《中庸》、《论语》、《孟子》）、"五经"（即《诗》、《书》、《易》、《礼记》、《春秋》）范围内出题，而以宋儒程颢、朱熹等人的注释为标准。成祖朱棣统治时，命儒臣胡广等人纂修《四书大全》、《五经大全》及《性理大全》，汇辑程朱诸家理学之说，颁行于各府、州、县的儒学。在科举风向标的指引下，士子非程朱之书不读。程朱理学因此成为正统的官学。明初著名的思想家薛瑄，是朱熹思想的忠实践行者，说："自考亭（朱熹）以还，斯道已大明，无烦著作，直须躬行耳！"[①]

然而，思想界因袭程朱旧说而缺乏创新的状况，使一些学者感到压抑。他们转而开始寻求新的思想出路。到明朝中期，心学的萌芽从程朱之学中悄然冒出。率先突破程朱理学的思想家是陈献章。陈献章，字公甫，广东新会白沙里人，人称白沙先生，是吴与弼的学生。吴与弼谨守程朱准则。陈献章却崇尚自然，主张"静中养出端倪"，强调内心体悟，不拘束于外在的教条，被视

---

[①]　《明史》卷282《薛瑄传》。

作由朱子学转入王学的中间环节。

　　明代后期，王阳明心学逐渐成为明朝哲学思想的主流。阳明心学又称王学，创始人是王守仁。王守仁系浙江余姚人，字伯安，因筑庐于阳明洞，人称阳明先生，是明朝著名的思想家和政治家。他继承发展了宋代学者陆九渊"宇宙便是吾心，吾心便是宇宙"的观点，认为"心之本体无所不该"，人的内心包罗万物。正德七年（1512），王守仁提出"心即理"、"心外无理"。正德十五年，王守仁提出"致良知"。他认为良知是认识的根源和是非的标准；人的认识扩展就是不断内省自己的良知；外部知识的求索，只是用以印证自己内心的体悟。王守仁的学说与官方提倡的程朱理学不同，但得到了年青学子的追随。他在各地都有信徒，以浙江、江西、南直隶几个省最多。诸门人信奉师说，却也对师说进行修正和发展。万历十二年，以王守仁从祀孔庙，充分反映了阳明心学在明朝后期的深远影响。阳明心学后来还传入日本、朝鲜等国。

　　王守仁的门人，按地域形成"浙中王门"、"江右王门"、"南中王门"、"楚中王门"、"粤闽王门"、"北方王门"、"泰州学派"等派。浙中王门以浙江山阴（今绍兴）王畿、余姚钱德洪为代表；江右王门以江西安福邹守益、泰和欧阳德为代表。王门后学基本上能谨守师说，而泰州学派的发展却离师门越来越远。泰州学派创始人王艮（gèn），泰州安丰场（今江苏东台）人，出身煮盐的灶户，读书不多，他强调圣人之道应无异于百姓日用之道，反映了学术民间化、儒学平民化的趋向。泰州学派之中，后来涌现了一些被形容成"赤手以搏龙蛇"、"非名教之所能羁络"[①] 的叛逆思想家。何心隐、李贽即是其中的典型代表。

---

① （清）黄宗羲：《明儒学案》，浙江古籍出版社1992年版，第821页。

何心隐原名梁汝元,字柱乾,号夫山,江西永丰人。他承认物质欲望的合理性,认为"人欲"是人的本性。万历七年,湖广巡抚王之垣承张居正之意,杖杀何心隐。李贽,字宏甫,号卓吾,福建晋江人。他攻击儒家经典,说"六经"、《论语》、《孟子》等书或是史官及臣子们的赞美之词,或是迂阔的门徒们对师说的记忆,"有头无尾,得后遗前",根本不能视为万世至论!所以,他认为不能以孔子之是非为是非。他竭力宣扬"童心"说,要求人们有一颗没有受到知识和伦理熏染的纯真之心。李贽的著作流传很广,引起了儒学卫道士们的恐惧。万历三十年,朝廷逮捕正在通州养病的李贽。狱中,李贽以剃刀自刎。

阳明心学的空虚之弊,到晚明越发明显。性"无善无恶"之说在晚明颇为流行。以顾宪成、高攀龙为代表的东林学派为矫治这种学术弊端,从维护社会秩序的角度出发,提倡回归程朱理学。同时,思想界中反对空谈、提倡经世致用的潮流也渐见端倪,以"经世"为名的书籍陆续不断出现,代表性的著作是松江府华亭县(今上海松江)人陈子龙编纂的《皇明经世文编》。沿至明末清初,著名的思想家刘宗周、陆世仪、顾炎武、黄宗羲等人,都强调经世致用。

明朝佛教相对比较发达。明朝皇帝中,除嘉靖帝朱厚熜尊信道教外,尊信佛教的皇帝更多一些。正德皇帝朱厚照还崇信藏传佛教。明朝的佛教发展,在晚明达到高潮,出现了云栖祩宏、紫柏真可、憨山德清和藕益智旭四位高僧,而且佛学与儒学相渗透,催起儒佛道相兼、"三教合一"的思潮。

## 二 文学艺术及文化事业

明朝的诗歌和词,佳作稀见,水平远逊于唐宋。然而,由于市民阶层的兴起和扩大,明朝小说和戏曲水平却有了重大发展。

由宋元话本演变而来的明代小说，在我国文学发展史上有重要地位。我国四大古典小说名著中，《水浒传》、《三国演义》和《西游记》都成书于明朝。

《水浒传》由施耐庵整理，罗贯中编次，主要描写北宋末年以宋江为首的梁山泊农民起义的故事。施耐庵是江苏兴化人，罗贯中是钱塘（今浙江杭州）人，或说太原人，两人都是元末明初著名的文学家。《三国演义》是罗贯中在元代《三国志平话》的基础上写成的一部长篇历史小说，描写了从东汉末年到魏、蜀、吴三国鼎立这段历史时期的故事，"文不甚深，言不甚俗"，雅俗共赏，流传极广。清朝开国之君努尔哈赤、皇太极虽然是女真人，而且僻在东北，也都曾读过《三国演义》。《西游记》是山阳（今江苏淮安）人吴承恩根据宋元以来唐僧取经的故事创作而成的神魔小说。

长篇世情小说《金瓶梅》，短篇小说集《三言》、《二拍》，都是明代小说中的精品。《金瓶梅》约是明朝隆庆、万历年间的作品，描述了兼有官僚、恶霸、富商三种身份的西门庆及其家庭生活。小说的历史背景设置在北宋，所揭示的却是晚明奢侈浮华、违礼逾制的社会风气。作者"兰陵笑笑生"的真实身份不清楚，或说是太仓名士王士贞，或说是浙江鄞县（今宁波）人屠隆。《三言》是长洲（今江苏苏州）人冯梦龙辑合宋元明时代话本而成的三部短篇小说集，即《喻世明言》、《警世通言》和《醒世恒言》，共120篇，内容广泛，涉及社会各个方面。《二拍》即《初刻拍案惊奇》和《二刻拍案惊奇》，共80篇，作者是浙江乌程人凌濛初。

戏曲方面，杂剧日趋衰落，南戏迅速发展，余姚腔、海盐腔、弋阳腔和昆山腔争芳斗艳，互动交融，最终在明代形成了以南戏为主并吸收杂剧成果的传奇。明代传奇最具代表性的作品，是汤显祖的《临川四梦》，即《紫钗记》、《还魂记》、《南柯记》、《邯郸记》。汤显祖，字义仍，江西临川（今抚州）人，是明代著名的戏剧家和文学家。《还魂记》又名《牡丹亭》，是不朽的世界文学名著。

明代在书法、绘画方面也有可观的成就。明初及明中期，宫廷绘画兴盛。宫廷画摹拟前代，墨守成规，技法上无所贡献，其中较为著名的代表性人物有擅长山水花鸟的戴进、擅长山水人物的吴伟（吴小仙）。明中期以后，文人画逐渐取代院画而雄踞画坛。在苏州府，出现了以沈周、文征明、唐寅、祝允明为代表的吴门画派。山阴人徐渭的水墨写意花鸟精绝一时，松江华亭人董其昌的书法及山水画风格清润，是明朝后期的书画名家。

明代文化事业中最突出的成绩，是类书《永乐大典》的修纂。永乐二年，曾修成《文献大成》。成祖朱棣对该书不满意，命姚广孝、解缙等人重修，参加纂修、缮写的人员达三千多人。永乐五年（1407），书成，钦定书名《永乐大典》。全书目录60卷，正文22877卷，11095册，合计三亿七千多万字。它将所引的书籍整部、整篇或整段按《洪武正韵》韵目编入，总共采用图书七八千种，为后世保留了许多后来散佚的书籍（见彩图三十）。

明代的官方刻书比较活跃，民间坊刻尤其发达。刻书业的进步也促进了藏书事业的兴盛。代表性的大藏书楼，有宁波范氏天一阁、常熟毛氏汲古阁。

## 三　科学技术

明代科学技术在前代基础上有了进一步发展。在西学的刺激下，数学、地理学有了巨大的进步。明代农业和手工业技术也有所发展。例如，农业中的水稻浸种、育秧、使用农药等环节，养蚕业中的人工育种方法，棉花种植及棉纺业中的去籽、弹弓、纺纱技术都有明显的突破。手工业方面，制瓷、印刷的工艺进步最为明显。明初青花瓷与明中后期的斗彩、五彩，代表了明朝制瓷业的较高水平（见彩图三十一）。印刷术的进步，体现在套印、饾版、拱花等技术的使用上。这些技术的使用，使彩色印刷技术上升了一个台阶。最为重要的是，在明代，产生了一些具有世界先进水平的科学巨著。

徐光启，字子先，号玄扈，松江府上海县人。60卷的《农政全书》，是徐光启的代表作，内分农本、农事、水利、荒政等12目，不仅涉及大量的农业知识与技术，如番薯、棉花的种植等技术，而且还记录了当时人们的生产经验以及徐光启本人对农业问题的研究，并附有精致的图谱，是我国古代农业科技史上最完备的一部总结性著作。

宋应星，字长庚，江西奉新人。18卷的《天工开物》以图文并茂的方式详细记述了农业生产、交通运输及手工业制造等方面的技术，反映了明代生物学、物理学、化学方面的成就，是一部百科全书式的科学巨著（图9—2）。例如，其中"五金"篇，脱离了之前将矿产列入"本草"类的做法，对矿产作专篇阐述，并斥责方士以炉火炼银的虚伪。

李时珍，字东璧，湖北蕲州（今湖北蕲春）人，曾任职于太医院，因此有机会阅读到许多珍贵的医学典籍。后来，他游历各地，搜集标本和资料，对宋代唐慎微的《证类本草》删繁就简，查阙补遗，用26年的时间，三易其稿，完成了《本草纲目》。《本草纲目》收入动植物、矿石药物1892种，比《证类本草》新增374种药物，将我国药物学研究提高到一个新阶段，是一部伟大的医药学著作。

朱载堉，字伯勤，是明宗室郑王朱厚烷的长子，潜心于音律

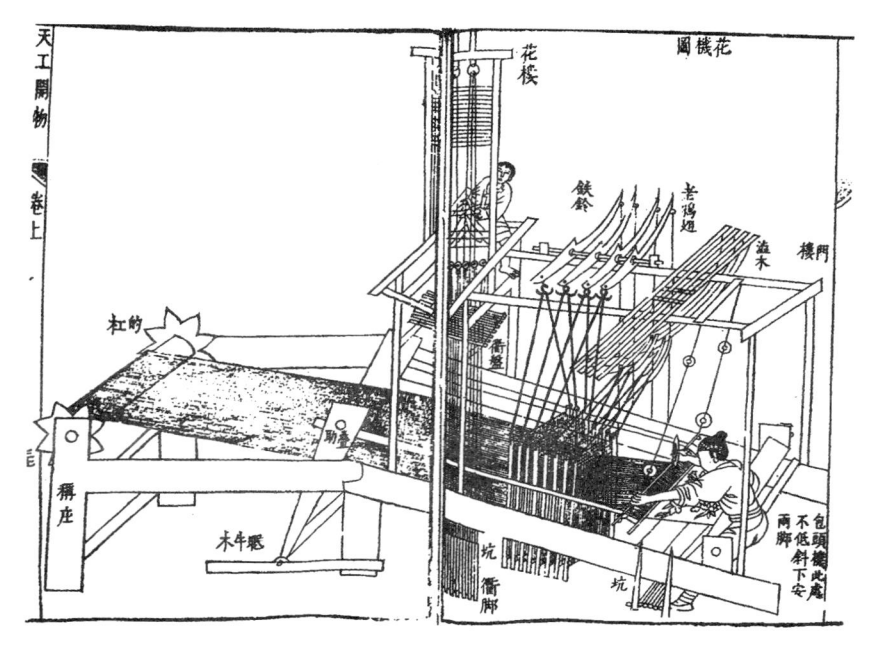

图 9—2 《天工开物》插图

学、数学和天文学，著有《乐律全书》。他总结了千余年来探索平均律的理论和实践，创建十二平均律，在音律学上作出了巨大贡献。

江阴人徐宏祖的《徐霞客游记》，是他用毕生精力对祖国河山进行考察后的科学记录，其中首次记录并揭示了我国西南石灰岩溶蚀地貌的特征，是一部不朽的地理学名著。

建筑方面，明代重修的万里长城，规划整齐的北京城中轴线布局和皇宫建筑群，明显陵、孝陵、十三陵，以上海豫园、苏州拙政园为代表的江南私家园林，南京大报恩寺琉璃宝塔等，在建筑史上都有重要的地位。

# 第 十 章
# 清 代 前 期

  清朝是中国封建社会最后一个王朝，前后历10帝[1]，共268年，即自1644年定鼎北京至1911年被辛亥革命推翻。以中国近代史的开端——1840年鸦片战争为界标，清朝历史分为前后两期。清代前期是指1840年以前的清代历史。在这近二百年期间，相继在位的皇帝有顺治、康熙、雍正、乾隆、嘉庆、道光六帝。从顺治元年（1644）至康熙二十二年（1683），是清朝确立全国统治的时期。康熙二十三年至乾隆中期，是清朝的鼎盛时期；但从乾隆晚期开始，自诩"物产丰盈，无所不有"的"天朝上国"盛极而衰。嘉庆至道光，是清王朝日益衰败腐朽的时期。

  1644年，满洲贵族率领八旗铁骑大举入关，并抓住大顺农民军在摧毁明王朝之后却于山海关决战中遭到重创、主动撤离首都的难得机遇，迅速定鼎北京与分兵西进南下，将辽东地方民族政权清国转变为统治全中国的清王朝。清初二三十年间，战乱频

---

  [1] 清朝10帝之前，有后金汗努尔哈赤（清太祖）和清国（后金于1636年改称此国号）皇帝皇太极（清太宗），所以有"清朝十二帝"的说法，但1644年之前的清国及其前身后金为满族在辽东建立的地方性民族政权，与作为全国性政权的清王朝有别。

仍，多项政策失误，经济凋敝，社会动荡。康熙帝拨乱反正，带领清朝走上蓬勃发展的强国之路。康、雍、乾三朝文治武功显赫，由几十个民族组成的统一的多民族国家得到空前巩固和发展，版图辽阔，经济繁荣，文化昌盛，综合国力位居当时世界前列。

自18世纪中叶以后，闭关自守封建制度的清王朝，老态日益凸显，步履日渐蹒跚，而新兴的欧美资本主义国家则强势崛起，两者之间的差距愈来愈大。在国际秩序以强权为王、公理无奈的不平等世界环境里，落后就会挨打，贫弱难保尊严。当19世纪中叶船坚炮利的西方列强兵临城下时，古老的中国面临着殖民主义者的野蛮侵略及随之而至的民族危机与深重苦难。

## 第一节　清朝定鼎北京与全国统治的确立

### 一　清朝的建立与清初各地抗清运动

清顺治元年，满洲贵族在明朝降将的协助下，踏着农民军的血泊，实现了清国从辽东地方民族政权向定鼎北京的全国政权的历史性转变。

这年五月，清摄政睿亲王多尔衮率领八旗劲旅，乘胜进入大顺军弃守的北京城。九月，顺治帝（福临，1644—1661年在位）也自盛京（今辽宁沈阳）来到北京。十月初一日，正式宣布即皇帝位，定都北京，仍用清国号、顺治纪元。清朝是中国历史上最后一个封建王朝。

随即，清廷开始了夺取全国统治权的战争。多尔衮下令兵分两路，同时并举：以英亲王阿济格为靖远大将军统兵西行，目标是打垮大顺军主力及其政权；以豫亲王多铎为定国大将军率军南下，以摧毁弘光政权，平定江南。

在山海关之战中死伤惨重的大顺农民军，由北京撤退至陕西，清军多路追击。潼关陷落后，李自成率军由商洛地区南下。顺治二年，杰出的农民起义领袖李自成在湖北通山县九宫山遭地主乡兵袭击，不幸牺牲，终年40岁[①]。次年，张献忠遭清军突袭，也壮烈牺牲。此后，大顺军、大西军余部联合南明政权，共同抗击清军。

弘光政权是明朝灭亡后成立的第一个南明政权，朝政被马士英、阮大铖等人把持，腐败无能。清军大兵南下，小朝廷的内讧却日益加剧。史可法的扬州保卫战成了名副其实的孤军抗战。顺治二年四月二十五日，清军攻克扬州，史可法被俘。多铎亲自劝降，威胁利诱。史可法大义凛然，坚贞不屈，惨遭杀害。多铎痛恨扬州人民顽强抵抗，纵兵在城中杀掠，繁华的扬州变成一片废墟。五月，南京陷落，弘光政权灭亡。

入关之初，满洲贵族就规定官民一律剃发结辫，以示降顺。这项政策因汉族官民激烈反对曾一度暂停执行。进占江南后，清朝统治者严厉推行以剃发为标志的民族压迫措施。顺治二年六月宣布："京城内外限旬日，直隶、各省地方自部文到日亦限旬日，尽令剃发。遵依者为我国之民，迟疑者同逆命之寇，必置重罪。"[②] 这就是所谓的"留发不留头，留头不留发"。这种以蛮横手段强迫其他民族改变风俗习惯的做法激化了民族之间的矛盾。清廷还在畿辅地区大规模圈占汉人土地。满洲八旗人员通过圈地和接纳投充，侵占了大片土地和劳动力。为了维护满人的利益，清廷又推行严酷的逃人法，缉捕逃人，惩治收留，处分失察官

---

① 李自成的归宿有不同的说法，另外两种代表性的观点是死于通城九宫山说以及禅隐石门夹山寺说。

② 《清世祖实录》卷17，顺治二年六月丙寅。

员，使汉族官民深受其害。

清朝统治者的暴行，激起了全国各阶层人民的强烈反抗。江南人民举行了轰轰烈烈的反剃发斗争。其中，江阴、嘉定两城人民武装反抗剃发令的斗争尤为壮烈。一些明朝官员继续维护明朝正统，先后拥立鲁王（朱以海）、唐王（朱聿键）、桂王（朱由榔），成立新的南明政权，在长江中下游和两广、福建地区举起抗清复明的大旗。李自成大顺军余部和张献忠大西军余部，在民族大义的感召下，联合南明，共同抗清。全国性的抗清运动风起云涌，先后形成三次高潮，给清朝统治者以沉重的打击。

郑成功原名郑森，福建南安人。南明隆武政权成立后，颇受朱聿键的器重，亲赐朱姓，改名成功。时人因此称他为"国姓爷"。顺治三年，隆武帝被清军擒杀后，郑成功举兵抗清。此后，得知桂王朱由榔在广西称帝，建立永历政权，郑成功高兴地说道："吾有君矣！"立即派人前往祝贺，并改用永历年号。从此，他与西南地区抗清力量互相配合，彼此声援。

顺治十六年四月，郑成功第三次率师北伐。他与张煌言联合，组成水陆大军十余万人，由崇明入长江，夺瓜州，克镇江，大军一直开抵南京城下，江浙大震。传檄大江南北，各地人民响应，官员归附。清廷举朝震惊，顺治帝甚至要领兵亲征。但郑成功战略有误，遭到清军突然袭击，损失惨重，急忙沿江东下，返回福建。

为了削弱郑成功等沿海一带抗清势力，切断他们与大陆的联系，清廷颁布了禁海、迁海令，不许船只下海，沿海居民限期内迁。抗清斗争更加艰苦。郑成功决定东征，收复台湾，建立新的基地。顺治十八年（1661），他率领水师进征台湾，驱逐荷兰殖民者，结束了荷兰对我国台湾长达38年的殖民统治，宣告中国人收复了宝岛台湾的领土主权。

康熙元年（1662），永历帝被吴三桂缢杀于昆明，南明最后一个政权覆亡。

## 二　统治集团的内部斗争与少年君主亲政

皇太极去世后，满洲贵族内部因皇位继承问题出现了尖锐矛盾，多尔衮与豪格争位激烈。最后形成一个折中方案，由6岁的福临继承皇位，多尔衮和济尔哈朗辅政。这样的结局使清廷暂时渡过了分裂危机，但并不能消除明争暗斗。

多尔衮是清帝国的实际开创者。在建功立业的同时，他为自己攫取的权势也达到登峰造极的地步。顺治元年十月，他被封为叔父摄政王，后又定称号为皇叔父摄政王，大权在握。顺治五年十一月，他又"称皇父摄政王。凡批票本章，一以皇父摄政王行之"[①]。

多尔衮称皇父摄政王，引出"太后下嫁"的传说。这一传说源于推论，无史实可以证明。顺治七年十二月多尔衮猝死于喀喇城，年仅39岁。顺治帝令以皇帝之礼治丧，追尊多尔衮为义皇帝。第二年正月，年方14岁的顺治帝亲政。二月，苏克萨哈即首告多尔衮曾谋篡大位，济尔哈朗等大臣合词追论多尔衮之罪。顺治帝下令追削多尔衮封爵，掘墓鞭尸，对亲信党羽分别处置。

顺治帝在孝庄太后的支持下清除了多尔衮的势力，加强了皇权。清廷继续实行剿抚兼施的策略，出兵两粤，进取云贵，建立起在全国范围内的统治。开始注意缓和满汉民族矛盾，重用汉官，整顿吏治，关注庶民生业，下令停止圈地，积极推行

---

[①]　《清史稿》卷218《睿忠亲王多尔衮传》。

垦荒。正当顺治帝励精图治、施展抱负的时候，因董鄂妃之死哀伤至极，一度消沉。不久感染天花病毒，于顺治十八年正月初七日（1661年2月5日）病逝于养心殿，年仅24岁。他遗留给继承者的是清朝初具规模的国基及经济凋敝、社会动荡的局面。

顺治帝去世后，玄烨（康熙帝，1662—1722年在位）继位，因年龄幼小，由鳌拜等四大臣辅政。辅政期间，四辅臣宣扬"率循祖制，咸复旧章"①，推行保守、倒退的方针，造成朝政紊乱、吏治腐败、百姓困苦。康熙六年，14岁的康熙帝亲政。但辅臣仍行佐理，依然执掌大权。位居辅臣之首的鳌拜飞扬跋扈，企图长期"独专权柄"，甚至凌驾于皇帝之上，对皇权构成严重威胁。

康熙帝倚索额图为心腹，命他训练身边的少年侍卫。康熙八年五月十六日，鳌拜进宫入见，康熙帝一声令下，少年侍卫一拥而上，将鳌拜擒拿，交议政王审问。议政王勘问鳌拜罪状，拟议将他斩首。康熙帝念他早年立有战功，从宽免死，革职拘禁。鳌拜的主要亲信班布尔善等九人被处死，其他党羽从轻治罪。

清除鳌拜及其党羽，是康熙帝亲政后处理的第一件大事。他以16岁的年纪果断决策，周密筹划，大胆行动，在极短时间内一举铲除盘根错节、实力强大的鳌拜集团，且宽严相济，区别对待，只处死少数首恶分子，宽宥大多数成员，没有引起政治动荡，显露出不同凡响的政治才能和胆略。从此，他真正掌握了清朝大权，直接处理各方面政务，使清朝统治进入了一个新的阶段。

---

① 《清圣祖实录》卷3，顺治十八年六月丁酉。

### 三　平定三藩之乱与统一台湾

康熙帝亲政后，清政府对全国的统治虽已确立，但部分地区一直未能置于有效管辖之下。南方数省有三藩割据势力，台湾岛屿有郑氏反清集团。康熙帝经过十年的努力，终于平定三藩，收复台湾，完成了清初的统一大业。

所谓三藩，是指驻镇云南、贵州的平西王吴三桂，驻镇广东的平南王尚可喜和驻镇福建的靖南王耿精忠。清廷建三藩的目的，本为"辑宁疆圉，以宽朝廷南顾之忧"，然而，三王分镇之后，手握重兵，雄踞一方，位尊权重，骄恣无忌，逐渐走上与中央政府对立的道路，成为分裂割据的军阀势力。

康熙帝确认"三藩势焰日炽，不可不撤"，要寻找适当的时机予以解决。康熙十二年（1673），尚可喜请求归老辽东，由其子尚之信袭爵留镇。康熙帝顺水推舟，下令全藩北撤。吴三桂、耿精忠深感不安，假意疏请撤藩，试探朝廷态度。康熙帝将计就计，下令三藩并撤。吴三桂大失所望，率先发难，点燃了三藩之乱的战火。十二年十一月，吴三桂在云南起兵，公开叛乱。叛军东行，如入无人之境，横穿云贵，直指湖南。"伪檄一传，四方响应"。耿精忠据福建作乱，尚之信在广东挟父叛清，孙延龄乱起广西，王辅臣为患西北。全国局势极为严峻。康熙帝临危不乱，统筹全局，调兵遣将，剿抚兼施，经过八年的艰苦斗争，终于取得了平定三藩之乱的胜利。

三藩之乱的平定，具有深远的历史意义。它清除了地方割据势力，避免了一次国家的大分裂。由于藩镇制的取消，加强了中央集权，既有利于国家的统一，又增强了抵御外敌的力量。同时它还使清政府争取到汉族士大夫的全面合作，为清政权的巩固提供了保障。

在三藩之乱即将平定时，康熙帝的注意力便转向台湾。郑成功收复台湾后，翌年病逝，其子郑经继位。康熙二十年，郑经病死，台湾内乱，郑克塽（shuǎng）继位。康熙帝认为时机成熟，决策进征台湾。他起用施琅为福建水师提督，授以专征之权。康熙二十二年六月十四日，施琅亲统水师大军，乘风破浪进军澎湖。二十二日，施琅指挥全军与郑军决战。清军英勇善战，大获全胜。以杨德为首的五千余名郑军官兵倒戈归清，余者全部被歼，刘国轩和少数将领乘船逃回台湾。澎湖海战，郑军主力丧失殆尽。清廷在发动军事进攻的同时，又进行和平招抚。郑克塽无力再战，只得投降。清廷封郑克塽为汉军公，授刘国轩天津卫总兵，其他将领部属也都分封录用。

收复宝岛台湾后，清廷内部发生了"弃留之争"。有大臣主张"宜迁其人，弃其地"，而施琅则坚持认为"弃之必酿成大祸，留之诚永固边圉"[1]，康熙帝决定采纳施琅的建议。康熙二十三年，清廷在台湾设置台湾府，隶属福建省。台湾府下分置台湾、诸罗、凤山三县，管辖台湾岛、澎湖列岛及其他附属岛屿。台湾、厦门合派一道员管辖。全台设总兵1员，副将2员，士兵8000镇守。澎湖亦设副将1员，士兵2000镇守。台湾的行政建制从此与内地划一。这不仅对国家统一具有重要意义，对台湾经济、社会与文化的进一步发展也具有重要意义。

三藩乱平，隐患根除；台湾回归，海内一统，清王朝确立了对全国的有效统治。从此，清廷采取多种有力措施，使业已恢复的经济迅速发展。清初社会由乱而治，迎来了繁荣昌盛的曙光。

---

[1] （清）施琅：《靖海纪事》下卷《恭陈台湾弃留疏》，福建人民出版社1983年版。

## 第二节　康雍乾时期民族地区和边疆的稳定

### 一　康熙帝亲征噶尔丹与驱准保藏

明清之际，在我国西北方居住的蒙古族分为漠南蒙古、漠北喀尔喀蒙古和漠西厄鲁特蒙古。准噶尔部是厄鲁特蒙古四部之一，居住在天山以北。康熙十年，噶尔丹成为准噶尔汗。他在较短时间内便统一了厄鲁特蒙古，又向西横扫哈萨克等部，向南摧垮"回部"诸城，向东进攻喀尔喀蒙古。随着军事战果的扩大，噶尔丹的野心愈加膨胀。他切望统一整个蒙古地区，与清廷分庭抗礼。为此，他不惜与沙俄勾结，以获取军事支持。康熙二十九年（1690），在沙俄的支持下，噶尔丹借索要土谢图汗和哲卜尊丹巴为名，举兵南犯，前锋逼近乌兰布通，距北京仅700里，京师为之震动。

为了维护国家统一，康熙帝三次亲征，进行了平定噶尔丹的战争。康熙二十九年八月一日，清军与噶尔丹军在乌兰布通展开激战。清军凭借优势火力，连续发动进攻，大败噶尔丹军。噶尔丹乘夜逃遁。翌年，康熙帝亲临多伦诺尔，与喀尔喀蒙古贵族会盟。会盟中，康熙帝调解纠纷，平息了喀尔喀内部的矛盾；取消蒙古贵族原来的济农、诺颜等称号，按满洲贵族之例，改为亲王、郡王、贝勒、贝子、公、台吉等；对喀尔喀蒙古编旗设佐领，建立与内蒙古相同的行政制度。多伦会盟进一步发展了清朝中央与内外蒙古的关系，增强了对喀尔喀部的管理。这对于加强中国统一，巩固北部边防，具有重要意义。

康熙三十四年，噶尔丹卷土重来，率兵沿克鲁伦河再次南下，扬言借俄罗斯鸟枪兵6万，将大举内犯。康熙帝于次年初调遣大军，分三路进击。其中中路军由康熙帝亲自统率。五月初八日，康熙帝率军进抵克鲁伦河的布隆之地。噶尔丹得知后，登上北孟纳尔山，遥望清军规模，自知不敌，传令尽弃庐帐器械逃遁。康熙帝亲率大军跟踪追击。十三日，逃亡中的噶尔丹军与费扬古率领的西路军在昭莫多相遇。清军奋勇杀敌。噶尔丹军遭到惨败，死伤甚众。噶尔丹仅率数十骑逃去。

昭莫多之战使噶尔丹元气尽丧，但他拒不投降。为避免其死灰复燃，康熙帝决定第三次出征。康熙三十六年，清军两路出兵，进剿噶尔丹。清军日益进逼，噶尔丹的残部纷纷逃亡。沙俄对噶尔丹也失去兴趣。噶尔丹势穷力竭，病死荒漠。清政府取得了平定噶尔丹分裂势力的胜利。

噶尔丹死后，其侄策妄阿拉布坦为准噶尔汗。康熙五十五年，策妄阿拉布坦派军队开始入侵西藏，挑起一场新的内战。康熙五十六年，准噶尔军攻占拉萨，杀死拉藏汗，在西藏各地大肆骚扰。

清初，清政府以政教分离制度统治西藏。以顾实汗（又作固始汗）掌管行政事务，以达赖喇嘛掌管宗教事务。而西藏事务的具体执行人为第巴，受命于顾实汗及其继承者和达赖喇嘛。顺治年间，清廷封顾实汗为"遵行文义敏慧顾实汗"。康熙年间，清廷封顾实汗的后裔拉藏汗为"翊法恭顺汗"。为了驱逐准噶尔的势力，恢复西藏地方秩序，康熙五十七年，清政府令侍卫色楞率兵进征西藏。由于决策失误，进藏清军遭到失败。消息传来，朝廷上下一片震惊。康熙帝决定第二次进军西藏。他任命皇十四子允禵（tí）为抚远大将军，驻扎西宁，统筹军务。康熙五十九年，清朝大军兵分两路，分别从青海和四川向西藏挺进。由于准备充分，清军一路进展顺利。加之清军此行负有护送新达赖喇嘛进入西藏的任务，得到藏族人民的欢迎和支持。八月，清军进入拉萨。九月，在布达拉宫为达赖喇嘛格桑嘉措举行了隆重的坐床典礼。

随后，清政府强化了对西藏的管理。在西藏驻兵，加强戍守。提拔一批在抗击准噶尔入侵中的有功人员，分别封赏贝勒、贝子、公、台吉等爵位。废除第巴一职，设立了由噶伦（亦作噶隆、噶布隆）数人组成的西藏地方政府。任命贝子康济鼐、贝子阿尔布巴、辅国公隆布鼐，以及达赖喇嘛辖下的僧官扎尔鼐为噶伦。康济鼐为首席噶伦，总理西藏事务。

## 二 雍正帝稳定民族地区与边疆的措施

康熙末年，诸皇子为争夺皇位继承权展开了激烈的储位之争。康熙六十一年十一月十三日，康熙帝去世，胤禛（雍正帝，1723—1735年在位）继位，时年45岁。关于雍正帝继位的问题，众说纷纭，难成定论。但他毕竟是这场皇位争夺战中的胜利者，一个奋发有为的皇帝。他在位13年，励精图治，敢于革除旧弊，办事雷厉风行，为乾隆时期清朝进入鼎盛阶段进一步奠定了基础。为了民族地区与边疆的稳定，继位后他采取了一系列的军事、政治措施。

雍正元年（1723），青海发生了罗卜藏丹津叛乱。罗卜藏丹津是蒙古和硕特部首领，康熙五十九年，清军护送新达赖喇嘛进藏时，曾随军同赴。他原以为凭借亲王爵位，以及顾实汗的嫡系裔孙，可以由他统治平复后的西藏。可是清廷不仅没有授予他这种权力，而且又封赏了一批和硕特部头领，以分化地方势力，防其尾大不掉。这就抑制和削弱了罗卜藏丹津在青海的权势。罗卜藏丹津对此极为不满，回到青海后便窥测时机，图谋发动叛乱。

不久，驻扎在西宁的抚远大将军允禵回京奔丧。罗卜藏丹津认为这是个极好机会，便公开发动武装叛乱。他自称达赖珲台吉，强令青海蒙古各部取消清朝封号，煽惑喇嘛寺庙中的僧侣参与叛乱，派兵进犯西宁，烧杀抢掠。清廷迅速派兵平叛，命川陕总督年羹尧为抚远大将军，指挥全局；命四川提督岳钟琪为奋威将军，前往参赞军务。清军首先进攻西宁周边各处叛军。雍正二年初，清军剿平郭隆寺等处，平叛战争进入专力讨伐罗卜藏丹津叛军的阶段。二月，清军分路进剿，先后擒获叛军头目阿尔布坦温布等人。罗卜藏丹津见大势已去，逃往准噶尔。

叛乱平息后，清廷将青海蒙古各部编旗设佐领，划定游牧地界，规定入京年班和互市场所。在藏族中设置千户、百户等职，大力整顿喇嘛寺院。雍正三年，改西宁卫为府，下设二县一卫，设立西宁办事大臣，管理青海政务。从此，青海地区完全置于清朝中央政府的直接统治之下。

雍正初年，西藏诸噶伦之间互有歧见，不断发生摩擦。阿尔布巴反对康济鼐，矛盾日益激化。为稳定西藏局势，雍正五年初，清政府派内阁学士僧格、副都统马喇为驻藏大臣，赴藏督理政务，调解纠纷。这是清政府以往派遣大臣入藏办事的继承和发展，表明清政府加强了对西藏地区的直接统治。在驻藏大臣抵达之前，阿尔布巴发动战乱，杀死康济鼐，进攻支持康济鼐的噶伦颇罗鼐。雍正六年，颇罗鼐平定战乱，擒获阿尔布巴。清政府遂命颇罗鼐总理西藏事务，正式决定在西藏设立驻藏大臣正副2人，任期3年。在驻藏大臣的督导下，颇罗鼐实行"休养生息"之策，西藏的局势逐渐好转。

西南是我国少数民族分布最多的地区，长期实行土司制度。随着历史发展，土司制度的弊端和危害日益明显。顺治、康熙时期，清政府在部分地区实行改土归流。雍正年间，在云贵总督鄂尔泰的提议下，清政府在西南地区大规模地进行改土归流。运用政治手段辅之以武力废除土司制度，分别设立府、厅、州、县，委派流官进行统治。各项制度与措施大体与内地保持一致。这是清政府的一项重大改革。它打击了土司割据势力，减少了叛乱因素，加强了中央政府对边疆的统治，一定程度上废除了土司、土官凌虐属民的制度，有利于少数民族地区社会经济文化的发展。由于政体的统一，使得民族杂居地区减少了战争，社会秩序比较安定，为民族联系的加强提供了条件。

### 三 乾隆帝的平准平回与统一天山南北

雍正十三年（1735）八月二十二日，雍正帝去世。根据他生前制定的秘密建储方式[①]，弘历（乾隆帝）继位，时年25岁。乾隆帝在位60年（1736—1795），清朝统治既达于极盛，又危机潜伏。乾隆帝对自己的文治武功颇为得意，自满之情溢于言表。乾隆中叶，平准，平回，统一天山南北，是他的重要政绩之一。

乾隆十年（1745），准噶尔部首领噶尔丹策零去世，准噶尔贵族为争夺首领继承权互相残杀。先后嗣位的纳木札尔、喇嘛达尔札相继被杀。最后，达瓦齐取胜，成为准噶尔部首领。阿睦尔撒纳起初是达瓦齐的支持者，后又彼此残杀。结果，阿睦尔撒纳失败。准噶尔部长期的对外征战和无休止的内讧，使厄鲁特蒙古贵族及其属下牧民感到厌倦绝望，纷纷投向清朝。乾隆十八年，杜尔伯特部首领车凌、车凌乌巴什、车凌孟克带领属下三千多户一万余人归附清朝。十九年，阿睦尔撒纳也率众归附，并把准噶尔内部的虚实报告给乾隆帝，建议清廷攻打达瓦齐。

乾隆帝认为平定准噶尔是康熙、雍正两朝筹办未竟的大事。

---

[①] 秘密建储是由皇帝暗定皇位继承人，将所定人名亲写密封，装在匣内，置于乾清宫正大光明匾额之后。皇帝去世后，暗定储君立即即皇帝位。

如今三车凌等归附，正是平准的好时机，不容错过。因此决定出兵伊犁，征讨达瓦齐。乾隆二十年春，清政府以班第为定北将军、阿睦尔撒纳为定边左副将军，由乌里雅苏台出北路；以永常为定西将军、萨喇勒为定边右副将军，由巴里坤出西路，约期会于博罗塔拉河。清军长驱直入，顺利进抵伊犁。达瓦齐见势不妙，退往格登山。清军进击，叛军溃败，达瓦齐向南疆逃窜，后被俘获，押解京师。

平定达瓦齐后，清廷准备在厄鲁特蒙古地区采取"众建以分其力"的方针，将厄鲁特分为四部，设首领各管其事。而阿睦尔撒纳归附清朝是想借清军之力消灭达瓦齐，实现他当四部总台吉、专制西域的梦想。由于野心不能得逞，阿睦尔撒纳于乾隆二十年八月公开叛乱。

清廷再次出兵，进剿阿睦尔撒纳，平定叛乱。战争进行了一年多。乾隆二十二年六月，阿睦尔撒纳败逃俄国。乾隆帝认为俄国收留叛贼，必然抚而用之，将来为患边陲，坚决要求俄国交出逃犯。不久，阿睦尔撒纳患痘病死，俄国当局在恰克图向清政府交尸验视。自噶尔丹叛乱到阿睦尔撒纳灭亡，历经康熙、雍正、乾隆三朝，长达67年的平定准噶尔割据势力的斗争终于胜利结束。这有利于多民族国家的统一，巩固了清政府对西北边疆地区的统治，打击了沙俄的侵略势力。

清代天山以南地区称为"回部"，居住着信仰伊斯兰教的维吾尔族人民。乾隆二十二年，回部首领波罗尼都、霍集占，即所谓大小和卓兄弟发动叛乱，企图建立割据政权。乾隆二十三年五月，清廷命雅尔哈善为靖逆将军，统兵平叛。后又命尚在伊犁处理善后的定边将军兆惠驰赴回疆，平定叛乱。二十四年七月，清军擒杀大小和卓，稳定了回部局势。天山南路的广大地区归于清朝的统治。

在西藏，乾隆十五年，清廷平定了珠尔默特那木札勒之乱，翌年颁布了《西藏善后章程》。这是清朝治理西藏的第一部法规，明确规定由达赖喇嘛和驻藏大臣共理藏政。乾隆五十三年和五十六年，西藏地方发生了廓尔喀（今尼泊尔）人大举入侵的事件。清廷派遣军队，将廓尔喀侵略者逐出西藏。事件平息后，五十八年，清廷颁布了《钦定西藏章程》。这是清朝比较完备的一部治藏法典，内容包括政治、军事、财政、司法、宗教等方面。《章程》根据西藏的特点，既充分尊重达赖、班禅的地位，又强调了驻藏大臣的作用，使朝廷的方针、政策能切实得到贯彻。这对于稳定西藏，巩固边陲，具有重要意义。

康雍乾时期，清政府通过一系列的军事征战和政治改革，巩固和加强了国家的稳定和统一。同时，清政府与沙俄签订条约，划定了中俄边界。这样，我国的疆域东起台湾、库页岛，西迄帕米尔、巴尔喀什湖，北及外兴安岭、萨彦岭，南达南沙群岛的曾母暗沙。领土之广大，民族之众多，管辖之有效，都达到了前所未有的高度。统一是中国历史发展的主流，然而历代统一的程度都没有达到清代前期的高度。康雍乾时期，清朝完成了统一大业，奠定了中国的辽阔疆域，使以汉族为主体的各民族间的政治、经济、文化等联系愈益紧密，对祖国的向心力大为增强，中国作为统一的多民族的世界大国格局最终确立，并深刻影响着中国近代和现代的历史发展道路。这是清朝对中华民族的重大历史贡献（图10—1）。

## 四 民族地区和边疆的行政管理与清朝的民族政策

清政府在民族地区和边疆的管理与内地不同，因地制宜，随俗而治。

东北地区是满族的发祥之地，清朝统治者早在入关前就十分

第十章 清代前期

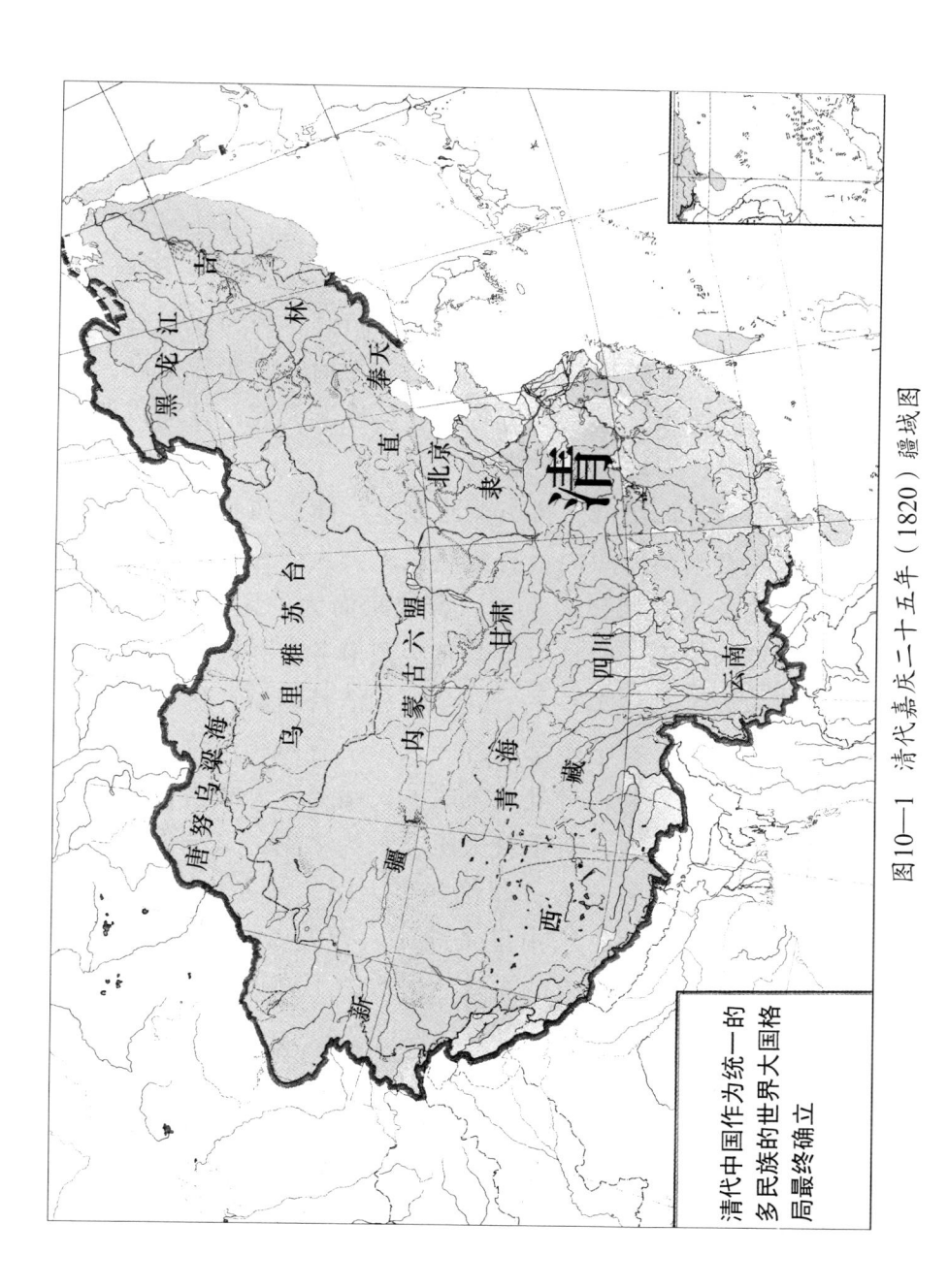

图 10—1 清代嘉庆二十五年（1820）疆域图

清代中国作为统一的多民族的世界大国格局最终确立

405

注意招抚该地的各部落，并将其中的一部分编入八旗，后来又调到内地作战、驻防，多数仍留住原地，编设佐领进行管理。康熙年间相继设置盛京将军、黑龙江将军、吉林将军，分别掌管东北三省的军、民诸政。盛京作为留都，设官同于京师，除吏部不设外，余五部同时并建。盛京将军外，尚有副都统，分驻锦州、熊岳、金州、兴京四处；还有城守尉，分驻盛京、兴京、凤凰城、辽阳、开原；下设协领、防守尉、佐领、防御、骁骑校等各若干人。从将军衙门、都统衙门到旗佐衙门均为治八旗旗人而设，只理旗务不问民人之事。盛京附近各州、县设奉天府，辽河以西各州、县设锦州府，专理民人之事。

内外蒙古与青海诸部，推行盟旗制度。旗设旗长，又称札萨克，由理藩院奏请简派旗内最有威望之王公大臣充任，掌管一旗的军政、民政及入京朝觐诸事务。合数旗而为一盟，盟设盟长，由各旗札萨克内简派。盟长主持各旗会盟事务，并代表皇帝监督各旗。内蒙古设绥远将军一人，驻今呼和浩特新城，佐贰有副都统一人。另有热河、察哈尔都统各一人，下有协领、佐领、防御等各若干名，分掌内蒙古等处地方旗、民诸务。外蒙古设乌里雅苏台定边左副将军一人，有参赞大臣二人为之副；又分设科布多参赞大臣、办事大臣各一人；库伦办事大臣、帮办大臣各一人。自将军、都统到各大臣，均由皇帝简派。青海置办事大臣一人，驻西宁，掌管青海等处地方的军政、民政。下亦设旗，置官悉如内外蒙古，唯旗上不设盟。

在新疆，设伊犁将军总揽全疆各项军政事务。伊犁将军之下，设都统、参赞大臣、办事大臣、领队大臣等职，分驻天山南北各地，管理本地军政事务。在军政长官统辖下，分别建立起三种不同的民政管理系统。州县制，施行于乌鲁木齐等内地民人移居较多的地区。札萨克制，施行于新疆的卫拉特蒙古游牧部落。

伯克制，施行于新疆维吾尔族地区。伯克是维语"长官"的意思，伯克制是维吾尔族社会业已形成的制度。清廷在沿用这一体制的同时，适当地进行了改造，如划定品级、发给"顶翎"、"钤记"，又废除世袭，规定高级伯克须经朝廷任命，在俸禄和养廉方面也做了若干规范。这样做，一方面照顾了上层贵族的固有利益，同时又使中央政府能加以控制。

在西藏，清政府自废除第巴制度后，改命由三名贵族和一名僧侣组成的噶厦（西藏地方政府）处理全藏事务。参加噶厦的四人称噶伦，由清政府授予三品官衔。下属藏官有仔琫（běng）、商卓特巴、业尔仓巴、朗子辖、协尔帮、达琫等，分别掌管商务、财务、刑名、马厂等。为了加强对西藏地方的管辖，清政府又设置驻藏大臣。乾隆末年，颁布《钦定西藏章程》，进一步提高驻藏大臣的职权。明确规定：驻藏大臣总揽全藏，主管西藏僧俗官员的任免，稽查财政收支，掌管藏区军队的调遣，督察司法、田产、户籍等项事宜，巡视边境防务，办理一切涉外事项。清政府还建立金本巴瓶制度，规定达赖、班禅和前后藏各大呼图克图转世时的"金瓶掣签"[①]（见彩图三十二）仪式，驻藏大臣要亲临监视，然后呈请清朝中央政府批准，才能生效。达赖、班禅的坐床典礼，也由驻藏大臣主持。

在西南地区，清政府不断进行改土归流，但仍保留了相当数量的土司。为了加强对他们的控制，清政府对土司的承袭、分授等作了严格的规定。这既适当缓和了土官家族内部因觊觎职位而屡屡引发的争斗，有利于土司地区的稳定，又通过"众建以分

---

① 金瓶掣签是清代为确认黄教大活佛转世所特定的抽签办法。当活佛转世时，将所觅若干"灵童"的名字写在签上，放入金瓶之中，进行掣签。中签者便是转世真身，经中央政府批准继承佛位。

其势"，消除或减少分裂倾向，便于中央统治。

清朝是一个统一的多民族国家。清朝统治者十分重视对少数民族的统治和管理。在建立统一多民族国家的过程中，清朝统治者实施的策略是：第一，因地制宜，按照各个地区、各个民族的特点，分别建立不同的行政机构，在东北和伊犁地区设立将军制度，在蒙古设立盟旗制度，在西藏设立噶厦制度，在新疆维吾尔族地区沿袭以前的伯克制度，在西南少数民族地区改土归流，实行基本与中央地区一样的行政制度。第二，利用宗教，修其教不易其俗，为加强与蒙族和藏族的关系，清政府推崇黄教，大修喇嘛庙，封赐喇嘛教首领，实行政教合一。第三，恩威并用，对少数民族上层人物封赐爵位，给予厚禄，或联姻，或召见，会盟筵宴，施恩笼络，而对破坏统一的叛乱割据势力则予以坚决的军事打击。清朝统治者对少数民族所实施的民族政策是成功的，它有效地协调了民族关系，形成了汉、满、蒙、回、藏等50多个民族共同生活的统一多民族国家。这是中国历史上统一多民族国家发展的一个新的高峰。同时也加强了对东北、蒙古、新疆、西藏、西南以及台湾等民族地区与边疆的统治，有力地维护了国家统一和领土完整，并为近代以后中华民族团结御侮，维护统一，以及多民族国家体制的延续与发展打下了坚实的基础。

## 第三节　清代前期的中央与地方行政制度

### 一　中枢辅政机构和中央行政机关

在清代，辅佐皇帝的中枢机构有议政王大臣会议、内阁和军机处。

议政王大臣会议是清代颇具特色的一种制度。其端绪可追溯到努尔哈赤诸贝勒共议国政的制度。其时，他们除议决军国重务外，甚至还能废立国汗。皇太极继位后，为了削弱和限制诸大贝勒的权力，增加了议政成员。议政的内容既有军国大事，也有制定法规、处理王公大臣等。入关之后，议政王大臣会议仍有很大权力，甚至其决议既定，皇帝亦无可奈何。这就与皇帝集权发生了矛盾。随着国内局势的发展和康熙帝政治上的成熟，康熙帝不断采取措施，抑制议政王大臣会议的权力。康熙帝还深深感到，要加强决策的准确性和提高办事效率，需要建立一个常侍左右的顾问班子。于是，南书房应运而生。南书房位于内廷乾清宫西南，起初不过是皇帝读书和讨论学问的地方，后来逐步成为参与机密、起草诏旨的场所，其地位骤然提高。它的建立是康熙帝将外朝权力逐步转向内廷的成功尝试，为雍正朝军机处的建立积累了经验。

内阁掌议天下之政，为百僚之长，是政府的最高机构。清代的内阁制度可追溯到关外皇太极时期。当时的内三院即内秘书院、内国史院和内弘文院，是内阁的雏形。入关后，清廷日常政务大大增加，内三院承担了转呈一部分题奏本章的职责，并于顺治十五年正式更名为内阁。康熙初年，鳌拜等四大臣辅政，一度恢复内三院的名称。鳌拜被擒后，康熙九年复称内阁。内阁设满、汉大学士，例兼殿阁衔。雍正时又设额外大学士，即后来的协办大学士。乾隆时调整殿阁兼衔，定为三殿三阁，即保和殿、文华殿、武英殿和文渊阁、东阁、体仁阁。清初，议政王大臣会议有很大权力，"大事关大臣，群事关内阁"，内阁只处理一般日常事务。但在康熙朝也出现过索额图、明珠这样的权臣。南书房的设置部分地剥夺了内阁的权力。军机处设立后，皇帝又常调大学士、学士办事，形成大学士必充军机大臣始得参与政事的定规。内阁成了无首揆办事的空架子，日常所做不过秉成例而行。

军机处为清代所独创，对清代政治产生过广泛深远的影响。

它的设立与雍正初清廷向西北用兵有密切关系。它的组成比较简单，不像内阁有正式衙门，有正式实任官，而是随时简派，不用时即发回原衙门。办事人员少而精，不过三四十人，设军机大臣和军机章京二职，有官无吏，无闲员。它所承办的均为军国大政，且有人事咨询权。高级文武官员遇缺请旨升补，都由军机大臣开单请旨。但是，它又只起承旨、草诏、代发的作用，类似皇帝的秘书班子。军机处地处内廷，直接听命于皇帝，随时承旨，随时草诏办理，发出的诏旨不通过内阁，而是交兵部直接发出，称为"廷寄"，保密性强，办事效率高，成为皇帝加强统治的得力工具（见彩图三十三）。它的出现，标志着中国封建专制统治已经发展到顶峰。议政王大臣会议形同虚设，终于在乾隆五十六年被取消。

清朝的中央行政机构，仍设吏、户、礼、兵、刑、工六部。六部的尚书和侍郎都是复职。尚书一满一汉。侍郎有左右之分，亦各一满一汉。吏部掌全国文官品秩、铨叙、课考、黜陟和封授。户部管全国户口、田土赋税、俸饷发放、仓库收支等事。礼部主朝廷礼仪、科举学校、外国贡使交聘。兵部管武官除授、封荫、考绩、军资、军籍、马政、邮传。刑部负责民刑律令和狱断，又与大理寺、都察院一起负责全国各衙门狱案判决的审核。工部掌工程建筑、水利兴修和钱币鼓铸等。

理藩院具有与六部同等的地位，是一个专管边疆民族事务的机构，也掌管一部分属国及其他有关与外国交往的事务。监察机构有都察院，下设十五道监察御史。大理寺掌管全国刑名案件。通政司主要负责收掌各省题本。翰林院掌修史撰文。内务府管宫廷日常事务，并负责各地的皇庄、牧地等。宗人府管理皇族事务。

## 二 地方直省行政机构

清朝内地的地方政权机构分为省、道、府（直隶州、厅）、县（州、厅）四级。另外，京师所在地称顺天府，盛京则有奉天府，单列建制。清初，除京畿地区称直隶，另有山西、山东等14省。后经调整，至乾隆年间为18省。各省的辖区有大有小，所领人户田土、城镇村庄多少不等，故省与省之间的府、州、县数差别很大，加上中间增设、裁并等，常有不少变化。

总督、巡抚是省级的最高长官。总督一般辖两省，个别的辖一省或三省，巡抚辖一省（有的由总督兼任）。乾隆以后，全国共设总督八人，计为直隶总督（兼巡抚事）、两江总督（辖江苏、安徽、江西三省）、闽浙总督（辖福建、浙江）、湖广总督（辖湖北、湖南）、陕甘总督（辖陕西、甘肃并兼甘肃巡抚事）、两广总督（辖广东、广西）、云贵总督（辖云南、贵州）、四川总督（兼巡抚事）。清代督抚为封疆大吏，总揽地方各项事务，拥有很大权限。大体上总督偏重军务，巡抚侧重民政。总督一般都例兼兵部尚书、都察院右都御史衔。巡抚兼兵部侍郎、都察院右副都御史衔。此外，还有一种专职性的总督，即河道总督、漕运总督。河道总督为治河最高长官。初为一人，综理黄河、运河两河事务。后增至三人，分管北河、南河、东河三段。北河由直隶总督兼管。漕运总督管漕粮运输事，总督衙门位于江苏淮安，管辖山东、河南、江苏、安徽、江西、浙江、湖北、湖南八省漕政。

督抚之下，省级官员又有布政使、按察使和提督学政。布政使一般称"藩司"，掌一省之行政，司全省财赋之出纳。国家政令由其宣布于府州县，所以叫"承宣布政司使"。每省一员，唯江苏因钱谷税务繁重，特设两员。按察使一般称"臬司"，每省一员，掌全省刑名按劾之事，以振风纪而澄吏治。重大案件交给布政使会议办理。提督学政负责全省学校、科举，稽查士习文风。学政官原来按出身分学道、学院两类，后来一律称学院，并加翰林院官衔。

道员原为藩、臬二司的派遣官。由布政司之参政、参议派出者为分守道；由按察司之副使、佥事派出者为分巡道。大致守道偏重钱谷会计，巡道管理刑名。乾隆以后，道员改属督抚，成为地方实官，官阶正四品。道员有两种，一是有固定辖区，管理若干府州。一是通辖全省，经管某项专职事务，如粮储道、盐法道、海关道、兵备道、屯田道、茶马道等，无守土责任。实际上，守道、巡道常兼专职道员衔。此二职成为地方实官后，分守、分巡的界限也逐渐泯灭。

司、道之下的行政机构为府（直隶州、直隶厅）。府的长官称知府，官阶从四品，是管理全府民刑财政、统辖所属州县的长官，起承上启下的作用。下有同知、通判等官，分管粮饷、水利、缉捕、抚边、江防、海防等事。京师所在的顺天府和盛京的奉天府，因地位特殊，在编制上与众不同。其长官称府尹，正三品，管辖的范围也比一般府大，直隶州、直隶厅相当于府。

府之下有县（州、厅），是清代行政系统中最重要的基层政权单位。县的正印官叫知县或县令，正七品，直接与百姓打交道，有"亲民之官"、"父母官"之称。散州设知州，从五品。厅设同知或通判。凡所辖行政、司法、赋税、教化、防灾救荒、劝课农桑、兴修水利等事务，都属于他们的职责范围。知县的佐贰官有县丞及主簿，分掌钱粮、户籍、征税、巡捕、河防等事。事繁之县多至数员，事简之县可以不设。县之下有地方基层组织里甲制和保甲制。里甲制是为了编审户丁，征派赋役。保甲制主要是治安保警，强化基层控制。

清代的地方官，从州、县至督、抚，总要聘请几位有学问的能干人协助办理事务，称之为幕宾，俗称师爷，尤以绍兴师爷最为有名。师爷非命官，待以宾礼，合则留，不合则去。

## 第四节　清代前期的赋役制度与社会经济

### 一　赋役制度的改革

赋役制度败坏，加派频行，是明朝覆亡的一个重要原因。清朝统治者入关后，鉴于明亡的教训，首先颁发旨令，宣布："凡正额之外，一切加派如辽饷、剿饷、练饷及召买米豆，尽行蠲免。"[①]为了使田赋征收有章可循，顺治十四年，清政府按照明万历年间的征收则例颁布了第一个《赋役全书》。此外，像盐课、关税以及其他税制，也以明代规制为基础，结合清代情况，先后建立起来，使赋税制度逐渐走上了轨道。

田赋是清朝财政收入中所占份额最大的一项。按照传统的两税法，分夏税和秋粮。夏税定于五、六月征收，秋粮定于九、十月征收。大致一部分征米、麦、豆、草等实物，一部分征银，因此又通称钱粮。为了表示吸取明亡的教训，清朝统治者一直标榜不搞赋外加派。实际上，特别是顺治和康熙初年，由于军需浩繁，财政收支入不敷出，各种私派经常不断。所以时人说："征收钱粮，民不苦于正额之有定，而苦于杂派之无穷。"

康熙中期之后，随着全国性战争停止，政府财政情况好转，统治者为了缓和矛盾，保证赋税足额，对原来税制中的某些疏漏环节进行了调整改革。具体措施包括：清丈田土，建立"地丁确册"；改进征收手续，实行三联、四联串票和滚单法。修订

---

[①]《清世祖实录》卷6，顺治元年七月壬寅。

《赋役全书》，删除丝秒以下尾数，以及豁免、厘剔浮冒钱粮等。

丁税，又称人头税。在清初一般是按丁征收丁银，存在着很多问题，主要是人丁统计不实，丁税负担不均。田连阡陌者丁税无几，贫苦农民负担沉重，无业光丁被迫逃亡。因此，变革丁银编征制度势在必行。康熙五十一年，康熙帝宣布："令直省督抚将见今钱粮册内，有名丁数勿增勿减，永为定额。其自后所生人丁，不必征收钱粮。编审时，止将增出实数察明，另造清册题报。"[①] 这就是著名的"滋生人丁永不加赋"诏。它有利于缓和丁银编征矛盾，减轻人民负担，而它的最大意义在于进一步加速了"摊丁入地"的进程，为雍正初年大规模地推行摊丁入地铺平了道路。

所谓摊丁入地，是将丁税合并到田赋之中。这是封建社会晚期统治阶级继"一条鞭法"后，在赋税制度上的一项重大改革。它不仅简化了税则，减少了头绪，有助于保证封建国家的税收实额，同时对于缓和户口的隐漏和逃亡，也起了积极的作用。由于丁银摊入田地，官府只要认定田主，就可以保证赋税征收，所以对于一般人户的流动，也不像以前引起惊恐了。人们获得了更多的人身自由，谋生的出路比过去扩大。这就促进了城镇的繁荣，推动了商业、手工业的发展，在客观上有利于当时已经出现的资本主义萌芽。

自明中叶赋税折银以后，为便于计量和运送，州县要将纳税人所交的零碎银两熔铸成银锭。销熔过程中不免有损耗，必须酌量加征。这就是所谓的"火耗"（亦称"耗羡"）。火耗加征多少，各地不一，且无限额。这对封建官吏来说，正是贪污的好机会。顺康年间，征收火耗愈演愈烈，除了官吏本身贪污以外，也

---

① 《清圣祖实录》卷249，康熙五十一年二月壬午。

与财政制度不健全大有关系。由于清廷不断裁扣地方政府的额定款项，各地政府的政务开销没有着落，征收火耗就被视为理所应得。地方财政如此脆弱，除了导致加派积弊丛生外，还直接造成国库钱粮严重亏空。雍正帝继位后，决定进行火耗归公的改革。

所谓火耗归公，就是根据各省情况，将火耗比例数额固定下来，大致是百分之十到百分之二十，个别省份定得更高一些。归公的火耗银两，主要用于各官养廉和拨作地方政府公用经费、填补亏空，从而建立起清代历史上著名的养廉银制度。所谓养廉银，是针对官吏借口俸薪不敷应用，恣意贪污苛索的弊端，由政府以合法方式给官吏一定的补助，以为各官养赡家口及办公所用，使其贪婪借口不能成立，故曰养廉。这一做法至少有两点重大改革，一是各官养廉银定额化，二是改各官自取为全省统一支给。这就意味着原来无限制的非法侵渔，转变为制度化的合法收入。不过，在腐朽的封建官僚制度下，真正要杜绝贪污、限制私派，那是很困难的。这是统治者在整顿财政制度、进行赋税改革中无法解决的矛盾。

## 二 社会经济的发展

明末清初长达半个世纪的战争，以及各种自然灾害，使社会经济遭到严重破坏。全国各地到处可见流亡的人丁，残破的房屋，荒芜的土地。为了稳定封建秩序，恢复社会经济，清政府的首要措施是招徕流亡，开垦荒地。为了鼓励农民从事开垦，清政府宣布放宽起科年限，向垦荒农民提供耕牛、农具和种子，并以招民劝垦之多寡作为官员考成的标准。在康熙帝的倡导下，政府还十分注意治理河流，兴修水利，这些都促进了垦荒的进程。

康熙五十一年，康熙帝自豪地说道："前云南、贵州、广西、四川等省，遭叛逆之变，地方残坏，田亩抛荒，不堪见闻。自平定以来，人民渐增，开垦无遗，或沙石堆积难于耕种者，亦间有之，而山谷崎岖之地，已无弃土，尽皆耕种矣。"① 此后，清政府十分注意对于山头地角等零碎荒地的开垦，使剩余的土地得到充分的利用。与此同时，清政府用移民、屯田等方式，开发边疆土地，扩大种植面积，发展当地农业。这些措施使全国的耕地面积大幅度增加。乾隆中期，全国耕地的开垦已接近于饱和。此后，农业生产的发展主要表现为大规模地推广高产作物和精耕细作，提高农作物的单位面积产量。江苏、浙江、江西、湖北、湖南、四川等地都是当时重要的稻米产区。湖北和湖南是当时全国最大的商品粮食产地，有"湖广熟、天下足"之谣。

在粮食增产的基础上，经济作物的种植有了较大的发展。棉花种植遍及全国各地。江苏、浙江、湖北、湖南、河南、河北、山东都是棉花的重要产区。甘蔗在广东、台湾等地已有大面积种植。此外如茶叶、苎麻、花生、药材等作物的种植也都不断扩大。作为农村副业的养蚕、缫丝、绩麻、纺纱等都有了普遍的推广。

伴随着农业生产的发展、社会经济的上升，以及人口增殖、消费需求的扩大，清代手工业生产不断发展。各主要手工业的生产水平都有了大幅度的提高，生产规模有了显著的扩大，生产技术有了重要改进。原来已有相当规模的杭州、苏州的丝织业，松江的棉纺织业，江西景德镇的制瓷业，广东佛山的铸铁业，四川的煮盐业又都有不同程度的发展。另外，更多的手工业地区出现了众多的新兴手工业部门。如南京、广州和佛山的丝织业，福州、佛山的棉纺织业，福建、台湾的制糖

---

① 《清圣祖实录》卷249，康熙五十一年二月壬午。

业，福建、云南的制茶业，新疆、云南、贵州、广东、广西等地的铜、铁、铅矿采冶业。

农业、手工业的发展，促进了商品经济的发达。市镇大量出现，农村集市蜂起，具有地方性和区域性中心市场地位的市镇也有了很大的发展。在商品经济发达的江南、岭南等地，墟市和地方区域中心市场组成一个相互连接、各具功能的市场系统。称誉一时的天下四大镇：佛山、景德、汉口、朱仙，就是因商品经济的发展而兴起并于此时进一步繁荣。它们与北京、苏州、杭州、广州等原有的大城市，共同构成了完整的全国市场网络的各个中接点。在西北各地，也出现了很多商业中心，如库伦、乌鲁木齐、呼和浩特、张家口、多伦诺尔、西宁、伊犁、哈密、阿克苏等。它们的兴起和发展标志着各族人民之间经济联系的加强。

对外贸易也有发展。康熙年间解除海禁后，四口通商。中国商船纷纷远航到日本和南洋各地进行贸易。中国和西方国家的贸易主要集中在广州。乾隆二十二年，清政府宣布一口通商，广州成为中西贸易的唯一港口。清政府对中西贸易的限制很多，但进入广州的外国商船还是不断增加。

在商业活动中，许多富商大贾积累起巨额资金。全国最富有的商人是盐商、票商和行商。盐商经营盐业。票商是山西的票号商人，专门经营汇兑、存款、放贷业务，拥有雄厚的资本，其票号遍及全国。行商是享有外贸特权的广东十三行商人，拥有巨资。

康雍乾时期，国家财政收入大幅度增加，清政府不断地蠲免钱粮。尽管这种蠲免并不像统治者宣扬的那样，使"万姓均沾实惠"，但毕竟表明了封建统治者为关心百姓生计所作出的努力，也是国家经济繁荣、财富丰盈的一个标志。

中国封建社会的发展在清代前期从康熙到乾隆这一个多世纪达到前所未有的高峰，史称"康乾盛世"，不仅经济总量占世界第一位，而且在经济结构、制度形式、经济运行等方面都有明显的变化，特别是其间有新的因素显现，如资本主义萌芽进一步发展、永佃制、土地产权的变动、劳动者人身依附关系的进一步松弛等。但是，这一发展是在原有的体制框架内取得的。在当时的历史条件下，封建势力犹如泰山压顶，资本主义萌芽与传统社会转型的萌动只能经过曲折、困难的道路，极其缓慢地向前发展。而此时，西方国家正处于资产阶级革命时代，随着资产阶级登上历史舞台，产业革命出现，生产力开始以前所未有的速度发展，西方列强迅速崛起。清王朝正面临数千年未有之大变局。清朝封建统治者却以天朝自诩，固步自封，闭关自守，拒绝交流，对正在发生的世界变局茫然无知，面对世界范围工业革命的历史性大变动不知所措。当西方列强对中国进行野蛮侵略时，"天朝上国"便急剧地坠入落后挨打的境地。

## 三　人口膨胀与社会阶级矛盾的激化

清朝初年，因久经战乱，人口锐减。康熙二十年（1681），平定三藩之后，社会经济开始走向全面恢复，全国人口也随之稳步增加。据《清实录》记载，从乾隆六年（1741）开始，清朝有了逐年统计的人口数据。这一年，全国人口1.4亿人。乾隆二十七年，突破2亿大关。乾隆五十五年，又突破3亿大关。这是中国人口史上具有深远意义的数字。

因人口增加而引起耕地紧张和民生困难的问题，早在康雍之际就有人有所觉察。康熙、雍正两位皇帝，都曾议论过此事。如康熙五十五年，康熙帝谕道："今太平已久，生齿甚繁，而田土未增。且士商僧道等，不耕而食者甚多。或有言开垦者，不知内地实无闲处。"① 雍正帝说过："国家休养生息，数十年来，户口日繁，而土田止有此数，非率天下农民竭力耕耘，兼收倍获，欲家室盈宁必不可得。"②

然而，真正因人口问题而造成社会压力，还是在乾隆中晚期以后。有学者根据官方记载推算，从雍正二年（1724）到乾隆四十九年的60年间，耕地面积约增加了35%，而人口在同一时期却增加了91%。耕地面积保持平稳上升的趋势，而人口却急剧增长，人均耕地面积从4.82亩降至3.42亩。人多地少，导致粮食不足，粮价上涨。

为了解决人多地少、粮食紧缺的问题，清政府采取了一系列措施。首先，致力于扩大耕地面积，不放过尺寸闲土。通过减免税收的方式，鼓励人们利用河滩地、山坡地、房前屋后的余地等不成块土地耕获粮食。同时，利用移民、屯垦等方式，开发边疆，扩大种植面积，发展当地农业。其次，清政府注重粮食调剂。当时，地区间的粮食流通日益频繁，全国粮食市场间的联系进一步加强。粮食从生产地到集散地，由集散地到全国性粮食市场，以至运送到缺粮地区，都已形成固定的路线。清政府还制定优惠政策，积极鼓励从国外进口粮食。暹（xiān）罗（今泰国）、安南（今越南）盛产大米。为了鼓励从这些国家输入大米，清政府采取了减免外国船货税银的措施。第三，大力推广玉米、番薯等高产作物，使原来不适宜种植的许多沙砾贫瘠土地得到利用，扩大了耕地面积，提高了全国的粮食产量，养活了众多的贫苦百姓。

上述措施，虽然在一定程度上缓和了人多地少、粮食紧缺的

---

① 《康熙起居注》第3册，中华书局1984年版，第2269页。
② 《清世宗实录》卷16，雍正二年二月癸丑。

矛盾，但不能从根本上消除人口剧增的社会问题。一些地区的滥垦滥伐还破坏了生态环境，造成严重后果。严峻的现实引起了有识之士的思虑。乾隆末年，著名学者洪亮吉撰成《意言》，集中地提出了他的人口学说，认为人口增长过速，是造成社会危机的重要原因。乾隆五十八年，乾隆帝在查看《清圣祖实录》，比较了康乾两朝人口之后，也得出了"朕甚忧之"的结论。乾隆帝的感叹，是清政府承认社会出现危机和人口问题严重的标志。

人口急剧膨胀已使人均耕地面积迅速减少。土地兼并之风，又使越来越多的农民失去土地，生计维艰。许多地方出现了"富者田连阡陌，而贫者无立锥之地"的不平等现象。与农民的贫困形成鲜明对比的是统治阶级的穷奢极欲。乾隆帝本人就极为奢侈。其生活的豪华远远胜过其父其祖，尤为突出的是巡幸和土木二事。他曾到各地巡幸，六下江南，五游五台，四往盛京，等等。这些巡幸，有的是出于政治目的，有的则纯粹是游山玩水。他的南巡就与康熙帝的南巡颇为不同，极尽享乐。所到之处，绅商供奉争奇斗巧，劳民耗财，几无虚日。

最高统治者的任情挥霍，既为大小官僚的奢侈享乐树立了榜样，又为大小官僚的贪污勒索提供了借口。乾隆帝的宠臣和珅就是中国历史上罕见的大贪官。民间传说他的家产折银高达8亿两。这个数字虽然夸大，但也反映出他贪污勒索的惊人程度。在和珅的带动下，乾隆后期吏治更加败坏，贪污问题更加严重，大案要案层出不穷。甘肃捐监冒赈案就是一起集体贪污大案，通省官员无不染指。案发被处死者包括督抚藩臬、道府州县，以及县丞等56人，免死发遣者46人。

各省官员普遍贪污，层层勒索，最终的受害者是老百姓。因此，阶级矛盾日益尖锐，农民的反抗斗争一浪高过一浪。乾隆三十九年，山东爆发了王伦领导的清水教起义。乾隆四十六年，甘肃爆发了苏四十三领导的撒拉尔族人民起义。乾隆四十九年,甘肃爆发了田五领导的回民起义。乾隆五十一年,台湾爆发了林爽文领导的天地会起义。乾隆末年,爆发了湖南、贵州苗民大起义。嘉庆元年(1796),爆发了历时九年,波及四川、湖北、陕西、河南、甘肃五省的白莲教大起义。

嘉庆(颙琰,1796—1820年在位)、道光(旻宁,1821—1850年在位)时期,清朝统治日益衰落。政治腐败,吏治废弛,直接关系国计民生的河工、漕运、盐政等败坏已极。军队的腐败益发严重,八旗、绿营均缺乏作战能力。白莲教起义时,四川、湖北一带就流传着许多谚语,如"贼来不见官兵面,贼去官兵才出现","贼去兵无影,兵来贼没踪。可怜兵与贼,何日得相逢?"[1] 这样的军队又怎么能够抵御外来的侵略呢?

## 第五节　清代前期的中外关系

### 一　清朝与邻近各国的关系

清代中国与亚洲邻国的友好关系在原有基础上得到进一步加强,尤其与东亚、南亚诸国关系密切。这些国家与中国的关系分为两种情况。一种与中国有密切的民间交往,如日本。中日两国之间的贸易往来、文化交流相当频繁。两国的贸易集中在九州岛的长崎港。两国的文化交流也往往以此作为媒介点。深受日本知识分子欢迎的中国书籍以及中国的医药学等,都是先传入长崎再转往其他地区的。

另一种属于中国传统的藩属国家,如朝鲜、琉球、安南等。所谓宗藩关系,在某种意义上可以说,是封建君臣关系在国家关

---

[1] 《清史稿》卷356《谷际岐传》。

系上的体现。它虽然是一种以小事大、不平等的关系，但它又是历史上宗主国和藩属国政治、经济和思想文化互动关系的一种延续。宗主国对藩属国主要是为了维护"万邦来朝"的天朝"尊严"。藩属国国王定期向清朝皇帝进表纳贡。老王去世，新王继位，到北京告哀、请求册封。清廷有大的庆典活动，属国派使臣前往祝贺。清朝皇帝除向属国颁布敕谕诏旨、派遣使臣外，还要向国王和来使进行赏赐。为了显示天子的大度和天朝的富有，"赐"往往多于"贡"，表明天朝"怀柔远人，厚往薄来"之意。使臣及其随员来华时，都携带货物和银两进行贸易。使团中的文人学士，在北京逗留期间常常与中国学者结识交好。因此，朝贡除了政治上的含义以外，又起到了贸易往来和文化交流的作用。

朝鲜是清朝十分重要的属国。两国之间，使节不断，联系频繁。来华的朝鲜使臣回国后，往往要由国王召见，汇报有关中国的情况。尤其是书状官，必须将途中见闻记录禀报国王。使团中的其他人员也常常记录下出使见闻。这些记录多被称为《燕行录》。它是研究清史和中朝关系史的宝贵资料。

俄国是一个欧洲国家。它原来的疆界远在乌拉尔山以西，与中国并不接壤。16世纪末，沙俄殖民者越过乌拉尔山向东方扩张，吞并西伯利亚后，继续东进。1643年，波雅科夫奉命率队远征黑龙江，在中国的土地上为非作歹。1650年至1658年，沙俄殖民者不断地侵入我国，在雅克萨（今黑龙江省呼玛县黑龙江与额木尔河交汇口东岸俄罗斯阿尔巴津城）等地修建武装据点，在尼布楚筑涅尔琴斯克堡。从此以后，在相当长时期里，尼布楚成为沙俄对我国黑龙江地区进行殖民活动的中心。

为了保卫家园，当地居民和清军进行了多次自卫反击战，沉重地打击了沙俄殖民者。在这种情况下，沙俄政府一面顽固地坚持武力侵华方针，一面派出外交使团前来北京，谋求建立外交联系，获取通商利益，搜集各类情报。顺治十三年，巴伊科夫使团到达北京。康熙十五年，尼果赖使团到达北京，但都没有达到预期目的。

尼果赖访华之后，沙俄侵略者无视清政府的一再抗议和警告，继续在黑龙江地区实行武力扩张。清政府多年来不断遣使投书，呼吁和平谈判，但沙俄的反应却是蔑视、欺诈和变本加厉的侵略。在忍无可忍的情况下，清政府不得不行使自卫权利，反击沙俄的入侵。

康熙二十四年（1685）五月，清军攻打雅克萨。俄军走投无路，只得乞降。雅克萨收复之后，清军将沙俄强建的堡垒焚毁，然后撤退到瑷珲（今黑龙江省黑河市南爱辉镇），可是，俄军却背信弃义，迅速卷土重来，又占领了雅克萨。康熙帝极为愤怒，再次下令反击。二十五年六月，清军进抵雅克萨城下，实行围攻，给敌人以沉重的打击。不久，严冬来临，俄军困守孤城，饥寒交迫，加之坏血病流行，死者相继，雅克萨城旦夕可下。九月，沙俄政府派急使来到北京，声称俄国政府已派戈洛文为全权大使与中国举行边界谈判，请求清政府停战，撤雅克萨之围。康熙帝立即允其所请，宣布停止攻城，撤除围困。当时城内俄军粮食告罄，疾病流行，清军以粮食接济俄军，并为俄军治病。这一切再次表明了清朝政府和人民和平解决中俄边界问题的诚挚愿望。

康熙二十八年七月，中俄两国使臣在尼布楚举行谈判，签订了中俄《尼布楚条约》。这是中俄两国之间的第一个条约，是通过平等协商签订的。它明确划定了中俄东段边界，从法律上肯定了黑龙江和乌苏里江流域的广大地区都是中国领土。中国收回了被沙俄侵占的一部分领土，制止了沙俄对黑龙江的进一步侵略，保证了东北地区疆域的安宁和完整。俄国则把中国方面让予的贝加尔湖以东尼布楚一带地方纳入了它的版图，把乌第河流域划为待议地区，并获得同中国通商的权利。条约规定中俄双方在划定疆界以后，永敦睦谊，贸易互市，为两国关系正常化提供了良好的前景。因此，在中俄《尼布楚条约》签订后的近一个世纪里，中俄两国的边境基本上是安定的，两国在经济、文化等方面的联系大大增强。

## 二 清政府对入华传教士及天主教的政策

顺治元年，以范文程为媒介，耶稣会士汤若望进入清朝宫廷，修订历法。经过公开验证，清廷确认汤若望的历算准确无误。清廷不仅采用了汤若望按照西洋新法修订的历书，将之定名为《时宪历》，而且任命汤若望为钦天监监正，使之成为中国历史上第一位任此重要官职的西方传教士。

汤若望以渊博的学识、出色的工作，赢得了顺治帝的器重和礼遇。除任钦天监监正外，他先后被加封了太常寺卿、通议大夫等品衔。从顺治八年到十四年冬，他不仅成为顺治帝身边一位备受宠信的老臣，而且与顺治帝建立起一种亲密的个人关系。顺治帝在与传教士交往的过程中，认识到他们所具有的科学知识的价值。时值清朝建国之初，百废待兴，清廷十分重视网罗人才。传教士既有才能，又愿意为清廷服务，顺治帝因此予以重用。由对传教士个人的好感，延伸为对天主教的宽容，顺治帝为传教士赐地建堂，御制天主堂碑文，客观上为天主教在中国的传播营造出一个相对有利的环境。但同时，他又在御制天主堂碑文中明确表示，他所服膺的是儒家学说，不是天主教。

康熙帝继位之初，鳌拜等四大臣辅政。杨光先兴起"历狱"，汤若望被捕，含冤去世，传教士被押送澳门。康熙帝亲政后，以实验的方法当众分辨中西历法的优劣，为汤若望等人平反。康熙帝大胆起用传教士，利用他们的知识为朝廷服务。传教士们为清廷观测天象、推算节气历法、制造天文仪器、编纂天文书籍，为西方天文学的东传和中国天文学的发展作出了一定贡献。他们还设计和制造火炮，为平定三藩之乱立下功劳。

耶稣会士的科学知识、对清廷的高效服务、合儒补儒的传教策略，使康熙帝对天主教产生了一定兴趣和好感，认定天主教不是邪教异端。在这种情况下，康熙帝对天主教在中国的传播采取了默许的态度。二十八年（1689），康熙帝南巡（见彩图三十四）。途中他召见传教士，与之亲切交谈。这实际上是康熙帝继二十三年南巡之后，又一次与外省传教士进行接触和了解，是对各省天主教状况的一次实地考察。同年，耶稣会士徐日昇、张诚以译员的身份参加中俄尼布楚谈判，促成了中俄《尼布楚条约》的签订，进一步增进了康熙帝对传教士的好感。此后数年，徐日昇、张诚等人奉命每日轮班进宫，向康熙帝系统地讲授西方科学知识。在这种频繁的交往中，康熙帝对传教士感情日增。

康熙三十一年二月，清廷颁布了允许天主教在华传播的诏令，史称"康熙容教令"。这是天主教入华百余年来首次得到中国朝廷以旨令形式的正式允准，是中西关系史上的重要事件。

然而，礼仪之争的爆发，却使局面发生逆转。早在明朝末年，为了便于在中国传教，以利玛窦为首的一批耶稣会士顺从中国礼仪，对于教徒的敬天、祀祖、祭孔均不禁止。利玛窦去世后，耶稣会内部产生了争议。康熙三十二年，担任福建代牧的法国外方传教会士颜当突然下令，禁止辖区内的中国教徒祀祖祭孔。因此，礼仪之争进入了高潮，在中国和欧洲引起激烈争论。康熙三十九年，闵明我等耶稣会士联名上疏，一方面表明耶稣会士对中国礼仪的看法，一方面请求皇上颁谕，证明中国礼仪与宗

425

教无关。收到奏疏的当天，康熙帝就朱笔批示："这所写甚好。有合大道。敬天及事君亲、敬师长者，系天下通义，这就是无可改处。"耶稣会士收到后，立即派人送到罗马。

教皇格勒门十一世无视康熙帝的看法，于1704年11月作出了关于禁止中国礼仪的决定，并派遣多罗出使中国，解决礼仪之争。1705年，多罗抵华。康熙帝耐心地向他解释中国的礼仪，说明祀祖、祭孔、敬天绝不是迷信。康熙帝谕令凡在华传教士均须领取清廷的信票，声明遵守利玛窦的规矩，顺从中国礼仪，方可留居中国，否则驱逐出境。多罗顽固不化，死硬对抗，结果被驱逐并拘禁于澳门。

罗马教廷一意孤行，第二次派人出使中国，重申禁令。1721年1月，康熙帝愤怒地批示："以后不必西洋人在中国行教，禁止可也，免得多事。"从此，康熙帝对天主教的政策发生了根本性的转变，清廷开始了长达百年的禁教，中西文化交流随之跌入低谷。不过，清廷保留了招徕西方科技人才为清廷服务的方针，允许有一技之长的传教士进京效力，对他们实行使用与限制的措施。因此，紫禁城里仍然活跃着传教士的身影。如意大利传教士郎世宁留居北京51年，是著名的宫廷画家。

### 三　英国使团来华与中英冲突

康熙年间，清政府解除海禁，开海贸易，设闽、粤、江、浙四海关。从此，中外贸易有了较大发展。乾隆二十二年（1757），清政府宣布一口通商，广州是中西贸易的唯一港口。英国等西方商人多次要求到粤海关以外的其他关口贸易，均遭到清政府的回绝。为了打破清朝的种种限制，扩大对华贸易，同时也是为了搜集有关中国的情报，估计中国的实力，为英国下一步行动提供依据，英国政府决定派遣使团出访中国。

乾隆五十八年，马戛尔尼使团以为乾隆帝祝寿的名义来到中国。清政府最初是持欢迎态度的，并表现出前所未有的重视。六月，马戛尔尼使团到达天津。钦差大臣徵瑞亲赴天津接待。然而，外交接触尚未开始，礼节冲突便已发生。清政府要求英国使臣按照各国贡使觐见皇帝的一贯礼仪，行三跪九叩之礼。英使认为这是一种屈辱而坚决拒绝。礼仪之争自天津，经北京，而继续到热河。由于双方都不肯迁就让步，谈判几近破裂。最后，双方终于达成协议。① 八月，83岁的乾隆帝在热河避暑山庄接见并宴请了英国使团，接受了英使呈递的国书和礼品清单，并向英王及使团回赠了礼物。

马戛尔尼向清政府提出了六项要求：（1）允许英商到宁波、舟山和天津贸易；（2）准许英商像以前俄商一样，在北京设立商馆；（3）将舟山附近一处海岛让给英国商人居住和收存货物；（4）在广州附近划出一块地方，任英国人自由来往，不加禁止；（5）英国商货自澳门运往广州者，享受免税或减税；（6）确定船只关税条例，照例上税，不额外加征。

显而易见，这些要求一部分具有殖民主义侵略性，如割让岛屿一事，清政府断然拒绝，明确宣布："天朝尺土俱归版籍，疆址森然，即岛屿沙洲，亦必画界分疆，各有专属。"② 这是完全正确的。它维护了国家的主权，抵制了殖民主义的侵略。一部分则是属于希望改善贸易关系的正常要求，面对这种情况，清政府理应认真研究和区别对待。可是，清政府却简单地一概拒绝，将英国的六项要求全部斥为"非分干求"，断然关闭了谈判的大

---

① 觐见时究竟行的何种礼节，中英双方记载各异。英人说马戛尔尼等人按照觐见英王的礼仪单膝跪地，未曾叩头。和珅的奏折却说："该贡使等向上行三跪九叩头礼。"当代学者对此进行了考证，提出了不同的意见。

② 《清高宗实录》卷1435，乾隆五十八年八月己卯。

门，令英国使团离京回国。清政府不愿打开中国的大门，闭关自守，又使中国失去了一次了解世界、扩大经济文化交流、推动社会前进的历史机遇。

清政府之所以会采取这样的行动，主要是对外部世界毫无了解，既没有近代国际交往的经验，也不认为有建立经常性外交关系的必要，而是沉湎于"天朝上国"的自我陶醉之中，满足于自然经济结构下"无求于人"的状态。如乾隆帝声言："天朝物产丰盈，无所不有，原不藉外夷货物以通有无。"[1] 同时，也唯恐外国人与中国各阶层接触频繁，会后患无穷，危及其统治。因此，要"杜民夷之争论，立中外之大防"。

马戛尔尼使团虽然没有达到打开中国门户、扩张英国贸易的目的，但使团沿途搜集了大量有关中国政治、经济、军事的情报，对英国日后侵略中国作了资料准备。通过对清王朝各方面的观察与分析，马戛尔尼认为清王朝实质上是极其虚弱的，"好比是一艘破烂不堪的头等战舰"，要击败它并不困难。从此，18世纪盛行于欧洲的关于中国强盛富庶的看法开始改变。

嘉庆二十一年（1816），英国又派阿美士德使团访华。因使臣拒行叩头礼，嘉庆帝拒绝接见，令其即日回国。这进一步加深了清廷对英人的戒备心理和敌对情绪。英国政府也大失所望，认为用外交方式无法达到他们的目的，逐步形成了用武力打开中国大门的炮舰政策。英国兵船不断来华，在中国沿海地区进行侦察和挑衅活动。道光十八年（1838），马他仑率英国舰队侵入中国海域。

自16世纪中西通商以来，中国的丝绸、茶叶、瓷器等大量输至欧洲，而西方却不能向中国提供合适的商品，中国始终处于

---

[1] 《清高宗实录》卷1435，乾隆五十八年八月己卯。

出超国的有利地位。为了改变这种局面，英国等西方商人发现鸦片对他们极为有利。因为它不仅售价比成本高得多，而且可以使人上瘾。中国这样一个人口众多的大国，如果吸毒成风，就会成为鸦片的庞大市场。因此，他们不顾清政府的禁令，非法地大规模地向中国倾销鸦片。鸦片贸易给英国政府、东印度公司和英国商人，带来巨额的利润，因此受到英国政府的大力支持。从19世纪初年到鸦片战争前夕，输入中国的鸦片数量急剧上升，给中国带来极为深重的灾难。道光帝决心杜绝鸦片进口，任命林则徐为钦差大臣，前往广东查禁鸦片。道光十九年（1839），林则徐在虎门销烟，拉开了近代中国反抗西方资本主义侵略的序幕。

## 第六节 清代前期的思想文化与科技

清代前期的近二百年间，早期启蒙思潮汹涌，晚季经世思潮澎湃，而主导学术文化发展的是康熙中叶以后肇兴、乾嘉时期大盛的经史考据之风。清王朝的两面性文化政策，既促进了中国传统文化的最后繁荣，又禁锢着民主与科学精神的产生与传播。

### 一 清初启蒙思潮与三大思想家

明清之际，剧烈动荡的社会现实促使学者反思、总结历史教训。因此，清朝初年，涌现出了一批杰出的思想家。他们从不同角度提出了一系列富有创见的新思想新观念，形成早期启蒙思潮。黄宗羲、顾炎武、王夫之就是他们中的代表人物。

黄宗羲字太冲，号南雷，又号梨洲，学者尊为梨洲先生，浙江余姚人。他志存经世，博学多识，一生勤于著述，为后世留下了大量的著作。其中《明夷待访录》、《明儒学案》、《明文海》等影响深远。他最突出的理论贡献，是对封建君主专制政权体制的系统批判。在《明夷待访录》中，他猛烈抨击秦汉以来君主的专擅独裁，尖锐地指出："为天下之大害者，君而已矣"，提出了"天下之治乱，不在一姓之兴亡，而在万民之忧乐"的主张。他还认为秦以后的法律是维护一家一姓的私利，是一家之法，断言"三代以上有法，三代以下无法"，提出了"有治法而后有治人"的法治主张。他又从明末经济崩溃的现实出发，总结历代经济政策的得失，阐述了"藏富于民"的主张。《明夷待访录》是黄宗羲政治理论的代表作，不仅在清初引起思想界的共鸣，而且对清末维新思潮的兴起也产生过积极的推动作用。

顾炎武，原名绛，字忠清，明亡后改名炎武，字宁人，或自署蒋山佣，学者称亭林先生，江苏昆山人。他为学以"明道救世"为宗旨，主要著作有《日知录》、《天下郡国利病书》、《音学五书》、《亭林文集》等。《日知录》是他一生的力作，是为了"明学术，正人心，拨乱世以兴太平之事"[①]。他的历史贡献，主要在于务实学风的积极倡导。他的实学思想是在对宋明理学的批判中建立起来的，为当时及后世示范了一种严谨健实的新学风，开拓了广阔的学术门径。而他重资料、重实证的治学风格，尔后遂演变成乾嘉汉学的基本方法。

王夫之字而农，号薑斋，学者尊为船山先生，湖南衡阳人。在清初诸儒中，王夫之学术体系缜密，最为博大。他在经学、史学、子学、文学（包括诗词歌赋）诸多方面都有突出成就，著述宏富。重要著作有《周易外传》、《尚书引义》、《读四书大全说》、《永历实录》、《读通鉴论》、《宋论》、《张子正蒙注》、《思问录》、《老子衍》、《庄子解》、《黄书》、《楚辞通释》等。王夫之博大思想体系的形成，是他对中国传统学术进行批判继承的结

---

① （清）顾炎武：《亭林文集》卷2《初刻日知录自序》。

果。他出入理学而又能超越理学；他排斥佛老的世界观，而又吸取佛老的方法论；他很注重人类文化知识和思维成果的积累，但更加强调富有创造精神。他和同时代的启蒙者一样，憎恨封建君主专制制度。无论是他的政论、史论及至某些经学、哲学著作都贯穿着他对封建专制主义的批判。

## 二 清廷的文化政策

清廷的文化政策具有明显的两面性。一方面是民族高压，文化专制，大兴文字狱，产生恶劣影响；另一方面是崇儒重道，重视图书编纂，对文化发展起过积极作用。

文字狱在中国历史上屡见不鲜。而康雍乾时期，随着封建专制主义君主集权制的高度发展，政治思想控制日益严密，文字狱愈演愈烈。其案件之多，株连之广，处罚之严，都是空前的。除了镇压具有反清思想的知识分子外，大都是捕风捉影，寻词摘句，妄意引申，强加罪名。如徐骏的诗中有"清风不识字，何得乱翻书"，"明月有情还顾我，清风无意不留人"，被认为是讥讪悖乱之言，斩立决。徐述夔的诗中有"大明天子重相见，且把壶儿搁半边"，"明朝期振翮，一举去清都"，被认为是"显有去本朝兴明朝之意"，徐述夔父子被开棺戮尸，其孙徐食田、为该书作跋和校订者处斩。清代的文字狱，不仅使大批知识分子和无辜牵连者惨遭迫害，而且在思想文化领域造成了严重后果，影响深远。广大士人在文字狱的威慑下，惴惴不安、提心吊胆。他们不敢谈论当前的社会问题，不敢编写清朝忌讳的历史，研究著述逃避现实、远离政治。这就使明清之际兴起的中国早期启蒙思想遭到禁锢，民主的和科学的精神遭到扼杀。17世纪以后，中国科技发展水平与欧洲相比，差距越来越大，这当然有多方面的原因，但由封建专制制度编织的思想罗网所起的恶劣作用是不能低估的。

在大兴文字狱、钳制思想的同时，清廷又重视文教。顺治二年，戎马倥偬之际，清廷即开科取士。顺治十年，确定了"崇儒重道"的基本国策，以程朱理学作为治国理政、移风易俗的指导思想。康熙十八年和乾隆元年，特开博学鸿儒科。同时，清廷十分重视图书的访求和编纂，组织人力物力，大规模地编书，以显示其"稽古右文"的文治业绩。先后编有《明史》、《大清会典》、《平定三逆方略》、《朱子全书》、《律历渊源》、《康熙字典》等书。最著名的是《古今图书集成》和《四库全书》。

《古今图书集成》是一部大型的类书。它分列门类纲目，荟萃群书，从各种典籍中按类采择摘录，汇编成书。原由陈梦雷主持编纂，初名《古今图书汇编》。进呈御览后，康熙帝赐名为《古今图书集成》。该书于雍正年间由蒋廷锡等重加编校后排印问世，共有 1 万卷，分 6 汇编、32 典、6109 部，为我国古代的一部大百科全书。

《四库全书》是我国历史上最大的一部丛书。它把我国古代重要的典籍首尾完整地抄录下来，分编于经、史、子、集 4 部 44 类之下。共收图书 3461 种，近 8 万卷，包罗万千，广博浩瀚，为我国古代思想文化遗产的总汇。编纂工作从乾隆三十八年设立四库馆起，至五十二年《四库全书》缮写完毕止，历时 15 年。全书共缮写 7 部，分别收藏于内廷文渊阁、圆明园文源阁、避暑山庄文津阁等地。此外，又由纪昀等人撰写了《四库全书总目》，对 1 万多种图书（包括著录和存目）作了介绍和评论。然而，编纂《四库全书》的过程也是禁书毁书的过程。在这期间清廷禁毁的图书多达 3100 多种，无异于一场文化浩劫。

### 三　思想学术

明朝末年，中国社会步入一个大动荡的历史时期。入清之初，经历明清更迭的天翻地覆，阳明心学乃至整个宋明理学趋于没落，我国学术面临着何去何从的问题。由于这一时期中国社会、经济、政治、文化诸多方面发展水准的制约，一时学术中人反思宋明，回归两汉，从而导致兴复古学风气的发轫。

康熙中期以后，国家的统一，社会的安定，经济、文化的蓬勃发展，都有利于学术的繁荣，但囿于清统治者厉行的思想文化专制，学者们便把主要精力和兴趣投入经史的考证、辨伪、文字训释之中，于是经史考据之风大兴。阎若璩、胡渭以精于考据学而显名清初。乾隆、嘉庆两朝，考据学流行，形成了以总结和整理中国古代学术为基本内容的乾嘉学派。惠栋是乾嘉学派形成时期的代表人物。从惠栋之学到戴震之学，堪称乾嘉学派从形成到鼎盛的一个缩影。因惠栋为江苏苏州人，戴震为安徽休宁人，所以又有吴皖二派之分。此外，还有以焦循、汪中为代表的扬州一派，以全祖望、章学诚为代表的浙东一派等。乾嘉学派的成就，主要表现在经学、文字音韵学、校勘辑佚、子学与史学方面，尤以经学为最，无论是本经的疏解，还是群经的通释，都取得了超越前代的成就。惠栋的《后汉书补注》，是乾嘉时期博考古史的开风气之作。钱大昕的《廿二史考异》、赵翼的《廿二史劄记》、王鸣盛的《十七史商榷》是清代三部考史的名著。

乾嘉时期，在复古风气笼罩下的学术思想界，也出现了持有卓见的人物。最著名的如戴震，他虽为经学大师，却比惠栋和其他治经者高出一等。所著《孟子字义疏证》是乾嘉时期最杰出的思想史巨著。章学诚是著名的史论家，代表作是《文史通义》。他的一生充满了逆于时趋的反潮流勇气。汪中的重要贡献是对荀子和墨子的研究。他肯定荀学是孔学的真传，肯定墨学旨在救世仁人和先秦时代儒墨并称显学的历史事实。洪亮吉的贡献是人口学说。焦循著述宏富，有通儒之称，尤以数学和易学、孟学研究最享盛名。

道光时期，清朝盛世已过，内忧外患，学术思想也随之一变。主要表现为今文经学自康乾时期的复苏渐至勃兴，经世思潮再度崛起成为时尚。清代今文经学之研究，由庄存与首开风气，刘逢禄发扬光大。嘉道时期的龚自珍、魏源，曾从刘逢禄问《公羊》。但他们胸怀大志，不屑为一经生，而是借《公羊》学说作社会批判，提倡社会变革。龚自珍和魏源都堪称时代的先知先觉者。

## 四 文学艺术

在清初的诗坛上，钱谦益、吴伟业可说是两位老诗人。钱、吴之外，还有享誉诗坛的"南施北宋"。"南施"指施闰章，"北宋"指宋琬。清初遗民诗人数以百计，以顾炎武成就最大。康熙中期以后的诗人，以王士禛最为有名。乾嘉时期，清代诗坛大致有三派，即以沈德潜、翁方纲为代表的复古派，以郑燮（字克柔，号板桥，江苏兴化人）为代表的反传统的浪漫精神派，以袁枚为代表的性灵派。嘉道之际，诗坛革新之风突起，呼唤改革的诗人辈出。龚自珍（浙江仁和人，今浙江杭州）可称为其中的佼佼者。他的一阕"九州生气恃风雷，万马齐喑（yīn）究可哀。我劝天公重抖擞，不拘一格降人才"，感人肺腑，传诵至今。乾隆帝也在清代诗坛上占有一席之地。他名下数万首诗，并非全由自作，而且质量参差不齐，但还是有其独特的文史价值。

清前期主要的词人有陈维崧、朱彝尊、纳兰性德和张惠言。陈维崧的词气势豪壮。朱彝尊的词清丽高雅。纳兰性德是满族第一大词人,其词自然流畅,真切感人。张惠言是乾嘉之际常州词派的开派宗师,影响颇深。清初以散文名家者,有侯方域、魏禧和汪琬。清代中期,散文领域内的复古主义倾向有新的发展,此时文学派别虽多,但足以卓然自成家者,只有桐城文派和阳湖文派。

清代在文学上表现最为辉煌的当数小说和戏剧,产生了许多不朽的传世名著,涌现了一些中外闻名的作家。蒲松龄(山东淄川人,今山东淄博)的《聊斋志异》借妖狐鬼怪的故事,影射现实社会的黑暗,发泄他愤世嫉俗的情感。吴敬梓(安徽全椒人)的《儒林外史》是一部杰出的讽刺小说,无情地鞭挞科举取士的弊害,辛辣地讽刺了社会上层,尤其是一味醉心猎取功名富贵的儒林丑态。曹雪芹(幼居南京,后居北京)的《红楼梦》是中外文化史上最优秀的古典小说之一,不仅有深湛的思想和社会意义,而且有卓越的艺术成就,对近现代小说的发展具有深远的影响。

在戏剧方面,戏剧理论著作有李渔(生于雉皋,即今江苏如皋,后居南京)的《闲情偶寄》,著名的传奇剧本有洪昇(浙江钱塘人)的《长生殿》和孔尚任(山东曲阜人)的《桃花扇》。清代中期,植根于民间的地方戏曲也蓬勃兴起,出现了"花部"与"雅部"争奇斗胜的局面。乾隆四十四年,秦腔艺人魏长生入京,京腔迅速吸收了秦腔的优点,两腔融为一体。五十五年,为庆贺乾隆帝80大寿,徽戏艺人高朗亭抵京,以安庆花部,合京腔、秦腔,名其班曰三庆。嘉庆以后,北京的徽戏出现了以西皮、二黄调为主体的声腔系统,这就是京剧的起源。

清代的画坛呈现一派百花齐放的景象。有著名的清初六大家,即王时敏、王鉴、王翚(huī)、王原祁、吴历和恽格。有勇于创新的"扬州八怪",即乾隆年间在扬州卖画的一批画家,因反对正统画风，标举鲜明的个性，被目为怪异。还有活跃在宫廷里的西方传教士画家，如郎世宁、王致诚等，传入了西方绘画艺术（见彩图三十五）。

## 五　科学技术

清代，我国的科学技术在原有基础上有所发展。入华传教士带来的西方科学知识又进一步促进了我国一些传统科学的变革，尤其在天文历法、数学、武器制造、地图测绘和建筑方面，有显著的进步和成就。

顺治年间，清廷采用了传教士汤若望按照西洋新法修订的《时宪历》。康熙年间，清廷命传教士南怀仁督造了六件大型天文仪器。它们是黄道经纬仪、赤道经纬仪、地平经仪、地平纬仪、纪限仪、天体仪。这些仪器参考了第谷的设计，结合了欧洲的机械加工工艺与中国的铸造工艺，比中国传统仪器精致。南怀仁还编写了《灵台仪象志》，详细论述这六件仪器的制造、安装和用法，图文并茂，使用方便，成为钦天监的常用书。康熙末年，清廷组织中西学者编写了《历象考成》。乾隆年间又编撰了《历象考成后编》和《仪象考成》，制作了大型铜铸天文仪器玑衡抚辰仪（见彩图三十六）。《历象考成后编》采用了西方天文学的诸家新说，但没有介绍哥白尼的日心地动说。乾隆二十五年，传教士蒋友仁绘制了《增补坤舆全图》。在这幅图的解说中，蒋友仁介绍了哥白尼的日心地动说。由于清政府对天文历法的重视，民间的天文学研究也很活跃，主要代表人物有王锡阐、梅文鼎等。

康熙帝曾亲自向传教士学习西方数学知识，推动了清代数学的蓬勃发展，出现了方中通、梅文鼎、梅毂（jué）成、明安图等著名数学家。康熙帝还开设蒙养斋，组织编纂了包含大量西方科学知识的《律历渊源》。这部书由三部分组成，其中之一就是《数理精蕴》。它是明末清初西算传入时期一部带有总结性的数学巨著，也是代表我国当时最高水平的数学百科全书，在有清一代产生了深远的影响。

早在皇太极时期，清廷就开始引进西方火炮，这对明清战局的转变产生了重大影响。顺治年间，清廷在北京开设八旗炮厂和火药厂，批量制造火炮。三藩之乱爆发后，因叛军实力极强，又盘踞在山水交错的湖广、江西等地，清廷急需轻便火炮。康熙帝命传教士南怀仁研制了大批轻便火炮。这些火炮被运往前线，为平定三藩立下功劳。南怀仁设计制造的神威将军等炮，后被运至东北，在抗击沙俄入侵的战斗中发挥了威力。可是，自康熙中期起，国内承平已久，清廷不再注重武器的改进和发展，日益落后于西方，终于无力抵抗西方列强的侵略。

康熙帝曾组织传教士和中国学者在全国范围内进行大地测量，绘制了《皇舆全览图》。这是经实地勘测，并用天文、大地三角测量等科学技术完成的全国性的内容详尽的地图。它从康熙四十六年开始试测，康熙五十七年编绘成册，历时十余年。它不仅是中国地图测绘史上的创举，而且在世界上也是规模空前的。乾隆年间，清廷又组织中西学者完成了《乾隆内府地图》（又称《乾隆十三排地图》）。它以康熙朝的《皇舆全览图》为基础，添加了新疆、西藏的地图，参考世界地图和俄国图籍绘制而成，与《皇舆全览图》相比又大大前进了一步。与现代地图的画法有所不同，《皇舆全览图》西到西经40多度，北至北纬55度，而《乾隆内府地图》却西到西经90多度，北至北纬80度，全图所及地域，北抵北冰洋，南至印度洋，西及波罗的海、地中海和红海，是当时世界上范围最大的世界分区地图。

清代前期，随着经济文化的发展，政府和地主商人们大兴土木、宫殿、园林和寺庙建筑盛极一时，在工程技术和建筑艺术上都达到了很高水平。北京城内，与宫廷毗连的三海（中、南、北）是皇帝游乐宴息之地。城外西北郊有著名的三山五园，即香山静宜园、玉泉山静明园、万寿山清漪园以及畅春园、圆明园。河北承德有避暑山庄。山庄周围又有宏伟的寺庙群，称为外八庙。雷发达及其子孙六代主持"样式房"，先后担任皇宫、三海、圆明园、玉泉山、香山、颐和园及东西二陵的工程设计，被称为"样式雷"。清代园林中，首屈一指的是圆明园，它是中国古典园林艺术的顶峰，世界园林艺术史上的一颗明珠。它的兴衰始末与清王朝的盛衰转换紧密相连（图10—2）。

图10—2 圆明园远瀛观

# 第十一章
# 清 代 后 期

　　清代后期是指从道光二十年到宣统三年（1840—1911）。这一时期，有道光（在位跨清代前后两期）、咸丰、同治、光绪、宣统五位皇帝在位。1840年爆发的中英鸦片战争，是中国近代历史的开端。在这72年里，日益衰败的清政府，在列强入侵面前，被迫签订了一系列的不平等条约，主权沦丧，国势衰微。在中华民族生死危亡的关头，许多仁人志士为救亡图存，不仅提出了许多切中时弊的改革主张，也开展了反帝反封建的浴血奋战。但这一切终究没有改变近代中国陷入半殖民地半封建社会深渊的历史命运。

　　1911年辛亥革命爆发，一举推翻了代表封建主义势力并与帝国主义侵略者相勾结的清王朝，结束了在中国历史上持续两千多年之久的封建帝制，然而革命果实却落入军阀手中，帝国主义和封建主义两座大山依然沉重地压在中国人民身上。

## 第一节　列强侵华与国势衰微

### 一　两次鸦片战争与《南京条约》等一系列不平等条约的签订

　　鸦片战争前的中英贸易中，英国商人主要向中国输出棉纺织品和印度棉花，从中国输入丝、茶、漆器、瓷器等。由于中国自给自足的自然经济，加上清政府在对外贸易中实行限制和防范政策，英国在和中国贸易中长期处于入超状况。于是，英国决定走私鸦片来赚取巨额利润。

鸦片，俗称大烟，是一种吸食后上瘾的毒品。自乾隆后期起，英国的东印度公司便向中国走私鸦片。据统计，输入中国的鸦片，1800年至1820年平均每年为4200箱，1821年至1829年平均每年为1.9万箱，1830年至1840年平均每年为2.4万箱。鸦片走私猛增，大量白银外流，加之烟民增加，产生了严重的经济、政治与社会危机。1838年，湖广总督林则徐指出，鸦片"流毒于天下"，若不严禁，数十年后"中原几无可以御敌之兵，且无可以充饷之银"[1]。同年，道光皇帝召林则徐进京，商讨禁烟事宜，12月任命他为钦差大臣，南下广州禁烟。

林则徐，福建侯官（今福州）人，在湖广总督任内，禁烟成效卓著。1839年（道光十九年）1月，林则徐毅然以"苟利国家生死以，岂因祸福避趋之"[2]的忠勇气概，前往广州赴任。3月10日抵达后，他立即要求外国烟贩缴烟，并签订保证文书，声明"嗣后来船，永远不敢夹带鸦片，如有带来，一经查出，货尽没官，人即正法"。并表示了"若鸦片一日未绝，本大臣一日不回，誓与此事相始终，断无中止之理"[3]的决心。外国烟贩迫于压力缴出鸦片19179箱、2119袋，总重270余万斤[4]，6月3—23日，在虎门海滩当众销毁。虎门销烟是中国人民反抗西方

---

[1] 《湖广总督林则徐奏为钱票无甚关碍宜重禁吃烟以杜弊源片》，见中国第一历史档案馆编《鸦片战争档案史料》第1册，上海人民出版社1987年版。

[2] 《鸦片战争档案史料》第1册，《林则徐全集》（五），福州海峡文艺出版社2002年版。

[3] 同上。

[4] 《林则徐集·日记》，中华书局1962年版。

第十一章 清代后期

图 11—1 虎门销烟池遗址

殖民主义侵略斗争的伟大起点，意义深远（图 11—1）。

通过武装侵略，扩张在华殖民势力，是英国政府的既定方针。林则徐等人严厉的禁烟措施，沉重打击了英国走私商人、英印当局和英国政府。10 月，英国政府决定向中国宣战。1840 年 6 月，英国舰队抵达广东海面，宣布封锁广东江面与海口，鸦片战争爆发。此后，英国不断增派兵力，战舰达 25 艘，其他船只 60 余艘，兵力两万余人。尽管清朝爱国官兵和中国人民进行了英勇抗击，涌现出关天培、陈化成等壮烈殉国的民族英雄，但由于清政府腐败无能、武备废弛、武器落后，最终战败。1842 年（道光二十二年）8 月 29 日，中英签订《南京条约》。

《南京条约》是中国近代史上第一个丧权辱国的不平等条约。《南京条约》共 13 款，主要内容有：（1）开放广州、福州、厦门、宁波、上海五座港口城市通商。（2）割让香港岛给英国。

（3）对英赔款2100万银元。（4）协定关税。

在随后签订的中英《虎门条约》等中，又增加了对中国主权造成严重损害的内容，如：片面最惠国待遇；外国军舰可常驻中国港口；允许英人在通商口岸赁地建房居住；英人享有领事裁判权，即治外法权。凡英国人在中国犯罪，不受中国法律制裁等。

鸦片战争结束后，美法等资本主义国家也趁火打劫，通过军事威胁等方式，于1844年相继签订了中美《望厦条约》、中法《黄埔条约》等不平等条约。

鸦片战争是清朝后期中国历史的重大转折，严重影响了此后中国近代历史的发展方向，是中国近代史的开端。《南京条约》等一系列不平等条约的签订，严重损害了中国的领土完整与主权独立，中国开始由独立的主权国家向半殖民地半封建社会转变，中华民族的危机与苦难日益加重。

1856年至1860年（咸丰六年至十年），英法列强为了进一步扩大在中国享有的各种特权，又发动了第二次鸦片战争。1858年5月，英法联军攻陷大沽炮台，直扑天津。清政府与侵略者签订《天津条约》。1860年8月，英法军队又借口"换约"，寻机再度攻陷大沽、天津，直逼北京。咸丰帝（奕詝，1851—1861年在位）仓皇逃往热河行宫。10月5日，侵略者进抵北京郊区。

10月6日，侵略者闯进圆明园，在3天之内将园内金银珠宝及文物抢掠一空，而后又纵火将这座历时150年建成、占地350公顷、各式建筑200多座、堪称人类文化奇迹的世界名园焚毁。"焚掠圆明园，对中国至为残酷，而英法两国殖民军则极其可耻。"[1]

---

[1] 引自法国前总统德斯坦为法国作家伯纳·布立赛所著《1860：圆明园大劫难》一书中文版写的序。该书由高发明等译，浙江古籍出版社2005年出版。英法侵略军纵火焚毁圆明园的时间是1860年10月18—19日。

10月24—25日，清政府与英法侵略者分别交换《天津条约》批准书并签订《北京条约》，外国公使得以从此常驻北京，进一步便利了对清政府的操控；增开天津等为通商口岸，降低关税、子口税，商船、兵船可沿长江深入内地，更加有利于列强向中国倾销商品和掠夺原料；确立片面最惠国待遇与利益均沾原则，割让九龙司，"归英属香港界内"等规定，使中国主权进一步遭到破坏；鸦片贸易合法化的规定，充分暴露了侵略者的贪婪无耻，鸦片烟毒进一步弥漫中华大地。

第二次鸦片战争期间，美俄两国以"调解人"名义，先后胁迫清政府签订中俄《天津条约》和中美《天津条约》。1858年，趁英法联军攻陷大沽口之机，俄军入侵中国东北，强迫清政府签订中俄《瑷珲条约》，将黑龙江以北中国的60多万平方公里领土划归俄国。1860年又签订中俄《北京条约》，把乌苏里江以东的40万平方公里土地割让给俄国。1864年（同治三年），又签订《中俄勘分西北界约记》，俄国又掠走中国44万余平方公里的领土。俄国先后掠走150多万平方公里的中国领土，成为列强侵华最大的获益者之一。

## 二　中法战争与《中法新约》的签订

中越两国历史上有着悠久的交往与联系，形成了宗主与藩属的关系。19世纪中叶以来，法国不断侵略越南，并企图以越南为跳板进一步侵略中国。

1873年（同治十二年）和1882年（光绪八年），法国对越南发动了两次进攻。越南政府请求中国相助。广西农民义军"黑旗军"在刘永福统领下助越抗法，清政府也提供了军事与物资援助。"黑旗军"曾多次大败法军。1883年底，法军征服越南后，向中国军队进攻。在海上，1884年8月，攻占福州马尾军港；在陆上，法军攻至广西、云南边境，遭到中国军民英勇抗击，清军老将冯子材在镇南关（今友谊关）和谅山大败法军。然而，在主和派主导下，在陆地战场节节胜利的情况下，清政府却与法国议和。1885年6月，签订了《中法新约》。该条约不仅承认法国对越南的占领，而且规定，凡中国在广西、云南开通商埠、修筑铁路，应向法人"商办相助"。法国如愿打开了中国西南地区的大门。

### 三　中日甲午战争与《马关条约》的签订

中日甲午战争的爆发，是日本明治政府制定和推行对外侵略扩张的大陆政策的结果。明治维新后日本加入列强阵营，成为侵略中国最凶残的敌人之一。

1894年（光绪二十年），日本利用朝鲜发生东学党起义之机，先是怂恿清军入朝，继以清军入朝为借口，派遣大批日军入朝，挑起战端，并从海陆两路，向清军进攻，中日战争正式爆发。因该战发生在甲午年，故又称"甲午战争"（图11—2）。中日甲午之战分三个阶段：第一阶段，7月25日清军北洋舰队遭到日本海军第一游击队突然袭击，8月1日，中日双方正式宣战。清军守平壤，日军进攻，清军大败，退回国内。第二阶段，9月，清军北洋舰队与日本海军在鸭绿江口大东沟附近的黄海遭遇，进行了激烈的炮战。10月，日军入侵中国东北地区，攻占九连城、安东、金州、大连、旅顺等地。第三阶段，1895年1月，日军两万余人，从山东荣成登陆，攻占威海卫。清军海军北洋舰队遭日军海陆夹击，全军覆没。1895年4月17日，清政府在日本马关签订中日《马关条约》。条约规定：（1）中国承认日本对朝鲜的控制；（2）将辽东半岛、台湾岛及所有附属岛屿、澎湖列岛割让给日本；（3）赔偿日本军费二万万两白银（约相当于清政府全年财政收入的两倍多);(4)允许日本在中国通商口岸设立工厂;(5)增开沙市、重庆、苏州、杭州四个通商口岸。后来,俄、法、德三国从自身利益出发,不甘心日本独占辽东半岛,进行干涉后,清政府又用银3000万两"赎回"辽东半岛。

图11—2 北洋水师"致远"号官兵照片

《马关条约》的签订,加快了中国沦为半殖民地半封建社会的进程,中国面临着被列强瓜分的严重民族危机;在国家主权严重丧失和外国资本大量进入的同时,中国民族资本主义也进入初步发展阶段,民族主义和民主思潮迅速兴起,中华民族在失败和痛苦中开始觉醒。

## 四 八国联军入侵与《辛丑条约》的签订

面对列强入侵、民族危机加剧,以广大农民、手工业者为主体的民众掀起了反帝爱国的义和团运动，提出"扶清灭洋"口号，矛头直指列强。1900年6月，义和团由山东大举进入京津地区，义和团运动发展进入高潮。1900年6月到8月，由英、美、德、日、俄、法、意、奥组成的"八国联军"，发动了侵华战争。联军先后攻陷大沽、天津、北京。1901年春，又进攻山海关、保定、娘子关、居庸关、宣化、张家口等地。在此期间，沙俄又独自派兵17万人，入侵中国东北，占领东北主要城市和交通线。

八国联军攻入北京后，"特许军队公开抢劫三日，其后更继以私人抢劫"[1]；沙俄入侵东北后，在海兰泡与江东六十四屯制造了"不分男女老幼，惨遭屠杀"的骇人惨案。

1901年9月7日，清政府被迫与英、美、德、日、俄、法、意、奥（后又加上比利时、荷兰、西班牙三国）等国签订《辛丑条约》（图11—3）。条约规定：（1）惩办"得罪"列强的各级官员；（2）明令禁止民间各种反侵略组织；（3）赔款白银4.5亿两，从1902年1月算起，分39年还清，加上利息，共9.8亿两白银；（4）在北京东交民巷设立使馆区，中国人不准在使馆区内居住；（5）撤毁大沽炮台以及北京至天津海口的各个炮台；（6）各国可在北京至山海关间的铁路沿线十二处驻兵。《辛丑条约》签订前，慈禧太后[2]就曾表示要"量中华之物力，结与国之欢心"[3]，决心充当列强在华利益和特权的维护者与代

---

[1] 《中国近代史资料丛刊·义和团》第2册，上海人民出版社1951年版。

[2] 慈禧太后（1835—1908），又称"西太后"、"那拉太后"、"老佛爷"，1861年至1908年间清朝的实际统治者。满洲镶黄旗人，叶赫那拉氏。清文宗咸丰帝的妃子（封号先后为懿贵人、懿嫔、懿贵妃），同治帝（载淳，1862—1874年在位）的生母。同治帝立，尊为圣母皇太后，尊号为慈禧。在咸丰帝驾崩于避暑山庄后，治丧期间因与慈安太后分住烟波致爽殿东、西暖阁，故也被称为西太后。

[3] 故宫博物院明清档案部编：《义和团档案史料》，中华书局1979年版。

第十一章 清代后期

图 11—3 《辛丑条约》签订现场照片

理人，清政府日趋沦为列强的附庸。《辛丑条约》的签订，标志着列强对中国的侵略进入了一个新阶段，中国的半殖民化程度进一步加深。

## 第二节 主权沦丧下晚清社会与政治制度的变化

### 一 洋货入侵对封建自然经济的冲击

鸦片战争后，列强利用不平等条约在中国享有许多特权，将大量廉价商品输入中国。洋货的入侵，给自给自足的封建自然经济造成巨大冲击。

首先，大量价廉的洋纱、洋布源源不断输入中国，给中国传统的小农家庭棉纺织业造成巨大冲击，使其逐步衰落。由于洋纱、洋布在价格上，较之土纱、土布占有明显优势，因此，洋棉纱在中国的进口量，1885年较1870年增长达22倍之巨。而洋棉布的进口量，1890年较1872年增长66%之多。这一切，既导致农村家庭棉纺织手工业的破产，也导致农业与手工业的分离，以及自然经济的逐步解体。

其次，洋货对中国城乡市场的占领，也对传统的手工业造成沉重打击。19世纪90年代前后，洋货入侵的数量剧增，且"洋货"的种类更加繁多，不仅畅行各口岸，且销入内地，使得传统的手工业因市场萎缩而呈现凋敝状态。

再次，洋货的入侵，不仅逐渐破坏了中国传统的农产品市场，而且在洋商对原料需求以及出口增加的刺激下，农产品的商品化生产有所扩大。由于茶叶出口增加，新辟茶园增多，蚕桑、棉花、烟草、豆类、花生等的种植面积也在扩大。但是，因国家主权沦丧，农产品商品化操纵在列强洋商手中，出口数额大小及价格高低，均任洋商主宰。

鸦片战争后，外国资本帝国主义侵略者，既控制着中国的经济命脉，大肆掠夺中国的各种资源，又通过在中国兴办工商业、倾销商品、操纵市场、把持海关等，破坏了中国自给自足的自然经济，破坏了城市的手工业和农民的家庭手工业，加速了中国封建社会经济结构的分解，在客观上给中国资本主义的发展造成了某些条件和可能，从而使中国逐渐沦为半殖民地半封建社会。

## 二 晚清政治制度的演变

列强入侵，国家主权的沦丧，半殖民地半封建程度的逐步加深，迫使晚清的政治制度发生一定程度的变革和变化。

自鸦片战争之后至清政府实行"新政"以前，晚清政治制度的变化，主要体现在清政府若干新的机构设置与职能行使上。

新设五口通商大臣。鸦片战争后，广州等五个通商口岸设立，清政府为应对这种局面和变化，于1842年10月设立这一机构。1844年10月开始有"五口通商大臣"的正式名称。最初，由两广总督兼任。由于不平等条约使清政府丧失主权，列强设在通商口岸的租界，享有领事裁判权及其他特权，俨然成为"国中之国"。

新设总理各国事务衙门。原名为"总理各国通商事务衙门"，简称"总理衙门"，或通商衙门、总署、译署等。1861年1月正式成立。1901年7月改为外务部。其职能为"办理对外事务，以专责成"。这是清政府设置的首个负责包括通商等对外事务的机构。[1]

新设"南洋大臣"与"北洋大臣"。总理衙门设立之后，随即分设南、北洋通商事务大臣，简称南、北洋大臣。"南洋大臣"即原五口通商事务大臣，1858年12月改由两江总督兼任；"北洋大臣"于1860年始设，1870年改为北洋通商事务大臣，由直隶总督兼任。南、北洋大臣均由封疆大吏兼任，他们既是地方上的最高长官，也管理所辖地方的对外交涉、通商、海防、军备、关税等事务，实权远在其他督抚之上。

新设"总税务司"。1860年清政府在上海设立"总税务司署"，其职能为负责管理全国海关关税和行政事务。1861年清政府授予英国人李泰国全权统办各口税务。1863年清政府又正式任命英国人赫德为总税务司，此后他担任此职达45年之久。该司署设总税务司一人，副总税务司一人，均由洋人担任。下设五科三处，大多由洋员担任。其人员任免、海关征税、管理事务的

---

[1] 故宫博物院明清档案部编：《清末筹备立宪档案史料》上册，中华书局1979年版。

大权均由洋人独揽。

晚清政治制度的上述变化，适应了西方保障其在中国享有各种特权的需要，带有明显的半殖民地化色彩。而晚清政府采取的重大政治举措中既有历史意义又有成效的，实际上只有新疆、台湾建省及西南地区继续推行改土归流等寥寥几项。

这一时期，晚清的法律、财政、军事等制度也逐渐发生了形形色色的变革和变化，其中有的带有半殖民地化色彩，有的则具有近代化的性质。后者大多是在洋务运动或戊戌变法中产生的，不过，由于洋务运动的破产和戊戌变法的失败，这些变革举措或难以取得预期的求强求富效果，或难免夭折的命运。清政府在垮台前十年间导演的"新政"，虽然涉及政治、法律、财政、军事等诸多方面，但其根本目的在于维护封建专制统治，最终必然被汹涌澎湃的辛亥革命大潮席卷而去。

## 第三节　人民大众反抗斗争与志士仁人的救亡图存主张

### 一　三元里人民反英斗争

1841年5月底，侵华的十余名英军窜至广州城北的三元里，烧杀抢掠，并在村头调戏农妇。乡民闻讯，手持木棍、农具，当场击毙七八名英军。为防英军报复，三元里附近百余乡的民众自发组织起来，共抗来犯英军。5月30日晨，三元里等乡民众五千余人聚集起来，与当天来犯英军一千多人，在牛栏冈对阵决战。乡民手持长矛、大刀，在田间山头与英军搏斗。战斗持续至晚上，英军死伤惨重，狼狈逃回四方炮台。

三元里人民反英斗争是近代中国人民反帝斗争的先声，也是中国人民反侵略斗争的一面光辉旗帜。

## 二 洪秀全与太平天国起义

第一次鸦片战争后，洋货的入侵，使中国传统农业与小手工业受到灾难性的冲击，城乡民众的生活更加艰难，社会矛盾进一步激化，最终促成了1851年的太平天国起义。

太平天国起义的领导者洪秀全，生于1814年，广东花县人，原为农村的一位塾师。1843年他到广州参加科举考试，得到一本宣传基督教的小册子《劝世良言》。他将书中的内容加以改造，创立了拜上帝会，主张信奉真神"上帝"，"消灭人间的阎罗妖"即清统治者，实现"天下一家，共享太平"的理想社会。

通过"拜上帝会"，洪秀全与同乡冯云山一起，在广东、广西进行起义的组织与准备工作。1851年1月11日（道光三十年十二月初十），在广西桂平县金田村，正式宣布起义，建号"太平天国"。不久，洪秀全号称天王。同年9月，攻克永安。在永安，洪秀全封杨秀清为东王，萧朝贵为西王，冯云山为南王，韦昌辉为北王，石达开为翼王，组成了以洪秀全为首的领导核心，并订立了各种制度。随后，太平军入湖南、湖北，克九江，下安庆，攻芜湖。1853年3月（咸丰三年二月），攻下南京，改为"天京"，并在此定都，建立了太平天国政权。

定都天京后，太平天国进行过北伐、西征。北伐以失败告终，而西征则取得胜利。1856年6月，太平军又连破清军的江北、江南大营，解除了对天京的威胁。此时，长江千里，西自武昌，东到镇江，都在太平军掌握之中，太平军达到了军事上的全盛时期。

1853年，太平天国颁布了政治纲领《天朝田亩制度》。

《天朝田亩制度》勾画了一幅"有田同耕，有饭同食，有衣同穿，有钱同使，无处不均匀，无人不饱暖"的理想社会和理想国家的图画。它是一个贫苦农民反封建的革命纲领，表现了高度的革命彻底性。但是，这种建立在平均主义基础之上的理想主义制度，不过是小农经济背景下的政治空想。在当时的历史条件下，根本不能真正实施。1854年后，太平天国又恢复了旧时交粮纳税的田赋制度和关税、营业税等税收制度。

太平军还曾重创由外国人组成的"洋枪队"，在反对和抵抗列强入侵上，建立了自己的业绩。

定都天京后，东王杨秀清居功自傲，独揽大权。1856年逼洪秀全封他为万岁，洪秀全密令韦昌辉、石达开回京解除杨秀清的威胁。韦昌辉带兵入京，乘机残杀杨秀清及家属、部众两万余人。石达开回京后对韦昌辉不满，也险遭杀害。11月，洪秀全处死韦昌辉，诏令石达开辅政。次年石达开因遭洪秀全猜疑，被迫率军出走。这一内讧大大削弱了自身力量。在中外反动势力共同镇压下，尤其是湘军的疯狂进攻下，1864年7月天京被攻陷。历时十余年，征战18个省份、攻克600多个城镇的太平天国起义最后失败了。

太平天国起义是中国历史上最大规模的一次农民起义，是继鸦片战争后近代中国历史发展的第二个转折点。它极大地扰动了封建社会的旧秩序，加快了封建社会的崩溃；它向外国侵略者显示出中国人民的强大革命力量，在一定程度上起到了阻止中国完全沦为殖民地的积极作用。

### 三 捻军起义与义和团运动

捻军最初活动在安徽、河南一带，由贫苦农民与失业游民构成，结则为"捻"，散则为"民"，人称捻子或捻党。1853年（咸丰三年），太平军北伐时，安徽、河南、江苏、山东等地捻党起义响应，号称捻军。1855年8月，各路首领在雉河集（今安徽涡阳）聚集，公推张乐行为盟主，队伍扩至十余万人。1857年，捻军接受太平天国领导，配合太平军，屡败清军。次年，张乐行战死，捻军归张宗禹、任化邦率领。1864年（同治三年）与太平军余部联合，推举赖文光为统帅。次年5月，捻军在山东击杀清军僧格林沁。1866年10月，捻军分为东西两支，东捻由赖文光率领，留守中原，西捻由张宗禹率领，转战西北。1868年1月赖文光战死，西捻回师救援，8月在山东茌平陷入清军重兵包围，许多捻军将士战死。至此，长达15年之久的捻军起义以失败告终。

义和团原名"义和拳"，最初流行于山东、河南一带，以设拳厂、坛口和坛场等方式组织民众，参加者多为农民和小手工业者。从1896年（光绪二十二年）开始，山东曹州等地的大刀会、德州一带朱红灯领导的义和拳，进行反对洋教教会势力的斗争。1899年，义和拳改称义和团，将原来的"扫清灭洋"口号改为"扶清灭洋"，斗争矛头直指外国侵略势力，逐步由山东扩展至华北、东北各省，北京、天津一带声势尤为浩大。1900年6月，英、美、德、日、俄、法、意、奥"八国联军"自天津进犯北京，义和团与清军部分爱国官兵在北仓、杨村、廊坊等地阻击敌人。21日，清政府向各国宣战，利用义和团御敌。在八国联军攻占天津、北京后，清廷迅速和侵略者携手合作，曾经在清廷文书中被称为"义民"的义和团，立刻成了必须"痛加剿灭"的"匪徒"，义和团运动遭到中外反动派的联合剿杀，惨遭失败。

义和团运动是一场以挽救民族危亡为目的的爱国救亡运动，它使帝国主义者看到了中国昂扬的民气，不得不改变瓜分中国的政策。同时，作为下层群众的自发斗争，义和团运动在斗争目标、方式和手段上确有一定的盲目性。他们不愿看到、更不愿学习西方先进文化，排斥一切外国人以及一切外国的商品，这是面对外来强势压力之后的一种自发反应，也是义和团运动的历史遗憾。

## 四 志士仁人的救亡图存主张

鸦片战争以后，列强入侵，国势凋敝，落后挨打，中华民族面临灭亡的绝境。许多志士仁人提出了诸多救亡图存的主张。

（1）因时而变，学习西方"长技"。魏源，湖南邵阳人，道光进士。他主张法须因时而变，不必泥古守旧。编著《海国图志》一书，详细介绍了英美等国的地理、经济、政治、军事、工商、科技情况，目的就是为了"师夷长技以制夷"[1]，即学习西方先进的"长处"来强盛中国，而最终战胜西方列强。薛福成，江苏无锡人，清末外交官。他认为天道"数百年小变，数千年大变"，主张向西方学习，否则"不变则彼富而我贫"、"不变则彼捷而我迟"[2]。郑观应，广东香山（今中山）人，曾为洋行买办，晚清道员。他主张要"通天"，即要研究西方之天文、算法、历法、电学、光学；要"通地"，即要研究西学之地舆、测量、经纬、种植、舟车、兵阵；要"通人"，即要研究西方之文字、政教、刑法、食货、制造、商贾、工技等。[3]

这些思想和变革主张，是对当权者长期坚持闭关锁国、盲目自大治国方略的否定，在当时与后世，都产生了积极而深远的影响。

（2）学习西方实业，发展工商业。洪仁玕（gān），洪秀全族弟，曾在香港接触过西方文化。他在《资政新篇》一书中，

---

[1] （清）魏源：《魏源集·治篇五》、《海国图志序》。
[2] （清）薛福成：《筹洋刍议·变法》。
[3] （清）郑观应：《盛世危言·西学》。

主张学习西方实业，发展工商业。一是"兴车马之利"；二是提倡开采矿藏；三是提倡机器制造。他认为"商之源"在矿业，"商之本"在农业，"商之用"在工业，而"商之气"则在铁路。①

（3）积极学习西方文化，以求自强。林则徐，中国开眼看世界的第一人。鸦片战争中，他为了防范英军的侵略，广泛搜集西洋情报；搜集内容广泛，包括西洋国情、中外交通、中西历法、各国货币、鸦片产地种类，以及各国对禁烟的反应等；搜集种类繁多，包括地球仪、航海图、地图集、地理书等；将《澳门新闻纸》、《华事译言》、《各国律例》、《洋事杂录》、《四洲志》等先后译汇。其中《四洲志》重点介绍了英、法、美国家的社会风情、政治制度、工艺制造、机械生产、对外贸易、西洋各国相互关系等。该书由林则徐根据英国人慕瑞所著《世界地理大全》一书编译而成。它为林则徐开眼看世界发挥了重要作用。1841年林则徐被革职查办，充军新疆伊犁，当年秋天，在遣戍途中的镇江与魏源见面时，林则徐将《四洲志》及有关外国资料交付给他，托他续为编辑。在此基础上，魏源于1842年编成《海国图志》50卷。

徐继畬（yú），山西五台县人，道光朝进士。他写成的《瀛寰志略》一书，以图为纲，介绍了世界上近80个国家的风土民情，以及重大的政治事件、商务关系，特别是中英商务的情况。

志士仁人的救亡图存主张，虽受历史和社会的局限，不可能完全实施，但却折射与反映出清朝后期社会的觉醒与要求变革的心声。

---

① （清）洪仁玕：《资政新篇》。

## 第四节　洋务运动求强求富的尝试

### 一　"同光新政"与洋务运动的兴起

清朝后期的洋务运动，又称"同（治）光（绪）新政"。曾国藩、左宗棠、李鸿章等湘、淮军将领在同太平军作战和同外国势力的接触中，认识到西方武器的先进，也感受到列强的威胁，产生了危机意识和仿效思想。1861年1月（咸丰十年十二月），恭亲王奕訢上奏的《通筹洋务全局酌拟章程六条折》，提出要"自图振兴"，并在另一奏折中，提出要通过兴办洋务以求"自强"。命曾国藩在上海雇用外国人任教习，制造洋枪洋炮，先后建成"安庆内军械所"、"上海洋炮局"①。洋务运动由此肇始。为与反对者"顽固派"官僚相区别，洋务派之名亦由此产生。

洋务派官僚集团内部，分为中枢系、湘系、淮系三个派系。中枢系由执掌洋务新政的中枢部门官员构成，掌握洋务运动的决策与指导权。除兴办近代教育、处理外交事务外，也负责批准并采纳下属部门、地方官员兴办洋务的事宜。其核心人物，前期为恭亲王奕訢为首的总理衙门官员，后期为醇亲王奕譞为首的总理衙门、海军衙门大臣。

湘系由曾国藩及湘军将帅、官员组成。主要人物除曾国藩外，还有左宗棠、刘坤一、沈葆桢、曾国荃等人。湘系洋务派多为将领出身，主要在军事方面采用新法。

淮系洋务派，由李鸿章为首的淮军文武官员组成。曾国藩去世后，李鸿章成为洋务派首领，使淮系成为最具实力和影响的洋

---

① 贾桢等：《筹办夷务始末（咸丰朝）》卷72，中华书局1979年版。

务派集团。其主要人物有张树声、丁日昌、刘铭传、盛宣怀等。淮系洋务派虽多自行伍出身,但起家于江浙、上海等地,与洋人有较多的交往合作,观念上较湘系洋务派更开放、务实,加之李鸿章长期担任朝廷要职,位高权重,使得淮系洋务派实力长盛不衰,取得实绩也更多。

洋务派张之洞所提出"中学为体,西学为用"①的主张,后来被视为洋务运动的宗旨。

在具体运作上,洋务派一是主张学习西方军事制度与技术,制造新式武器,训练新式军队,开办兵工厂,提升军队战斗力;二是主张学习西方科技、管理方法,开办工矿交通实业,振兴国内工商业;三是培育新式人才,提倡废除八股,修改教学科目章程,举办新式学校,并向欧美派遣留学生。求强、求富、培养人才是洋务派的具体目标。

## 二 编练海陆军与兴办工矿、交通、新式学堂

### 1. 编练新式海陆军

镇压太平军与捻军以及应对第二次鸦片战争,使清廷认识到,抵御外敌和彻底镇压太平军、捻军,必须自谋强大,即自强;自强之策在于编练新式军队,即练兵;练兵之法在于添置洋枪洋炮。

1862年(同治元年),清政府开始聘请英法军官代练新式军队。从绿营中抽调精壮,装备洋枪洋炮并施以相应的军事训练,是为"练军"。最早出现于天津和直隶,后逐步推广至大多数省。

在编练新式军队上,淮军实施程度较为彻底,一是装备逐步西化,采用单一的洋枪洋炮;二是改组编制,建新兵种,自

---

① (清)张之洞:《劝学篇外篇·会通》。

1893年始，淮军组建炮兵、开花炮兵等新兵种；三是更新训练，习用洋操，将新兵入伍训练时间延长，聘请洋教官教练洋操，习用洋枪、洋炮、队列、战术等，并颁发了全军统一的操练规章。

陆军的新式化建设，使中国军队从传统旧式军队进入近代新式军队时代，但成效并不理想，在对外战争中依旧是一触即溃。

清朝现代海军的诞生，也是在外国影响下开始的。从1861年始，购买外国轮船建立海军，成为洋务派官僚的一个重要议题。

1868年，江南制造总局和福州船政局制造出轮船，使清廷海军建设有了可能。1874年日本侵犯台湾事件促使清廷决定大办海防、筹建海军。自1875年开始，清政府决定每年从海关税收与江南厘金项下提取400万两白银，作为发展海军之用。这些专款由南、北洋大臣掌握，致力于发展福建海军、南洋海军、广东海军、北洋海军及浙江海军等。

从1875年至1884年的十年间，清军海军建设虽未取得理想结果，但也初步建成了北洋、南洋、福建、广东、浙江五支海军舰队，合计共有船舶64艘，排水量47620吨，各式大炮322尊，官兵约5000人。

2. 兴办工矿交通实业

洋务派兴办的工矿交通实业，分为官办、官督商办、商办等方式，以官办的军工实业为多，分布地区较广。其中有安庆内军械所（1861）、江南制造局（1865）、福州船政局（1866）、汉阳铁厂（1893）、轮船招商局（1873）、上海洋炮局（1862）、苏州洋炮局（1863）、金陵机器局（1865）（见彩图三十七）等。至1884年（光绪十年），所建厂局遍及18个省份，数量共计32家。主要生产枪炮、火药、子弹、水雷、轮船、炮弹等。

官办的军工企业，从管理和经营形式上看，与传统的封建官府工业类似，但由于采用了机器工业生产方式，采用雇佣劳动，部分实行了成本核算等生产和经营内容，已与传统的封建官府工业有了重大差别，具有一定的资本主义现代工业的属性，是中国现代工业诞生的标志。

此外，还有商办的云南铜矿（1865）、上海源昌号（1872）、直隶通兴煤矿（1879）等。至 1894 年，中国商人创办的工矿实业，已达七八十家之多[①]，产业种类涉及轮船航运、煤矿、金属矿、通信、纺织等诸业。从统计数字上看，中法战争后至中日甲午战争前，民用工业已成为洋务企业发展的主要方向，发展势头明显加快，新办企业的规模也明显增大，轻纺工业开始推广，铁路交通业建设开始出现，反映出清廷和洋务派更进一步认识到"求强"和"求富"的关系。

3. 兴办新式学堂

洋务运动中的新式教育活动，包括官办洋务学堂与官派留学生出洋留学两个部分，以培养洋务运动所需的各种人才。

1862 年在北京设立的同文馆，是官办洋务学堂之一，也是中国第一所官办的外国语学校。1862 年 8 月，同治帝批准成立"京师同文馆"，学员除学习汉语外，主要学习外文。开馆后，聘有外籍教师，招收满汉学员，学习外文及西方自然科学知识。全馆学生最多时达 120 人。毕业后大多任清政府译员、外交官和其他洋务机构官员。同文馆内设有印刷所，翻译印刷《万国公法》及数理化、文史等方面书籍。1902 年，同文馆并入京师大学堂（今北京大学前身）。

其他官办洋务学堂还有：1866 年左宗棠在福建创办的船政学堂，是国内最早的海军学校；1876 年丁日昌在福州开办电气学塾；

---

[①] 孙毓棠编：《中国近代工业史资料》，科学出版社 1957 年版；中国史学会编：《中国近代史资料丛刊·洋务运动》，上海人民出版社 1961 年版。

1876年，李鸿章在天津机器局设电气水雷局；1877年，南京设立水雷电学馆。此外，还有传授外语、自然科学、军事知识的新式学堂，如上海广方言馆、南洋水师学堂、北洋水师学堂、天津电报学堂、北洋武备学堂、天津医学堂、湖北自强学堂等。

1872年，清廷委派陈兰彬、容闳率詹天佑等三十余名精心挑选的幼童赴美留学。这是中国人留学欧美的开始。1872年至1875年先后由官派四批共120名幼童留学美国，1876年李鸿章又选派天津人卞长胜等7人到德国留学，学习军事。1877年，李鸿章与沈葆桢又派福建船政学堂学生30人到欧洲留学。此后，又于1881年、1886年，分别派出第二批10名和第三批34名学生，分赴英法等国留学。这些留学生回国后，成为福州船政局与海军的技术骨干力量。

### 三 洋务运动的破产

甲午战争中国战败，北洋舰队覆灭，《马关条约》签订，标志着洋务派求强、求富的目标未能实现，洋务运动以破产而告终。

洋务运动是清朝统治集团内部的洋务派官僚，面对内忧外患的危局，为挽救清王朝统治以及增强国家实力以化解民族危机而发动的一场统治阶级自救运动。他们提出的"中学为体，西学为用"主张，本质在于维护现有的封建专制统治。治标不治本，必然导致求强求富的近代化尝试目标难以实现。

洋务运动的破产，有其主观和客观原因。客观上，西方列强并不希望中国走上近代化的富强之路，不会让中国掌握真正的先进技术。如洋务派聘请的一些洋匠，利用中国官员不懂技术，进行敲诈勒索，牟取暴利，使实业难以发展。清政府内部的顽固派，仇视一切洋务活动，百般阻挠破坏，使洋务运动步履维艰。主观上，整个洋务运动没有一个健全有力的领导核心，力量分散且有限，加之洋务派官员自身近代化素养不够，尚未认识到列强的国家制度建设对经济发展所起的重要作用。相反，洋务派企图靠单纯引进西方先进技术和设备，而不彻底变革封建专制制度，试图搞所谓的"中体西用"，即用中国腐朽的封建专制制度做容器，去盛装西方的先进技术，必然导致失败破产的命运。

洋务运动引进西方近代生产方式和设备，兴办了一批军工、机器制造、轨道交通实业，刺激了中国资本主义生产方式的产生，中国出现了最早的一批工人阶级、资产阶级；同时，通过洋务运动，在一定程度上也开阔了人们的视野，强化了中国与世界的联系；新式学校的举办，以及派遣包括留美幼童在内的多批出国留学生，学习近代科学技术，为中国培养、储备了一批近代科技人才。资本主义的意识形态、资本主义的生产方式，是推动此后改良派、革命派成长的思想基础和物质基础。

## 第五节　民族危机的空前严重与变法维新的失败

### 一　瓜分中国的狂潮与《时局图》

19世纪末叶，世界主要列强美、德、英、法、俄、日等国，随着社会经济的发展，先后进入帝国主义阶段，在侵华方式上也发生了变化。之前，列强对华经济侵略，以商品输出为主。具体表现为抢占中国市场，强迫中国开商埠、把持中国海关、夺取中国内河航行权等，均是为了对中国输出商品的方便。到了帝国主义阶段，对华经济侵略的方式，则从商品输出为主改变为以资本输出为主。为了输出资本，列强除在中国开设工厂，还要向清廷进行政治性贷款；抢夺铁路修筑权，控制中国交通动脉；垄断矿山的开采，掠夺矿藏；划定自己的势力范围和强占租借地。

中日甲午战争后，英、俄、美、日、法、德等国争先恐后地攫取在华权益，迅速形成了瓜分中国的局势。

　　1895年（光绪二十一年），法国迫使清政府开放云南的河口、思茅为商埠，并取得在广东、广西、云南三省的开矿权。1896年，沙皇俄国获取黑龙江、吉林两省境内修筑中东铁路的特权，并取得对铁路沿线地区的管理权。1897年，英国在强迫清政府开放广西梧州、广东三水为商埠的同时，又以"永租"的名义，强占中国云南的猛卯三角地区，并取得了在广东西江的航行权。同年，法国又迫使清政府宣布海南岛不割让给他国，实际上是将海南岛划作法国的势力范围。1897年11月，德国借口传教士在山东曹州被杀，派军队强占了山东的胶州湾，并取得在山东修筑胶济铁路和在铁路沿线开采矿山的特权，进而，德国便将山东作为自己的势力范围。1897年12月，沙俄借口德国占据胶州湾，派军舰侵占旅顺。1898年8月，又迫使清政府把旅顺、大连"租借"给俄国，并取得修筑中东铁路支线（哈尔滨至旅顺）的特权。从此，沙俄将中国东北的黑、吉、辽三省与内蒙古作为它的势力范围。1898年4月，法国借口俄国占据旅顺、大连，强行"租借"广州湾，同时以取得滇越铁路的修筑权为由，迫使清政府宣布广东、广西、云南"不割让给他国"，从而将云南与两广的部分地区作为它的势力范围。1898年6月，英国以法国占据广州湾为借口，强行"租借"九龙半岛及其附近港湾。7月，又以俄国占据旅顺、大连为借口，租占威海卫，并取得津浦铁路南段（峄县至浦口）的修筑权，同时还迫使清政府宣布长江流域各省及两广的一部分"不割让给他国"，将该地区划为英国的势力范围。1898年，日本除已经侵占台湾以外，又强迫清政府允准将福建省作为它的势力范围。1899年，美国政府以外交照会的形式，提出"门户开放"政策，规定各国互相承认在中国的势力范围、租借地和通商口岸的既得利益，彼此不得干涉。在这些势力范围里，各国船只的入港费和铁路运费，都不得高于占有这些势力范围的国家的入港费和铁路运费。这就是说，在列强的势力范围之内，美国应取得通商和航行的平等待遇，分享各种侵略利益，以弥补美国忙于与西班牙的殖民战争而失去的在中国划分势力范围的机会。美国还通过清政府获得粤（广州）汉（汉口）铁路的修筑特权。

中日甲午战争后短短几年，中国沿海重要港湾——旅大、威海卫、胶州湾、九龙、广州湾上，都竖起了列强的旗帜；许多重要的铁路干线修筑权，都被攫取；几乎全部国土都被划分为列强的势力范围。中国面临着从半殖民地沦为殖民地的严重危机。

《时局图》是清朝后期时事漫画的杰作。通过漫画，作者把19世纪末中国面临被列强瓜分的严重危局，形象生动地展现

图11—4 《时局图》

在世人面前，起着警世钟的作用。漫画中的黑熊代表沙皇俄国，虎代表英国，狼代表德国，青蛙代表法国，鹰代表美国，太阳代表日本。画的上方标明为"时局图"，两边分别为"不言而喻"、"一目了然"八个大字，极为醒目（图11—4）。

463

## 二　戊戌变法及其失败

戊戌变法又名维新变法，其高潮为百日维新。戊戌变法运动开始于1895年（光绪二十一年）发生的"公车上书"。当年4月，清政府准备与日本订立《马关条约》，消息传到北京，正在参加全国会试的18省举人非常气愤。广东举人康有为与他的学生梁启超四处联络，并写成给光绪皇帝（载湉，1875—1908年在位）的万言书，提出"拒约"（拒绝在条约上签字）、"迁都"（迁都到长安）、"变法"（进行政治经济文化改革）的主张，得到1300多名举人的签名。18省举人拟于5月4日齐集都察院门口，要求代奏给光绪帝。万言书辗转传抄，很快传播开来，轰动北京。由于自汉代以来，地方举荐人才，都由公家用车接送到首都，故以"公车"专指进京考试的举人。此次事件被称为"公车上书"。"公车上书"揭开了维新变法的序幕。

为了将维新变法推向高潮，1895年8月，康有为、梁启超、严复等维新人士出版《中外纪闻》、《时务报》、《国闻报》、《湘报》，组织"强学会"、"南学会"，鼓吹变法。在康、梁等维新志士的宣传、组织和影响下，全国议论时政的风气逐渐形成。到1897年底，各地已建立以变法自强为宗旨的学会33个，新式学堂17所，出版报刊19种。到1898年，学会、学堂和报馆达300多个。1897年12月，康有为呈《上清帝第五书》，陈述列强瓜分中国，形势迫在眉睫，如果再不变法，不但国亡民危，就是皇帝想做老百姓都要做不成了，并明确提出开国会、定宪法两大政治主张。1898年1月，康有为上《应诏统筹全局折》，连同《日本变政考》、《俄大彼得变政记》一并呈光绪帝，获光绪帝赞赏。4月，康、梁在北京成立保国会，为维新变法作直接准备。

面对列强瓜分中国狂潮的危局，1898年（戊戌年）6月11

日，光绪皇帝颁布"明定国是"诏书，宣布变法，百日维新开始。之后，光绪帝召见康有为，任命康有为在总理衙门章京上行走，作为变法的智囊。同年9月初，光绪帝又命谭嗣同、杨锐、林旭、刘光第为军机章京上行走，参预新政事宜。在维新派的影响和直接参预下，从6月11日到9月21日，光绪皇帝一连颁布几十道实行新政的诏令。这些新政变革的主要内容为：（1）政治方面，鼓励官绅市民上书言事，严禁官员阻隔；要求各省官员推举保荐新政人才；精简机构，裁撤部分无用的衙门和官员；取消八旗旗人由国家供养的特权，准许自谋生计。（2）经济方面，中央设立铁路矿务总局、农工商总局，各省设商务局，提倡设农会、商会等民间团体，鼓励和保护农工商业；提倡私人开办工厂，鼓励商办铁路、矿业；创办国家银行，鼓励创造发明；改革财政，编制国家预算决算；裁撤驿站，设立邮政局。（3）军事方面，裁撤绿营，训练新军，改用洋操；实行征兵制，添设海军。（4）文化教育方面，开办京师大学堂，各地设立中小学堂，兼习中西文科；废除八股，改试策论，开设经济特科；设立译书局，翻译外国新书；鼓励民间创办报纸，给予一定的言论、出版自由；派人出国留学、游历，等等。

"百日维新"开始后，清廷中的守旧派和维新派矛盾激化。9月中旬，宫廷内外传言将废光绪，另立皇帝，光绪皇帝几次秘密召见维新派商议对策，但维新派既无实权，又束手无策。1898年9月21日凌晨，慈禧太后从颐和园赶回紫禁城，直入光绪帝寝宫，将他囚禁于中南海的瀛台；然后发布训政诏书，再次临朝"训政"。接着下令捕杀在逃的康有为、梁启超；逮捕谭嗣同、杨深秀、林旭、杨锐、刘光第、康广仁、徐致靖、张荫桓等人。9月28日，在北京菜市口将谭嗣同、杨锐、林旭、刘光第、杨深秀、康广仁杀害，史称"戊戌六君子"。所有新政措施，除7

月开办的京师大学堂外，全部被废止。从 6 月 11 日至 9 月 21 日，进行 103 天的变法维新，宣告失败。

戊戌维新运动是中国近代史上最具典型意义的改良运动。从维新运动挽救民族危亡、发展资本主义的目的看，戊戌变法是失败了，但却产生了重大而深远的影响。戊戌变法掀起了近代中国第一个思想解放的潮流，对中国人民的觉醒和进步起到了显著的作用。它以中国民族资产阶级初次登上政治舞台为特征，成为中国资产阶级领导的民主革命的前奏。

### 三 康有为《大同书》对君主专制制度的抨击

戊戌变法失败后，血的教训使变法的领导者康有为进一步看到国家民族的深重苦难。他流亡日本，游历欧美等地，寻找救国治民的良药。西方资本主义进化论学说、空想社会主义思想对他产生了影响，他结合儒家思想，写成《大同书》（1919 年出版），构建出一幅带有空想色彩的大同理想世界图景。

在书中，康有为对君主专制制度进行了抨击。他激烈反对"独尊"，抨击并诅咒封建专制皇帝为"民贼屠伯"[①]，即残害百姓的屠夫。只有在太平之世的大同世界里，才能人人平等，没有臣妾奴婢，也没有君主统领，更没有教主教皇，人人和睦相处，过着平等而富裕的美好生活。

康有为把"人"摆在"天理"之上，充分肯定人的价值。他揭露封建道德的虚伪性和残忍性，继承和发展了孔子"泛爱众"的思想和佛家的"慈悲"观念，不仅将儒家"仁"的思想渗透在《大同书》的全部内容之中，而且，他还把"仁"与"人"糅合为一体，指出"人之所以为人者，仁也"。"舍仁不得

---

[①] 姜义华编：《康有为全集》，上海古籍出版社 1987 年版。

为人"。所谓"仁"就是爱护百姓民众之意,这种把"人"摆在"天理"王法之上,充分肯定人的价值的思想,既是对视民为草芥、愚民的君主专制制度的抨击和否定,同时,也是对"仁"与"人"的新见解。

## 第六节 清末"新政"的夭折与辛亥革命的爆发

### 一 孙中山领导的同盟会与广州起义

1905年(光绪三十一年)8月20日,中国同盟会在日本东京正式成立,孙中山被推举为总理,黄兴任庶务总干事。除制定《军政府宣言》、《中国同盟会总章》和《革命方略》等文件外,还决定在国内外建立支部和分会,联络华侨、会党和新军,使之成为全国性的革命组织。

孙中山(1866—1925),名文,号逸仙,世人尊称"中山先生",广东香山(今中山市)人。早在1894年,他即在檀香山联络爱国华侨,创立了中国第一个民主革命团体兴中会。20世纪初,中国资产阶级民主革命运动蓬勃兴起,各种革命组织纷纷成立。同盟会正是孙中山在成功联合兴中会、华兴会、光复会等反清革命团体基础上成立的。孙中山提出"驱除鞑虏(指满洲贵族统治者,并非指满族人民),恢复中华,建立民国,平均地权",以此作为同盟会的宗旨。1905年11月,同盟会创办机关刊物《民报》,孙中山在"发刊词"中,将同盟会的十六字纲领归纳为民族、民权、民生三大主义,即"三民主义"。其中,"驱除鞑虏,恢复中华"是民族主义的基本内容,就是要用革命的武装手段,推翻清王朝的封建统治。"建立民国"则是民权主义的基本内容,即通过革命,推翻清王朝,建立民主共和国,给国民以充分的"民权"。而民生主义的基本内容则是"平均地权"，即通过多种手段，逐步解决土地问题。

在组织上，同盟会成立后，总部暂设日本东京，国内则分别设东、西、南、北、中五个支部，支部以下按省设立分会；在海外，则设有南洋、欧洲、美洲、檀香山四个支部，并在各国设有分会。同盟会的成员，主要是中小资产阶级及知识分子，成立仅一年，盟员即达万余人。

在活动上，同盟会则做了两件大事，即分别从思想、军事方面，为武装起义作准备。1906年至1907年间，同盟会以《民报》为阵地，康梁保皇派则以《新民丛报》为阵地，双方就要不要用暴力革命推翻清王朝，要不要实行资产阶级民主共和政治，要不要变革封建地主土地所有制等问题，展开激烈论战。这次论战，划清了革命与改良的界限，为武装起义和辛亥革命作了思想与舆论上的准备。第二件大事，是在各地举行反清的革命武装起义。同盟会成立前后，1895年至1911年间，兴中会以及同盟会先后发动过十次起义：其中有1895年至1900年间的第一次广州起义及同时期的其他起义，如自立军起义、惠州起义；1900年至1907年间的萍（乡）、浏（阳）、醴（陵）起义和其他起义，如黄冈起义、七女湖起义、安庆起义、钦州起义、镇南关起义、钦廉上思起义、河口起义、马炮营起义、庚戌新军起义等。它们虽都以失败告终，却在军事上为武昌起义的成功，作了较为充分的准备。

在这些起义中，"庚戌新军起义"是同盟会在广州依靠新军发动的反清武装起义。起义的组织者为留学日本时加入同盟会的朱执信。起义虽然失败，但它表明清王朝的统治工具新军，通过革命党人的工作，可以转化为革命力量。

孙中山与黄兴决定在广州再次发动起义。1911年（宣统三年）1月，黄兴、赵声在香港建立统筹部，并在广州设立秘密机关 38 处。黄兴还组织了一支 800 人的敢死队，作为起义的中坚力量，同时联络了新军与会党。同年 4 月 27 日下午，黄兴率敢死队 120 余人，毅然起义。革命党人虽重创敌人，但自己也伤亡惨重。黄兴多处受伤，化装后突围，返抵香港，起义失败。此次起义同盟会牺牲会员 100 多名，其中 72 人的遗骸被收葬于广州东郊的黄花岗，史称"黄花岗七十二烈士"，此次起义被称为黄花岗起义。黄花岗起义影响巨大，极大地鼓舞了各地的革命志士，有力地促进了武昌起义的爆发。

## 二 清末"新政"与"预备立宪"的夭折

历经义和团运动和八国联军的入侵，清王朝的统治处于风雨飘摇之中；而革命党人发动的反清起义，虽规模不大，且均以失败告终，但充分表明民族危机与国内政治危机的空前严重。险恶的国内外政治形势，迫使清政府在 20 世纪初的 10 年间不得不进行以"新政"与"立宪"为内容的改革。

1901 年 1 月 29 日，慈禧太后利用光绪帝的名义，颁布改弦更法诏，启动涉及政治、法制、财经、文教及军事诸方面的"新政"。

"新政"在政治方面的主要内容，一是 1901 年 4 月，在慈禧太后的默许下，清廷成立督办政务处，就改革作整体规划。二是 1905 年派五大臣出洋考察，研究西洋各国宪政，提供宪政改革咨询，并成立"考察政治馆"。三是决定立宪。1906 年 9 月，慈禧太后下诏颁布预备仿行立宪。四是中央行政改革。清廷订立新的中央官制，改六部为十一部，保留内阁及军机处，改大理寺为大理院，设立资政院及审计院。五是地方行政改革。规定县级以下行政官制与民政部统领全国巡警道。六是地方自治措施。1908 年清政府开始筹备，设立城镇乡以至厅州县各级自治研究所，拟定《各省谘议局章程》。

法制方面。一是修定刑律。1906年编成《大清刑事民事诉讼法》，翌年编成《大清新刑律草案》。1910年5月颁行《大清现行刑律》，附有《禁烟条例》、《秋审条例》等。二是制定商法。1904年1月，颁行由《商人通例》和《公司律》组成的《钦定大清商律》。1905年5月，颁行《破产律》。1911年1月，农工商部又拟订《改订商律草案》，包括总则、公司二编。此外，还制定《保险规则草案》等。三是改革司法制度。1906年10月，清政府改刑部为法部，主管司法行政；改大理寺为大理院，主管审判。公布《大理院审判编制法》。1907年又颁行《各级审判厅试办章程》，对各级审判厅的管辖、回避、预审、公判、执行、诉讼程序作出规定。1910年1月颁布《法院编制法》。

财经方面。一是进行财政整顿。1906年清政府颁布《清理财政明定办法六项》，负责统一中央与地方衙门收支、债务、银号等财政事务。二是进行税制改革。1910年清政府首次编制出全国预算。三是进行币制改革。1910年清政府颁布《国币则例》二十四条，统一银币及铜币的重量和成色。四是设立商部，奖励发展实业，振兴商务。五是发展铁路。

文教方面。一是废除科举。1905年9月，清政府下令废除科举考试，罢黜实行了千余年的科举制度。二是兴办现代学校。在全国兴办并推行五年制的蒙养院、八年制的小学堂、五年制的中学堂、三年制的高等学堂以及大学教育，规定必修的课程。三是实施留学生计划。1903年10月，清政府颁布《奖励游学毕业生章程》，大批学子出国留学，尤以留日学生为多。

军事方面。一是设立新型的全国军事领导机构。1906年改设"陆军部"。1909年宣布由皇帝新任全国陆海军大元帅。二是培训新式军官。1904年至1905年，清政府颁布《新军官制》、

《陆军军官军佐任职等级》、《陆军人员补官体制》等规则。到1910年时，由陆军学堂毕业生及军事留学生补官者已达2000余人。三是改革陆军建制，编练新军。1904年设"中央练兵处"，各省设督练公所，改定新军区为36镇作为国家常备军，巡防队为地方治安部队。新军实行多兵种合成编组，兵种包括步兵、骑兵、炮兵、工程兵、辎重兵等。在兵员补充上，实行征兵制，规定年龄20至25岁的青年须服正规役3年及预备役2年，优先招募有文化者入伍。至1911年时，清政府编成正规军14镇及20旅约19万人。四是重建海军。1908年陆军部提出《筹海军刍议》，拟建巡洋及巡江舰队，并建造船坞、军港及培训人才。1910年设立海军部，专管海军重建事务。五是改革训练制度。新军聘请德日教习，进行新式操练；制定训练规章，统一新军的操练，重视实地演习，并在外省进行野外对抗演习。六是改革后勤制度。新建陆军总营务处，下设粮饷局、军械局、军医局。1906年陆军部对全国新军后勤编制作出具体规定，统一实施。颁行《改定枪弹进口新章》，对外购枪支弹药的批准、购买、使用，作出统一规定。

1906年9月，慈禧太后下诏颁布"预备仿行立宪"。1907年，清廷改考察政治馆为宪政编查馆；上海成立预备立宪公会，之后各地立宪公会纷纷建立。1908年8月，清政府颁布《钦定宪法大纲》和《逐年筹备事宜清单》，以及"臣民权利义务"、"议院法要领"、"选举法要领"三个附录，计划用9年时间筹备宪法。同时，清政府也放宽了对报刊、政党的限制。

1908年11月，慈禧太后及光绪帝相继去世。溥仪（1909—1911年在位）即皇位后，其父摄政王载沣遵循皇兄光绪帝的遗嘱，加快立宪的进程。1909年（宣统元年），各省进行谘议局选举。1910年10月，已设立多年的资政院，举行第一次开院礼。

1911年5月，载沣任命庆亲王奕劻为内阁总理大臣，由他筹组新内阁，共13名成员，其中满人9名、汉人4名。9名满人中有7名为皇族，被当时的舆论讥讽为"皇族内阁"，"名为立宪，实则为专制"①。

清代晚期的政治、法律、财经与军事制度，从鸦片战争后即开始逐渐发生变化，至清末实行"新政"与"立宪"改革，这是由清政府主导的一个难产、扭曲、失败的"近代化"进程。这种变革既是局部的与浅层次的，并未动摇封建统治的根基；又是被迫、被动的，具有不彻底性。"新政"的有些举措，如废除科举制度、兴办新式学校、派遣留学生以及改革税制、币制和制定新法律、改革司法制度等，在客观上有一定的积极作用。但其根本目的在于挽救反动腐朽的清王朝，巩固封建统治，维护既得利益，这就注定了"新政"与"预备立宪"是不彻底的并必然夭折的结局。而"皇族内阁"的出笼，最终不打自招地彻底暴露了清政府实行"新政"与"立宪"改革的真实意图。其结果既让革命党人更加看清了他们的反动面目，也让一些立宪派人士大失所望。挽救中国的道路看来只有一条：发动武装起义，用革命暴力推翻反动腐朽的清王朝。

### 三　辛亥革命爆发与清帝退位

1911年（宣统三年），同盟会领导的广州黄花岗起义失败后不久，湖北、湖南、四川、广东四省相继爆发了声势浩大的抵制"铁路国有"的保路运动。保路运动源于1911年1月，清政府在盛宣怀"利用外资开发实业"的鼓动下，将民办的川汉、粤汉铁路（合称湖广铁路）的修路权出卖给借款给清政府的美、英、法、

---

① 《文牍》，《国风报》第二年第14期。

德四国银行团。5月，清政府宣布"铁路国有"政策，将原先批准的商办办法全部收回。根据借款合同，列强不但掌握了路权，而且还要以湖南、湖北两省的盐税厘金作抵押。所以，这一政策不但剥夺了中国人自办铁路的主权，且将湖广铁路的路权也出卖给了列强。因此，遭到社会各界民众的强烈抵制和反对。

在保路运动中，四川民众的反抗风潮尤为激烈，在革命派的推动与引导下，同盟会会员龙鸣剑、王天杰等人联合哥老会，不仅组织了保路同志军，而且发动了武装起义，控制了川中、川东不少州县，围攻成都。1911年9月25日，回到四川工作的同盟会会员吴永珊（玉章）在荣县组织起义，且一度宣布独立，建立革命政权。清政府为了镇压四川的保路运动，急忙调动湖北的新军入川，致使湖北兵力空虚，为武昌起义的成功创造了条件。

湖北武汉，地处长江中游，包括武昌、汉口、汉阳三地，向有九省通衢之称。由于同盟会会员的努力，此地建立了不少革命团体，主要有文学社与共进会两大组织，而湖北的新军中也有三分之一的士兵参加了革命组织，因此，革命的基础较好。1911年10月，当清政府急调湖北的清军入川镇压保路运动时，武汉的革命派就决定发动起义。在此之前，文学社与共进会曾举行会议，商定起义事项：一是确定10月6日为首义日期，推举蒋翊武为临时总司令，孙武为参谋长。二是选定军政府组织人员。三是制订总动员计划。后因消息外泄、革命党人被捕牺牲等原因，起义日期推迟。10月10日晚8时许，新军第八镇工程第八营打响了武昌起义的第一枪。

当晚11时许，革命军以工程营为主力，在其他各路起义军的配合下，向总督署发起三次进攻，与守卫的清军展开激战。11日清晨，革命军光复武昌全城。当天上午，武昌光复的消息，很快传到一江之隔的汉口、汉阳，汉阳的革命军宣布起义。10月

12日凌晨，汉阳光复。12日，在汉阳革命军配合下，汉口起义军控制了除刘家庙地区以外的汉口全城，至此，武汉三镇光复。各地革命党人受到极大鼓舞，各地纷纷响应，宣布独立，建立革命政权。

武昌起义成功后，10月11日，建立了湖北军政府，推举黎元洪为都督。湖北军政府成立后，即按照同盟会的《革命方略》，宣布改国号为"中华民国"，并通电各省响应。10月17日，《中华民国军政府暂行条例》正式颁布。同时，湖北军政府还采取一系列革命措施，颁布政策、法令，以巩固新生的革命政权（见彩图三十八）。

随着武昌起义的胜利和14个省区的相继响应，革命形势的发展要求尽快建立统一的中央革命政权。11月9日，湖北军政府通电各省都督，派代表来武昌，组织临时政府。11月17日，各省都督府代表在上海开会，成立各省都督府代表联合会。11月30日，独立各省军政府代表在汉口举行第一次会议，议决在临时中央政府成立前，以湖北军政府为中央军政府，通过《中华民国临时政府组织大纲》。12月5日，暂定南京为中华民国临时政府所在地，并推举黄兴、黎元洪分任大元帅及副元帅。12月25日，孙中山自海外回国，到达上海。12月29日，各省代表在南京开会，孙中山以压倒性多数票（参加选举的有17省代表，每省一票，孙中山获16张有效票），当选为中华民国临时大总统。

1912年（中华民国元年）1月1日，孙中山在南京宣布中华民国正式成立，并宣誓就任中华民国临时大总统。2月12日，宣统皇帝溥仪下诏退位，接受中华民国临时政府提出的优待条件，中国最后一个封建王朝清朝268年的封建专制统治正式终结。

辛亥革命一举推翻封建专制王朝，建立共和政体，这是中国几千年历史上前所未有的伟大创举。但革命果实很快落入以袁世凯①为代表的北洋军阀手中,帝国主义和封建主义两座大山依然沉重地压在中国人民身上。要完成争取民族独立、人民解放与实现国家富强、人民幸福这两大历史任务,仍然任重道远。具有光荣革命传统的中国人民不屈不挠,再接再厉,继续进行着英勇顽强的斗争,摸索着民族复兴之路。

---

① 袁世凯(1859—1916),字慰庭,河南项城人。曾任清直隶总督兼北洋大臣、军机大臣、内阁总理大臣。辛亥革命后,成为中华民国首任大总统、北洋军阀领导人。1916年恢复帝制,名洪宪皇帝,引发"护国战争",3月22日宣布取消帝制,6月6日在郁愤中病死。

# 参 考 书 目

范文澜：《中国通史简编》（修订本），人民出版社 1955—1965 年版。

翦伯赞主编：《中国史纲要》，人民出版社 1963—1979 年版。

郭沫若主编及《中国史稿》编写组编写：《中国史稿》，人民出版社 1976—1995 年版。

范文澜及蔡美彪等：《中国通史》，人民出版社 1978—2004 年版。

白寿彝主编：《中国通史》，上海人民出版社 1979—1999 年版。

中国大百科全书编委会：《中国大百科全书·历史学卷》，中国大百科全书出版社 1990 年版。

张帆：《中国古代简史》，北京大学出版社 2001 年版。

张岂之主编：《中国历史》，高等教育出版社 2001 年版。

朱绍侯主编：《中国古代史》，福建人民出版社 2003 年版。

晁福林主编：《中国古代史》（新世纪高等学校教材），北京师范大学出版社 2005 年版。

袁行霈、严文明等主编：《中华文明史》，北京大学出版社 2006 年版。

胡如雷：《中国封建社会形态研究》，三联书店 1979 年版。

白钢：《中国政治制度史》，天津人民出版社 2002 年版。

林甘泉：《中国古代政治文化论稿》，安徽教育出版社 2004 年版。

林甘泉主编：《中国封建土地制度史》第一卷，中国社会科学出版社 1990 年版。

田昌五、朱大渭主编：《中国封建社会经济史》，齐鲁书社、文津出版社 1996 年版。

林甘泉、宁可、方行等：《中国经济通史》，经济日报出版社 1999 年版。

郑学檬主编：《简明中国经济通史》，人民出版社 2005 年版。

步近智、张安奇：《中国学术思想史稿》，中国社会科学出版社 2007 年版。

考古杂志社编著：《二十世纪中国百项考古大发现》，中国社会科学出版社 2002 年版。

徐旭生：《中国古史的传说时代》，科学出版社 1960 年版。

罗琨、张永山：《原始社会》，中国青年出版社 1995 年版。

田昌五：《中华文化起源志》（《中华文化通志·第 1 典·历代文化沿革》），上海人民出版社 1998 年版。

王玉哲：《中华远古史》，上海人民出版社 2000 年版。

中国国家博物馆编：《文物中国史·史前时代》，山西教育出版社 2003 年版。

金景芳：《中国奴隶社会史》，上海人民出版社 1983 年版。

詹子庆：《先秦史》，辽宁人民出版社 1984 年版。

晁福林：《夏商西周的社会变迁》，北京师范大学出版社 1996 年版。

中国社会科学院考古研究所编著：《中国考古学·夏商卷》，中国社会科学出版社 2003 年版。

杨宽：《西周史》，上海人民出版社 2003 年版。

杨宽：《战国史》，上海人民出版社 2003 年版。

沈长云：《中国历史·先秦卷》，人民出版社 2006 年版。

李学勤：《李学勤说先秦》，上海科技文献出版社 2009 年版。

顾颉刚：《汉代学术史略》，东方出版社 1996 年版。

严耕望：《中国地方行政制度史——秦汉地方行政制度》，上海古籍出版社 2007 年版。

傅乐成主编，邹纪万著：《中国通史·秦汉史》，九州出版社 2009 年版。

唐长孺：《魏晋南北朝史论丛》，三联书店 1955 年版。

王仲荦：《魏晋南北朝史》，上海人民出版社 1979—1980 年版。

陈寅恪：《金明馆丛稿初编》，上海古籍出版社 1980 年版。

田余庆：《东晋门阀政治》，北京大学出版社 1989 年版。

朱大渭：《六朝史论》，中华书局 1998 年版。

祝总斌：《材不材斋文集》，三秦出版社 2006 年版。

罗宏曾：《魏晋南北朝文化史》，四川人民出版社 1988 年版。

张泽咸：《唐代阶级结构研究》，中州古籍出版社 1996 年版。

吴宗国：《唐代科举制度研究》，辽宁大学出版社 1997 年版。

钱大群：《唐律研究》，法律出版社 2000 年版。

王仲荦：《隋唐五代史》，上海人民出版社 2003 年版。

魏国忠等：《渤海国史》，中国社会科学出版社2006年版。

张国刚：《唐代藩镇研究》，中国人民大学出版社2010年版。

周宝珠、陈振主编：《简明宋史》，人民出版社1985年版。

侯外庐、邱汉生、张岂之主编：《宋明理学史》，人民出版社1984年版。

漆侠：《宋学的发展和演变》，河北人民出版社2002年版。

陈振：《宋史》，上海人民出版社2003年版。

王曾瑜：《宋朝阶级结构》（增订版），中国人民大学出版社2010年版。

李桂芝：《辽金简史》，福建人民出版社1996年版。

杜建录：《西夏经济史》，中国社会科学出版社2002年版。

史金波：《西夏社会》（上、下卷），上海人民出版社2007年版。

周良霄、顾菊英：《元代史》，上海人民出版社1993年版。

李治安：《元代政治制度研究》，人民出版社2003年版。

李治安：《忽必烈传》，人民出版社2004年版。

陈得芝：《蒙元史研究丛稿》，人民出版社2005年版。

韩儒林主编：《元朝史》（上、下），人民出版社2008年版。

陈高华、张帆、刘晓：《元代文化史》，广东教育出版社2009年版。

陈高华：《陈高华说元朝》，上海科学技术文献出版社2009年版。

韩振华编：《南海诸岛史地考证论集》，中华书局1981年版。

李洵：《明清史》，人民出版社1956年版。

杨国桢、陈支平：《明史新编》，人民出版社1993年版。

汤纲、南炳文：《明史》，上海人民出版社2003年版。

辽宁《清史简编》编写组：《清史简编》，辽宁人民出版社1980年版。

戴逸主编：《简明清史》，人民出版社1984年版。

王戎笙主编：《清代全史》，辽宁人民出版社1993年版。

刘大年主编：《中国近代史稿》，人民出版社1978—1984年版。

胡绳：《从鸦片战争到五四运动》，人民出版社1983年版。

张海鹏主编：《中国近代通史》，江苏人民出版社2006—2007年版。

胡德坤、宋俭主编：《中国近现代史纲要》，武汉大学出版社、湖北人民出版社2006年版。

李侃、李时岳、李德征、杨策、龚书铎编著：《中国近代史》（第四版），中华书局2008年版。

# 参 考 图 目

## 一 插图

图1—1 陕西临潼姜寨聚落遗址复原图（中国国家博物馆编：《文物中国史·史前时代》，山西教育出版社2003年版，第119页图版）

图1—2 山西襄汾陶寺大墓与小墓对比图（《考古》1980年第1期"山西襄汾县陶寺遗址发掘简报"图一二，以及《考古》1983年第1期"1978—1980年山西襄汾陶寺墓地发掘简报"图五）

图2—1 四羊方尊（《中国美术馆全集·青铜器（二）》，黄山书社2010年版，第331页）

图2—2 虢季子白盘铭（《中国法书全集》第一卷，文物出版社2009年版，第11页）

图3—1 春秋战国时期列国都城图（中国国家博物馆编：《文物春秋战国史》，中华书局2009年版，第86、87、88、93页图）

图3—2 山东嘉祥武氏祠汉画像石"孔子见老子"图（《中国画像石全集》编辑委员会：《中国画像石全集2》，山

东美术出版社 2000 年版，图版九九）

图 4—1　秦王朝疆域简图（谭其骧主编：《简明中国历史地图集》，中国地图出版社 1991 年版，第 15—16 页）

图 4—2　汉《仪礼》简册（甘肃省博物馆、中国科学院考古研究所编：《武威汉简》，中华书局 2005 年版，图版二四）

图 5—1　西晋辟雍碑（梁满仓、罗宏曾著：《中国通史图说·魏晋南北朝卷》，九州图书出版社 1999 年版，第 226 页图三七六）

图 5—2　甘肃麦积山石窟全景（苏振申总编校，刘显叔编撰：《中国历史图说六·魏晋南北朝卷》，新新文化出版社有限公司 1979 年版，第 268 页图）

图 5—3　王献之《鸭头丸帖》（梁满仓、罗宏曾著：《中国通史图说·魏晋南北朝卷》，九州图书出版社 1999 年版，第 276 页图四六五）

图 6—1　唐时期全图（669 年前后）（谭其骧主编：《简明中国历史地图集》，中国地图出版社 1991 年版，第 39—40 页）

图 6—2　唐太宗像（南薰殿藏历代帝王像之一）

图 7—1　宋太祖蹴鞠图（《文物中国史》第 7 册，人民出版社 2011 年版，第 6 页）

图 8—1　元前期疆域图（谭其骧主编：《简明中国历史地图集》，中国地图出版社 1991 年版，第 57—58 页）

图 9—1　于谦：楷书题公中塔图并赞页（肖燕翼主编：《明代书法》，上海科学技术出版社、香港商务印书馆 2001 年版，第 76 页）

图 9—2　《天工开物》插图（《印刷之光：光明来自东方》，浙

江人民美术出版社 2000 年版，第 110 页）

图 10—1　清代嘉庆二十五年（1820）疆域图（谭其骧主编：《简明中国历史地图集》，中国地图出版社 1991 年版，第 65—66 页）

图 10—2　圆明园远瀛观（故宫博物院编：《清史图典》第 6 册，紫禁城出版社 2002 年版，第 237 页）

图 11—1　虎门销烟池遗址（故宫博物院编：《清史图典》第 9 册，紫禁城出版社 2002 年版，第 60 页）

图 11—2　北洋水师"致远"号官兵照片（故宫博物院编：《清史图典》第 12 册，紫禁城出版社 2002 年版，第 239 页）

图 11—3　《辛丑条约》签订现场照片（故宫博物院编：《清史图典》第 12 册，紫禁城出版社 2002 年版，第 305 页）

图 11—4　《时局图》（故宫博物院编：《清史图典》第 11 册，紫禁城出版社 2002 年版，第 58 页）

## 二　彩图

图一　红山文化女神像（中国国家博物馆编：《文物中国史·史前时代》，山西教育出版社 2003 年版，第 156 页彩图）

图二　红山文化玉龙（中国国家博物馆编：《文物中国史·史前时代》，山西教育出版社 2003 年版，第 137 页彩图）

图三　二里头一号宫殿复原图（《中华古文明大图集》编辑委员会：《中华古文明大图集 3》，人民日报出版社 1992 年版，第 111 页彩图）

图四　二里头文化绿松石龙形器（杜金鹏、许宏主编：《偃师二

483

里头遗址研究》，科学出版社 2005 年版，图版五）

图五　三星堆青铜凸目夔龙额饰面具（四川省地方志编纂委员会：《三星堆图志》，四川出版集团、四川人民出版社 2005 年版，第 47 页）

图六　商司母戊大方鼎（《中国青铜器全集》编辑委员会：《中国青铜器全集》第二卷，文物出版社 1997 年版，图版四七）

图七　西周利簋及其铭文（《中国青铜器全集》编辑委员会：《中国青铜器全集》第五卷，铭文见"图版说明"第 63 页图四九，文物出版社 1997 年版，图版四九）

图八　西周玉茎铁芯铜剑（王斌主编：《虢国墓地的发现与研究》，社会科学文献出版社 2000 年版，彩图第 10 页右下）

图九　殷墟甲骨卜辞（郭沫若主编，中国社会科学院历史研究所编：《甲骨文合集》第一册，中华书局 1982 年版，彩图三）

图十　春秋莲鹤方壶（《中国美术全集》编辑委员会：《中国美术全集·工艺美术编·青铜器下》，文物出版社 1986 年版，图版一三）

图十一　战国彩绘出行图夹纻漆奁（《中国美术全集》编辑委员会：《中国美术全集·工艺美术编·漆器》，文物出版社 1989 年版，图版二四）

图十二　战国《人物御龙帛画》（《中国美术全集》编辑委员会：《中国美术全集·绘画编·原始社会至南北朝绘画》，人民美术出版社 1989 年版，图版四四）

图十三　秦始皇陵兵马俑一号坑（秦始皇兵马俑博物馆编：《秦始皇兵马俑博物馆》，文物出版社 1999 年版，第 61 页

图版十五）

图十四　汉马王堆帛画（《中国美术全集》编辑委员会：《中国美术全集·绘画编·原始社会至南北朝绘画》，人民美术出版社1989年版，图版五六）

图十五　汉加彩乐舞杂伎俑群（《中国美术全集》编辑委员会：《中国美术全集·雕塑编·秦汉雕塑》，人民美术出版社2006年版，图版六三）

图十六　西魏敦煌《步骑对阵图》（军事科学院主编，朱大渭、张文强著：《中国军事通史》第八卷《两晋南北朝军事史》，军事科学院出版社1998年版，彩图）

图十七　北魏大同云冈石窟第20窟（云冈石窟研究院编：《云冈石窟》，文物出版社2008年版，第104—105页）

图十八　晋顾恺之《女史箴图》（《中国美术全集·卷轴画1》，黄山书社2009年版，第14页）

图十九　唐敦煌户籍文书（上海古籍出版社、法国国家图书馆编：《法藏敦煌西域文献》第23册，上海古籍出版社2002年版，彩版七）

图二十　唐李贤墓壁画《客使图》（陕西省博物馆、陕西省文物管理委员会编：《唐李贤墓壁画》，文物出版社1974年版，图二五）

图二十一　辽陈国公主墓壁画之一（内蒙古自治区文物考古研究所、哲里木盟博物馆编：《辽陈国公主墓》，文物出版社1993年版，彩版二图二）

图二十二　宋定窑孩儿枕（《中国美术全集》编辑委员会：《中国美术全集·工艺美术编·陶瓷中》，文物出版社1988年版，图版一六九）

图二十三　宋《清明上河图》（局部）（《中国美术全集》编辑

485

委员会：《中国美术全集·绘画编·两宋绘画》，人民美术出版社1989年版，图版五一）

图二十四　宋大足石刻养鸡女（《中国美术全集》编辑委员会：《中国美术全集·雕塑编·四川石窟雕塑》，人民美术出版社1989年版，图版六三）

图二十五　《元世祖出猎图》（《中国美术全集》编辑委员会：《中国美术全集·绘画编·元代绘画》，人民美术出版社1989年版，图版三三）

图二十六　元青花缠枝牡丹纹罐（《中国美术全集》编辑委员会：《中国美术全集·工艺美术编·陶瓷下》，文物出版社1988年版，图版二八）

图二十七　元《杂剧图》（《中国美术全集》编辑委员会：《中国美术全集·绘画编·寺观壁画》，人民美术出版社1989年版，图版八七）

图二十八　明《南都繁会图》（局部）（中国国家博物馆编：《中国国家博物馆馆藏文物研究丛书·绘画卷（风俗画）》，上海古籍出版社2007年版，第52页）

图二十九　明《坤舆万国全图》（黄时鉴、龚缨晏著：《利玛窦世界地图研究》，上海古籍出版社2004年版，图版四）

图三十　明《永乐大典》（故宫博物院编：《盛世文治——清宫典籍文化》，紫禁城出版社2005年版，第126页）

图三十一　明宣德款青花缠枝莲大梅瓶（《紫禁城》2010年第1期，王健华"明代瓷器的发展及明代瓷器的鉴定"）

图三十二　清西藏金本巴瓶（故宫博物院编：《清史图典》第6册，紫禁城出版社2002年版，第187页）

图三十三　清军机处值房（故宫博物院编：《清史图典》第5

册，紫禁城出版社 2002 年版，第 115 页）

图三十四　清《康熙南巡图》（局部）（故宫博物院编：《清史图典》第 5 册，紫禁城出版社 2002 年版，第 9 页）

图三十五　清《乾隆万树园赐宴图》（故宫博物院编：《清史图典》第 6 册，紫禁城出版社 2002 年版，第 64 页）

图三十六　清玑衡抚辰仪（故宫博物院编：《清史图典》第 6 册，紫禁城出版社 2002 年版，第 236 页）

图三十七　近代金陵机器制造局原址（故宫博物院编：《清史图典》第 12 册，紫禁城出版社 2002 年版，第 334 页）

图三十八　武昌起义军政府旧址（彭卿云主编：《华夏胜迹·近现代史卷（下）》，山东教育出版社 1993 年版，第 67 页）

# 后　　记

《简明中国历史读本》是中国社会科学院历史研究所主持编写的一部简明通史，全书内容上自中国境内的远古人类与文明起源，下迄1911年辛亥革命爆发、中国最后一个封建王朝——清朝灭亡。这本书深入浅出，简明扼要，可供广大读者了解中国历史的基本知识。

2008年后半年，原中共中央总书记、国家主席、中央军委主席江泽民同志在与中国社会科学院领导和多学科的专家座谈时，多次谈到学习中国历史的重要意义。他指出，中国是世界上古老的文明发祥地之一，经历数千年薪火相传，绵延不断，在人类发展史、世界文明史上是独一无二的；中华各民族久经磨合、交往融汇，形成统一而又丰富多彩的中华民族大家庭；今日的中国是几千年历史、文明的结晶，只有更深刻地了解我们国家的历史，才能更加珍惜、热爱我们的伟大祖国。广大干部群众要学习、了解中国历史，树立科学的历史观。根据江泽民同志的指示精神，在全国政协副主席、中国社会科学院党组书记、院长陈奎元同志的亲自安排下，中国社会科学院历史研究所组织了老中青学者相结合的编写组，历时三年，完成了这部《读本》的写作任务。江泽民同志通览书稿后，欣然为《读本》作序，给予我们极大的鼓舞。序文鲜明地体现了江泽民同志一贯号召全党全社

# 后　记

会都应该重视历史学习，牢固树立爱国主义精神和正确的历史观、人生观、价值观的思想。我们要深入领会、认真贯彻落实。在此，我们向江泽民同志致以崇高的敬意！

本书编写过程中，陈奎元同志始终给予极大的关心，亲自具体指导本书的编写工作并多次审阅书稿，提出了一系列宝贵意见；中国社会科学院党组成员、秘书长黄浩涛同志协助陈奎元院长，为本书的编写、出版付出了辛勤劳动，在此我们表示诚挚的感谢！

本书的编写，还得到中国社会科学院办公厅、科研局的支持与指导。中国社会科学院学部委员林甘泉、陈高华、陈祖武先生，荣誉学部委员卢钟锋先生，参与了本书提纲的讨论修改，审阅了本书的全部内容；清华大学张国刚教授、北京大学邓小南教授、首都师范大学李华瑞教授，中国社会科学院近代史研究所马勇研究员，中国社会科学院历史研究所周自强研究员、栾成显研究员、万明研究员审阅了本书的部分内容。上述诸位先生提出了许多宝贵的修改意见。中国社会科学院历史研究所党委书记刘荣军同志，副所长王震中同志与杨珍同志，所长助理兼科研处处长楼劲同志，给予本书编写大力支持和指导。我所各职能部门和图书馆、编辑部也积极支持本书的编写工作。我们在此一并表示衷心的感谢！

本书是在中国社会科学院历史研究所卜宪群所长主持下，由《读本》编写组集体通力合作完成的学术成果。全书撰写分工如下：

绪论：卜宪群

第一章，第二章第一节：王震中

第二章第二、三、四节，第三章：宫长为

第四章：杨振红

第五章：梁满仓

第六章：黄正建

第七章：梁建国

第八章：关树东

第九章：陈时龙

第十章：吴伯娅

第十一章：林永匡、张伟

全书通改、定稿：卜宪群、童超

历史研究所王艺、朱昌荣为本书做了大量资料核对和具体组织工作。

我所曾组织编写过《中国史稿》（共7册，前3册由郭沫若主编），为此次编写读本树立了学习的典范。本书编著参考了许多前贤今哲的论著，限于本书体裁，未能在有关页下一一注明出处，只能将专著部分列入参考书目，敬请谅解，并在此表示衷心的感谢！

本书承蒙中国社会科学出版社惠允出版。社长兼总编辑赵剑英同志亲自安排出版事宜，责任编辑罗莉同志精心组织编辑。在这里，谨向中国社会科学出版社为本书高质量出版尽心尽力的所有部门与同志们，表示衷心的感谢！

由于时间和水平所限，本书一定还存在很多不完善的地方，恳请读者惠予批评指正！

中国社会科学院历史研究所
《简明中国历史读本》编写组
2012年7月